CONGRÈS INTERNATIONAL
D'HISTOIRE DE LA MUSIQUE

tenu à Paris

À LA

BIBLIOTHÈQUE DE L'OPÉRA

du 23 au 29 Juillet 1900

(VIIIe Section du Congrès d'Histoire comparée)

———— · ————

DOCUMENTS, MÉMOIRES ET VŒUX

PUBLIÉS PAR LES SOINS DE

M. Jules COMBARIEU

Directeur de la *Revue d'histoire et de critique musicales*

délégué par le comité du Congrès.

SOLESMES

IMPRIMERIE SAINT-PIERRE

1901

LA
REVUE D'HISTOIRE ET DE CRITIQUE MUSICALES

dont la fondation a été décidée au cours des travaux du Congrès international de Musique tenu à Paris au mois de juillet 1900, paraît depuis le 1er janvier 1901. (Voir, à la 3e page de la couverture, la liste de ses collaborateurs et les conditions d'abonnement.)

Sommaires des numéros déjà parus :

(Voir la suite à la 4e page de la couverture)

CONGRÈS

D'HISTOIRE DE LA MUSIQUE

DOCUMENTS, MÉMOIRES ET VŒUX

CONGRÈS INTERNATIONAL
D'HISTOIRE DE LA MUSIQUE

tenu à Paris

A LA

BIBLIOTHÈQUE DE L'OPÉRA

du 23 au 29 Juillet 1900

(VIIIᵉ Section du Congrès d'Histoire comparée)

DOCUMENTS, MÉMOIRES ET VŒUX

PUBLIÉS PAR LES SOINS DE

M. Jules COMBARIEU

Directeur de la *Revue d'histoire et de critique musicales*

délégué par le comité du Congrès.

SOLESMES

IMPRIMERIE SAINT-PIERRE

1901

COMITÉ DU CONGRÈS INTERNATIONAL DE MUSIQUE

Président honoraire : M. Camille SAINT-SAËNS, membre de l'Institut.

Président : M. BOURGAULT-DUCOUDRAY.

Vice-Président : M. TIERSOT.

Secrétaire général : M. Romain ROLLAND.

Trésorier : M. MALHERBE.

Membres : MM. C. BELLAIGUE, Ch. BORDES, J. COMBARIEU, M. EMMANUEL, H. EXPERT, Vincent D'INDY.

Secrétaires nommés par le Congrès : MM. AUBRY, HELLOUIN.

MEMBRES DU CONGRÈS :

MM. Guido ADLER (Vienne).
Pierre AUBRY (Paris).
Wilhelm BAEUMKER (Aachen).
Ernest BAUDOT (Paris).
Camille BELLAIGUE (Paris).
Éduard BIRNBAUM (Königsberg).
Mauriz BOHEMAN (Stockholm).
Arnaldo BONAVENTURA (Florence).
Charles BORDES (Paris).
BOURGAULT-DUCOUDRAY (Paris).
Michel BRENET (Paris).
Filippo BRUNETTO (Milan).
Robert BRUSSEL (Paris).
Arcangelo CAMIOLO (Niscemi, Sicile).
Marcello CAPRA (Turin).
Julian CARRILLO (Leipzig).
Oscar CHILESOTTI (Bassano).
Jules COMBARIEU (Paris).
Henry DE CURZON (Paris).
Mlle DAUBRESSE (Paris).
MM. Lionel DAURIAC (Paris).
DECOCK (Paris).
DELIOUX (Paris).
Eugène D'EICHTHAL (Paris).

MM. Robert EITNER (Templin).
Maurice EMMANUEL (Paris).
Henry EXPERT (Paris).
Bernard FAULQUIER (Paris).
Mgr FOUCAULT, évêque de Saint-Dié.
Dom Hugues GAISSER (Rome).
MM. Ed. GARIEL (Saltillo, Mexique).
Théodor GEROLD (Francfort-s/Mein).
Eugène GIGOUT (Paris).
DE GUARINONI (Milan).
Alexandre GUILMANT (Paris).
HABERL (Ratisbonne).
Comte DE HAGENDORP (La Haye).
Frédéric HELLOUIN (Paris).
HOUDARD (Paris).
Georges HUMBERT (Lausanne).
Vincent D'INDY (Paris).
Gustav JACOBSTHAL (Strasbourg).
Édouard KANN (Paris).
Hermann KRETZSCHMAR (Leipzig).
Ilmari KROHN (Kangas-ala, Finlande).
Henry KUNKELMANN (Paris).
Marcel LABEY (Paris).
Louis LALOY (Paris).

MM. Ernest LAMY (Paris).
P. LANDORMY (Bar-le-Duc).
Daniel DE LANGE (Amsterdam).
LINDGREN (Stockholm).
Alessandro LONGO (Naples).
A. LUIGINI (Paris).
Charles MALHERBE (Paris).
G. MANCUSO-AIAZZA (Castrogiovanni, Sicile).
Charles MEERENS (Bruxelles).
Pompeo MOLMENTI (Moniga-Brescia).
Paul PANNIER (Lille).
Mlle Hortense PARENT (Paris).
MM. POIRÉE (Paris).
Erich PRIEGER (Bonn).
PRODHOMME (Paris).
Théodore REINACH (Paris).
Hugo RIEMANN (Leipzig).
Romain ROLLAND (Paris).
Charles RUELLE (Paris).
Liborio SACCHETTI (Saint-Pétersbourg).

MM. Camille SAINT-SAËNS (Paris).
Comte ENRICO DI SAN MARTINO E VALPERGA (Rome).
A. SANDBERGER (Munich).
Ursini SCUDERI (Catane).
SHEDLOCK (Londres).
SMOLENSKY (Moscou).
Albert SOUBIES (Paris).
J. SPENCER-CURWEN (Londres).
Francisco SUAREZ-BRAVO (Barcelone).
G. TEBALDINI (Parme).
J. THIBAUT (Constantinople).
Julien TIERSOT (Paris).
Gaston VALLIN (Nancy).
Paul VIDAL (Paris).
VAN WAEFELGHEM (Paris).
Taddeo WIEL (Venise).
Frantz WÜLLNER (Cologne).
Guglielmo ZUELLI (Palerme).
Baron VAN ZUYLEN VAN NYEVELT (La Haye).

DISCOURS PRONONCÉ

PAR M. BOURGAULT-DUCOUDRAY, PRÉSIDENT,

à l'ouverture du Congrès.

Mesdames, Messieurs,

Les organisateurs de l'Exposition universelle de 1900 ne se sont pas proposé uniquement pour but de faire admirer les productions de la Nature, de l'Industrie & de l'Art. Ils ont voulu permettre aussi à la Pensée d'affirmer son effort & ses conquêtes dans toutes les branches de l'activité humaine. Désireuse de contribuer de tout son pouvoir au progrès de la Science, notre Section d'Histoire de la musique a saisi avidement l'occasion qui lui était offerte pour tenter de réunir en congrès les musicologues éminents de tous les pays. Elle a pensé que des lectures & des conférences, faites devant des hommes spéciaux, appartenant à des milieux différents, provoqueraient des discussions fécondes, &, qui sait? pourraient créer des liens de sympathie capables de prolonger au delà des limites du congrès un échange fructueux d'idées & de doctrines. Que de fois n'est-il pas arrivé à un savant de se sentir soutenu dans une tâche difficile, en rencontrant un frère d'opinion dont la sympathie intellectuelle éclaircissait ses vues & raffermissait ses convictions?

C'est donc avec un vif sentiment de joie qu'au nom de mes collègues du comité je vous souhaite la bienvenue, Messieurs, à vous tous qui avez bien voulu répondre à notre appel. Votre présence parmi nous est un nouveau témoignage de votre dévouement à la Science qui nous unit, de votre foi dans son avenir, de votre confiance dans les services qu'elle doit rendre à l'humanité !

Si l'étude de l'histoire musicale a passionné de tout temps certains esprits, c'est un des honneurs de notre époque d'avoir imprimé à ce mouvement scientifique une vitalité & une importance toutes nouvelles. Pour ne parler que du mouvement français dont j'ai pu suivre le développement pas à pas, si je compare l'essor actuel de nos études avec l'état où elles languissaient il y a vingt ans, je ne puis me défendre d'un mouvement de patriotique orgueil.

Il y a vingt ans, à peine aurait-on pu rencontrer dans Paris dix personnes s'intéressant à l'archéologie musicale. Aujourd'hui l'on peut dire que l'étude du passé de la musique est entrée dans l'éducation & jusqu'à un certain point dans la pratique de l'art. L'histoire de la musique figure sur le programme d'un certain nombre d'examens. Cette histoire, au moins dans ses grandes lignes, se répand déjà dans nos écoles populaires. Elle prépare tous les enfants à connaître les chefs-d'œuvre & à respecter le nom des grands compositeurs.

Enfin je vois se dresser autour de moi une phalange de jeunes hommes très dévoués, très vaillants, admirablement armés pour la lutte, joignant à une forte éducation encyclopédique la connaissance de la technique de l'Art. Après avoir rendu un juste hommage aux personnalités glorieuses qui sont comme les piliers de la science musicologique, & dont plusieurs nous honorent de leur présence, qu'il me soit permis, Messieurs, de saluer aussi cette jeune phalange dont les travaux contribueront puissamment, je l'espère, à soulever les voiles qui dérobent encore à notre ardeur inquiète la pleine connaissance du passé !

Je vous ai rappelé la faveur croissante avec laquelle le public accueillait nos efforts. Pour que l'étude de l'histoire pût contribuer à élever le niveau du goût & de la production artistique, il était indispensable d'intéresser à nos travaux non seulement les savants, mais aussi les artistes ; non seulement ceux qui écrivent & qui savent, mais encore ceux qui interprètent ou qui créent.

Aujourd'hui les grands virtuoses de la musique ne se bornent plus à l'exécution des productions contemporaines. Ils commencent à devenir assez éclairés & assez indépendants pour s'attacher à mettre en lumière de belles œuvres de toutes les époques & de toutes les écoles. Or qui leur enseignera le caractère distinctif de chaque style, sinon l'étude attentive des diverses transformations de l'Art ?

Les compositeurs d'avant-garde ont plus d'intérêt encore que les virtuoses à bien se pénétrer de l'histoire musicale. C'est en effet une loi incontestable que le passé contient en germe l'avenir, & que le plus sûr moyen d'enrichir la langue musicale de conquêtes durables, c'est de greffer les tentatives nouvelles sur la connaissance approfondie du passé. La plupart des formules harmoniques dont s'alimente la musique contemporaine avaient déjà été mises en circulation dès le milieu du XVIIe siècle par Carissini & son école.

Notre langue actuelle vit donc sur des formules qui ont plus de trois cents ans d'existence.

Basé sur les deux seuls modes majeur & mineur, notre système harmonique, dont toutes les conséquences paraissent avoir été déduites, se trouve dans la situation d'une mine dont les galeries auraient été entièrement exploitées... j'allais dire jusqu'au grisou.

Or l'histoire du passé nous révèle l'existence de certaines galeries négligées, dont l'exploitation intelligente assurerait à l'activité musicale des conquêtes nouvelles. La musique homophone, antique ou populaire, dispose d'un certain nombre de modes & de rythmes qui n'ont pas encore été mis en circulation dans la langue musicale. Ces éléments d'expression, encore inexploités, ne sont nullement inconciliables avec les exigences de la polyphonie & de l'orchestration modernes.

L'introduction dans la musique savante de ces nouvelles ressources de coloris, l'emploi de toutes les échelles mélodiques : *diatoniques* ou *chromatiques, antiques* ou *exotiques*, — la recherche d'une inépuisable diversité dans les conceptions rythmiques & même l'art d'extérioriser ces rythmes par des danses d'un caractère plutôt expressif que mécanique, telles sont, si je ne me trompe, les conquêtes qui seront pleinement réalisées au XXe siècle, conquêtes que le XIXe siècle aura savamment préparées, en assouplissant les éléments & en indiquant les voies.

En effet, pendant la seconde moitié du siècle qui s'achève, dans presque tous les pays d'Europe, principalement en Russie, dans les pays Scandinaves, en Espagne, en Allemagne & en France, l'étude passionnée des mélodies populaires nationales, l'analyse des éléments expressifs encore inusités dont elles disposent, ont ouvert aux compositeurs une nouvelle voie.

Par une antinomie remarquable, plus le perfectionnement apporté aux moyens de locomotion rendait prompte & facile la pénétration mutuelle des peuples & des idées, plus l'Art réservait sa prédilection pour les manifestations particularistes & nationales.

A une époque où tous les intérêts semblent tendre à une vaste unification qui engendre hélas ! une lamentable & monotone uniformité, l'art musical au contraire paraît se complaire à mettre en relief la physionomie bien tranchée & les traits distinctifs du génie de chaque race ; comme si la musique, gardienne vigilante de l'épanouissement multicolore des sentiments humains, voulait nous ménager une compensation à la perte de tant de costumes pittoresques, de tant de coutumes poétiques, manifestations à jamais perdues d'une tradition délaissée !

Ce mouvement « ethnographique », que la Russie a inauguré avec tant de bonheur dès le milieu du xix⁰ siècle, a trouvé heureusement des imitateurs dans presque tous les pays de l'Europe. La prédilection marquée des compositeurs pour les airs nationaux & pour les sujets nationaux semble avoir abattu la barrière qui séparait autrefois la Science & l'Art. De plus en plus, l'étude du passé s'impose à l'artiste & servira à assurer les progrès & les conquêtes de la production musicale.

La mise en valeur des éléments d'expression originaux contenus dans les mélodies populaires, leur mise en circulation dans la langue musicale n'aura pas seulement pour effet d'enrichir la palette du compositeur, en lui fournissant des moyens d'expression nouveaux & variés, elle aura pour conséquence d'établir un lien de plus en plus étroit entre l'effort individuel & conscient de l'artiste civilisé & la production collective & anonyme qui est la marque indélébile du caractère d'une race. Elle cimentera la collaboration entre l'humble dépositaire du génie national dans sa forme élémentaire & primordiale & l'artiste consommé dont le cerveau est armé de toutes les ressources de la technique moderne.

A ce point de vue, la réunion de chercheurs éminents que j'ai l'honneur de présider aujourd'hui voudra bien, je l'espère, s'intéresser tout particulièrement à certaines questions tendant à étudier le moyen le plus pratique & le plus prompt pour noter & publier l'immense répertoire des mélodies populaires de la planète. Il est temps enfin que les artistes & les savants puissent faire l'inventaire complet de ces richesses mélodiques qui sont comme le minerai divin avec lequel l'artiste civilisé doit créer l'œuvre d'art.

Je ne veux pas, Messieurs, en prolongeant cette allocution, retarder le commencement de vos travaux, dont je compte retirer pour ma part un vif plaisir & un sérieux profit. Dans un esprit de prudence dont vous lui saurez gré, votre comité a décidé que la limite réglementaire du temps accordé à chaque lecture sera de quinze minutes, sauf avis contraire de l'assemblée. S'il arrivait qu'une discussion passionnât la réunion de telle sorte qu'elle en désirât la continuation quand même, la suite de cette discussion pourrait être reportée à la fin de la séance.

Il me reste un devoir très doux à remplir. Je croirais n'être qu'un interprète incomplet de la pensée du comité, si je ne remerciais publiquement notre dévoué secrétaire, M. Romain Rolland, du zèle infatigable & de la haute compétence qu'il a apportés à l'organisation de nos réunions.

Enfin je dois remercier le comité tout entier d'avoir, par son union, par sa conformité de vues & de sentiments, rendu facile & douce la tâche du président pendant les séances préparatoires. Je conserverai toujours un souvenir ému des témoignages de sympathie que vous m'avez prodigués, mes chers collègues, & de l'insigne honneur que vous m'avez réservé, en m'invitant à présider la séance d'ouverture de notre congrès.

Demain & jours suivants il a été décidé que cette présidence serait offerte à MM. Sandberger, Cte de San Martino e Valperga, Liborio Sacchetti, Shedlock & Mauriz comte de Hagendorp.

En acceptant l'invitation que je leur adresse au nom de mes collègues & en mon nom, ils cimenteront plus profondément l'union que nous désirons créer entre les représentants les plus autorisés de la science. Ils augmenteront l'éclat de ce congrès, en apportant à la direction de nos travaux la grande autorité de leur nom & le secours inappréciable de leurs talents & de leurs lumières.

I

MUSIQUE GRECQUE

LE CHANT GNOSTICO-MAGIQUE DES SEPT VOYELLES GRECQUES

ESQUISSE HISTORIQUE

La question dont j'ai l'intention de vous entretenir, Mesdames & Messieurs, sous la forme d'une simple esquisse historique, apparaît pour la première fois, chez les anciens, dans un passage du musicographe pythagoricien Nicomaque de Gérase, qui vivait au second siècle de notre ère. Il s'exprime ainsi (p. 37) : « Les sons de chacune des sept sphères produisent un certain bruit, la première réalisant le premier son, & à ces sons l'on a donné les noms des voyelles. Ce sont là des choses inexprimables par elles-mêmes chez les savants, ainsi que tout ce qui est formé, attendu que le son, ici, a la même valeur que l'unité en arithmétique, le point en géométrie, la lettre alphabétique en grammaire. Si ces choses sont combinées avec des substances matérielles, telles que sont les consonnes, de même que l'âme est unie au corps & l'harmonie aux cordes, elles réalisent des choses animées, celle-ci des tons & des chants, celle-là des facultés actives & productives de choses divines. Voilà pourquoi les théurges, lorsqu'ils honorent la divinité, l'invoquent symboliquement avec des poppysmes (clappement des lèvres) & des sifflements, avec des sons inarticulés & sans consonnes. »

Un autre témoignage, probablement contemporain du précédent, se lit dans le traité de Démétrius *sur l'Élocution* (ch. 71) : « En Égypte, les prêtres célèbrent les dieux au moyen des sept voyelles en les chantant de suite, &, à la place d'une flûte ou d'une cithare, le son de ces lettres se fait entendre d'une façon agréable (1). »

Le grammairien Servius commentant la phrase de Virgile

Voce vocans Hecaten (Énéide, VI, 247)

l'interprète ainsi : « Invoquant Hécate non par des paroles, mais par des *sons mystiques*. »

On trouve — & l'on a déjà remarqué — dans la *Préparation évangélique* d'Eusèbe ces deux vers significatifs : « Moi, le dieu incorruptible, les sept voyelles me célèbrent comme le père infatigable de toutes choses. »

---

(1) Cf. Denys d'Halicarnasse, *De compositione verborum*, ch. 11, p. 108, Sylburg.

Quelquefois les voyelles sont désignées par le mot grec φωναί, comme nous le verrons plus loin dans les papyrus révélateurs de cette musique si peu connue.

Saint Irénée, exposant le système de Marcos, disciple du gnostique Valentin, qui vivait au second siècle, nous dit que d'après ce système le premier ciel (c'est-à-dire la première planète), sonne A (φθέγγεται Α), le deuxième E, le troisième H, le quatrième I, le cinquième O, le sixième Υ & le septième Ω. (*Contre les hérésies*, I, 14 ; cp. *Philosophumena*, VI, v, 49.)

L'historien Ammien Marcellin raconte (XXIX, II, 28) le fait suivant, qui prouve qu'à l'émission des sept voyelles était attribuée une vertu thérapeutique : « Un jeune homme qu'on avait vu, dans son bain, approcher les doigts de ses mains alternativement de la baignoire & de sa poitrine en débitant les sept voyelles, avec l'espoir de guérir par ce moyen ses maux d'estomac, fut traîné en justice, torturé, puis tué d'un coup d'épée. »

Dans un papyrus grec de Berlin dont nous aurons à parler, on lit une recette magique contre l'amaurose, qui consiste, entre autres opérations, à prononcer plusieurs fois une même voyelle. (Papyrus Iᵉʳ, l. 222 & suivantes.)

L'ouvrage de Nicolas Myrepsus, auteur byzantin du XIIIᵉ siècle, *De suffimentis* (Sur les parfums), XXI, 1, dit en décrivant la préparation du kyphi : « Qui conficit hoc thymiama proferat has vocales A E H I O Ω. — Que le préparateur prononce les voyelles a e ê i o ô. »

Il ressort de ces diverses citations que le chant des voyelles est, historiquement, un fait incontestable. Mais où pourrons-nous en trouver des exemples ? Comment se fait-il que les historiens modernes de l'ancienne musique grecque restent muets presque tous sur cette question intéressante ? Seul, croyons-nous, Fétis dans son *Histoire générale de la musique* (I, p. 204) a écrit : « Ce fait (le chant des voyelles) est confirmé par les monuments antiques de l'Égypte ; » & il renvoie à Rosellini (*Monumenti civili*, t. III, p. 54).

Il n'en est pas de même des philologues. Thomas Gale, à propos du passage précité de Démétrius (1), a le premier réuni divers textes à l'appui de notre thèse. Il renvoie aux Hiéroglyphes d'Hor-Apollon (I, II), rapportant que, chez les Égyptiens, sept lettres réparties sur deux doigts (de la main) « signifient la musique », & le savant Anglais ajoute avec raison que ces sept lettres sont les voyelles. Il cite aussi Cornutus *De Musis*, les *Theologumena arithmetices*, Nicomaque, Servius, un passage de Porphyre, commentant le grammairien Denys le Thrace, & la *Réfutation des hérésies* par saint Irénée.

J. Mathieu Gesner, en 1745, dans une dissertation *De laude Dei per septem vocales* que renferment les mémoires de l'Académie des sciences de Gottingue, a repris le passage de Démétrius, pour en donner une interpré-

---

(1) *Rhetores græci*. Oxonii, 1716, p. 265.

tation théologique que la critique a jugée invraisemblable. Il rapproche des sept voyelles le nom hébreu JEHOVA. Il ne connaissait pas les textes gnostico-magiques sur papyrus, où les invocations avec accompagnement de voyelles s'adressent aux dieux de la Grèce & de l'Égypte, textes découverts & publiés près d'un siècle après la date de son travail.

De 1750 à 1752, Paul-Ernest Jablonski faisait paraître à Francfort-sur-l'Oder, en trois volumes, son *Pantheon Ægyptiorum* dont les Prolégomènes (p. LII) présentent une nouvelle discussion sur le texte de Démétrius. Il retrouvait les sept voyelles dans les « septem voces » du poète latin Varron d'Atax (p. LVII).

C'est l'abbé J.-J. Barthélemy qui a révélé, en 1775, l'existence d'un rapport déterminé entre chacune des voyelles grecques & chaque son de l'échelle musicale heptacorde (1). L'auteur du *Voyage du jeune Anacharsis* ne voyait dans les caractères portés sur les médailles qu'il étudie, comme dans le passage de Démétrius, que « des signes représentatifs répondant musicalement à chacune des sept planètes (2) ». Il prend pour texte de sa discussion une inscription trouvée par des Anglais à Milet au xviie siècle & publiée plusieurs fois avant lui & après lui (3).

Elle était encastrée dans un des murs du théâtre de la ville. Les voyelles y sont disposées sur cinq colonnes surmontées de signes non déchiffrés que l'on retrouve dans les papyrus magiques. Suit dans chaque colonne le mot ΑΓΙΕ &, au-dessous, la formule φύλαττον τὴν πόλιν Μιλησίων καὶ πάντας τοὺς κατοικοῦντας, « O saint, préserve la ville des Milésiens & tous ses habitants ; » & enfin, sur une ligne comprenant toutes ces colonnes ἀρχάγγελοι. Φυλάσσεται (lire φυλάσσηται?) ἡ πόλις Μιλησίων καὶ πάντες οἱ κατ[οικοῦντες]. « Les archanges. Soit préservée la ville des Milésiens & ses habitants. » L'inscription est incomplète dans sa partie de droite.

Barthélemy observe qu'on était convenu de désigner les sept planètes par les sept voyelles. Il rappelle que, d'après le texte susmentionné de Porphyre,

Α est consacré à Vénus
Ι 〃 〃 au Soleil
Ο 〃 〃 à Mars
Υ 〃 〃 à Jupiter
Ω 〃 〃 à Saturne.

(1) *Remarques sur quelques médailles de l'empereur Antonin, frappées en Égypte*, dans les Mém. de l'Acad. des inscr. & b.-l., t. XLI, p. 501-522.

(2) Dans l'antiquité on comprend souvent le soleil & la lune parmi les planètes ; c'est ainsi qu'on arrive au nombre sept.

(3) *Voyage d'Italie, de Dalmatie, de Grèce et du Levant, fait en 1675 et 1676* par Jacob Spon & George Wheler. Lyon, A. Cellier, 1678, t. III, p. 152. WHELER, *A Journey into Greece*, Book III, p. 209. Autre édition 1724, t. I, p. 212 & 335. — R. CHANDLER, *Travels in Asia Minor*, Oxford, 1775. — Aug. BOECKH, *Corpus inscriptionum graecarum*, t. II, Berlin, 1843, no 2895.

Il invoque le passage de saint Irénée sur le rapport des voyelles avec les sept cieux du gnostique Marcos ; &, partant de l'ordre assigné aux planètes par les Égyptiens & les Pythagoriciens, il établit la concordance suivante :

A	Lune
E	Mercure
H	Vénus
I	Soleil
O	Mars
Y	Jupiter
Ω	Saturne.

Il prétend, gratuitement selon moi, que, lorsqu'on prononçait les sept voyelles de suite, c'est comme si l'on avait invoqué successivement les sept planètes. Il passe ensuite au témoignage de Nicomaque (p. 33-34), d'après lequel on aurait à mettre la lune en rapport avec l'hypate (note la plus grave de l'heptacorde) & le soleil avec la mèse (sa note moyenne), & il part de là pour proposer cette nouvelle concordance :

Lune	A	Hypate	*si*
Mercure	E	Parhypate	*ut*
Vénus	H	Lichanos diatonique	*ré*
Soleil	I	Mèse	*mi*
Mars	O	Trite des conjointes	*fa*
Jupiter	Y	Paranète	*sol*
Saturne	Ω	Nète	*la*

Non moins arbitrairement que tout à l'heure, il veut que les sept cieux de Marcos sonnent, le premier, la voyelle A « c'est-à-dire *si* », le deuxième, E « ou *ut* », &c. — « Il suit de là, dit-il, que le nom de chaque planète pouvait être exprimé ou par l'une des sept voyelles de l'alphabet ou par un des sons de la lyre à sept cordes ou tout à la fois par la lettre & par le son. » — « Les notions précédentes, ajoute-t-il, répandront un nouveau jour sur le fameux passage de Démétrius de Phalère ». Puis il en fait suivre le texte & la traduction de quelques observations, entre autres celle-ci : « En Égypte, le son des voyelles étant substitué à celui des instruments, il devait former une certaine mélodie, par conséquent les sept voyelles étaient chantées... Le chant des voyelles n'excluait pas les paroles dans les hymnes des Égyptiens. Il serait absurde de dire que dans les temples d'Égypte on n'entendait qu'une suite de voyelles... Il ne s'agit dans ce passage (de Démétrius) que des hymnes chantées en l'honneur des planètes, puisqu'on y fait mention des sept voyelles. »

On verra dans la suite de cet entretien que l'assertion trop exclusive de Barthélemy est démentie par les documents découverts depuis qu'il l'a énoncée. Il rapporte ensuite le passage de Nicomaque (p. 37) qui pourtant ne contribue point à l'affermir : « Voici donc, dit Barthélemy, comme les Égyptiens imploraient le secours de ces astres. On entendait d'abord les sept voyelles ; c'était l'invocation ; venait ensuite une prière. On reprenait les sept voyelles ; on continuait la prière, & ainsi alternativement. »

Cette proposition ne pèche que sur un point, mais un point essentiel : l'emploi des voyelles réduit à la représentation musicale des dieux planétaires. Quant à la concordance des voyelles & des notes de musique, Barthélemy a commis une autre erreur capitale, rectifiée, on le verra plus loin, par Ulrich Kopp, dans sa *Palæographia critica ;* c'est d'avoir proposé la gamme des notes-voyelles en procédant du grave à l'aigu & non de l'aigu au grave (1).

La dissertation de l'abbé Barthélemy se termine sur les diverses explications auxquelles avaient donné lieu les formules IAΩ, AIΩ. Il répète avec Jablonski le rapprochement de IAΩ & de Jéhova ; il observe que ce mot accompagne souvent sur les Abraxas ou amulettes gnostiques la figure du soleil ou d'Harpocrate, symbole du soleil d'hiver ; que la lettre I était la caractéristique du soleil, que AIΩ, au point de vue pythagoricien, pouvait signifier, en même temps que la première, la moyenne & la dernière corde de la lyre. Je rappellerai ici, avec Kopp, que, dans le trope lydien, une des quinze échelles de transposition du système musical grec, le son de la mèse, ou corde moyenne de ce système, est noté aussi au moyen de l'iota ; mais, loin d'en tirer comme lui un argument à l'appui de notre thèse commune, je ne fais cette constatation que pour y relever une pure coïncidence.

La question du chant des voyelles grecques a fait un grand pas, quand Ulrich Kopp l'a traitée (2). On peut même dire qu'il l'a épuisée dans la mesure de ce qui était possible, lors de la publication de son admirable ouvrage. Pour Kopp, aussi bien que pour Barthélemy, les voyelles représentent les planètes, & leur roulement alphabétique avait pour but de ménager la susceptibilité jalouse de ces astres. Il appuie cette explication sur un passage de Jamblique où l'auteur du *De mysteriis Ægyptiorum* (V, 21) dit qu'un dommage manifeste nous menace, si nous négligeons d'honorer une quelconque des divinités. Il rappelle aussi (§ 254) que Marcien Capelle (3) parle des « lettres alternées » (alternatæ litteræ), &, en annotant cet auteur, il reproduit une inscription analogue à celle dont parle Gruter (*Inser., App.,* p. xxi) :

<pre>
A E H I O Υ Ω
  E H I O Υ Ω A, &c.
</pre>

<hr>

(1) Il ne pouvait ignorer, pourtant, que dans la notation alphabétique, dite vocale, les musiciens grecs suivaient l'ordre de l'alphabet en procédant de l'aigu au grave. Les gnostiques n'ont pu ni dû procéder autrement.

(2) *Palæographia critica.* Pars tertia. (Mannheim, 1829, in-4° ; § § 250-291.)

(3) *De nuptiis Philologiæ et Mercurii,* V, 21.

Mais, il ne s'en tient pas là, comme l'abbé Barthélemy ; il établit l'existence d'un autre système de groupes vocaliques & reproduit à titre d'exemple un amulette très ancien (1), portant au droit des signes hiéroglyphiques & au revers les voyelles grecques disposées, au nombre de 90, dans un ordre absolument indépendant de l'ordre alphabétique. J'ai communiqué en 1889 la transcription de ce texte à M. Maspero qui en a reconnu, après l'avoir chanté, le caractère musical. M. Élie Poirée, mon collègue de la bibliothèque Sainte-Geneviève, & mon ami, va faire entendre la mélodie que nous croyons y reconnaître. Kopp admet sans hésiter (§ 257) que ces lettres sont des notes musicales correspondant à celles de la lyre heptacorde d'Orphée, & il observe que l'on a parfois attribué le son le plus grave à la planète Saturne & le plus aigu à la lune, mais qu'on a aussi adopté l'ordre inverse.

De sa discussion résulte le tableau suivant (§ 282), auquel nous ajoutons la notation moderne.

Planètes	Voyelles	Notes musicales grecques	
Saturne	Ω	Hypate des moyennes	[*mi*
Jupiter	Υ	Parhypate	*fa*
Mars	Ο	Lichanos	*sol*
Soleil	Ι	Mèse	*la*
Vénus	Η	Trite des conjointes	*si* ♭
Mercure	Ε	Paranète	*ut*
Lune	Λ	Nète (2)	*ré*]

Mais pourquoi, dans ce tableau, a-t-il attribué la première voyelle à la note la plus aiguë ? Il ne le dit pas. Voici le passage où il pose ce principe (§ 256) : « Quo factum est ut Saturno (literæ Ω) sonum acutissimum, lunæ autem (literæ Λ) gravissimum adscriberent (Voss. nat. art. 3, 20, 3 ; Opp. III, p. 89) » (3). Je comblerai cette lacune, dans un moment, en rendant compte de mes propres recherches.

Il est à peine utile d'ajouter que Kopp n'a pas manqué de mettre à profit les passages cités plus haut de Démétrius & de Nicomaque. On est confondu, pour le dire en passant, à la lecture des centaines de références accumulées par cet érudit peu connu, dans son chapitre concernant la présence des voyelles sur les amulettes ; & pourtant ce luxe de renvois aux sources ne

(1) *Pal. crit.*, § 255. D'après [Hammer] *Fund-Gruben des Orients*, III, 84 f.
(2) Voir sur le rapport des sons aux planètes la longue note de Bellermann, (*Anonymi scriptio de Musica*, Berolini, 1841, in-4°, p. 89.) — Voir aussi K. von Jan, *Die Harmonie der Sphæren*, (Philologus, t. LII, 1.) Th. Reinach, *Rev. des ét. gr.*, 1900, p. 432.
(3) Il dit encore (§ 288) : « Verior mihi illa videtur dispositio quæ in tabulæ nostræ columna [§ 282] ex vocalibus lyræ nervis adscriptis facta est. »

nous éclaire pas d'une manière aussi décisive que certains feuillets des papyrus magiques, inconnus de lui, dont je vais avoir bientôt à vous parler.

En 1843, Aug. Boeckh, en reproduisant, comme on l'a dit plus haut, & en complétant la pierre de Milet, l'a commentée longuement ; mais sa note n'ajoute rien aux notions acquises grâce aux travaux de ses devanciers ; il n'a fait qu'imprimer à leurs conclusions le sceau de sa grande autorité.

L'académicien A. J. H. Vincent, mon maître en matière de musicologie, a reproduit, dans sa *Réponse à M. Fétis* (1), le dessin d'un vase peint antique du Musée de Berlin où figurent quatre musiciens, deux citharèdes & deux joueurs de double flûte, & où sur cinq lignes verticales courent des séries de caractères dans lesquels Fétis avait vu des notes musicales, tandis que Vincent croit y reconnaître les quatre voyelles de l'alphabet archaïque A E I O. Ce fut pour lui l'occasion de citer le passage de Démétrius.

Le Mémoire de Parthey sur deux papyrus magiques gréco-coptes, lu à l'Académie des Sciences de Berlin le 13 février 1865 (2), permit enfin d'étendre le champ des études relatives au chant des sept voyelles. Pour la première fois on les voyait figurer sous forme de groupes plus ou moins nombreux dans des textes littéraires, & non plus, isolément, sur une pierre précieuse ou sur une bractée, à titre d'amulette. Ces textes appartenaient à une littérature alchimico-magique & à la philosophie gnostique de la fin de l'empire. Les parties versifiées rappelaient les hymnes orphiques & ceux de Synésius, mais, ajoute Parthey, elles sont sans rapport direct avec eux. Dans son Mémoire il en rapproche les Ἐφέσια γράμματα, ces « lettres éphésiennes », mentionnées par Clément d'Alexandrie (*Strom.*, I, 360), textes étranges où se rencontrent, comme dans les papyrus magiques, des mots sans signification, ὀνόματα ἄσημα, provenant peut-être, avait dit Lobeck (*Aglaophamus*, p. 1330), de la langue des Mages émigrés très anciennement à Éphèse (3).

Aux yeux de Parthey, le caractère musical des sept voyelles grecques est hors de doute. Il relève ce fait que, dans les papyrus qu'il publie, « pendant plusieurs lignes de suite, les formules magiques en voyelles se continuent, & que, d'après un certain mode de permutation, les sons reviennent en séries

---

(1) Réponse à M. Fétis & réfutation de son mémoire sur cette question : « Les Grecs & les Romains ont-ils connu l'harmonie simultanée des sons ? En ont-ils fait usage dans leur musique ? » Lille, Danel, 1850, in-8º. Planches. Extrait de cette publication dans la *Revue archéologique*, XVIᵉ année, 1859-60, avec 1 planche. — Consulté au sujet de ce vase peint & des lettres qui accompagnent les quatre musiciens, M. Edmond Pottier, membre de l'Institut, veut bien me répondre en m'envoyant la bibliographie de la question & en me disant qu'on a depuis longtemps renoncé à déchiffrer ces caractères, considérés aujourd'hui comme des lettres qui sont dépourvues de sens sur ce vase (nº 1686) comme sur beaucoup d'autres. Cette solution négative, adoptée par les céramographes, doit-elle nous ôter tout espoir ? Pour ma part, j'ai peine à m'y résoudre.

(2) *Zwei griechische Zauberpapyri des Berliner Museums*, dans les Abhandlungen der Kön. Akademie der Wissenschaften zu Berlin ; Philol.-histor. Klasse, 1865, p. 109-180. 1866, in-4º.

(3) Voir, dans le *Dictionnaire des antiquités* de Daremberg-Saglio-Pottier, l'article AMULETUM, où est donné un spécimen des Ἐφέσια γράμματα. Cp. WESSELY, *Ephesia grammata*, Wien, 1886.

toujours périodiques & en pauses déterminées. Ces textes, suivant lui, ont
été rédigés dans une période comprise entre le iv⁰ siècle & le viii⁰. Nous y
noterons un exemple (1ᵉʳ papyrus, l. 8 à 19), où les voyelles devaient être
non chantées, mais simplement écrites. Ailleurs (l. 61 & 73) on conseille à
l'initié de célébrer la divinité par le térétisme (τερετίζε τὸν θεόν). Or qu'est-ce
que le térétisme? Dans l'anonyme de Bellermann (§ 92), reproduit & traduit
par Vincent (1), c'est un ornement mélodique assez mal défini ; mais, en tous
cas, le mot τερετίζε du papyrus de Berlin renferme bien l'idée d'une expression
musicale.

Parthey invoque l'autorité de Kopp, mais sans s'expliquer avec précision
sur les groupes de voyelles contenus dans ces deux papyrus ; or on y trouve,
papyrus I, l. 90, un groupe de quatre voyelles ; l. 138, la lettre A est répétée
sept fois ; l. 139, les sept voyelles sont placées dans l'ordre alphabétique ;
l. 227, toute une ligne est composée de voyelles diversement combinées ;
l. 228, autre groupe analogue ; l. 229, quatre groupes, de trois voyelles
chacun, sont précédés du vocatif Κύριε θεέ, ce qui prouve surabondamment
que chacune de ces lettres ne correspond pas, comme le suppose l'abbé
Barthélemy, à une planète déterminée. Ligne 242 surviennent sept groupes de
voyelles conjuguées deux à deux. Enfin, l. 326, huit groupes, les uns de deux,
les autres de trois voyelles, me semblent constituer une véritable mélodie.

Passons au papyrus II : l. 15 & 16, formule en voyelles qu'on doit
prononcer (ou chanter) avant de se coucher. Ligne 12, on trouve λέγεται, &
d'autres textes analogues font précéder les voyelles du verbe λέγειν, comme
ici, ou εἰπεῖν. Or il est facile d'établir que ces verbes, comme le latin *dicere*,
peuvent avoir la signification de *chanter*. Je n'en veux pour preuve que ce
texte que j'ai relevé dans Grégoire le Grand (Lettre IX, Migne, t. 77, p. 956) :
« Kyrie eleison autem nos neque *diximus* neque *dicimus* sicut a Græcis
dicitur, quia in Græcis simul omnes *dicunt* & a populo respondetur & totidem
vocibus etiam Christe eleison *dicitur*, quod apud Græcos nullo modo *dicitur*. »

Dans ce même papyrus II, les lignes 96 & 97 sont remplies par les
voyelles A, E, H, I, O, Y, Ω, répétées respectivement au nombre de 7, 7,
3, 4, 7, 7 & 7 fois. Les lignes 128 à 140 sont en majeure parties occupées
par de nombreux groupes tour à tour binaires, ternaires & quaternaires,
consacrés à Phébus Apollon. Après la ligne 166 vient l'image d'un homme
qui étend les bras & dont tout le corps, y compris les quatre membres, est
couvert de voyelles grecques. Ce dessin rappelle d'une façon frappante celui
que Matter a reproduit, planche IV, figure 7, dans l'album de son *Histoire
critique du gnosticisme* & qu'il explique en ces termes : « C'est l'homme
pneumatique [spiritualisé] qui se met sous la protection des principales
puissances célestes. »

<hr>

(1) *Notices et extraits des manuscrits*, t. XVI, 2ᵉ partie, p. 53 & 223.

En thèse générale, Matter voit dans les voyelles que portent les amulettes une représentation des divinités sidérales. Cette opinion est fort admissible, pourvu qu'on ne l'applique pas exclusivement à tous les cas où figurent les groupes vocaliques, surtout au cas où ces groupes, ainsi que vous pourrez en juger, sont annoncés par le texte qui les précède comme une invocation chantée ; mais n'anticipons pas.

La publication de M. Leemans, directeur du Musée des Antiquités à Leyde (1), a fourni une notable contribution à l'étude historique & technique du chant des sept voyelles grecques. Lorsque, en 1887, grâce à la libéralité du savant égyptologue, ce volume parvint à ma connaissance, je fus frappé du grand nombre de groupes vocaliques répandus parmi les feuillets droits du papyrus W. (J'ignorais alors l'existence de la publication de Parthey.) Naturellement le célèbre passage de Démétrius me revint à la pensée. De plus, traducteur des textes musicaux de Nicomaque, je ne pouvais manquer de me rappeler l'allusion que fait cet auteur aux chants « sans consonnes » des théurges. De là ma dissertation publiée en 1888 sur *Le chant des sept voyelles grecques d'après Démétrius et les papyrus de Leyde* (2). J'y relevai les passages du papyrus W, document gnostico-magique où le texte mentionnait les voyelles & attestait le rôle musical qui leur était assigné.

Qu'il me soit permis de reprendre ici cette discussion. Page 16 du papyrus, ligne 2, on lit : « Je t'invoque, toi qui contiens tout. Et, lorsque tu arriveras aux voyelles, ὅταν δὲ ἔλθῃς ἐπὶ τὰ φωνήεντα, dis ceci, &c. » J'ai montré plus haut que le verbe *dire* peut & doit souvent être pris dans le sens de *chanter*. — Page 5, l. 41 : « Je t'invoque avec les sept voix (3). » Nous avons vu aussi que φωναί est, dans ces textes, synonyme de φωνήεντα, à moins qu'on ne préfère, comme je l'ai fait en 1888, y trouver les sept notes de l'heptacorde, ce qui tend d'ailleurs à la même conclusion.

Par une inadvertance dont je me confesse & que j'ai d'ailleurs expiée en me livrant, inutilement, à un travail assez ardu, je n'avais pas lu dans Ulrich Kopp les pages où il réfute & rectifie l'abbé Barthélemy en ce qui concerne l'ordre attribué aux voyelles dans l'échelle musicale. Seulement Kopp ne pouvait donner, comme je l'ai pu faire avec le papyrus W (p. 16, l. 23), un tableau où l'ordre des sept astres est celui-ci : Saturne, Jupiter, Mars, Soleil, Vénus, Mercure, Lune. Il ne pouvait pas davantage s'appuyer sur cette expression caractéristique (p. 13, l. 11) : τῶν ἀστέρων A E H I O Y Ω. Il n'avait pas, comme moi, à sa disposition, pour établir le rôle musical des

---

(1) *Papyri graeci musei antiquarii publici Lugduni-Batavi.* Regis augustissimi jussu edidit, interpretationem latinam, adnotationem, indices & tabulas addidit C. Leemans. Tomus II. Lugduni Batavorum, apud E.-J. Brill, 1885, in-4°.

(2) *Revue des études grecques*, 1888, p. 38-44.

(3) Cp. p. 1, l. 37 : « γράψεις τὸ μέγα ὄνομα ταῖς ἑπτὰ φωνέαις. » — P. 2, l. 9 : «... τὰς ἑπτὰ φωνάς. »

voyelles, cette phrase décisive (p. 13, l. 11) : « Je t'invoque, Seigneur, par un hymne chanté ; je célèbre ta sainte puissance Α Ε Η Ι Ο Υ Ω Ω Ω », ni cette autre, non moins efficace pour confirmer notre hypothèse (p. 17, l. 28) : « Ton nom composé de sept lettres, suivant l'accord des sept sons qui ont des intonations (φωνάς) correspondant aux vingt-huit lumières de la lune, &c. »

Je me rencontrai avec Kopp, contre Barthélemy, en apportant de nouveaux exemples, pour démontrer que les diverses combinaisons de voyelles, dans le papyrus comme dans l'amulette de Kopp (§ 255), réfutent péremptoirement l'explication d'après laquelle chaque voyelle représenterait toujours une planète. Je faisais ensuite, comme je l'ai dit, le relevé des groupes vocaliques ; & ici je dois un souvenir attendri à mes regrettés amis Ad. Populus & R.-J. Pottier.

Ancien collaborateur musical de M. Vincent, Populus avait entrepris de déchiffrer les groupes que je lui avais signalés & de les transcrire en notation moderne. À l'occasion de notre Congrès, je lui avais demandé de reprendre ce curieux travail, mais il en fut empêché par la maladie qui l'a emporté il y a quelques semaines. R.-J. Pottier s'était promis, lui aussi, de s'associer comme musicien à mes recherches. Il mourut l'an dernier avant de mettre son projet à exécution.

J'ai eu la bonne fortune d'intéresser à cette question M. Élie Poirée, déjà connu par des publications de critique & d'esthétique musicale sur Richard Wagner. M. Poirée saura suppléer à mon insuffisance en matière de théorie & surtout de pratique. Il va vous exposer avec toute la compétence nécessaire les données du sujet soumis à votre appréciation.

Je recherchai ensuite la clef de cette mélodie liturgique, ignorant, comme je viens de le dire, que Ulrich Kopp, dès 1829, l'avait découverte ; mais j'ajouterai, à ma décharge, que mon argumentation, mieux armée que la sienne, serrait de plus près la question. Je rappelai que Nicomaque (p. 6) & d'autres auteurs ont mis en concordance les sons d'une échelle heptacorde correspondant à notre échelle *mi, fa, sol, la, si bémol, ut, ré* (1) avec la série des sept planètes, classées dans le même ordre où les range notre papyrus. J'ajoutai aux témoignages réunis par Kopp celui de Manuel Bryenne (*Harmoniques*, p. 411 & 412). J'aurais pu citer encore l'Anonyme de Madrid que j'ai publié en 1877 (2).

En outre l'*Anecdoton* de Bekker (3) nous donnait la concordance complète des sept planètes & des sept voyelles dans la forme suivante, adoptée conjecturalement par Kopp :

---

(1) Cette échelle est celle que Westphal (*Metrik*³, p. 294) nomme l'heptacorde de la seconde époque.

(2) *Deux textes anonymes concernant le canon musical, publiés et traduits* (dans l'Annuaire de l'Association pour l'encouragement des études grecques, XIe Année, p. 151).

(3) *Anecdota græca*, p. 796.

Saturne	Ω
Jupiter	Υ
Mars	Ο
Soleil	Ι
Vénus	Η
Mercure	Ε
Lune	Α

A la fin de cette même année 1888, je publiai une note additionnelle (1) dont j'avais puisé les éléments dans le papyrus magique de Paris, édité par Carl Wessely, membre de l'Académie impériale des sciences de Vienne (2). Ce manuscrit (3), qui contient 3274 lignes, m'a fourni plus de 130 groupes vocaliques qui ne sont pas tous, évidemment, aptes à former des mélodies, mais parmi lesquels M. Poirée en a distingué un bon nombre se prêtant à cette adaptation.

Je puis en dire autant, aujourd'hui, d'une seconde publication de M. Wessely faite ultérieurement (4), qui rentre dans la même catégorie.

Sous le titre de *Abraxas*, &c. (5), M. le Dr Albert Dieterich a mis en œuvre & reproduit partiellement les documents publiés par C. Leemans & par Wessely ; &, comme un ami lui avait communiqué mon premier travail sur le chant des voyelles grecques, il en a donné une analyse fort exacte, je le reconnais ; puis il a porté sur mes conclusions un jugement que je demande la permission de traduire (p. 42) : « On nous annonce que deux compositeurs de musique, M. R.-J. Pottier & M. le maître de chapelle Ad. Populus vont transcrire en notation moderne tous les groupes de voyelles musicales contenus dans notre document. L'effet comique (die komische Wirkung) que produisit sur moi cette perspective (Aussicht) n'a guère été diminué par quelques essais que j'ai faits en opérant sur plusieurs groupes de voyelles exposés ci-dessus. Il y aura bien çà & là des voyelles non parlées, mais « chantées », & il est certain pour moi que parfois, à la fin d'une prière, des voyelles sont déclamées avec une sorte de modulation... Cette modulation des voyelles est-elle limitée, dans ces textes, à un très petit nombre de groupes, ou bien veut-on voir des

(1) *Revue des études grecques*, année 1888, p. 393-395.
(2) *Griechische Zauberpapyri von Paris und London*, von C. Wessely. Wien, Tempsky, 1888, in-4. (Separatabdruck aus dem XXXVI. Bande der Denkschriften der philosophisch-historischen Classe der Kaiserl. Akademie der Wissenschaften.)
(3) Bibliothèque nationale de Paris, Supplément grec, n° 574. « Nephotis tractatus astrologicus et magicus ad Psammeticum & hymni orphici. » (Papyrus Anastasi n° 1073)... ive siècle. Papyrus, 36 feuillets, 303/120 mm. Moyen. (H. Omont, *Inventaire sommaire des mss. grecs de la Biblioth. nat.*, t. III, p. 278.)
(4) *Neue griechische Zauberpapyri*, von Dr C. Wessely. Wien, Tempsky, 1893, in-4°. (Extr. du susdit recueil, t. XLII.) Voir notamment les pages 39, 47, 60, 70 & 71.
(5) *Abraxas. Studien zur Religionsgeschichte des spaetern Altertums*. Leipzig, Teubner, 1891, in-8°.

compositions (musicales) dans tous les jeux de permutation très transparents? Les groupes A E H I O Υ Ω, E H I O Υ Ω A, &c., qui se répètent continuellement, doivent avoir été des sortes d'exercices musicaux pratiqués dans une académie mystique de chant. Pour le reste, c'est l'affaire de M. le maître de chapelle (1). »

Je ne puis souscrire à la conjecture de M. Dieterich, lorsqu'il voit des exercices d'école dans certains de ces groupes. Ils sont toujours encadrés dans un texte rituel ou magique, ce qui exclut absolument l'idée d'un enseignement même mystique.

Je terminerai, Mesdames & Messieurs, cet historique de la question par un témoignage dont l'autorité ne saurait vous échapper, & qui imprime à ma communication un caractère de grande vraisemblance.

Dans le cours d'un long & substantiel article sur l'*Ennéade* (2) publié par M. Maspero à propos de deux ouvrages allemands concernant la religion égyptienne, le savant égyptologue vient à traiter du rôle important que joue la parole dans le mythe égyptien de la création : « Thot connaissait, dit-il, l'incantation qui convient à créer & à mettre en mouvement chaque dieu... La voix, qui n'était d'abord que le véhicule nécessaire de la formule, devient, par un effort réel vers l'abstrait, l'instrument unique de la création... Chaque formule destinée à agir sur les dieux est rédigée au début en langage humain & contient les noms humains des dieux. A mesure qu'on s'éloigne de l'époque où elle fut composée, le sens s'en obscurcit... Il semble alors que les dieux exigent, pour être touchés, un langage inintelligible au reste des humains... La formule se complique donc d'un galimatias de syllabes & de mots dont les uns sont empruntés à des langues étrangères, & les autres sont formés de toutes pièces avec des sons qui ont l'air de ne pouvoir sortir d'un gosier humain. Parmi ces derniers, les interjections brèves, les voyelles finissent par l'emporter, d'autant plus qu'elles constituaient une véritable notation musicale, marquant la mélopée sur laquelle on devait réciter les passages décisifs. Les invocations où prédominent des séries AAA, EEE, III, &c., sont de véritables évocations par la voix seule, où le son opère sans le secours des mots. C'est là le procédé que Thot employait & que les autres dieux lui empruntèrent. Ils l'avaient connu & emprunté d'ancienne date, puisque plusieurs des textes que j'ai déjà cités plus haut se rencontrent sur des monuments de la XII⁰ dynastie. » (pages 36-37.)

Dans le passage visé (p. 31), M. Maspero avait commenté les textes de Leyde pour ce qui concerne leur corrélation avec la religion des anciens Égyptiens, mise à contribution par les sectes gnostiques, notamment celle de Marcos. Il y relève cette donnée que le son du rire, marqué *hha, hha,* créa

---

(1) Wir müssen das Weitere dem H. Kapellmeistern überlassen (p. 43).
(2) *Revue de l'histoire des religions,* année 1892, p. 1-48.

les dieux ; puis, après le rire souvent répété, le sifflement ; puis, après le sifflement, le clappement des lèvres (ποππυσμός) ; puis, après le clappement des lèvres, les trois notes musicales I A Ω (1), sans signification dans le langage des hommes. Les Marcosiens, qui doivent tant au mysticisme païen de l'Égypte, lui ont emprunté aussi la conception de la création par la voix. (p. 33) (2).

Ces citations rendent quelque gravité à notre sujet, un moment égayé par la douce ironie de M. Dieterich ; mais elles étaient nécessaires pour vous montrer, Mesdames & Messieurs, que l'égyptologie n'aura pas étudié sans intérêt ni sans profit la partie musicale des papyrus gnostico-magiques, partie sur laquelle j'ai voulu attirer une fois de plus (3) l'attention des musicologues.

C. E. RUELLE.

(1) Le caractère musical de la formule IAΩ a été démontré en 1803 par ce passage du papyrus 121 de Londres (Wessely, *Neue gr. Zauberpap.*, p. 39) : Ἀιδὸυ κχλῶ IAΩ.

(2) Voir la thèse doctorale de M. Amélineau intitulée : *Essai sur le gnosticisme égyptien, ses développements & son origine égyptienne*. Paris, Leroux, 1887, in-4°.

(3) La Société des compositeurs de musique avait bien voulu m'inviter, en 1893, à faire une communication que j'ai lue dans sa séance publique du 12 février de cette même année « Sur divers documents de musique grecque ». Dans ce court « Entretien » suivi d'auditions vocales avec accompagnement de dix mandolinistes dirigées par MM. Cottin, je mentionnai successivement 1° le morceau de papyrus conservé à Vienne & contenant un fragment musical de l'*Oreste* d'Euripide, 2° l'inscription funéraire de Tralles (aujourd'hui Aïdin), & enfin 3° le chant des sept voyelles grecques, sujet que je viens de traiter principalement au point de vue historique.

CHANT DES SEPT VOYELLES

ANALYSE MUSICALE

Interprétées comme documents musicaux, les formules, qui, dans les papyrus magiques, sont basées sur les combinaisons des sept voyelles, offrent différents caractères que nous allons signaler & qui, à notre avis, viennent confirmer la thèse précédente, à savoir qu'il s'agit bien ici de notes musicales.

A vrai dire, au premier abord, ce sont des documents d'une nature fort étrange. Diversement groupées par deux, trois, quatre voyelles ou plus, espacées simplement ou séparées par un point, — la réunion par trois restant la plus fréquente, — les formules ont, dans leur réalisation musicale, un aspect incohérent qui justifie l'opinion de M. Dieterich, rappelée par M. Ruelle. Ces groupes sonores sont loin, en général, de ressembler à des mélodies ; ils n'ont pas l'allure d'une mélopée antique ou d'une psalmodie religieuse ; l'audition de la plupart d'entre eux nous cause une sensation désagréable, nous laisse l'impression d'une suite de sons assemblés au hasard ou par le jeu de combinaisons capricieuses.

Mais sur cette première impression devons-nous déjà conclure ? Si nous examinons attentivement les formules, nous apercevrons bientôt qu'il y a un certain ordre dans ce désordre apparent, que cette bizarrerie est un effet voulu, cherché ; &, si nous poussons plus loin l'analyse, nous découvrirons que le sens musical des formules a été masqué le plus souvent par un artifice singulier, assez inattendu, mais explicable dans des œuvres émanées de la magie.

Faisons donc cette analyse, ou plutôt, prenons-en les traits essentiels. Nous rechercherons d'abord quels sont les éléments purement techniques qui figurent dans ces formules ; nous verrons ensuite comment il en a été fait emploi.

L'ambitus des formules magiques est celui de l'heptacorde allant de *ré* aigu à *mi* grave, présentant la série de sept sons diatoniques, *ré, ut, si♭, la, sol, fa, mi*. C'est l'heptacorde de la lyre primitive, de la lyre d'Hermès avec ses deux tétracordes conjoints, *ré la, la mi,* tétracordes d'espèce dorienne, ayant le demi-ton à l'extrémité, *ré ut si♭ la, la sol fa mi*. Dans ce système qui, pour la théorie ancienne, correspond au système conjoint, le *ré*, le *la* & le *mi* sont les trois cordes stables qui limitent les tétracordes ; le *la*, à égale distance des deux points extrêmes, peut être regardé comme faisant fonction de la mèse, le *mi*, comme une hypate méson, le *ré*, comme une nète des conjointes. Nous nous trouvons donc en présence d'une manifestation d'art remontant vraisemblablement à une haute antiquité, d'une gamme complète qui contient sept sons différents provenant de la division d'une octave, & se suivant méthodiquement.

Les intervalles qu'expriment les formules sont tous ceux qui peuvent se rencontrer dans cette gamme de sept sons.

Nous trouvons donc, dans l'ordre descendant ou ascendant : les deux demi-tons, *si*♭ *la*, *fa mi*, les combinaisons de *si*♭ & de *la* étant de beaucoup les plus fréquentes ; — les tierces majeures, *la fa*, relativement fort peu employées, & *ré si*♭ ; — les trois tierces mineures, *sol mi*, *si*♭ *sol*, *ut la* ; — les deux quintes, *fa ut*, *ré sol* ; — les deux sixtes, *ut mi*, *ré fa*, intervalles assez usités.

Mais ce qui domine en ces phrases à structure harmonique, ce sont les quatre quartes justes, *ré la*, *ut sol*, *si*♭ *fa*, *la mi* ; la quinte diminuée *si*♭ *mi* ; la septième *ré mi* ; cette septième revient constamment au cursus où elle se combine soit avec la quarte juste, *ré mi la*, *la ré mi*, soit avec la quinte diminuée, *ré mi si*♭, *si*♭ *mi ré*, &c.

De tels groupements contribuent en une large mesure à donner aux formules un caractère antimélodique, une allure bizarre & incohérente. En effet, si les phrases à structure systématiquement harmonique sont en général peu mélodieuses, cet effet est d'autant plus marqué, lorsque les combinaisons successives des intervalles dans la mélodie, au lieu d'exprimer un accord véritable, — *ut mi sol* par exemple, — sont, comme au cas présent, d'autant plus éloignées de l'harmonie naturelle, & qu'en outre ces groupements dissonants en eux-mêmes, bien qu'ils soient entendus successivement, n'ont aucune résolution & par suite aucune justification de leur emploi.

Exemple : *mi la ré*, ou *mi si*♭ *ré*, représentent des aggrégations dissonantes arpégées, auxquelles aucune suite harmonique n'est donnée.

Les dessins que l'on obtient au moyen de ces divers intervalles se répartissent en groupes sonores nettement séparés dans l'écriture ; il y a là un procédé qui n'est pas sans analogie avec les neumes du plain-chant, espacés de la même façon, qu'il s'agisse de la déclamation syllabique, où le groupe est constitué par l'ensemble des syllabes d'un mot, ou du chant orné, des traits de jubilation où cette même disposition se rencontre.

Dans la succession des groupes, nous reconnaissons les procédés dont les musiciens se servent instinctivement pour construire une mélodie; nous trouvons aussi certaines ordonnances symétriques poussées à l'excès.

Le même groupe est répété immédiatement, ou çà & là dans le cours d'une même formule.

Les mêmes notes se répètent, mais dans un ordre différent.

Par exemple, étant donné le groupe ΙΑΩ, nous avons, en changeant les sons de place, six combinaisons possibles :

ΙΑΩ ΩΑΙ ΑΙΩ ΑΩΙ ΩΑΙ ΩΙΑ

De même :

ΑΙΗ, ΗΙΑ, ΙΑΗ, ΗΙΑ, ΗΑΙ, ΑΗΙ, &c.

De ces arrangements il résulte parfois une disposition qui mérite de fixer notre attention & qui, dans l'étude du contrepoint, est appelée contrepoint à l'écrevisse. C'est une sorte d'*anagramme musicale, pouvant se lire dans les deux sens*, de gauche à droite ou de droite à gauche. Les anciens maîtres contrepointistes s'amusaient volontiers, dans les exercices de l'école, à écrire, au moyen de cet artifice, des canons rétrogrades.

Voici des exemples tirés des formules.

Le premier exemple est une anagramme sur ΙΑΩ dont on épuise les six combinaisons possibles :

Exemple I.

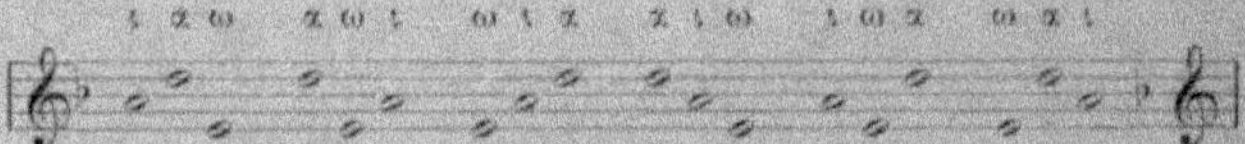

Papyrus de Paris, ligne 1040, reprod. l. 1043.

Le second exemple est composé avec ΙΑΗ :

Exemple II.

Papyr. de Paris, l. 465.

Souvent l'anagramme dans une formule étendue ne porte que sur un petit nombre de notes ; on en trouve de nombreux exemples.

Une autre espèce d'anagramme mérite d'être signalée à cause de la disposition des intervalles allant progressivement en diminuant & en augmentant :

Exemple III.

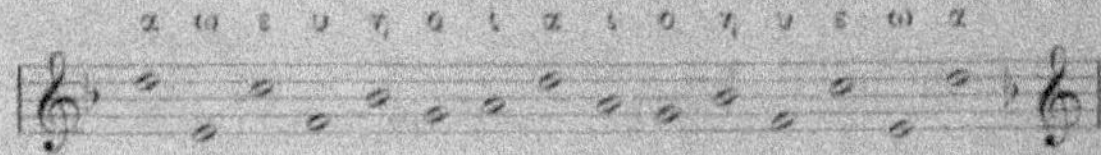

Papyr. de Paris, l. 1183.

Cf. Papyr. W de Leyde, page 20, ligne 18 (légères variantes),

l. 25 incomplètement (ce qui parait être un oubli du copiste).

Nous trouverons enfin un exemple d'anagramme encore plus remarquable dans le chant de l'amulette, décrit ci-dessus par M. Ruelle.

Les notes répétées sont très fréquentes. Quel était leur mode d'exécution, nous l'ignorons. Il est vraisemblable de croire que ces notes avaient un mouvement rapide, qu'elles correspondaient à une sorte de tremblement de la voix, à une espèce de vibration appelée probablement *térétisme*; en effet un des papyrus de Berlin présente la locution τερέτιζε τὸν θεόν qui nous paraît s'appliquer à ce procédé musical.

Citons seulement ici les formules ΑΗΩ, ΙΑΩ avec une répétition systématique par trois.

Exemple IV.

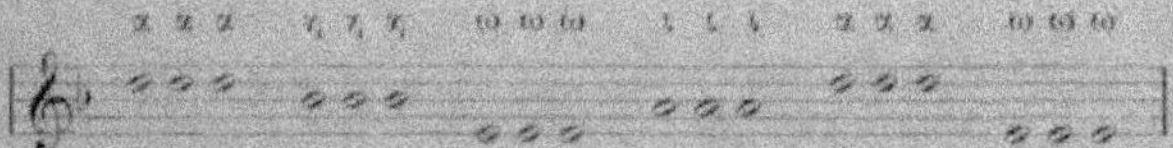

Papyrus W de Leyde, page 2, l. 34, reprod. page 4, lignes 16 & 19.

La gamme heptacorde a un rôle important dans les dessins des formules où elle prend diverses dispositions :

Gamme descendante énoncée complètement, *ré ut si♭ la sol fa mi* :

> Papyr. W de Leyde, p. 5, l. 41; p. 18, l. 17, &c...
> Papyr. de Paris, l. 919, l. 2201, l. 2354, &c...
> Papyr. de Berlin, l. 16...
> Etc...

Gamme énoncée d'abord complètement, puis partiellement, & reprise avec le même système dans l'ordre inverse :

Exemple V.

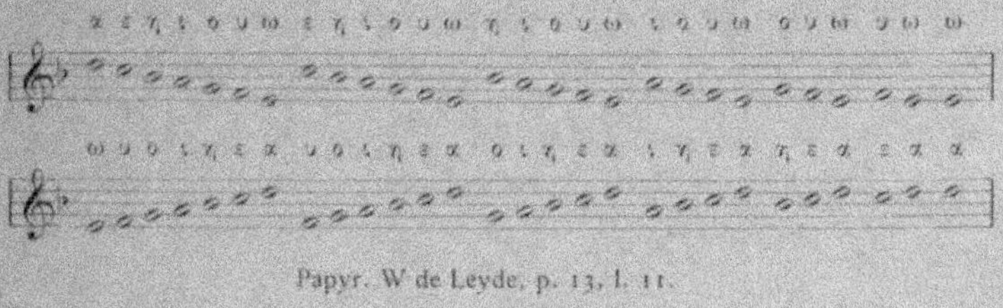

Papyr. W de Leyde, p. 13, l. 11.
»   »   »   »   p. 14, l. 34.

Gamme descendante compliquée d'une sorte de térétisme, de notes répétées en progression arithmétique croissante :

Exemple VI.

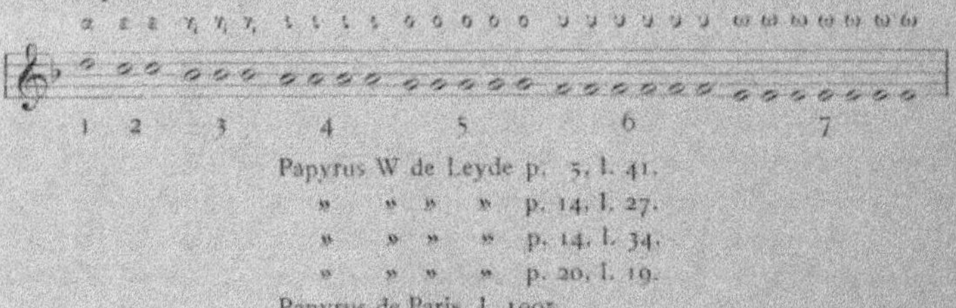

Papyrus W de Leyde p.   5, l. 41.
  »   »   »   » p. 14, l. 27.
  »   »   »   » p. 14, l. 34.
  »   »   »   » p. 20, l. 19.
Papyrus de Paris, l. 1005.

Gamme descendante, ayant son point de départ successivement sur chacun des sept sons, complétée à l'aigu, offrant également des notes répétées, des redoublements d'une portion de la gamme :

Exemple VII.

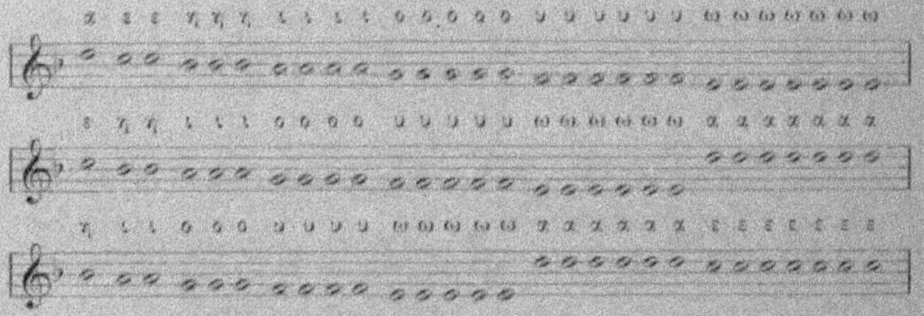

&c... en continuant par O, Υ, Ω.

Papyr. W de Leyde, p. 19, l. 21.

Exemple VIII.

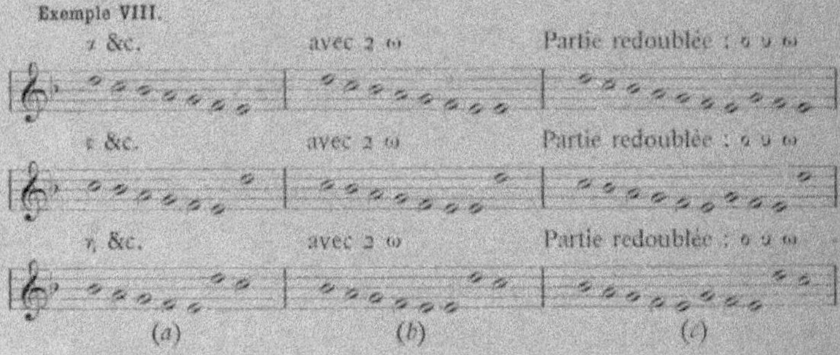

Et en continuant par Ι, Ο, Υ, Ω, avec la triple disposition que nous indiquons (a, b, c).

Papyr. W de Leyde, p. 20, l. 30.

Cf. Inscription du théâtre de Milet (gammes disposées en a) & Bractée en or mentionnée par P. Merula dans la *Cosmographia generalis* (gammes disposées en a, montantes & descendantes).

Pour compléter cet aperçu des éléments techniques des formules, il nous faudrait parler de leur rythme. A cet égard nous n'avons aucune indication, comme il arrive d'ailleurs dans tous les documents de musique ancienne qui nous sont parvenus jusqu'ici. Chaque groupe de notes était-il séparé dans l'exécution, observait-on une pause entre la dernière note d'un groupe & la première note du groupe suivant? Le groupe ternaire par exemple représentait-il une mesure à quatre temps, trois noires & un silence, ou, en augmentant la durée de la dernière note, deux noires & une blanche?

Nous pourrions supposer au contraire que le rythme était continu & que la première note d'un groupe indiquait l'ictus principal d'une mesure ; mais cet espacement des notes n'offre pas de régularité ; de plus les mêmes combinaisons de voyelles sont groupées différemment, quand elles se répètent dans les papyrus. Le point en haut, qui tantôt figure, tantôt est omis entre les groupes, reste pour nous jusqu'ici une indication dont nous ne saisissons pas la portée. Dans la reconstitution musicale de ces voyelles, nous avons pris le principe d'un cursus égal, pouvant être interprété librement.

Tels sont les matériaux & les principaux procédés de construction qui ont été mis en œuvre ; cherchons maintenant quel parti, au point de vue musical, en ont tiré les magiciens du second siècle, l'auteur de la Monade & ses disciples, gnostiques ou autres, héritiers & continuateurs de pratiques sans doute fort anciennes, — le choix de l'heptacorde primitif en est la preuve, — mais peut-être arrangées à une mode nouvelle.

L'étude de l'ensemble des formules révèle deux caractères différents, l'un essentiellement musical, l'autre magique ou hiératique. Ces deux caractères apparaissent quelquefois séparément, ce qui nous a permis de les découvrir & de les distinguer ; d'autres fois ils sont si intimement mêlés que l'analyse en devient fort difficile ou moins sûre. Il semble résulter de nos recherches que la grande majorité des formules constatées sur les papyrus, les amulettes & autres monuments, est issue d'un seul type mélodique, ou de deux types très voisins l'un de l'autre, quelque chose comme un *leit-motiv*. Un leit-motiv au deuxième siècle ! Cette apparition est un fait curieux à constater pour l'histoire de la musique, pour celle des innovations en matière d'art.

Le plus important des deux thèmes organiques est le thème de l'amulette, celui que Kopp donne intégralement dans sa *Palæographia critica* & dont nous retrouvons principalement le début dans les papyrus magiques. Le voici dans son entier :

Exemple IX

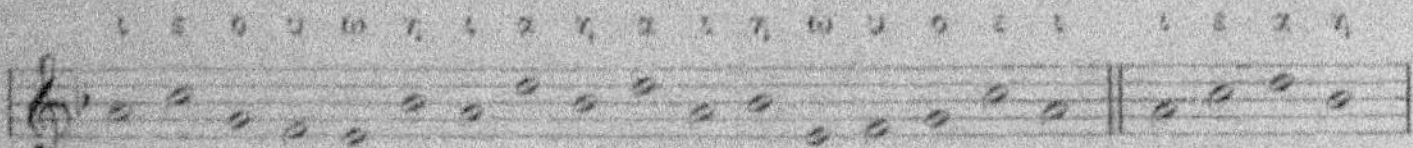

Korr, *Palæographia critica*, t. III, §. 255.

La première phrase de ce thème est construite à la façon d'une anagramme se lisant dans les deux sens ; elle apparaît *intégralement dans les papyrus magiques ;* elle constitue une des formules (Papyrus de Paris, l. 1130), avec une transposition de notes, Η Ω au lieu de Ω Η, ce qui est évidemment le fait d'une inadvertance de copie, car l'anagramme serait fausse :

Exemple X.

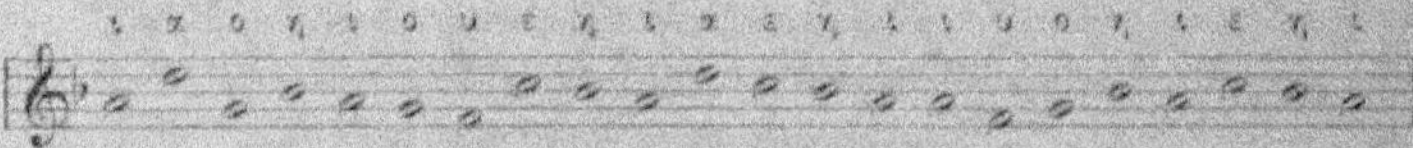

Reproduite un peu plus loin, ligne 1207 avec la même faute.

Nous retrouverons bientôt ce thème plus ou moins modifié.

L'autre mélodie organique est moins importante, le style en est le même, l'allure, semblable ; en voici une reconstitution approximative (1) :

Exemple XI.

D'où proviennent ces deux mélodies si franches &, on peut bien ajouter, fort agréables à entendre ? Elles n'ont pas l'accent plaintif de la musique grecque, du moins des quelques fragments qui nous sont parvenus jusqu'ici de cette musique. Le mode majeur du ton de *fa* s'y affirme avec une netteté remarquable, la mèse & l'hypate de l'heptacorde ont bien plutôt les fonctions, la première d'une médiante *(la)* appartenant au groupe de la tonique dans le système moderne *(fa la ut)*, la seconde d'une sensible *(mi)* faisant partie du

____

(1) Cette reconstitution est faite d'après plusieurs formules (entre autres Papyr. de Paris, l. 1011, légèrement simplifiée) ; elle n'a donc pas ici une forme définitive, mais elle figurait évidemment comme l'autre thème sur quelque amulette.

groupe de la dominante qui est majeur *(ut mi sol)*. Il en résulte des mouvements de cadence d'aspect tout à fait moderne. Ces mélodies ne seraient-elles pas venues de l'Orient mystérieux, & cette origine même ne leur donnerait-elle pas une sorte d'investiture religieuse, sacrée ou mystique ?

Les formes correspondant au second caractère, caractère purement magique ou hiératique, sont constituées par des groupes sonores, sans caractère mélodique & dont la plupart ont été puisés dans les mélodies types. Quelques-unes d'entre elles ont un sens symbolique assez facile à déterminer.

Telle est la combinaison IAΩ que nous avons déjà analysée, & qui donne lieu à des sous-combinaisons, IA, AΩ, ΩI. Ces trois voyelles (1) sont, comme nous l'avons dit, les trois cordes stables de l'heptacorde ; elles délimitent le système, elles le caractérisent ; par analogie, elles représentent, dans les papyrus, en tant que symboles, l'universalité des choses, le dieu créateur, le maître tout-puissant, ce qui est au commencement, au milieu & à la fin de tout. Elles représentent aussi pour l'être humain les pieds, le milieu du corps, la tête ; pour l'univers certaines planètes (d'un côté, la Lune, au milieu le Soleil, &, à l'autre extrémité, Saturne), ou encore certaines directions (l'Orient, le Couchant, le Ciel ou le Zénith). Et d'ailleurs de telles analogies, dans des conceptions aussi vagues, peuvent se multiplier aisément.

Les sept sons de la gamme heptacorde, énoncés diatoniquement, — ce qui, nous l'avons vu, se produit très fréquemment, — ont également, au point de vue magique, un pouvoir expressif très analogue. Les évocations, les prières, aussi bien que les louanges à la divinité, trouvaient, en prenant toutes les formes phonétiques des voyelles, tous les sons d'un système musical complet (qui est ici l'heptacorde de la lyre primitive), un grandissement, une amplification, une vertu plus large, plus efficace. C'était appeler le dieu, le louer ou l'adorer sur tous les tons, sous toutes les formes & de toutes les manières.

En d'autres cas la gamme indique, comme la précédente formule, des gestes orientés, combinés entre eux, & chaque note, en tant que point de départ d'une gamme, représente un geste différent. D'après le diagramme placé en tête de la page 19 du papyrus W de Leyde, A correspond à l'Orient, E au Septentrion, H au Midi, I à l'Occident, O à la Terre, Υ à l'Air, Ω au Ciel. Mais le texte qui suit, où se trouvent les gammes à notes répétées de l'exemple VII, donne pour certaines notes des interprétations différentes (E Terre au lieu de Septentrion, Υ Ciel au lieu d'Air, Ω Ciel au lieu de Septentrion...). Ces contradictions doivent vraisemblablement être imputées au copiste qui paraît avoir transcrit ce passage avec beaucoup de négligence ; ainsi une des sept gammes évocatrices a été omise & ajoutée, après coup, au bas de la page.

(1) Ces trois voyelles IAΩ ont été l'objet de nombreuses interprétations ; nous ne les considérons ici qu'en tant que notes musicales.

Quant aux autres combinaisons douées également d'une puissance surnaturelle & dont l'énumération serait fastidieuse (A Η Ω, Ι Α Η, &c... &c...), l'ingéniosité des magiciens leur apportait sans doute d'autres interprétations dont le sens nous échappe, leur déléguait un pouvoir puisé dans des analogies plus ou moins lointaines, réalisé par la voix seule, par les sons, par les mouvements des lèvres & les contractions du gosier.

Au milieu de cette mise en scène complétée par des gestes, par des accessoires, par tout l'arsenal d'un magicien bien monté, à travers ces formules hiératiques, *bizarres* comme les *mots* prononcés par l'initié avant ou après la partie chantée, nous retrouvons, ainsi qu'un fil conducteur, les thèmes magiques, celui de l'amulette principalement.

Si ce thème de l'amulette est quelquefois énoncé entièrement dans sa première phrase (1), le plus souvent il n'apparaît que très fragmenté, défiguré par des notes intercalaires qui en modifient l'allure, brusquement interrompu par des formules, par des groupes incohérents.

Voici quelques exemples de ces fragmentations ou de ces modifications :

Exemple XII.

Papyrus V de Leyde, col. 10, ligne 24 chaque groupe répété quinze fois.

Exemple XIII.

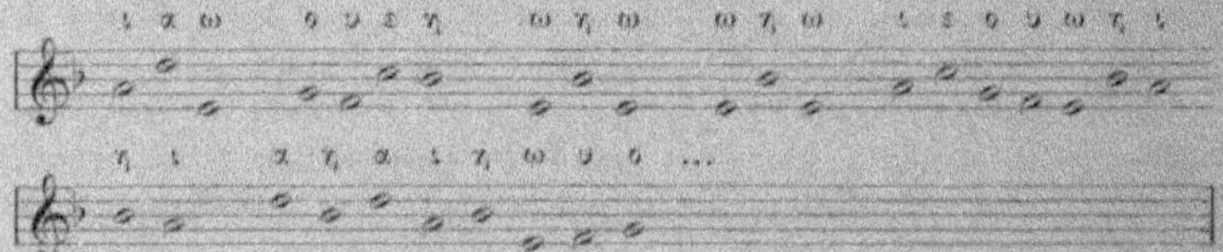

Papyrus V de Leyde, col. 6, l. 14.

Exemple XIV.

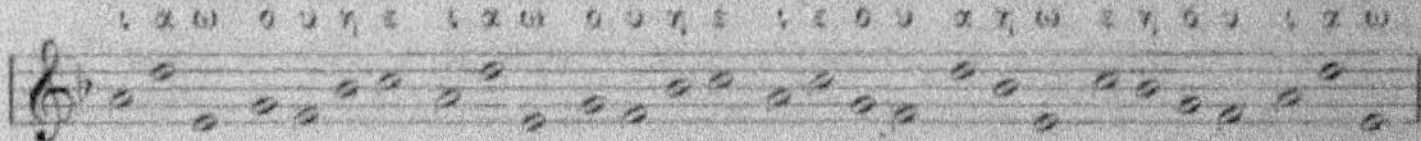

Pap. W de Leyde, p. 18, ligne 27. Le début du thème apparaît au milieu de la formule [IEOY]. Cf. 2e Papyrus de Berlin, l. 16.

Avec des notes intercalaires :

Exemple XV.

(1) Le troisième membre de phrase de ce thème se trouve également reproduit *en entier*, & avec quelques légères modifications, p. 20, l. 25 du papyrus W de Leyde.

Papyr. W de Leyde, p. 19, l. 14.

Voici maintenant quelques autres exemples relatifs à l'emploi du second thème, nous y retrouvons les mêmes procédés d'arrangement, d'interpolation d'éléments étrangers à la mélodie elle-même; quelques groupements pourraient être attribués également au thème de l'amulette.

Exemple XVI.

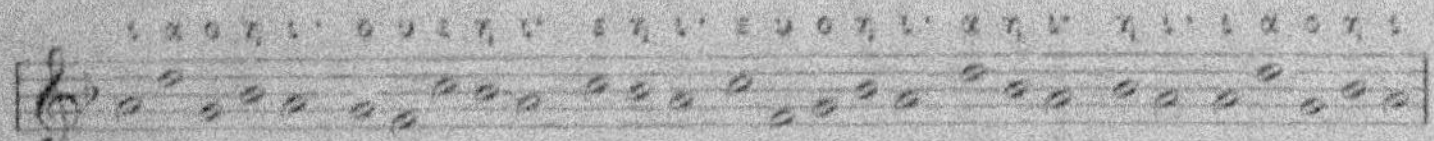

Papyr. de Paris, l. 1011.

Exemple XVII.

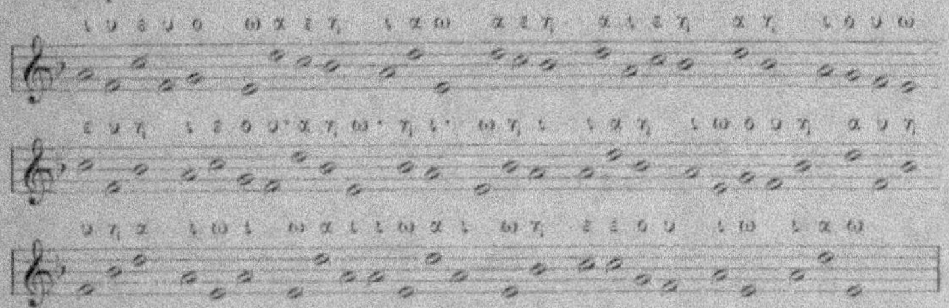

Pap. W de Leyde, page 20, l. 2.

Exemple XVIII.

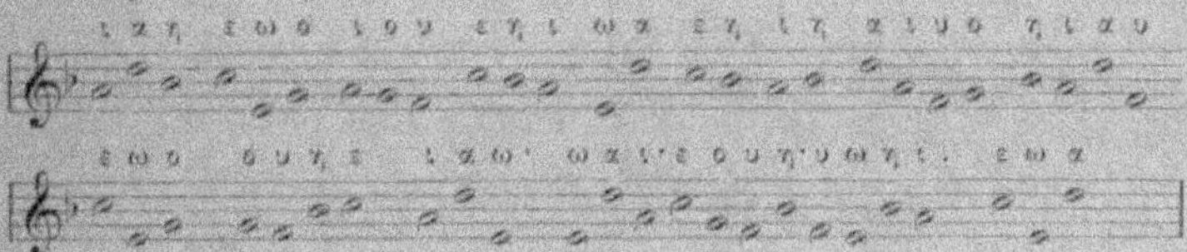

Pap. W de Leyde, p. 19, l. 17.
(Le thème de l'amulette est très reconnaissable à la fin de cette formule.)

Exemple XIX.

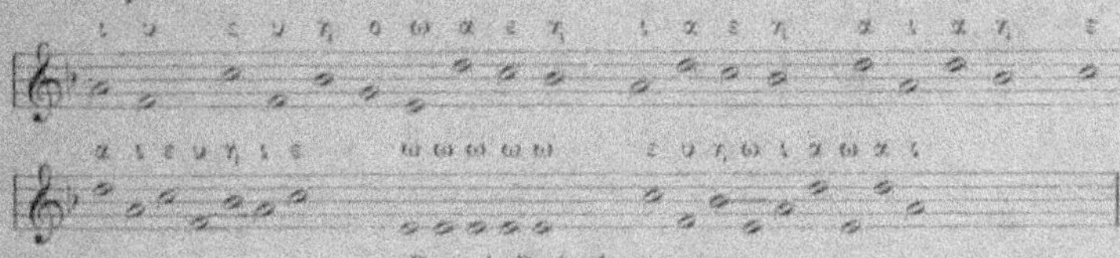

Pap. de Paris, l. 953.

Remarquer la répétition du groupe, *ré ut si♭ la*, et la suite de quintes, *ré sol, ut fa*, ou *ut fa, si♭ mi*, qui fait comme un *accompagnement* au groupe de notes, *ré ut si♭ la*, ou *ut si♭ la*.

A côté de ces formules assez claires, il en est d'autres, difficiles à analyser & qui probablement ont été tirées, çà & là, très librement, des membres de phrase du thème de l'amulette moins caractérisés que l'initium, & par suite moins aisés à reconnaître, quand ils sont modifiés. Il faut observer en outre que nous avons pris plusieurs fois le copiste en flagrant délit d'erreur, & il n'y a aucune invraisemblance à croire que certaines de ces formules, à l'aspect de rébus peu déchiffrables, n'ont pas un texte exact & qu'une revision plus attentive, plus complète que la nôtre, y révélerait bien des fautes, & parviendrait peut-être à en éclaircir le sens musical.

En résumé, de l'analyse très documentée de M. Ch.-Émile Ruelle qui a bien voulu me demander ma collaboration pour cette étude, des quelques observations que j'ai pu faire à mon tour, nous pouvons conclure avec une quasi-certitude que les papyrus magiques contiennent des phrases musicales & que les groupes de voyelles étaient chantés. La musique, si bizarre que fût son emploi, avait donc elle aussi un rôle, & un rôle important, dans les cérémonies gnostiques, dans les opérations de magie. Seulement, comme les autres parties de l'incantation, elle s'entourait de mystères, elle dérobait aux profanes sa véritable signification pour mieux garder le secret de l'œuvre qui était censée s'accomplir. Et devant ces papyrus, devant ces grimoires offerts à notre patiente curiosité, un souvenir s'éveille involontairement en moi. Je songe à la délicieuse partition de la *Flûte enchantée*, à la mélodie simple & gracieuse que joue Pamino, qui lui permet de vaincre ses ennemis, de triompher des éléments conjurés contre lui ; & je pense que jadis, sur les rives ensoleillées du Nil, pour retrouver, pour conquérir sa Pamina, quelque Pamino modula sur la flûte, en guise de précieux talisman, le thème de l'amulette ; c'était à l'époque de Marcos le gnostique & de ses disciples, mais Mozart, le divin Mozart, n'était pas là.

ÉLIE POIRÉE.

LE GENRE ENHARMONIQUE DES GRECS

Le genre enharmonique des Grecs nous est aujourd'hui complètement étranger : les quarts de ton qui le caractérisent n'existent pas dans notre musique, & choquent notre oreille. Passe encore pour un quart de ton isolé : on peut admettre par exemple qu'une sensible soit rapprochée de la tonique au point que le demi-ton se trouve réduit de moitié ; mais on trouve dans le genre enharmonique deux quarts de ton successifs, qui font suite à un intervalle de tierce majeure : la gamme dorienne enharmonique a la forme suivante :

(Tétr. disjoint)
    Mi Ut Si * Si   (Tétr. moyen)   (Tétr. inférieur) (Son ajouté)
(Tétr. conjoint)   La Fa Mi* Mi Ut Si * Si   La
    Ré Si b La *

Rien, dans notre musique, ne ressemble, même de loin, à une pareille échelle ; or nous savons, d'autre part, que le genre enharmonique a rempli de son nom la période archaïque & la période classique de la musique grecque, qui font en tout un espace de trois siècles, du viii⁰ au v⁰. Le chromatique est une nouveauté qui ne s'est introduite dans la musique sérieuse que vers le milieu de ce long intervalle de temps ; quant au diatonique, il ne fait pas parler de lui avant Aristoxène ; il doit exister, mais son rôle est effacé, les théoriciens ne l'étudient pas, sans doute parce que les musiciens savants de l'époque ne le tiennent pas en haute estime : les honneurs & le succès vont à l'enharmonique. Mais la fortune & la mode ont de justes retours : après le v⁰ siècle, le genre favori des contemporains de Périclès & de Sophocle tombe brusquement dans l'oubli ; plusieurs musiciens même se refusent à l'admettre & sont, pour ce crime de lèse-beauté, vivement tancés par Aristoxène. L'histoire du genre enharmonique ressemble, on le voit, à celle de plus d'un peuple & de plus d'un art : après la grandeur, la décadence ; mais les causes de cette grandeur & de cette décadence sont assez mal connues de nous : je voudrais essayer de les démêler d'après les indications des auteurs anciens.

I

Le genre enharmonique n'est pas sorti tout formé du cerveau d'un inventeur : c'est ce que les théoriciens grecs eux-mêmes étaient forcés d'admettre, parce que les mélodies enharmoniques primitives existaient encore au v° & au iv° siècles. Aristoxène (1) distingue deux époques dans l'histoire du genre & met fort nettement en lumière le caractère commun à l'une & à l'autre : « Il y a, dit-il, un genre de musique où la deuxième note du tétracorde moyen doit former avec la première un intervalle de tierce majeure ; & loin d'être la plus méprisable, c'est, à mon sens, la plus belle ; voilà ce qu'ignorent la plupart des musiciens d'aujourd'hui,... mais ce que savent bien ceux qui sont familiers avec les œuvres de style ancien de la première & de la deuxième époque. » Il faut suivre cette indication, & étudier séparément l'enharmonique primitif & l'enharmonique développé.

L'enharmonique primitif est celui d'Olympos. Ce personnage se perd pour nous, & s'évanouissait déjà pour les Grecs, dans les brumes d'un passé fabuleux. Les biographes ne nous donnent à son sujet que des généalogies de fantaisie dont nous n'avons pas à nous embarrasser : nous ne voyons dans ce nom, avec M. Reinach, « que l'étiquette collective des aulètes myso-phrygiens qui se répandirent en Grèce à partir du viii° siècle & y apportèrent la double flûte & un répertoire liturgique ». C'est à ces joueurs de flûte asiatiques que les anciens s'accordaient à attribuer les premières mélodies enharmoniques : telle est, d'après Aristoxène (2), l'opinion des musiciens, telle est aussi celle d'Héraclide de Pont (3). On peut remarquer d'ailleurs que le genre enharmonique devait partager les destinées de la flûte : cet instrument jouit d'une faveur croissante jusqu'aux dernières années du v° siècle, qui le virent passer de mode. Les mélodies d'Olympos étaient des nomes aulétiques, c'est-à-dire des airs religieux pour flûte seule ; les auteurs grecs leur donnent parfois le nom spécial de σπονδεῖα (4) : ce mot, dérivé de σπονδή, libation, semble faire allusion à l'usage liturgique de ces vieux airs ; nous savons d'ailleurs par Plutarque (5) que les libations « réclament la flûte à l'égal de la couronne ». C'est à côté de l'autel que l'enharmonique a pris naissance.

Aristoxène nous donne, sur la constitution de ces vieilles gammes, des détails assez complets, qui malheureusement ont été quelque peu défigurés &

---

(1) *Harmoniques*, p. 23 M.
(2) Plutarque, Περὶ Μουσικῆς, c. 11. Nous désignerons cet ouvrage par les initiales Π.Μ.
(3) Π. Μ., c. 7 : τοὺς νόμους τοὺς ἁρμονικούς.
(4) Textes dans le Π. Μ. de MM. Weil & Reinach, au c. 19.
(5) *Quæst. conv.*, VII, 8, 4.

tronqués par Plutarque. J'ai essayé ailleurs (1) de rétablir & de commenter ce texte : je n'en donne ici que la traduction : « Les musiciens, — ainsi s'exprime Aristoxène, — considèrent Olympos comme l'inventeur du *genre enharmonique* : on ne connaissait avant lui que le diatonique & le chromatique. Ils supposent qu'il fut amené à cette innovation de la manière suivante : comme il pratiquait le genre diatonique, il faisait passer souvent la mélodie du *si* ou du *la* au *fa*, sans s'arrêter au *sol* ; ayant remarqué le beau caractère de ces successions, il construisit à leur image une échelle fixe qui lui parut digne d'être adoptée, & en fit usage dans le mode dorien. Cette gamme ne contenait plus les intervalles propres au genre diatonique ou au chromatique, mais ne contenait pas davantage ceux de l'enharmonique (les quarts de ton). Tels furent les premiers essais d'Olympos dans le genre enharmonique : on considère en effet comme antérieure à toutes les autres mélodies de ce genre la musique liturgique (σπονδεῖον) où aucun des intervalles employés n'a le caractère d'un genre déterminé. » Ici s'ouvre une assez longue parenthèse, où un contradicteur imaginaire est convaincu de son erreur ; cette réfutation, qui devait être triomphante chez Aristoxène, a perdu, dans le résumé de Plutarque, beaucoup de son éclat. Par bonheur, elle n'a pas trait directement à notre sujet. Aristoxène poursuit ainsi :

« En effet les deux quarts de ton successifs du tétracorde moyen (*fa-mi*‑*mi*) dont on se sert aujourd'hui ne semblent pas appartenir au compositeur. C'est ce qu'il est facile de reconnaître lorsqu'on entend jouer un aulète dans le style archaïque : alors le demi-ton du tétracorde moyen lui-même n'admet pas de subdivision. Telles furent les origines de l'enharmonique. C'est ultérieurement que le demi-ton fut divisé dans les airs lydiens & phrygiens. On voit donc qu'Olympos a enrichi la musique d'un genre nouveau, inconnu avant lui : il fut le fondateur de la grande musique hellénique. »

On voit que l'enharmonique primitif est caractérisé uniquement par l'absence du *sol*, deuxième note du tétracorde moyen. En outre, le Phrygien Olympos a employé d'abord & de préférence l'enharmonique dorien ; mais nous savons par ailleurs (2) qu'il s'était également servi (dans le nome d'Athéna) du « phrygien enharmonique », & du lydien, sans doute enharmonique aussi, dans son « chant de deuil sur la mort de Python (3) ».

Les mélodies d'Olympos, grâce à leur usage liturgique, s'étaient conservées : Aristophane(4), Platon, Aristote, Aristoxène les avaient entendues ;

---

(1) *Revue de Philologie*, XXIII, p. 238. J'ai vu depuis avec plaisir que MM. Reinach & Weil s'étaient rencontrés avec moi pour le maintien de ἀλλ' οὐδέ. J'admets leur texte pour le membre de phrase ἐμμελὲς δέ... σύνθετον, & leur interprétation me semble la meilleure possible. Le déplacement de la phrase Τὰ μὲν οὖν... τοιαῦτα ne s'imposait pas. Je persiste à supposer une lacune avant la phrase Ὕστερον δέ.

(2) H. M., c. 33.

(3) H. M., c. 15. Cf. Cl. Al., *Strom.*, I, 16.

(4) *Chevaliers*, v. 9.

& il semble bien qu'ils n'aient pas connu de musique plus vénérable par son antiquité. L'assertion d'Aristoxène, que tout, avant Olympos, était diatonique ou chromatique, semble donc dénuée de preuves; il est bien plus probable au contraire que la gamme défective d'Olympos a précédé les gammes plus complètes des genres chromatique & diatonique. Quant au caractère de cette vieille musique, tous les anciens sont d'accord : elle avait une beauté unique, une puissance d'émotion religieuse qu'on eût vainement cherchée ailleurs : « Que ces airs, dit Platon (1), soient exécutés par un bon artiste ou une mauvaise joueuse de flûte, ils possèdent le don unique de l'enthousiasme religieux ; ils révèlent à elles-mêmes les âmes faites pour le culte des dieux & les mystères; car ils sont eux-mêmes divins. » Les mêmes expressions sont reprises dans le *Minos* (p. 318 B). Aristote, voulant montrer que la musique n'est pas un simple divertissement, mais a des effets moraux (2), ne trouve pas de meilleur exemple que celui des airs d'Olympos : « Chacun reconnaît, dit-il, que ces airs produisent l'enthousiasme. » Aristoxène (3) déclare le style d'Olympos inimitable & inaccessible aux modernes, malgré toutes les ressources de leur art compliqué. Les auteurs qui parlent des σπονδεῖα leur attribuent des qualités du même ordre (4); Denys d'Halicarnasse, en particulier, compare l'éloquence d'Isocrate à la musique grave « des airs de flûte spondiaques, ou des mélodies doriennes & enharmoniques ». Ce rapprochement est à noter.

Tels sont les témoignages des anciens. Ils nous causent, à vrai dire, quelque surprise : on conçoit difficilement que ces joueurs de flûte phrygiens aient cultivé, avant tout autre, le mode dorien, qui est le mode grec par excellence, le seul vraiment grec selon Platon (5); &, quand leurs mélodies appartenaient à leur mode national, troublant & passionné, comment pouvaient-elles convenir au culte des divinités grecques, d'Athéna en particulier ?

Sur ce dernier point il faut nous garder des préjugés : sans doute les aulètes phrygiens qui parcouraient la Grèce étaient d'assez pauvres hères (6), de condition servile, musiciens errants applaudis de la foule & recherchés des poètes pour l'agilité de leurs doigts & la fougue de leur interprétation, vrais tziganes de l'antiquité, mais leur musique nationale valait mieux qu'eux-mêmes : on nous parle (7) à son sujet de « transport » & d' « orgie », mais

(1) *Banquet*, p. 215 C.
(2) *Pol.*, VIII, 5, 5.
(3) H. M., c. 18.
(4) Jamblique, *de Vit. Pyth.*, p. 112. — Sextus Emp., *adv. Mus.*, c. 8. — Denys, *de vi dicendi Dem.*, c. 22.
(5) *Lachès*, p. 188.
(6) Athénée, XIV, 624b.
(7) Platon, *Rép.*, III, p. 399 B. — Aristote, *Pol.*, VIII, 5, 8. — *Probl.* XIX, 48, &c.

aussi d' « extase » & d' « enthousiasme » ; cette dernière expression est même la plus fréquente ; or ne servait-elle pas déjà à dépeindre les effets de la musique d'Olympos.

Platon reconnaît au phrygien un pouvoir persuasif qui le rend également propre à convaincre les hommes & à fléchir les dieux. Certes le phrygien s'est abaissé à d'autres emplois : il accompagnait (1), par exemple, la promenade nocturne du jeune homme qui dérangeait la méditation de Pythagore ; c'est que sa puissance expressive, comme l'a fort bien vu Platon, lui permettait d'exciter tous les sentiments vifs de l'âme, depuis les plus religieux jusqu'aux plus humains ; &, si le philosophe réussit à calmer le jeune énergumène en prescrivant au flûtiste une « modulation en spondiaque », ce n'est pas qu'il y ait eu entre le phrygien & le spondiaque une profonde différence matérielle, une opposition manifeste ; tout au contraire, il devait suffire de fort peu de chose pour changer du tout au tout le caractère de ce mode émouvant & riche. Le phrygien peut donc convenir à la prière ; &, si malgré tout un doute subsiste, si l'on s'étonne qu'Athéna, l'ennemie jurée de la flûte, ait souffert les accents d'un mode apparenté de si près à cet instrument, il faut remarquer que le phrygien de cette époque reculée devait être très primitif, à peine formé, incapable encore de troubler les cœurs. Et cette même observation lève aussi la première difficulté : les mélodies d'Olympos n'étaient, en réalité, pas plus doriennes que phrygiennes ou lydiennes : la distinction de ces modes est l'œuvre d'une époque ultérieure, plus réfléchie, & en possession d'une musique plus développée. Celle du viiie siècle avant notre ère n'avait ni théorie, ni notation ; elle se composait de quelques airs dont chacun comprenait un très petit nombre de notes (2) ; ces airs avaient tous une sorte de noyau commun : la quinte *si la fa mi ;* mais cette étendue était dépassée, tantôt vers le haut, tantôt vers le bas, sans qu'il y ait eu pour cela de règles fixes.

Les théoriciens de l'âge classique essayèrent de réduire ces vagues mélopées à leur système modal ; ils n'y parvinrent qu'imparfaitement, parce que les nomes d'Olympos avaient aussi peu de rapports avec les gammes du ve siècle que le plain-chant avec notre tonalité moderne : Aristoxène est, comme nous l'avons vu, obligé d'admettre qu'Olympos employait tour à tour le lydien, le phrygien & le dorien, ce qui suppose, chez ce vieux maître, une culture musicale & une conscience dans le choix des moyens également invraisemblables. Nous ne cherchons donc pas à déterminer l'échelle du dorien, du phrygien ou du lydien enharmoniques d'Olympos ; ces dénominations ne répondent à rien, qu'à de fugitives apparences, qui donnaient aux musicologues du ive siècle l'illusion tantôt d'une gamme de *mi* en *mi,* tantôt d'une gamme de *ré* en *ré,* ou d'*ut* en *ut.*

(1) JAMBLIQUE, *loc. laud.*
(2) H. M., c. 18.

Quant aux effets extraordinaires de cette musique si rudimentaire, ils n'ont rien qui doive nous surprendre. Ils sont dus d'abord à une qualité que les Grecs désignent par les noms d'ὀλιγοχορδία, « petit nombre de notes », ou de μανότης, « espacement » : l'omission constante du *sol* produit des sauts de tierce majeure ou de triton dont Aristoxène & tous les musiciens grecs sentaient le « beau caractère » : la mélodie prenait ainsi une allure simple, primitive, un peu fruste, & comme une dignité hiératique. Et surtout ces vieux airs ne ressemblaient pas aux airs récents : ils étaient, comme le remarque fort bien Aristoxène, inimitables ; & cela, parce qu'ils ne reposaient pas sur le système modal contemporain ; on avait, à les entendre, des surprises ; le sens, comme celui d'une langue à demi perdue, en était voilé de mystère ; ils demeuraient comme de précieux débris d'un autre âge ; ils étaient tout imprégnés de la poésie du passé.

II

Ces airs religieux, venus du vieil Orient mystique, se transmirent de génération en génération, à l'ombre des sanctuaires, vénérés des fidèles, admirés des musiciens. Mais, en même temps, ils furent le point de départ & le centre d'un riche développement musical ; la plante exotique poussa sur le sol de Grèce de fortes racines & se couvrit de fleurs nouvelles : ce n'est pas là, bien au contraire, un fait unique dans l'histoire de la civilisation grecque : le génie hellénique est peut-être moins remarquable par ses inventions propres que par le parti extraordinaire & vraiment original qu'il a su tirer de ses emprunts ; cette « nationalisation » rapide des éléments étrangers, dont nous pouvons aujourd'hui suivre les progrès pour la peinture, la sculpture & l'architecture, s'est faite également dans l'art musical ; &, quoique les documents soient ici beaucoup plus rares, il est possible d'apercevoir, de loin en loin & comme par échappées, la route suivie par les maîtres musiciens du VIIe, du VIe & du Ve siècle.

Certains d'entre eux empruntent à la musique liturgique des formules rythmiques ou mélodiques qu'ils emploient telles quelles : Thalétas, selon Héraclide de Pont (1), s'est inspiré des airs de flûte d'Olympos, lorsqu'il a employé le péon & le crétique : or Thalétas n'est pas un joueur de flûte : même à la guerre, les Crétois n'employaient que la lyre : il a donc appliqué à l'instrument national une invention des aulètes phrygiens. Stésichore (2), de son côté, emprunte à Olympos son air dit ἁρμάτειος (du char), qu'il insère dans une composition personnelle. D'autres musiciens, dont les noms malheu-

---

(1) H. M., c. 10.
(2) H. M., c. 7.

reusement ne nous ont pas été transmis, ne se contentent pas d'adapter les vieux airs à des paroles nouvelles : ils les tranforment & les enrichissent. L'idée nouvelle, qui peut nous paraître étrange, mais n'en a pas moins son mérite, fut d'introduire une quatrième note dans le tétracorde incomplet d'Olympos, entre le *fa* & le *mi* : la lacune entre le *la* & le *fa*, caractéristique du genre, était ainsi conservée, en même temps que la mélodie gagnait en variété. Le texte d'Aristoxène cité plus haut nous apprend :

1° Que c'est dans le tétracorde moyen que cette division du demi-ton était le plus essentielle ; d'où il faut conclure que le demi-ton *ut-si* fut divisé à son tour, mais plus tard ;

2° Que c'est dans le mode dorien que cette division eut lieu tout d'abord. Il faut rapprocher de cette indication une phrase d'Aristoxène conservée par Clément d'Alexandrie (1) : « Le genre enharmonique convient au mode dorien, le diatonique au phrygien. » Il ne peut s'agir ici de l'enharmonique d'Olympos, où Aristoxène lui-même reconnaît tantôt le dorien, tantôt le phrygien ou le lydien. Il s'agit donc de l'enharmonique perfectionné, avec quarts de ton. Dans le passage de Denys d'Halicarnasse cité plus haut, le dorien est de même rapproché de l'enharmonique & *distingué* du style liturgique.

Il est possible d'expliquer cette affinité particulière. Tant que le demi-ton du tétracorde moyen fut seul subdivisé, le dorien n'eut aucun avantage sur les autres modes : les gammes pouvaient avoir les formes suivantes :

Mi Ré Ut Si La Fa Mi* Mi

Ré Ut Si La Fa Mi* Mi Ré

Ut Si La Fa Mi* Mi Ré Ut

Mais, lorsqu'on inséra un autre quart de ton entre l'ut & le si, la situation changea : si dans la gamme dorienne on supprime le *ré*, pour compenser cette addition, le tétracorde supérieur devient semblable au moyen : la gamme prend ainsi une régularité dont les Grecs durent faire grand cas. Au contraire les gammes phrygienne & lydienne ne se prêtaient pas à cette construction symétrique ; il n'y a pas, dans ces échelles, de place disponible pour un second tétracorde composé d'une tierce & de deux quarts de ton. Le genre enharmonique ne put s'y développer aussi librement que dans la gamme dorienne ; il y pénétra cependant, mais non sans peine ; le mode phrygien surtout était rebelle, car il a pour note extrême le *ré*, dont la symétrie exige la suppression ; priver la gamme de cette note, n'est-ce pas lui enlever son caractère propre, la rendre pareille au lydien ? Aristoxène (2) ne recule pas devant cette opération cruelle : il écrit d'abord la gamme dorienne enharmo-

______

(1) *Strom.*, VI, p. 279.
(2) Cléonide, p. 15 M.

nique parfaite ; & il fait partir les gammes phrygienne & lydienne de la seconde
& de la troisième notes de cette échelle-type :

Mi Ut Si* Si La Fa Mi* Mi

Ut Si* Si La Fa Mi* Mi Ut

Si* Si La Fa Mi* Mi Ut Si*

Aristoxène en parle à son aise ; le genre enharmonique n'existe plus de son
temps ; il peut raisonner à perte de vue sur cette matière morte, & la faire
entrer de force dans les cadres étroits de ses belles classifications ; c'est sur le
cadavre qu'il opère. Mais les musiciens qui écrivaient & exécutaient des mélodies enharmoniques auraient été bien en peine de reconnaître le mode phrygien
dans la seconde échelle, un mode musical quelconque dans la troisième. Le
mot malveillant d'Adraste (1) revient ici à la mémoire : « Aristoxène n'est pas
un vrai musicien, c'est un chercheur de nouveautés. » Les « vrais musiciens »,
c'est-à-dire les praticiens de la musique, nous ont laissé un souvenir de leurs
gammes, mais bien confus & incomplet, dans un passage d'Aristide Quintilien
qui a déjà fait l'objet de bien des commentaires & sur lequel j'ai à mon tour
essayé de dire quelques mots (2). Je ne retiendrai de cette étude, forcément
très conjecturale, que le point suivant, sur lequel M. Reinach est d'accord
avec moi : la gamme phrygienne d'Aristide est plus vraisemblable que celle
d'Aristoxène :

Ré Ut Si* Si La Fa Mi* Mi Ré

Je ne prétends pas d'ailleurs que la gamme phrygienne enharmonique
n'ait pu avoir d'autres formes : il dut y avoir plus d'une manière de concilier
les exigences du mode phrygien avec celles du genre enharmonique ; & cela en
raison même des difficultés que présentait cette conciliation ; il dut en aller
de même pour les modes lydien, mixolydien & ionien ; mais le dorien
d'Aristide ne diffère que par un détail du dorien d'Aristoxène :

Mi Ut Si* Si La Fa Mi* Mi (Ré).

Le *ré* inférieur est un son supplémentaire, qui ne fait pas partie intégrante de
la gamme, & ne sert sans doute que pour certains écarts exceptionnels de la
mélodie : (pareille liberté est accordée à certains modes « authentiques » de
notre plain-chant) ; mais l'octave de *mi* en *mi* est identique à celle que nous
donne Cléonide. Le dorien enharmonique avait une forme régulière & fixe
dont les autres modes n'étaient pas susceptibles : ils ne purent qu'imiter de
leur mieux, & toujours imparfaitement, l'enharmonique normal & parfait dont
le mode dorien leur donnait le type.

---

(1) Proclus, *in Tim.*, 192 A.
(2) Ar. Qu., p. 21 M. — *Revue de phil.*, XXIV, p. 31.

A quelle époque eut lieu la subdivision du demi-ton *fa-mi*, puis du demi-ton *ut-si*? Nous ne pouvons le savoir avec précision ; mais nous avons deux limites. La première nous est donnée par la notation : les deux alphabets musicaux que nous ont transmis les musicologues anciens sont adaptés l'un & l'autre aux besoins du genre enharmonique développé : l'un & l'autre possèdent, pour chaque intervalle de demi-ton, trois signes successifs, dont le diatonique n'emploie que deux. Il est vrai que ces trois signes sont également nécessaires au genre chromatique ; mais nous savons d'autre part que les premiers maîtres de musique n'étudiaient que l'enharmonique (1) : on peut donc croire, avec Westphal, que ces deux systèmes de notation ont été imaginés, l'un & l'autre, pour écrire les gammes & les airs enharmoniques : ce genre avait donc pris sa forme définitive avant l'invention des signes musicaux ; & ces signes existaient certainement au v⁰ siècle : Aristoxène n'en parle pas comme d'une invention récente, mais au contraire reproche à ses devanciers de ne s'être occupés que d'établir des échelles notées, où la division des intervalles était poussée à l'extrême (καταπυκνώσεις τῶν διαγραμμάτων). Nous savons d'autre part que les Pythagoriciens entendaient par δίεσις (mot à mot : passage) le demi-ton ; ce mot prit plus tard le sens de quart de ton (2) ; c'est là, à ce qu'il semble, le sens que lui auraient donné Pythagore & ses premiers disciples, si la division du quart de ton avait été régulière & normale de leur temps : il ne faut donc pas faire remonter plus haut que le vi⁰ siècle la constitution définitive de la gamme dorienne enharmonique.

Nous ne savons à qui attribuer la subdivision du demi-ton ; M. Reinach parle à ce propos d'une « glissade d'origine barbare », qu'on trouverait encore aujourd'hui en Asie, & que les Grecs n'ont fait que régulariser. L'hypothèse n'a en soi rien d'invraisemblable, mais aucun texte ne vient la confirmer : tout au contraire, c'est l'enharmonique primitif, sans quarts de ton, que les Grecs considèrent comme venu d'Asie. Quelle que soit d'ailleurs la première origine de ce son intercalaire, il me semble certain que ce sont des musiciens grecs qui l'ont adopté & introduit dans les gammes défectives empruntées à la liturgie. A partir du vii⁰ siècle, la Grèce produit elle-même ses musiciens : elle ne fait plus appel aux compositeurs d'outre-mer ; &, si les virtuoses asiatiques sont encore renommés, ce sont des maîtres de race hellénique qui inventent les nouveaux airs, les nouveaux rythmes & les nouvelles gammes : Terpandre, Polymnestos, Clonas, Saccadas, Archiloque, Arion, Thalétas, Stésichore, Lasos & autres. Entre tous ces noms, nous ne pouvons qu'hésiter : il est probable d'ailleurs que le nouveau genre ne fut pas créé en un jour ; plus d'un contribua à son progrès, & c'est grâce aux efforts accumulés de ces novateurs inconnus que l'enharmonique prit, vers le milieu du vi⁰ siècle, sa forme parfaite.

(1) *Harm.*, pp. 2, 4, 5, 6, 26, &c.
(2) Nic., *Ench.*, p. 17 ; Théon, p. 55 Hiller ; Macrobe, *in somn. Scip.*, II, 1, 23.

Pendant un peu plus d'un siècle, l'enharmonique fut le genre favori des musiciens grecs ; son nom même (ἁρμονία) ne signifie pas autre chose que l'*accord* (de la lyre ou de la flûte : *Stimmung*). L'enharmonique est donc le genre normal, dont les autres ne sont que des altérations. La notation est faite pour lui ; les théoriciens qui, à partir de Lasos d'Hermioné, essayent d'analyser l'art musical & de le réduire en préceptes, réservent tous leurs soins pour ce genre ; & il ne suffit pas de dire avec Westphal & Marquardt, pour expliquer cette prédilection, que l'enharmonique était le seul genre qui offrît des difficultés de perception : les intervalles du chromatique & des différentes nuances ou altérations (χροαί) du diatonique n'étaient guère plus faciles à saisir & à déterminer exactement ; &, si l'enharmonique n'avait été qu'une curiosité musicale, Pythoclide, Lamproclès, Agathoclès, Ératoclès, Damon n'auraient pas pris la peine de l'étudier & d'en enseigner les éléments : ces auteurs, — flûtistes ou citharistes eux-mêmes pour la plupart, — sont des maîtres de musique & non des philosophes ; ce sont des exécutants ou des compositeurs qu'ils cherchent à former, non des érudits ; leurs traités ressemblent plus à nos « Cours de Solfège » ou à nos « Méthodes de Piano » qu'à la Rhétorique d'Aristote : de là justement viennent les dédains d'Aristoxène le philosophe. S'ils n'ont étudié que l'enharmonique, c'est que la connaissance approfondie de ce genre était indispensable au musicien du vᵉ siècle.

Nous savons d'ailleurs (1) que le genre chromatique, régularisé par Lysandre de Sicyone (2) vers le vιᵉ siècle, employé par les citharistes, ne fut pas admis par les grands lyriques ; & la tragédie, qui fut presque toute la poésie du vᵉ siècle, rejette ce même genre. Ce n'est que vers le déclin de l'art tragique que le poète Agathon osa, par une innovation très hardie, introduire le chromatique dans une de ses pièces intitulée *Les Mysiens* (3). Simonide, Pindare, Phrynichos, Eschyle, Sophocle & Euripide n'avaient donc le choix qu'entre le diatonique & l'enharmonique : on peut supposer sans trop d'invraisemblance que leur prédilection était pour ce dernier genre : & c'est bien une mélodie enharmonique que nous montre le fragment si précieux & si mutilé de la partition d'*Oreste* (4), publié par Wessely en 1892 ; cette mélodie roule sur les notes suivantes :

Si* Si La Fa Mi* Mi Ré,

qui figurent également dans l'enharmonique dorien & l'enharmonique phrygien d'Aristide ; je croirais plutôt aujourd'hui, avec Monro (5) & Gevaert, au mode

(1) H. M., c. 20.
(2) Aтн., XIV, 638 a.
(3) *Quæst. conv.*, III, 1, 1.
(4) M. Gevaert (*La mélopée antique...*, app., p. 388) préfère la transcription chromatique & a convaincu von Jan (*Musici, suppl.*, p. 5). Je crois, avec M. Reinach (*Rev. Ét. Gr.*, XII, p. 424), qu'une pareille innovation aurait été signalée par Aristoxène ; l'*Oreste* était plus célèbre que les *Mysiens* d'Agathon.
(5) *The modes of Greek music*, p. 93.

dorien, qui fut, avec le mixolydien, le plus employé dans les chœurs tragiques (1), & se prêtait même aux lamentations pathétiques (2) ; le phrygien, mode enthousiaste, convenait beaucoup moins au caractère des choreutes, spectateurs curieux d'une action où ils n'avaient pas, au temps d'Euripide & de Sophocle, d'intérêt direct. Or la tragédie d'*Oreste* doit être rapportée à l'année 408 : l'enharmonique, & en particulier l'enharmonique parfait ou dorien, n'avait donc pas encore perdu son prestige, après plus d'un siècle d'existence.

III

Mais son règne tire à sa fin : à côté de la tragédie languissante, se développe un lyrisme renaissant ; les vieilles formes du nome & du dithyrambe sont reprises par de hardis novateurs, qui osent y introduire des éléments nouveaux, pris à la tragédie : les chœurs dans le nome, qui est, par essence, un solo, une action dramatique dans le dithyrambe, qui est un chant choral ; (mais Bacchylide avait déjà composé des dithyrambes dialogués.) Surtout ils augmentent de beaucoup le rôle de la musique, une musique raffinée & tourmentée, volontiers imitative. Mélanippide, Cinésias, Phrynis, Timothée, Philoxène, Télestès rejettent hardiment les vieilles règles de l'art musical ; ils remplacent les couples de strophe & antistrophe par des séries de vers d'étendue variable (*anaboles*) ; ils usent & abusent de la modulation ; ils augmentent sans mesure le nombre des cordes de la lyre, c'est-à-dire l'étendue de leurs mélodies : ils poussent des reconnaissances aventureuses dans le registre aigu, doux & plaintif, & le registre grave, troublant & lugubre. Il faut, pour apprécier leur courage, lire les cruelles moqueries que leur prodigue Phérécrate (3) ; mais ils ne se laissent pas intimider ; encouragés par les poëtes intelligents comme Euripide, ils conquièrent, non sans peine, la faveur du public ; & Périclès leur fait bâtir une salle de concerts (ᾠδεῖον) : les musiciens de la fin du v⁰ siècle avant notre ère, plus heureux que bien des maîtres de la fin du xix⁰ siècle, pouvaient entendre exécuter leurs œuvres ailleurs que dans une salle de théâtre.

Le succès de la nouvelle école n'alla pas sans dommage pour la musique classique : le genre enharmonique fut emporté dans la tourmente, avec la sobriété des modulations, la symétrie antistrophique & les bornes imposées à l'étendue mélodique. « Chromatique, modulations, grand nombre de notes (4) »,

(1) [Ar.], *Probl.* XIX, 48. — H. M., c. 19.
(2) H. M., c. 17.
(3) H. M., c. 30.
(4) H. M., c. 21.

voilà, selon Aristoxène, les trois caractères du nouvel art musical. Si l'on en croit Boèce (1), les magistrats lacédémoniens reprochèrent à Timothée le caractère réaliste de sa musique, l'abandon de la forme antistrophique, & la substitution du chromatique à l'enharmonique.

Le genre enharmonique ne fut pas abandonné d'un seul coup, pas plus qu'il ne s'était formé en un jour. Nous savons, par Denys d'Halicarnasse (2), que les auteurs de dithyrambes modulaient volontiers du diatonique au chromatique & à l'enharmonique. Mais le chromatique prit bientôt le dessus ; c'est sans doute à l'imitation des maîtres du dithyrambe nouveau qu'Agathon l'introduisit dans la tragédie, ce qui était porter une grave atteinte au prestige de l'enharmonique. Au temps d'Aristoxène, le genre si cher aux Athéniens du v⁵ siècle est complètement hors d'usage (3) ; plusieurs en nient même l'existence, parce que leur oreille n'est plus sensible au quart de ton ; lorsqu'ils doivent exécuter une ancienne mélodie écrite dans ce genre, ils la « rapprochent du chromatique », c'est-à-dire qu'ils remplacent les deux quarts de ton par deux demi-tons un peu surbaissés : le chœur enharmonique de l'*Oreste* était donc chanté d'une manière inexacte & un peu fausse, aux reprises du iv⁵ siècle & de l'époque alexandrine. Le quart de ton n'était plus employé, à ce qu'il semble, que dans les airs liturgiques ; c'est du moins ce que semble dire le texte d'Aristoxène cité au début de cette étude (*les deux quarts de ton successifs du tétracorde moyen dont on se sert aujourd'hui*) ; c'est précisément dans ces airs qu'il ne devrait pas figurer : il s'y était sans doute introduit au moment de la grande vogue de l'enharmonique développé, & y avait été maintenu par esprit de conservation ; les flûtistes ignorants croyaient leur donner ainsi une couleur antique, puisque le quart de ton était étranger à la musique contemporaine ; mais les véritables artistes, versés dans la connaissance de l'ancienne musique, méprisaient ce faux archaïsme, & savaient rendre aux vieilles mélodies leur physionomie primitive.

Après Aristoxène, le souvenir même de l'enharmonique tend à s'effacer. Denys (4) ne cite le quart de ton que d'une manière dubitative : c'est un intervalle admis par quelques théoriciens seulement. Ptolémée ne cite l'enharmonique que pour mémoire ; on n'emploie de son temps que des mélanges de chromatique & de diatonique. Enfin au temps de Gaudence (5) le chromatique est abandonné à son tour : le diatonique est seul en usage ; la musique antique, après de longs détours, s'est arrêtée à ce genre, *cujus regni non erit finis*.

(1) *Inst. mus.*, I, 1. Cf. CROISET, *H.L. Gr.*, III, 617.
(2) *Comp. Verb.*, c. 19.
(3) *Harm.*, p. 23 M ; — II. M., c. 38.
(4) *Comp. Verb.*, c. 11.
(5) P. 6 M.

IV

Aristoxène a vivement déploré l'oubli où était tombé de son temps le genre enharmonique, « le plus beau des genres ». Faut-il nous associer à ces regrets, ou n'y voir que le parti pris d'un musicologue érudit, fier de sa connaissance du passé, sévère au présent ? Cette question doit être résolue, non par nos préjugés, mais par les textes des anciens, qui ont sur nous l'avantage d'avoir pu entendre des mélodies enharmoniques ; quelle était, à l'audition de ces suites étranges de quarts de ton, leur impression ? Il semble qu'elle n'ait jamais changé : Aristoxène (1) caractérise l'enharmonique par le mot de *gravité* (σεμνότης) ; il compare les beautés sérieuses de ce genre à celles des dialogues philosophiques de Platon (2) ; il trouve dans son nom même l'indication de son excellence (3). Denys d'Halicarnasse, ainsi que nous l'avons vu plus haut, parle, de son côté, du charme sévère du dorien enharmonique. Selon Plutarque (4), « le chromatique amollit, l'enharmonique donne de la fermeté » ; la même opposition se retrouve dans Boèce (5). Aristide Quintilien (6) & le même Boèce (7) reconnaissent que le diatonique est « plus naturel » ; mais l'enharmonique est « plus juste » ; le chromatique est mou. En un mot, le caractère du genre enharmonique est précisément celui du dorien : gravité, fermeté, calme & sérieux. On pouvait d'ailleurs prévoir ce résultat, étant donnée l'affinité mutuelle de ce genre & de ce mode.

Ces témoignages sont nombreux ; mais ils ont un défaut : ils datent tous d'une époque où l'enharmonique avait cessé de vivre : ce n'est pas Denys, ni Plutarque, encore moins Boèce, qui ont entendu les mélodies enharmoniques ; ce ne sont donc pas leurs impressions personnelles qu'ils nous livrent. Seul Aristoxène a pu juger par lui-même des effets de ce genre : les quarts de ton existaient encore dans la musique religieuse de son temps, & il pouvait, avec l'aide de quelques artistes instruits, épris d'archaïsme, comme Tyrtée de Mantinée, Andréas de Corinthe, Thrasylle de Phlionte (8), reconstituer les gammes abandonnées, & se donner à lui-même le délicat plaisir d'un « Concert de musique ancienne ». C'est à lui que sont empruntées sans doute les indications que nous donnent les auteurs plus récents : & nous voilà réduits, une fois de plus, à la seule autorité d'Aristoxène.

(1) H. M., c. 38.
(2) Plut., *Quaest. Conv.*, VII, 8, 1.
(3) Timon, p. 88.
(4) *Non posse...*, c. 13.
(5) *Inst. Mus.*, I, 1.
(6) I, 9, p. 19
(7) I, 21.
(8) Cités par Aristoxène dans le H. M., c. 21

Nous préférerions certes quelques phrases de Platon ou d'Aristote, une épithète d'un poète, voire une dissertation d'Héraclide, pareille à celle qu'il nous a laissée (1) sur les modes. Mais c'est en vain que nous interrogeons les auteurs du ve & du ive siècle : autant ils s'entendent pour distinguer les modes & définir le caractère de chacun d'eux, autant leur silence est unanime au sujet des genres. Cette absence de tout témoignage contemporain est regrettable, mais s'explique fort bien : elle tient précisément à la prééminence incontestée du genre enharmonique, prééminence que sans doute il gardait encore à l'époque même où se préparait sa chute. Le Grec du ve siècle savait reconnaître le phrygien, le lydien, le dorien, l'ionien, parce que ces différents modes étaient employés concurremment depuis longtemps ; mais il n'avait appris à l'école de musique, il ne trouvait notées dans les traités, que des gammes du genre enharmonique ; le diatonique existait sans doute, le chromatique commençait ses envahissements ; mais aucun de ces deux genres n'avait encore de forme bien définie : c'étaient des licences, des altérations du genre normal & traditionnel, que l'on ne pouvait mettre en parallèle avec lui.

Songeons-nous à faire l'éloge de notre gamme majeure ? Ne nous apparaît-elle pas comme le fondement même de notre musique ? Notre mineur, notre chromatique ne sont-ils pas pour nous des modifications passagères de cette gamme primordiale, principe & conclusion forcée de toute œuvre musicale ? L'école « dualiste » essaye de restituer au mode mineur sa forme primitive & pure, & sa juste place à côté du majeur ; mais tout l'enseignement officiel repose encore sur la prééminence de ce dernier mode. Quant au genre chromatique moderne, si cher à Cés. Franck & si important dans son œuvre, personne n'a jamais songé, que je sache, à lui donner une existence indépendante. Je dirais volontiers que notre situation ressemble fort à celle des Grecs de la fin du ve siècle : le système régnant d'harmonie correspond assez mal à la pratique musicale ; il faut ajouter d'ailleurs que ce retard est presque fatal ; en musique comme dans tous les autres arts, les règles sortent des œuvres & ne leur sont ni antérieures, ni même exactement contemporaines. Ne nous étonnons donc pas si les Athéniens du temps de Socrate, artistes, théoriciens ou simples auditeurs, n'ont pas distingué nettement les trois genres : ils composaient, analysaient ou écoutaient leur musique avec les préjugés d'un âge antérieur, où l'enharmonique régnait sans rival.

Le rôle que les Grecs du ve siècle attribuaient à l'enharmonique nous prive du plaisir de connaître leurs impressions ; mais il nous permet de les deviner : elles ne devaient guère différer de celle d'Aristoxène. La gamme qui est considérée comme primitive & normale doit à cette opinion même, quelle que soit d'ailleurs sa forme, un certain caractère : elle ne peut paraître

____

(1) Ath. XIV, 624 C.

étrange, rare, déchirante, maladive, inquiétante ; par suite elle ne convient pas à l'expression des sentiments vifs & pénétrants, elle n'a pas grande couleur ; mais elle donne une impression d'équilibre, de calme & de santé qui n'appartient qu'à elle ; son charme n'a rien de subtil, de raffiné ; son élégance est virile & franche ; & tout cela, tout simplement parce qu'une invincible association d'idées, due à l'éducation, à l'hérédité, ainsi qu'à l'habitude, nous fait voir dans cette gamme, œuvre des siècles, l'œuvre même de la nature.

Nous sommes très fiers, pour notre part, de notre gamme majeure, & peut-être à juste titre ; mais croit-on que les peuples de l'Extrême-Orient, dont la gamme est défective, admettent la supériorité de la nôtre ? Croit-on que notre musique ne leur paraisse pas discordante & fausse ; & le retour à leurs modes nationaux ne leur donne-t-il pas la même impression de paix, de bonheur retrouvé, de justesse rétablie, que nous procure, à nous, la réapparition du majeur ? Notre musique classique, pour nous si vigoureuse & si saine, troublerait de même un Grec du ve siècle : il n'en pourrait saisir les mélodies, comprendre l'harmonie ; il se débattrait dans un monde de sons dont les lois ne lui seraient pas connues ; il ne sortirait de ce cauchemar qu'au moment où on lui permettrait de chanter une mélodie enharmonique ; c'est nous, alors, qui ne comprendrions plus, & tendrions en vain l'oreille, & ne saurions que penser.

Des doutes nous restent malgré tout : la musique chinoise ou écossaise n'emploie que des intervalles qui nous sont connus : ton entier & tierce mineure ; elle ignore le demi-ton : cette différence, étant en notre faveur, ne nous surprend pas. Mais la musique grecque connaît un intervalle que nous ne possédons pas, que même nous avons peine à percevoir : voilà qui est plus grave & difficilement pardonnable ; les mots de « barbarie » ou de « perversion du goût » nous viennent aussitôt à l'esprit ; &, si nous hésitons à les prononcer, c'est uniquement par respect pour l'Acropole. Je crois qu'une pareille condamnation serait profondément injuste : étant donné le système musical des Grecs, la gamme enharmonique n'avait dans sa constitution rien qui fût étrange ou contre nature. Pour s'en convaincre, il suffit de se rappeler deux faits :

1° Les gammes des Grecs sont des gammes descendantes (1) ; chaque tétracorde a son origine dans le haut, sa terminaison dans le bas ; la cadence *la-mi* correspond à notre cadence parfaite *sol-ut* ; la succession *la-fa-mi*, à *sol-si-ut* : c'est cette succession qui aurait traduit, pour un Grec, le 1er thème de la 1re Symphonie de Beethoven ;

2° Les Grecs percevaient comme consonnance, outre l'octave, la quinte &

____

(1) Je reviendrai quelque jour sur ce point. Cf. Helmholtz, *Lehre...*, p. 390 ; — von Jan, *Musici* p. 143.

la quarte, mais non la tierce. Or il faut distinguer, selon la profonde remarque d'Aristoxène, les sons *fixes* d'une gamme & les sons *mobiles*; les sons fixes ont une position invariable, parce qu'ils forment avec la tonique un intervalle consonnant; les sons mobiles servent de transition entre les sons fixes; ils n'ont pas avec eux de lien direct; ils jouissent par suite d'une certaine latitude.

Les Grecs n'avaient d'autres sons fixes que la quarte, la quinte & l'octave (inférieures) de la tonique : *mi, si, la, mi*. A l'intérieur de chacun des deux tétracordes ainsi déterminés, les notes intermédiaires pouvaient se mouvoir en toute liberté. Chez nous au contraire, les tierces & les sixtes, leurs renversements, ont été également élevés au rang de consonnances : le *mi* & le *la*, dans la gamme majeure, se trouvent ainsi fixés, tout comme le *fa*, le *sol* & l'*ut*; seuls le *ré* & le *si* n'ont avec la tonique qu'une parenté indirecte : ils restent donc mobiles, & de fait le *ré* peut former avec l'*ut*, soit un ton majeur ($\frac{9}{8}$), ou un ton mineur ($\frac{10}{9}$), sans que nous en soyons choqués; & le *si*, note sensible, peut être rapproché de sa résolution (1) non seulement sans inconvénient, mais avec avantage : car il n'a d'autre rôle que de faire prévoir & désirer cette résolution.

Dans la gamme dorienne grecque l'*ut* & le *fa* ne sont nullement perçues comme tierces majeures du *mi* & du *la*; ce sont des sensibles, par rapport au *si* & au *mi*. On voit dès lors comment l'enharmonique se justifie; il ne connaît pas le *ré* ni le *sol*, simples degrés intermédiaires, pâles notes de transition trop éloignées du début & du terme de chaque tétracorde pour avoir un caractère bien marqué; il possède, en revanche, deux sensibles par tétracorde, l'une pareille à la nôtre, la seconde plus rapprochée de la tonique.

L'examen de l'alphabet dit instrumental, le plus ancien probablement, confirme cette manière de voir : dans ce système de notation, chaque intervalle de demi-ton est désigné par trois signes qui ne sont qu'une seule & même lettre orientée de trois manières différentes : le *si*, par exemple, étant représenté par un K, cette même lettre renversée (⊻) prendra la valeur de *si*♯, retournée (Я), celle d'*ut* ♮; il en va de même pour le demi-ton subdivisé *fa-mi*♯*-mi*, & pour ceux des autres tonalités. On voit donc que pour les inventeurs de cet alphabet musical les deux sons supérieurs de chaque demi-ton n'étaient que des altérations ou des appogiatures du son inférieur; ils n'existaient que par lui, & pour lui.

La succession *sol si ut*, qui dans le diatonique grec serait représentée par *la-fa-mi*, peut être traduite par l'enharmonique de trois manières différentes : *la-fa-mi, la-mi*♯*-mi, la-fa-mi*♯*-mi*. Entre ces trois versions les Grecs auraient perçu sans doute de fines nuances de brusquerie ou de douceur, d'âpreté ou

(1) Bien entendu la liberté de ces deux notes disparaît, lorsque la dominante *sol* prend le rôle de tonique.

de fondu. Le tétracorde supérieur fournissait, de son côté, trois formules pareilles ; nous croirions volontiers que ces six cadences, toutes déterminées & vigoureuses, mais plus ou moins vives ou ménagées, faisaient le fond même des mélodies enharmoniques : elles devaient leur donner un caractère particulier d'élégance virile & de nerveuse précision, non exempte d'un peu de sécheresse : c'est bien ainsi qu'on est tenté de se représenter la musique sévère & sobre de ces poètes classiques, « dont les rythmes étaient plus variés que les airs (1) ». Avec le temps, & à mesure que l'usage répété de ces combinaisons de cadences en épuisait la variété, l'enharmonique s'écarta de sa première simplicité : les deux sensibles cessèrent de s'appuyer toujours sur leur tonique ; elles osèrent se présenter seules, alterner longuement entre elles avant de se résoudre ; elles se permirent des résolutions irrégulières, ou bien la phrase resta en suspens sur l'une d'elles, laissant l'auditeur inquiet & troublé. C'est avec ce caractère que se présente à nous l'enharmonique savant & raffiné du chœur d'*Oreste* : la première, la deuxième & la cinquième mesures qui sont pareilles se terminent par des cadences parfaites ; mais elles commencent par la sensible rapprochée (*mi*⸱), qui, avant de passer à la sensible diatonique (*fa*), s'échappe un moment sur le *ré* : c'est là un véritable caprice mélodique ; la mesure 7, au contraire, a un début régulier en ce que la sensible n'est pas attaquée directement ; mais elle se termine sur la sensible rapprochée (*mi*⸱), ce qui donne à la phrase un accent particulier d'interrogation douloureuse. Les autres mesures sont, par malheur, trop mutilées pour se prêter à l'analyse ; mais on voit assez, à ce qu'il me semble, tout ce que l'enharmonique avait pris à la fin du vᵉ siècle de variété & de puissance expressive.

Cette richesse nouvelle, ce raffinement inconnu aux premiers âges, témoigne de l'ingéniosité des compositeurs grecs ; c'est en même temps un présage de mort prochaine : l'enharmonique sortait ainsi de son vrai caractère & ne répondait plus à sa définition ; l'abus des sensibles présentées sans préparation & des résolutions exceptionnelles détruisait cette forte impression de tonalité qui faisait le charme original & robuste de l'enharmonique classique ; le genre perdait sa fermeté, sa clarté, pour devenir obscur & fuyant. Imaginons une musique qui roulerait sur les plus « mauvais degrés », où les cadences seraient toujours évitées ou brisées, où les dissonances succéderaient à perte de vue aux dissonances, sans que jamais un accord parfait vînt reposer l'auditeur ; nous aurons quelque idée de l'enharmonique recherché des derniers partisans de la gamme classique. Nous pourrons prévoir aussi que cette musique porte en elle-même sa condamnation ; aucune impression ne s'use plus rapidement que celle de surprise ; les successions imprévues, d'abord piquantes, fatiguent vite, déconcertent, & enfin rebutent. On conçoit que l'enharmonique, parvenu à ce point de raffinement & d'usure, ait été

____

(1) H. M., c. 21. — Denys, *de Comp. Verb.*, c. 19.

rapidement abandonné pour des gammes plus fraîches & sans doute plus claires.

Cette chute inévitable fut aussi irrémédiable : jamais plus, à ma connaissance, les quarts de ton successifs ne furent admis par la musique savante & représentés par la notation. On les a parfois regrettés ; je rappellerai, entre autres, la curieuse préface que Costeley a mise à son livre de chansons (III⁰ volume de la collection de M. Expert) : il voudrait qu'on ajoutât sept nouvelles touches noires au clavier, savoir : cinq à côté des cinq dièzes-bémols déjà existants, une entre le *mi* & le *fa*, une entre le *si* & l'*ut*. Ce vœu d'un auteur qui n'a écrit que de la musique chorale prouve qu'à ses yeux l'enharmonique était accessible aux choristes ; il n'a jamais été exaucé. Le genre enharmonique, création si originale de l'esprit grec classique, ne lui a pas survécu. Les richesses si variées, les chefs-d'œuvre incomparables que nous offre notre musique, depuis le chant grégorien jusqu'à l'art moderne, nous dispensent à cet égard de tout regret ; on peut affirmer sans trop d'orgueil que nous n'avons rien à envier aux anciens. J'ai cru cependant qu'il n'était pas sans intérêt de retracer l'histoire d'une forme d'art disparue, oubliée, après plus d'un siècle de gloire : à défaut d'autre enseignement, cette histoire peut nous suggérer de saines réflexions sur la caducité de toute chose.

Rahon, 18 juillet 1900.

L. LALOY.

OBSERVATIONS SUR LE GENRE ENHARMONIQUE

M. Laloy a fait, lundi dernier, une conférence concernant le genre enharmonique. Mon avis est que l'objet de cette conférence demeurera longtemps encore un problème insoluble. Le mot enharmonique signifie, en effet, « négation de l'harmonie » (1). Or, une musique, sans harmonie, ne peut occuper activement un musicien, & il est difficile, pour ne pas dire impossible, de trouver des formules capables d'exprimer un genre de cette nature. Si l'on considère la gamme comme un genre d'enharmonie, c'est précisément marcher à l'encontre de la thèse présentée par M. Laloy, car la gamme est, en effet, un exemple d'un genre parfait d'harmonie nullement différent des autres gammes propres des diverses *modalités* en usage chez les Grecs.

M. Laloy, lui-même, a prouvé mon assertion, quand il a essayé de démontrer la disposition symétrique des deux parties de cette gamme, deux parties qui correspondent à deux tétracordes ! La symétrie n'est-elle pas la base même de la beauté ? Assurément ; mais alors, la symétrie étant la preuve de l'harmonie, comment serait-elle à la fois une preuve d'*enharmonie ?*

La gamme, prise pour exemple : *mi, do, si, si♮, si♯, la, fa, mi, mi♮, mi♯,* peut être considérée comme le type d'un mode différent des autres, si l'on considère que les poètes & troubadours des temps anciens, comme d'ailleurs nos musiciens modernes, à l'affût de quelque nouveauté, produisaient des poésies & des chants nouveaux, selon que les faveurs de la bonne fortune pouvaient leur promettre un nom spécial.

(1) Mgr Grassi Landi s'étant exprimé presque constamment en italien, je n'ai pu lui répondre au Congrès même. Voici les observations que me suggère aujourd'hui sa note :

1° Enharmonique signifie en grec *conforme*, & non *contraire* aux lois de l'harmonie ;

2° Mgr Grassi Landi ne veut voir dans les deux quarts de ton successifs du genre enharmonique que des accidents pareils à notre ♯ & notre ♭, & qui n'auraient pu coexister dans la même gamme ; c'est à une erreur de quelque théoricien de basse époque que nous devrions le double quart de ton, & aussi le double demi-ton, qui se note exactement de la même manière. Les derniers monuments découverts (fragment d'Oreste, hymnes delphiques), loin de confirmer cette théorie, la rendent insoutenable : car on y trouve les mêmes successions de signes que dans les gammes chromatiques & enharmoniques d'Alypius & consorts : ces gammes ont donc été en usage.

Louis Laloy.

Cet exemple me rappelle facilement le 1ᵉʳ ton du chant grégorien dont la gamme présente les mêmes variantes de B... *fa, mi*, lesquelles, selon Guido d'Arezzo, auraient les trois propriétés naturelles du B mol & du B quarre. Ces propriétés correspondent à trois modes divers, comparativement à la gamme diatonique moderne. Guido d'Arezzo nous en donne la preuve évidente par le nom même qu'il donne à ses notes, lorsqu'il veut expliquer, avec son système, celui des tétracordes des Grecs. Chaque note correspondait à trois positions différentes dans la gamme, c'est-à-dire de tonique, quinte & quarte, comme le démontrent clairement les notes : A *la, mi, ré*. G *sol, fa, ut*. D *la, sol, ré*. G *sol, ré, ut*.

L'F, E, B, seulement, avaient deux noms : comme F *fa, ut*. E *la, mi* & B *fa, mi*, mais, altérées par *b* mol ou par *b* quarre, ces notes pouvaient, à leur tour, correspondre aux notes ci-dessus.

A propos du B, Guido d'Arezzo dit expressément que cette note a trois propriétés, c'est-à-dire : de *nature*, de *b* mol & de *b* carre. Si la seule propriété du *b* carre était de rendre la note qu'il affecte à son état naturel, cette triple distinction eût été inutile. A mon avis, l'explication la plus acceptable de cette théorie, c'est que le B dans sa propriété de nature correspond à *mi* tierce majeure de *sol*, pris comme *ut*, & le *b* mol correspond à *fa* quarte de *fa*, pris comme *ut*, & le *b* carre à la sensible de la tonalité de *ut* ou de *do*. Le *b* carre, de sa nature, est dur & par conséquent sensible ; il prend la nature & la figure du dièze. De fait, le *b* carre antique fut établi par le *b* carre moderne, & de ce *b* carre au dièze la différence est légère ; elle provient probablement de l'habitude prise de l'écrire avec rapidité.

Outre la propriété ci-dessus de la gamme ou main de Guido d'Arezzo, il arrive qu'elle tombe précisément dans la troisième période de la gamme, alors que l'on se sert du double ff ; or cette figure se rapproche beaucoup du ♯, considéré comme sensible de la tonalité de *sol*, selon le système diatonique suivi après l'invention & l'école de Guido, comme il me serait facile de le démontrer.

Comme preuve de ma thèse, je pourrais demander quel est l'inventeur du ♯, dont l'importance est aussi grande que celle du ♭ ? La réponse la plus acceptable est que ce signe a été introduit dans l'usage &, peu à peu, définitivement établi par les règles du système *Guido d'Arezzo*. Je possède un livre de théories concernant le *contrepoint*, imprimé à Frascati dans les premières années du XVIᵉ siècle ; or, dans ce livre, je trouve pour certains exemples de tonalité de *sol* un ♮ au lieu d'un ♯.

De plus, le *diatesseron* du 1ᵉʳ ton grégorien peut être considéré comme conforme aux théories de Guido qui, de fait, correspondent à la nature même du ton, avec les mêmes signes contenus dans l'exemple cité par M. le professeur Laloy : *ré, do, si, si♭, si♮, la*.

Au reste, la théorie exposée par M. Laloy est battue en brèche par les sujets traités ici par MM. Tiersot & Poirée à propos de l'interprétation de l'hymne en l'honneur d'Apollon. Ces deux versions servent à mettre en lumière une formule & un mode différents des formules & modes connus & pratiqués spécialement chez les Grecs & prouvent de plus que l'introduction d'autres sons & d'autres signes inusités dans ces modes ne fait point paraître *enharmonique* un hymne qui présente des combinaisons semblables de sons, comme le *tonus peregrinus* si savamment présenté, ici même, par M. le Professeur Hugues Gaisser.

Mgr Bartolomeo Grassi LANDI,

Camérier secret de Sa Sainteté,
de l'Académie Pontificale de' nuovi Lincei,
Examinateur de plain-chant à l'Académie de Sainte-Cécile à Rome.

L'HARMONIE DES SPHÈRES [1]

On sait que c'est à l'école pythagoricienne, sinon à Pythagore lui-même, que revient l'honneur d'avoir découvert les rapports numériques très simples qui existent entre les longueurs des cordes ou des tuyaux sonores correspondants aux sons successifs de la gamme naturelle. Les Pythagoriciens furent si charmés de cette loi qu'ils lui attribuèrent une portée mystérieuse : de la terre ils l'étendirent au ciel. Les cinq planètes alors connues & les deux grands luminaires (lune & soleil) furent assimilés aux sept cordes de la lyre d'Hermès ; on supposa qu'en tournant dans l'espace les sphères auxquelles ils étaient attachés produisaient une mélodie sublime que son intensité seule empêchait les oreilles humaines de percevoir. Bientôt on assigna à chaque astre sa note précise dans ce concert, note dont l'acuité dépendait soit de sa vitesse, soit de sa distance présumée à la terre. Ainsi naquit la fameuse théorie de « l'harmonie des sphères », dont on retrouve l'écho à travers toute l'antiquité & le moyen âge jusque chez Képler.

Cette théorie se présente dans une multitude de textes, sous des formes & avec des formules infiniment variées qui suffiraient à en prouver l'inanité. Mais, si l'astronome peut s'en désintéresser, l'historien de la musique aurait tort de la négliger tout à fait ; en regardant les textes de près, on s'aperçoit, en effet, que les différentes formules de la gamme céleste correspondent aux différentes échelles de la lyre qui furent en usage chez les Grecs depuis le vi^e jusqu'au 1er siècle avant notre ère. L'histoire de ces divagations éclaire donc & complète l'histoire — si imparfaitement connue — de la gamme hellénique, qui se confond, on le sait, avec celle de la lyre.

On peut classer en trois groupes les formules ou diagrammes qui nous ont été transmis.

1° Le premier groupe se compose des formules que préconisent les pythagoriciens orthodoxes (Nicomaque & Boèce). Leur gamme céleste n'est

---

(1) J'ai publié une étude sur le même sujet, mais à un point de vue plus spécialement philologique, dans la *Revue des études grecques*, 1900, p. 432 & suiv.

pas autre chose que l'heptacorde grec primitif, composé de deux tétracordes doriens *conjoints*, c'est-à-dire enchaînés par une note commune.

Les plus anciens auteurs assignaient aux planètes basses les sons les plus graves, aux plus éloignées les sons aigus ; plus tard l'ordre fut renversé ; mais ce changement n'intéresse pas la musique.

2° De la gamme de sept sons on saute, sans transition, à celle de neuf, c'est-à-dire à la lyre de Mélanippidès. Pour que la lyre céleste pût avoir ce nombre de cordes, force fut d'ajouter aux sept « planètes » la sphère des étoiles fixes & la terre elle-même, jadis immobile : de là peut-être l'hypothèse du feu central invisible autour duquel était censé tourner notre globe. La première étape vers le système de Copernic aurait été suggérée, on le voit, par une rêverie musicale !

Il existe deux types de la gamme céleste ennéacorde, attribués l'un & l'autre à Pythagore. Le premier, qui nous a été transmis par Pline & par Martianus Capella (tous deux probablement l'ont emprunté à Varron), s'exprime par le diagramme :

Le second, donné par Censorinus & par le poète Alexandre d'Étolie (cité par Théon de Smyrne), a pour formule

Il est très remarquable que, si, dans ces diagrammes, on substitue aux sons « mobiles » chromatiques (marqués par des noires) leurs correspondants enharmoniques, on retombe *exactement* sur les formules transmises par Aristide Quintilien pour les modes dorien & phrygien d'après les « très anciens » harmoniciens. Je ne doute pas que telle ne fût réellement à l'origine la forme de nos deux gammes, car, à l'époque où elles ont dû prendre naissance, le genre chromatique était peu estimé & l'enharmonique dominait dans l'enseignement musical.

3° Enfin, dans un système qui paraît déjà avoir eu les préférences de Platon, on assigne à la mélodie des sphères une ampleur bien plus considérable, qui peut aller jusqu'à quatre octaves & une quinte (Macrobe) (1), mais

(1) Cet intervalle, d'après Aristote, est celui qui existe entre les sons les plus graves & les plus aigus que sont susceptibles de donner les flûtes grecques. Ici encore le rêve est enchaîné à la réalité.

où les seuls sons *fixes* (c'est-à-dire les sons limites des tétracordes) sont jugés dignes de la sainteté des corps célestes. L'évaluation la plus modérée (Plutarque, Pseudo-Ptolémée) se tient dans les limites de deux octaves, ou, pour faire une place à la sphère des fixes, y ajoute un degré à l'aigu :

(Le *ré* représente la nète du tétracorde conjoint, son fixe.)

On a reconnu dans cette formule le « clavier » de la cithare perfectionnée de dix-huit cordes, qui sert de base aux tableaux d'Alypius. Ainsi, jusqu'au bout, les imaginations des philosophes ont suivi pas à pas les vicissitudes du système musical. Tant il est vrai que l'esprit humain ne sait rien créer *ex nihilo* & que, dans ses fantaisies les plus excentriques en apparence, il plonge encore par toutes ses racines dans la réalité !

THÉODORE REINACH.

LE PREMIER HYMNE DELPHIQUE

M. Julien Tiersot rappelle l'émotion que provoqua naguère la découverte faite par notre École française d'Athènes des deux hymnes grecs antiques trouvés dans les fouilles de Delphes, ainsi que l'audition de la plus importante de ces mélodies, transcrite par M. Théodore Reinach. Les discussions diverses qui suivirent la publication de ces chants ne tendirent d'abord à modifier rien d'essentiel à l'interprétation graphique : après quelques tâtonnements, & sauf des détails d'importance secondaire, les écrivains compétents adoptèrent l'ensemble de la transcription.

Mais voici qu'en Allemagne des divergences se sont manifestées, & des musicographes ont proposé une lecture différente de certaines notes, prétendant qu'il fallait lire, d'une part Ө là où M. Reinach avait lu O, d'autre part confondre en un même son les deux lettres ΚΛ. Or, dans le mode dans lequel est écrit le premier hymne à Apollon, Ө correspond à la note *mi bémol*, O à *si naturel* ; & Κ & Λ sont respectivement *ré naturel* & *ré bémol*.

C'est conformément à ces nouveaux principes que nous trouvons notée la mélodie dans une publication récente éditée par la maison Breitkopf & Haertel : *Altgriechiesche Musik, Sammlung von Gesaengen aus dem Klassischen Alterthume vom 5. bis 1. Jahrhundert v. Chr.* par A. THIERFELDER, Dr. phil.

Pour faire comprendre en quoi consiste la différence, M. J. Tiersot chante un fragment de l'*Hymne à Apollon* successivement d'après les deux transcriptions.

Transcription de M. Th. Reinach.

Transcription de M. Thierfelder (rétablie dans le ton primitif).

Il est évident que la modification est considérable, & que ce simple changement de deux notes est de nature à entraîner des conséquences importantes quant à la constitution modale de l'antique mélodie. Il est donc essentiel qu'il ne puisse rester aucun doute à cet égard. C'est pourquoi M. Tiersot fait appel aux lumières des membres du Congrès particulièrement compétents en matière de notation grecque, espérant que la discussion apportera la solution définitive du problème.

JULIEN TIERSOT.

SUR LA TRANSCRIPTION

DU PREMIER HYMNE DELPHIQUE

M. Tiersot a bien voulu demander l'avis du Congrès sur une nouvelle version du premier hymne delphique récemment publiée par M. Thierfelder & qui diffère, paraît-il, de la mienne : 1° par la substitution constante du signe Θ (mi bémol) au signe Ο (si naturel) ; 2° par l'identification des signes Κ (ré) & Λ (ré bémol, ut dièze) que M. Thierfelder transcrit l'un & l'autre par ré naturel. N'ayant pas sous les yeux la publication de M. Thierfelder, je ne sais quels sont les arguments qu'il apporte pour justifier ces deux changements, ni même s'il en apporte. Je pourrais me contenter de répondre : en ce qui concerne le premier point, que le graveur de l'inscription delphique distingue partout avec le plus grand soin le Θ du Ο par un point central très nettement marqué ; en ce qui concerne le second, qu'Alypius, dans le tableau de la notation du trope phrygien chromatique (p. 390 Jan), dit en propres termes :

> τρίτη συνημμένων λάμβδα ... Λ
>
> παρανήτη συνημμένων χρωματική κάππα ... Κ

Ces deux notes diffèrent donc d'un temi-ton, & vouloir les identifier, c'est s'écarter du guide unique & sûr que nous avons le bonheur de posséder, pour tomber dans l'arbitraire absolu.

Mais en dehors de ces raisons péremptoires, le texte de la cantilène delphique nous fournit par lui-même la preuve de la fausseté des transcriptions proposées. En ce qui concerne d'abord la question ΚΛ, M. Thierfelder s'est laissé sans doute séduire par l'analogie du cas des lettres Ι, Κ que j'ai transcrites l'une & l'autre par ré naturel ; il n'a pas fait attention qu'en réalité cette transcription ne convient *théoriquement* qu'à la note diatonique Ι, séparée par un ton disjonctif du Μ (ut). Le Κ, étant la troisième note du tétracorde chromatique ΜΛΚΙ, devrait se transcrire rigoureusement par « ut double dièze », son qui, dans certaines nuances d'accord décrites par Aristoxène, est sensiblement au-dessous de ré. Toutefois, comme à l'époque de nos hymnes il est probable que la nuance dite « chromatique tonié » était seule restée en usage, *en fait* ut double dièze se confondait avec ré & j'ai cru, dans un intérêt de simplicité, devoir adopter cette dernière transcription ; tous les critiques compétents ont été de mon avis. Mais il ne faut point perdre de vue que I est & reste une note diatonique, K une note chromatique : aussi le graveur delphique ne réunit-il jamais ces deux signes dans une même mesure & en distingue-t-il soigneusement l'emploi, avec un louable souci de l'orthographe musicale : dans toute la première section (diatonique) de l'hymne (mesures 1 à 33) le I est seul employé ; avec la modulation chromatique (mesure 34, suiv.) apparaît le K qui règne à son tour exclusivement jusqu'à la mesure 62 : l'unique exception est la mesure 50, où le signe employé est un I parce que le passage est nettement diatonique. Il en va tout autrement des lettres K, Λ qui sont employées *constamment* à côté l'une de l'autre, de telle sorte que, si elles avaient réellement la même valeur, cette alternance constituerait un caprice absurde, inexplicable de la part du lapicide. On s'en convaincra par les trois exemples suivants qui me dispenseront d'insister :

		Transcription rationnelle.	Transcription Thierfelder.
Mesure 38-39	ΚΛΚ ΝΛΙΘΥΣΛ		
Mesure 45-46	ΛΚΛ ΛΙΕΙΘΕΙ		
Mesure 55	ΜΛΚΛΜ ΛΕΙΟΛΟΙΣ		

Arrivons à la note O. M. Thierfelder, en y substituant arbitrairement la note Θ, ne s'est pas souvenu apparemment de la belle observation de MM. Monro & Crusius, observation que la découverte ultérieure du second hymne & mes propres constatations sur l'hymne à la Muse sont venues confirmer de la manière la plus éclatante : à savoir que dans les cantilènes de l'époque alexandrine, non soumises à la structure antistrophique, le compositeur, en écrivant sa mélopée, a respecté la place des accents toniques du langage ; en d'autres termes, dans la mise en musique d'un mot, la syllabe frappée de l'accent tonique ne peut pas recevoir une note moins aiguë qu'aucune autre syllabe du mot : le sommet tonique coïncide avec le sommet mélodique. Cette règle qui dans les cent & quelques mesures du premier hymne ne subit qu'une seule & insignifiante exception (mesure 37-38 : ΛΜΟ φερόπλοιο) serait au contraire constamment violée, si l'on adoptait la transcription de M. Thierfelder. Ici encore je me contente de placer sous les yeux du lecteur quelques exemples :

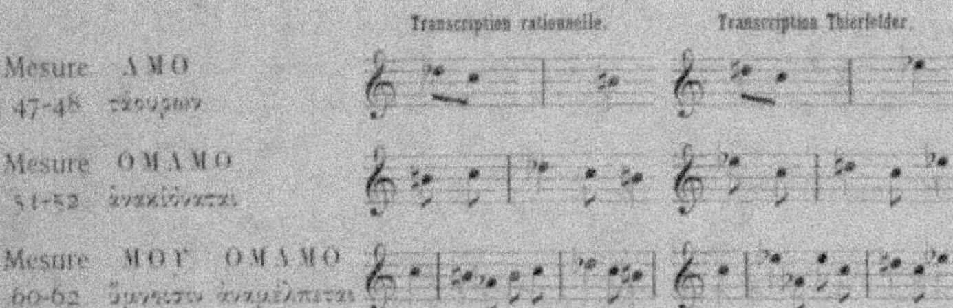

La correspondance si caractéristique entre le dessin mélodique & ce qu'Aristoxène appelle le « chant du discours » (λογῶδες μέλος) se trouve complètement détruite & même renversée par le changement proposé : cette conséquence à elle seule suffirait pour l'écarter.

On me permettra de ne pas quitter ce sujet sans faire une observation qui se rattache étroitement à l'apparition de la note extratonale O (si) dans la partie chromatique du premier hymne. Il résulte de l'emploi de cette note que, dans toute cette partie, la gamme modale de la mélopée oscille entre les deux formes

(identique, comme on l'a remarqué dès le premier jour, à notre gamme mineure) (1), &

Sous quel nom faut-il désigner ces modes qu'on chercherait vainement dans la liste des « harmonies » ou « formes d'octaves » données par Cléonide, Ptolémée, &c. ? Faut-il renoncer à leur donner un nom propre & se borner à parler avec M. Gevaert d'un tétracorde chromatique « de deuxième espèce » combiné « anormalement » avec un tétracorde chromatique ou diatonique « de première espèce » ? Je crois qu'on peut aller un peu plus loin. Observons que le tétracorde de deuxième espèce est défini par Cléonide celui qui est compris entre des sons mésopycnes, c'est-à-dire, dans l'enharmonique, « diésis, diton, diésis », dans le chromatique, « demi-ton, trihémiton, demi-ton ». De même les deux modes lydien & hypolydien sont également définis par Cléonide des octaves enfermées entre des sons mésopycnes.

Quoique j'aie les plus grands doutes sur l'exactitude *historique* des formes assignées aux modes exotiques par l'école d'Aristoxène (2), je considère comme

(1) Je dis identique & non pas simplement analogue, ayant la conviction que la tonique est *si*.

(2) Ces formes ont été déterminées par le désir de pouvoir découper exactement une octave lydienne, hypolydienne, &c., sur le clavier d'une lyre dorienne : il n'est guère à supposer qu'à l'origine une pareille coïncidence ait existé, au moins pour le mode lydien.

extrêmement probable que le trait caractéristique du mode lydien était précisément l'emploi du tétracorde de deuxième espèce, que je propose d'appeler
tétracorde lydien. Deux tétracordes lydiens associés formeront une octave
lydienne, & je crois que le type primitif de cette octave, dans le genre chromatique, était soit :

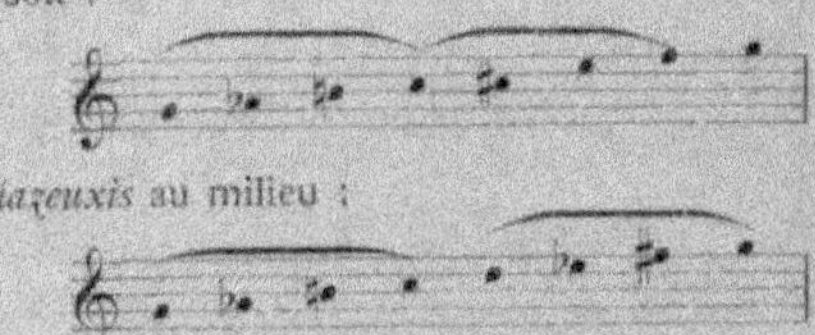

soit, avec la *diazeuxis* au milieu :

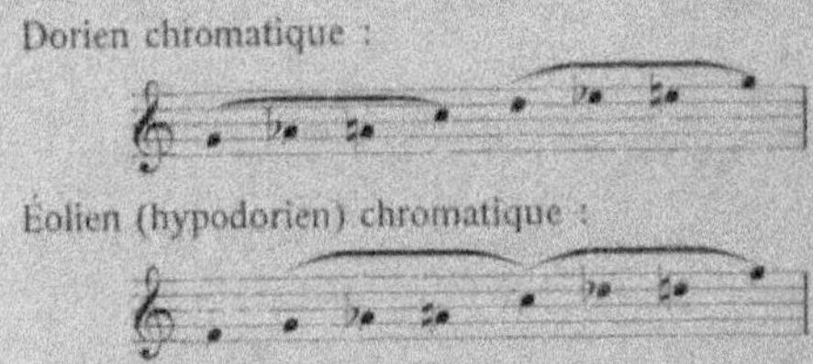

De même que ce tétracorde de deuxième espèce caractérisait la famille lydienne,
ainsi le tétracorde de première espèce (« diésis, diésis, diton » ou « demi-ton,
demi-ton, trihémiton ») caractérisait la gamme hellénique, dont les deux
variétés principales (dorien & éolien ou hypodorien) ne diffèrent que par la
place de la diazeuxis.

Dorien chromatique :

Éolien (hypodorien) chromatique :

Dès lors la combinaison — décrite si justement par M. Gevaert — d'un
tétracorde de deuxième espèce avec un tétracorde de première espèce, que
sera-t-elle sinon la combinaison d'un tétracorde *lydien* avec un tétracorde
hellénique ? Or, une combinaison de ce genre serait appelée nécessairement en
grec *mixolydien*, de même qu'on appelle μιξοβάρβαρος une population mélangée
de *Grecs* & de barbares, μιξόθηρ un être moitié *homme* moitié animal, &c. Je
crois donc que le mode mixolydien primitif, le mixolydien de Sappho & des
tragiques, n'était pas autre chose qu'une combinaison mixte de cette sorte,
affectant, dans le genre chromatique, une des deux formes

ou

Un texte bien connu de Plutarque (*De la musique*, c. 16), convenablement
interprété, nous apprend que la première de ces formes était la plus ancienne

& que la seconde — celle qui a le ton disjonctif « à l'aigu » — ne fut introduite que par l'Athénien Lamproclès (commencement du vᵉ siècle). Mais il faut se garder d'en conclure avec Plutarque (& probablement déjà avec Aristoxène) que le mixolydien de Lamproclès eût désormais la forme banale du mixolydien des manuels :

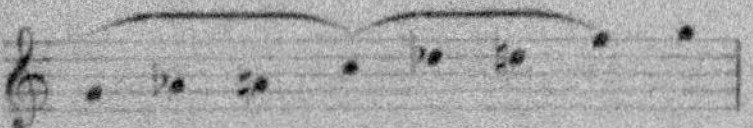

Ceci n'est pas autre chose qu'une variante insignifiante du mode hypodorien (éolien). Une pareille gamme eût différé beaucoup trop peu par l'*éthos* des modes purement helléniques pour justifier tant de témoignages qui signalent (soit en mal, soit en bien) le caractère *sui generis* & essentiellement thrénétique du mode mixolydien ; elle n'eût pas été exclue par Platon comme « pleurarde » de sa république ; elle n'eût pas été (comme le rappelle Aristote) systématiquement affectée aux chants du chœur tragique, spectateur impuissant & ému des souffrances des héros ; elle n'eût pas enfin donné lieu au mot célèbre d'Euripide au choreute : « Si tu n'étais pas une brute insensible, tu ne rirais pas en entendant chanter *mixolydisti*. »

Le caractère funèbre, plaintif, que tous ces témoignages assignent au mixolydien & qui lui est commun avec le lydien proprement dit, suppose que, pendant toute la durée du vᵉ siècle ou plutôt pendant toute la période productive de la tragédie attique, il a conservé, dans les genres enharmonique & chromatique (1), son élément caractéristique, le tétracorde lydien initial. L'auteur du premier hymne delphique n'a pas fait autre chose, à mon sens, que ressusciter ce vieux mode mixolydien des tragiques, tantôt, dans les parties purement chromatiques, avec la *diazeuxis* à l'aigu (type de Lamproclès), tantôt, dans les passages diatono-chromatiques, avec la *diazeuxis* au milieu (type de Sappho). On ne doit pas s'étonner d'un pareil trait d'archaïsme de la part d'un compositeur qui dans les parties diatoniques de l'hymne a fait usage avec une sobriété si persistante du tétracorde hellénique réduit à trois notes

c'est-à-dire du vieil enharmonique tricorde d'Olympos.

THÉODORE REINACH.

(1) Ce dernier, on le sait, ne fut introduit dans la tragédie que par Agathon. Pour se rendre compte de l'éthos du mixolydien de Sophocle & d'Euripide, il faut donc, dans tous les exemples ci-dessus, remplacer le demi-ton chromatique par le dièsis enharmonique.

UNE NOUVELLE INTERPRÉTATION RYTHMIQUE

DU SECOND HYMNE A APOLLON

La seconde communication que j'ai l'honneur de présenter au Congrès a pour objet principal l'audition d'un morceau de musique ancienne comprenant les fragments les plus importants du second hymne à Apollon, dont j'ai tenté une interprétation rythmique. Avant de faire entendre cet hymne, j'ai quelques explications à donner sur le but que je me suis proposé, sur ce que j'ai voulu faire, plutôt que sur ce que j'ai fait.

En me servant des deux textes, poétique & musical, tels qu'ils ont été reconstitués par de remarquables travaux, j'ai pris pour base essentielle de cette adaptation l'accent tonique des mots. Cet élément phonétique si important qui figure systématiquement au sommet des courbes, dans le dessin de la mélodie, je l'ai mis en évidence dans le rythme ; je l'ai placé sur l'ictus principal, le temps fort, ou, à défaut, sur une autre partie forte de la mesure, — règle observée rigoureusement, du moins aussi rigoureusement que possible, car les règles, surtout en art, admettent toujours quelques exceptions. Ceci étant fait, j'ai réparti les autres syllabes, les syllabes non accentuées, dans le rythme le plus simple, cherchant d'une part à me rapprocher du débit, égal en principe, de la déclamation parlée, dont la musique n'est, en beaucoup de cas, que l'amplification, plus intense & plus expressive, & d'autre part m'efforçant de trouver pour chaque dessin de la mélodie sa meilleure réalisation rythmique. Il m'a semblé que la phrase musicale devenait ainsi plus naturelle, plus chantante, que les mots eux-mêmes, mis en relief, contribuaient à donner au rythme plus de précision, plus d'énergie.

Cette simplification, cette unification du rythme n'a pu être faite le plus souvent qu'aux dépens des longues & des brèves de la prosodie. Mais dans un mouvement lent, tel que celui qui convient à un hymne religieux, le rythme du poète — le péon à cinq temps régulièrement suivi, sauf à la prière finale — le rythme du poète, disons-nous, réalisé dans la musique, ne s'affirme pas nettement ; nous avons plutôt la sensation d'une combinaison boiteuse, mal équilibrée, l'impression de valeurs presque égales, mais non vraiment égales ; le mouvement n'a pas une vitesse suffisante pour que l'oreille saisisse &

comprenne le système d'alternance qui constitue une mesure à cinq temps. Et d'ailleurs, devons-nous appliquer à l'art musical des règles qui sont faites pour la poésie ? Les nuances des longues & des brèves, leurs durées inégales, incertaines, les pauses que la voix peut observer sans détruire l'harmonie du vers, toutes ces variations si délicates ne changent-elles pas de caractère quand elles sont assujetties à une forme rythmée où tout est mesuré exactement, calculé à l'avance, qui exige, pour être perçue, une exécution précise, qui disparaîtrait complètement dans une interprétation libre, comme celle de la récitation poétique, & où, enfin, intervient un élément nouveau, associé intimement à cette forme même, qui est le dessin mélodique ?

En outre, si la loi métrique de la poésie devient la loi musicale, nous nous priverons du rythme le plus simple. Il est en effet impossible d'adapter à un texte prosodique, où *brèves et longues alternent forcément*, une mélodie dont le cursus serait *égal*. Je n'ai pas besoin de rappeler que de telles mélodies constituent un répertoire immense, à commencer par les chants & les chansons populaires. Comment admettre que les anciens se soient interdit dans la musique chantée (1) une forme rythmique aussi caractéristique, aussi naturelle ? Le principe des durées égales, représentées en musique par des sons égaux, n'est-il pas la base de tous les systèmes rythmiques ?

Telles sont les considérations qui m'ont amené à établir pour les fragments du second hymne delphique la nouvelle version que voici (2) :

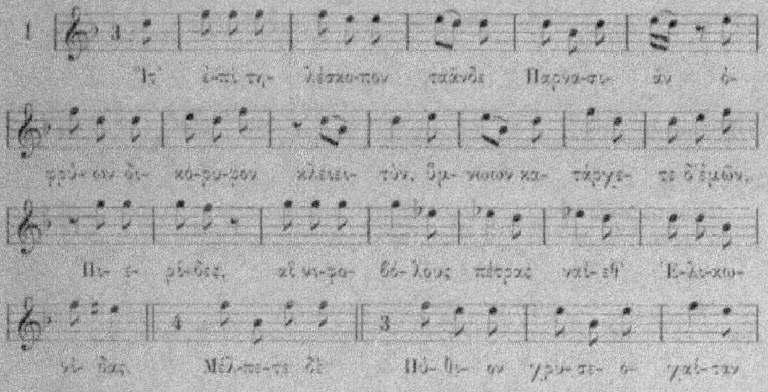

(1) Certains mètres poétiques, le spondaïque & le proceleusmatique, ne contiennent, le premier que des longues, le second que des brèves, mais ce sont là des formes exceptionnelles dont l'emploi ne peut être qu'exceptionnel ; on en trouve quelques rares exemples, çà & là. Une pièce entière — cela est très évident — ne saurait être construite avec une seule valeur, une longue ou une brève.

(2) Cette version a été exécutée au Congrès, grâce au concours très obligeant de M. Herbulot, de la maîtrise de l'église grecque à Paris & de M. Chrétien, harpiste à l'Opéra.

ξ- κα- τον εὐ- λύ- ραν, Φοῖ-βον, ὃν ἔκ-τιχ-τε Λα- τὼ
μάχαιρα παρὰ λίμνα κλυ- τᾶ, χερ-σὶ γλαυκᾶς ἐ-λαι- ας δι-
γούς δ- ζον ἐν ἀ-γω- νί- αις ἐ- ρι-θα- λῆ.
II Πᾶς δὲ γά-θη,-σε πό-λος οὐ- ρά-νι- ος ἀ- νέ-φε-λος
ἀγλα- ός, νη- μέ-νους δ'ἔσχεν αἰ- θηρ ἀ- ελ- λαι-ῶν τα-
χυ-πε-τεῖς δρόμους, λῆ-ξε δὲ βα- ρύβρο-μου Νηρη- ρέ-ας
ζα-με- νὴς ὁ εἰθμ ἦ- δε μέ-γας Ὠ-κε- α- νὸς, ὃς
πέ- ριξ γᾶν ὑγρα-εῖς ἀγ- κά-λαις ἀμ-πέ- χει.
III Τό- τε λι- πὼν Κοριν- θί- αν ναᾶ- τον ἐ- πέ-δα θε- ὸς
(recitativo)
πρωτό-καρ-πον κλυ-τὰν Ἀκ-θίδ ἐ-πὶ γαα-λό-φω πρωῶ-νι Τρι-τωω-νί-δος.
VII Ἀμφὶ πλό-κα-μον σὺ δ'οἷ- νωώ-πα δάφνας κλά-δον πλε-
ξά-με-νος ἀὰ- πλέ-τουους θεμε- λί-ους τ'ἀαμ-βρό-τα χειρὶ
σύ- ρων ἄ- ναξ Γᾶς πε- λό-ρω πε- ρι-πετ- νεῖς κό- ρα.
X Ἀλλ'ὦ Φοῖ- βε, σῶ- ζε θε- ό-κτισ-τον Παλ- λά- δος

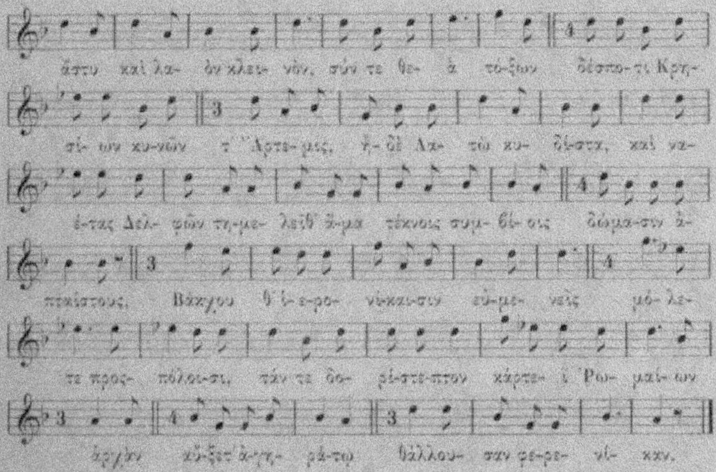

L'allure mélodique, très différente en certaines phrases, que prend cette adaptation, si on la compare à la version admise, provient, non pas de ce que nous n'avons pas tenu compte du mètre poétique, mais bien de ce que les trois ordres, l'ordre rythmique (ictus), l'ordre mélodique (dessin) & l'ordre phonétique (accents), coïncident dans leurs points importants. Introduisons, en effet, dans le premier membre de phrase les brèves & les longues du rythme poétique :

Ainsi disposé, le cursus mélodique ne diffère pas sensiblement, *pour l'oreille*, de celui que nous avons établi précédemment ; la mélodie est seulement *plus compliquée, moins franche de rythme*, elle nous semble moins musicale.

De même, nous observons, dans la dernière partie de l'hymne, que la substitution, faite à dessein çà & là & sans qu'elle ait été nécessaire, du rythme de quatre au rythme normal de trois ne modifie pas le caractère mélodique de la phrase ; ce changement de rythme ralentit légèrement le cursus, en lui donnant plus de force & plus d'ampleur.

La question se réduit donc à savoir si les anciens Grecs faisaient sentir les accents caractéristiques des mots dans le rythme de la musique chantée, comme nous le faisons, comme on le fait dans toutes les langues, comme enfin les règles de la déclamation, musicale ou non, l'exigent pour que les paroles soient entendues & comprises. Cette question, je la pose, sans avoir la prétention de la résoudre.

ÉLIE POIRÉE.

II

MUSIQUE BYZANTINE

ASSIMILATION DES « ÉCHOI » BYZANTINS

ET DES MODES LATINS AVEC LES ANCIENS TROPES GRECS

Après les savants travaux des Gevaert, des Bellermann, des Christ & des Westphal, l'étude des anciens tropes, comme celle des modes latins dits grégoriens, n'est plus à faire. Il n'en va pas ainsi des ἤχοι, *échoi* ou modes homogènes byzantins, sur la nature desquels plane encore une grande obscurité.

Le cadre restreint d'une simple communication ne saurait évidemment suffire à l'exposé complet des modes byzantins ; aussi bien, laisserai-je de côté les *échoi* moyens & mixtes, pour m'attacher de préférence aux gammes fondamentales de l'*octoèchos*, dans l'unique but de déterminer leur véritable relation avec les anciens tropes grecs & les tons grégoriens.

De prime abord, il ne sera peut-être pas inutile de citer, pour mémoire, le schéma des tropes classiques :

Hypodorien	*La*
Hypophrygien	*Sol*
Hypolydien	*Fa*
Dorien	*Mi*
Phrygien	*Ré*
Lydien	*Do*
Mixolydien	*Si*
Hypermixolydien	*La*

En second lieu, il importe d'établir une distinction au sujet des théories modales byzantines ; car, de fait, il y en a plusieurs :

1º Celle des μελοποιοί. Sous ce nom, employé par Manuel Bryenne (1), il faut entendre les musicistes & artistes professionnels auxquels était échu le soin de perpétuer l'antique tradition grecque.

(1) Bryen., Harm. 4, 3, p. 484. Cf. Tzetzes, Über die altgriechische Musik, p. 23.

2° Celle des mélodes (μελῳδοί) (1), mélographes & théoriciens ecclésiastiques. Ces derniers établissent très positivement la distinction des deux méthodes musicales par l'emploi des formules : εἰς τὸ ᾆσμα — εἰς τὸ Ἁγιοπολίτην (2) : expressions qui ont chez nous leur équivalent dans celles-ci : *en musique, en plain-chant*. Εἰς τὸ ᾆσμα, c'est-à-dire, dans le chant plus libre, plus orné & plus solennel des artistes profanes.

Ἆσμα, comme l'a fort bien remarqué Vincent (3), est le contraire de ᾠδή ; c'est à proprement parler le chant vocal, abstraction faite des paroles. Dès lors, ne serait-il pas conséquent d'attribuer en partie à l'influence des μελοποιοί, la création du genre mélodique désigné chez les Grecs modernes sous le nom de *papadique ?* Un double fait tend à me confirmer dans cette opinion : le terme ᾀσματικόν est resté synonyme de παπαδικόν ; en second lieu, Siméon de Thessalonique nous apprend que dans la métropole de ce nom, comme à Byzance, à Antioche & dans toutes les grandes villes d'Orient, le chant solennel des vêpres, des laudes & de la liturgie était dit ᾀσματικόν : Περὶ τοῦ ᾀσματικοῦ ἑσπερινοῦ. Περὶ τοῦ ᾀσματικοῦ ὄρθρου. Περὶ τῆς ᾀσματικῆς ἀκολουθίας (4).

Εἰς τὸ Ἁγιοπολίτην signifie : dans le système musical employé à Jérusalem la ville sainte, système dont saint Jean Damascène serait le principal auteur (5).

Le développement simultané & indépendant de ces deux méthodes de chant eût été assez extraordinaire : de fait, ce fut le contraire qui arriva. Les théoriciens ecclésiastiques, désireux de ne pas s'écarter trop de l'antique tradition grecque, modelèrent de nouveau leur système musical sur celui des musicistes & praticiens gréco-romains. Qu'en est-il résulté ? — La plus parfaite confusion, une sorte d'imbroglio dont le manuscrit dit Hagiopolite peut, au besoin, donner une idée plus que suffisante. Pour l'instant, l'étude comparée des *écboi* & des *tropes* nous servira d'exemple.

Les modes byzantins, comme ceux des Latins, présentent, à n'en pas douter, une certaine analogie avec les anciens tropes. Partant, les théoriciens

---

(1) L'épithète de *Mélode* a été attribuée aux premiers hymnographes, tels saint Romain, saint Cosmas qui étaient en leur genre de véritables aèdes chrétiens. Cependant l'hymnographe ne tarda pas à se distinguer du musicien & les manuscrits spécifient fort bien que tel poème est de tel auteur, le chant de tel autre. Il importe donc d'établir une réelle distinction entre les trois termes : *mélode, hymnographe, mélographe*.

(2) Ms. hagiopolite, fol. 2. Ms. 811, p. 54. (Métochion du Saint-Sépulcre, Constantinople.)

(3) Notices & Extraits, t. XIV, p. 6.

(4) Cf. Migne, *Patrol.*, t. CLV, p. 345, 554, 555, 624.

(5) La définition du mot Ἁγιοπολίτης ne peut se lire en entier dans le ms. grec 360 de la Bibl. Nationale. Le ms. 811 du Métochion du Saint-Sépulcre (Constantinople) me fournit heureusement une définition analogue très complète : « Ἁγιοπολίτης δὲ ἐτυμολογεῖται διὰ τὸ τῶν ἁγίων μαρτύρων, ὁσίων τε καὶ τῶν λοιπῶν περιέχειν πολιτείαν · ἢ διὰ τὸ ἐν τῇ ἁγίᾳ πόλει ὑπὸ τῶν ἁγίων πατέρων τῶν ποιητῶν, τοῦτε ἁγίου Ἰωάννου τοῦ Δαμασκηνοῦ, καὶ ἑτέρων ἁγίων ἐκτεθεῖναι. » p. 53.

médiévaux n'ont pas cru mieux faire que d'attribuer aux gammes fondamentales de l'*octoéchos* les dénominations propres aux harmonies grecques de l'époque classique.

D'autre part, nos modernes érudits ont eu vite fait de signaler les désaccords apparents ou réels des théoriciens au sujet de leurs assimilations modales, &, sur-le-champ, ils se sont pris à douter de la parfaite identité des *échoi* & des *tropes*.

A vrai dire, on s'est généralement trop contenté d'afficher sur des tableaux synoptiques le soi-disant dissentiment des auteurs grecs & latins.

Prenons, si vous le voulez bien, les nomenclatures qui sont, d'ordinaire, mises en parallèle (1).

Ordre des échoi Byzantins		Manuel Bryenne	Notkère	Hucbald et les Latins	Byzantins et Grecs modernes
ἦχος	α´	Hypermixolydien	Dorien	Dorien	Dorien
»	β´	Mixolydien	Phrygien	Phrygien	Lydien
»	γ´	Lydien	Lydien	Lydien	Phrygien
»	δ´	Phrygien	Mixolydien	Mixolydien	Mixolydien
ἦχ. πλ.	α´	Dorien	Hypodorien	Hypodorien	Hypodorien
»	β´	Hypolydien	Hypophrygien	Hypolydien	Hypolydien
» βαρύς		Hypophrygien	Hypolydien	Hypophrygien	Hypophrygien
»	δ´	Hypodorien	Éolien	Hypomixolydien	Hypomixolydien

Tout d'abord, il convient de faire observer, avec dom Gaisser (2), que la série modale de Manuel Bryenne n'a pas avec les *échoi* ecclésiastiques un rapport immédiat.

Il était déjà d'usage dans les premiers siècles de l'empire romain de désigner les modes par des numéros d'ordre (3). M. Bryenne semble nous signaler lui-même l'origine d'une telle coutume quand il dit que les musiciens avaient l'habitude d'indiquer par les termes numériques, premier, second, troisième & quatrième, chaque son de tout tétracorde en commençant par le plus aigu (4).

---

(1) Cf. Card. Pitra, *Analed. Sacra Spic. Solesm.*, t. I, p. LXX — Ed. Bouvy, *Études sur les origines du Rythme tonique dans l'Hymnographie grecque*, p. 248. — W. Christ, *Anthologia graeca*, p. CXX — Gastoué, *Tribune de Saint-Gervais*, juin 1899, p. 147. — Dom Gaisser, *Rev. Bénédictine*, nov. 1899, p. 500, 513.

(2) *Rev. Bén.*, p. 510-511.

(3) Cf. Westphal, *Griechische Metrik*, I, p. 85, 318. — W. Christ, *Anthol.*, p. CXIX-CXX.

(4) M. Bryenne, p. 483. Cf. Tzetzès, *op. cit.*, p. 46.

Détail nouveau : par une heureuse coïncidence, les chantres d'église montaient & descendaient leurs gammes en disant : un, deux, trois, quatre, « καὶ ἀναβαίνοντες τὰς τῆς κλίμακος βαθμίδας, λέγωμεν, μία, δύο, τρεῖς, τέσσαρες (1). »

En second lieu, de l'aveu de Bryenne toujours, la série des tropes grecs était lue par les musicistes & les praticiens de façons très différentes. Suivait-on l'ordre descendant en commençant par l'hypodorien ? on avait la nomenclature du système non transposé des gammes : εἶδος τοῦ ἡρμοσμένου. L'énumération en sens contraire, à partir du mixolydien, constituait l'ordre des tons suivant les genres de la mélodie : εἶδος τῆς μελῳδίας, c'est-à-dire, suivant les modes (2).

De la sorte, ajoute notre auteur, un ton peut être à la fois premier & septième, second & sixième, &c. ; ce dont il est aisé de se rendre compte, en effet, par un simple coup d'œil jeté sur le tableau suivant.

(3) Εἶδος τοῦ ἡρμοσμένου				Εἶδος τῆς μελῳδίας		
Hypodorien	la	ἦχος	I	Mixolydien	si	ἦχος	I
Hypophrygien	sol	»	II	Lydien	do	»	II
Hypolydien	fa	»	III	Phrygien	ré	»	III
Dorien	mi	»	IV	Dorien	mi	»	IV
Phrygien	ré	»	V	Hypolydien	fa	»	V
Lydien	do	»	VI	Hypophrygien	sol	»	VI
Mixolydien	si	»	VII	Hypodorien	la	»	VII

Ces mêmes musiciens possédaient aussi une nomenclature comprenant huit *échoi* divisés en authentiques & en plagaux. C'est précisément cette dernière liste qui a été confondue avec celle de l'*octoéchos* ecclésiastique d'apparence identique. Cependant que Bryenne spécifiait fort bien, lui-même, la nature des *échoi* particuliers aux praticiens, à la seule condition de vouloir lire d'après le contexte : ἀπὸ τῆς νήτης τῶν διεζευγμένων ὁ δώριος, au lieu de τῆς τρίτης τῶν διεζευγμένων, qui est, à n'en pas douter, une faute de copiste (4).

Cette correction faite, on obtenait alors le schéma suivant :

<hr>

(1) Ms. 811, p. 23. (Métochion du Saint-Sépulcre, Constantinople.)

(2) M. Bryenne, liv. II, p. 410. Cf. Tzetzès, *op. cit.*, p. 47.

(3) Comme Bryenne prend, lui-même, la peine de nous en avertir, εἶδος a ici le sens générique d'ἦχος. Liv. III, p. 482.

(4) Cap. XIX, p. 480. Cf. Tzetzès, *op. cit.*, p. 31.

ἦχος	α	Hypermixolydien	mi
	β	Mixolydien	ré
	γ	Lydien	do
	δ	Phrygien	si
ἦχ. πλ.	α	Dorien	la
	β	Hypolydien	sol
Βαρύς		Hypophrygien	fa
	δ	Hypodorien	mi

Le codex 780 (in calcem) de la Bibl. Nationale (1), le Ms. grec 192 de la Vaticane & l'Hagiopolite (2) présentent une nomenclature analogue, avec cette différence, que l'énumération des modes y commence par l'hypodorien. De plus, le Ms. latin adopte cette liste comme la série normale des tons, &, empruntant la terminologie grecque, il indique la tonique de chaque mode en passant de l'authentique à son plagal correspondant.

Tout au contraire, l'Hagiopolite s'empresse de déclarer que cette liste n'est pas celle des ἦχοι : c'est, dit-il, une échelle type indiquant le nom des notes, leur similitude ou leur dissemblance, &c. ; quant à savoir quelles sont les notes toniques, c'est par la théorie des *échoi* qu'il appartient de le connaître : « ἐξ ἧς φήσομεν τά τε ὀνόματα αὐτῶν, καὶ τὰς συγγενείας καὶ διαφορὰς αὐτῶν, καὶ ἕτερά τινα· τὰ μὲν οὖν ὀνόματα αὐτῶν προεγράφησαν, τά τε κύρια κατὰ τὴν τάξιν αὐτῶν δηλοῦντα· τοῦτο δὲ δεῖ νοεῖν ἐπὶ τῶν ἤχων (3). »

Or, suivant cette théorie, « le premier *échos* emprunte son caractère au dorien (la) (4), non à l'hypodorien (mi) ; le second au phrygien (si), non à l'hypophrygien (fa) ; le troisième au lydien (do), non à l'hypolydien (sol), & ainsi du quatrième qui n'est pas caractérisé par le dorien. Toutefois, l'hypodorien (mi) est remarquable par sa belle ordonnance de sons, l'hypophrygien (fa) par sa douceur, l'hypolydien (sol) par sa gravité : c'est pour cette raison que dans le schéma donné plus haut l'hypodorien tient le premier rang, & ainsi des autres. » « Οἷόν τι φημι· τὸν πρῶτον ἦχον ἀπὸ δωρίου μέλους, καὶ μὴ ἀπὸ ὑποδωρίου· καὶ τὸν δεύτερ[ον] ἀπὸ τοῦ φρυγίου, καὶ μὴ ἀπὸ τοῦ (5) ὑποφρυγίου·

(1) Cf. Félix Clément, *Hist. de la Musique*, p. 270-271.

(2) Fol. 7, 14.

(3) Fol. 7v. Tzetzès reproduit ce passage, mais, comme bien d'autres encore, avec force inexactitudes. C'est ainsi qu'il écrit τημασίας, προεγράφην, καὶ τά, au lieu de συγγενείας, προεγράφησαν, κατά. Cf. *op. cit.*, p. 53.

(4) Du moment que l'Hagiopolite indique très positivement la note initiale de chaque ton, il me paraît inutile de se perdre en conjectures pour la découvrir. Je dis note initiale & non tonique ; car l'octoéchos étant fondé sur les décompositions diatoniques de la consonnance de quinte dans les échoi authentiques la tonique est située sur le degré inférieur de quinte. Ainsi le premier ἦχος qui a pour note initiale *la* a pour tonique *ré*.

(5) Tzetzès omet l'article τοῦ, *op. cit.*

καὶ τὸν τρίτον ὁμοίως ἀπὸ λυδίου καὶ μὴ ἀπὸ τοῦ ὑπολυδίου, ὥσπερ δὲ ὁ τέταρτος,
οὐκ ἀπὸ τοῦ δωρίου μέλους χαρακτηρίζεται, ἀλλ' ἐν τῇ εὐτονίᾳ τῶν φθόγγων
τὸ ὑποδώ[ριον], ἐν τῇ ἠδύτητι, τὸ ὑπερφρύγιον, ἐν δὲ τῇ χα[μη]λότητι (1) τὸ
ὑπολύδιον, ἃ τοὺς πρώτους φθόγγους τῆς μουσικῆς διαρρήδην εἰσάγουσι
τούτου χάριν ἀπενεμήθη τῷ πρώτῳ ἡ ὑποδώριος (s.-ent. ἁρμονία), καὶ ἐν τοῖς
ἑτέροις, καθὼς ἀναγέγραπται ἐν τοῖς ἄνωθεν σχήμασι (2). »

Le témoignage de Bryenne définitivement écarté, nous pouvons constater
que celui des Byzantins & des Latins reste d'accord à peu d'exceptions près.

La liste de Notkère est la plus régulière, la plus conforme à celle de
l'Hagiopolite. Le terme *Éolien* avait apparemment pour cet auteur le sens
d'hypomixolydien, c'est-à-dire, qu'il marquait l'octave la plus aiguë dans la
série des tons.

L'interversion de l'hypolydien dans la liste d'Hucbald, &, chez bon
nombre de Byzantins, la double transposition des modes lydien, hypolydien,
sont de simples fautes de copistes que les Grecs modernes continuent à
reproduire avec une fidélité digne d'un meilleur objet. L'erreur est cependant
par trop visible dans la nomenclature d'Hucbald, où nous remarquons cette
singulière exception : un ton authentique, avec, pour plagal, un mode *hypo*
de genre différent.

Somme toute, Byzantins & Latins s'entendent fort bien pour identifier
leurs gammes avec les tropes grecs, mais on doit regretter que dans ce travail
d'assimilation, tout comme les musicistes & praticiens profanes, ils se soient
trompés.

M. Gevaert nous en avertit au sujet des modes latins (3) : l'erreur vient
d'une lecture à rebours des tropes antiques. Les praticiens énumèrent à la
vérité leurs *échoi*, à l'exemple des Anciens, suivant une marche descendante,
mais ils commencent par l'hypermixolydien au lieu de l'hypodorien. D'autre
part, les théoriciens ecclésiastiques ont suivi un ordre ascendant en partant de
l'hypodorien au lieu de l'hypomixolydien (4).

A vrai dire, la différence spécifique des modes ecclésiastiques & des
tropes grecs est ailleurs que dans une simple interversion de nomenclature.
N'en déplaise aux Hellénistes : les *échoi* byzantins, comme les modes latins,
sont, en fait, indépendants des huit échelles tonales d'Aristoxène faussement
attribuées à Ptolémée (5). Ils se fondent exclusivement sur les quatre décom-

---

(1) Tzetzès, *op. cit.*, écrit χαμηλότητι ; c'est bien à tort puisque le lambda de χαμηλότητι
est très lisible dans le manuscrit Hagiopolite. Au surplus, c'est à n'en pas douter χαμηλότητι
qu'il faut lire, puisque dans cette nomenclature l'hypophrygien correspond à l'ἦχος βαρύς.

(2) *Op. cit.*, fol. 8.

(3) *Op. cit.*, p. 26.

(4) Les termes hypomixolydien, hypermixolydien s'emploient souvent l'un pour l'autre ; en
réalité, il est plus exact d'attribuer celui-ci au premier *échos* des praticiens, celui-là au premier
échos plagal des théoriciens ecclésiastiques.

(5) GEVAERT : *Les Origines du chant liturgique de l'Église latine*, p. 39-40.

positions diatoniques de la consonnance de quinte. M. Gevaert l'a établi, avec toute la compétence que l'on sait, pour les tons grégoriens (1); reste à le prouver en ce qui concerne l'*octoécbos* byzantin. Rien n'est plus facile au fond, mais, puisqu'il ne sied pas d'entrer ici en de trop longs détails, je me bornerai à signaler les principaux chefs de preuve qui militent en faveur de cette thèse :

1° L'exposé des « ἀπηχήματα » *apêcbêmata*, ou formules mnémoniques des tons.

J'ajoute à ce propos que, si le diapason relatif de chaque *écbos* n'était pas suffisamment indiqué par la nature de ces mêmes *apêcbêmata* & les textes des théoriciens, on ne pourrait l'établir sur une note autre que le *ré*.

En effet, la théorie du chant byzantin ne tient compte que des voix d'homme, & l'octave commune de toutes les voix d'homme est aujourd'hui de *ré* à *ré*. Or, pour citer une fois de plus le Maître qu'est M. Gevaert, à moins d'admettre que le diapason grec était d'une tierce mineure à peu près au-dessous du nôtre, il n'est guère probable que la voix humaine ait baissé depuis l'antiquité (2). Dès lors, comment penser qu'elle ait pu fléchir de nouveau, à une certaine époque byzantine, pour revenir, en cette fin de siècle, à son état normal ? Dans la musique grecque contemporaine, en effet, la gamme naturelle de *ré* constitue le mode fondamental de l'*octoécbos*.

2° L'*exercice martyrique* découvert dans le Ms. 811 du Métochion du Saint-Sépulcre (Constantinople). Exercice reproduit sous vingt formes diverses par Koukouzélès & les magisters byzantins (3).

3° Le système dit de la *Roue* (τροχός), & l'énallage des Martyries (4).

4° Enfin, le propre témoignage des théoriciens corroboré par l'étude analytique des chants byzantins.

La conclusion générale à tirer de ces quatre chefs de preuve est la suivante :

Le soi-disant chromatisme de certaines gammes mis à part, l'analogie des modes byzantins & latins est indiscutable. En effet, la théorie de l'*octoécbos* est exactement celle que nous trouvons exposée dans les traités du pseudo-Hucbald (5) & dans vingt autres documents latins, notamment le Ms. 780 de la Bibliothèque Nationale.

---

(1) *La Mélopée*, &c., p. 10-11, 107, 111.

(2) *La Mélopée*, p. 17-18.

(3) Βυζαντινὰ χρονικά, Janv. 1899, pl. nᵒ 1, 2, 3.

(4) Dom Gaisser avance (*Rev. Bénéd.*, Déc. 1899) que j'ai traité la question *ex professo* : il n'en est rien. J'ai traité avec quelque étendue (B. χρον., Janv. 1899) de l'origine des signes martyriques, & non de leur valeur. À mon avis, cette dernière question est inséparable d'une étude complète sur les *écboi* byzantins; c'est alors seulement qu'il sera facile & opportun d'éclaircir certains points obscurs.

(5) *Musica Encbir.*, GERBERT, *Script.*, t. I, p. 153, 214. — GEVAERT, *Les Origines du chant liturgique*, &c., p. 69, 76.

D'ailleurs, les *apêchêmata* : Noanoéané, Noéagis, &c., les dénominations arithmétiques des tons, leur symbolisme & leur identification avec les anciens tropes grecs, tout cela ne suffisait-il pas à nous renseigner sur la véritable origine des modes latins?

Dans la nomenclature de leurs *Échoi* les Byzantins énumèrent d'abord les quatre authentiques, puis les quatre plagaux. Les Latins, qui ont varié de coutume, comptent leurs modes en allant successivement de l'authentique à son plagal relatif. En réalité, cette manière de procéder n'influe en rien sur la véritable analogie des *échoi* & des tons grégoriens : on en jugera par cette simple comparaison.

	Échoi Byzantins					Modes Latins		
I	ré	V	la		I	ré	II	la
II	mi	VI	si (1)		III	mi	IV	si
III	fa	VII	do		V	fa	VI	do
IV	sol	VIII	do / ré		VII	sol	VIII	do / re

Toutefois, n'y aurait-il pas lieu de simplifier, ici comme ailleurs, la terminologie musicale & de n'admettre qu'une seule façon d'énumérer les modes? A ce propos, M. Gevaert conseille de dire tout uniment : mode d'*ut*, mode de *ré*, &c., & d'abandonner, en tout cas, l'usage des termes antiques, puisque l'identification des modes ecclésiastiques avec les tropes est une absurdité démontrée depuis longtemps (2).

Aussi bien, ne peut-on se garder de tout étonnement en voyant un musicien comme Dom Gaïsser se constituer le défenseur quand même de la vieille théorie byzantine. Quelque bonne volonté qu'on veuille bien y mettre, il est difficile d'accepter une conclusion aussi singulière que celle-ci : « La gamme normale byzantine n'est plus celle de *mi* de l'ancien dorien, ni celle de *ré* du πρῶτος latin, mais celle de *ré* ayant à la clef la garniture ♭. » Ce qui nous ramène en fait à l'antique dorien. « C'est grâce à ce procédé (constituant un chromatisme purement apparent) que les ἦχοι rentrent dans les anciens types auxquels la tradition les a assimilés. Aussi devinons-nous maintenant le véritable rôle des assimilations (3). »! La dernière étude de

---

(1) Chez les Byzantins comme chez les Latins, le deuxième mode plagal n'a pas tardé à se chanter une quinte plus bas. Quant à la gamme chromatique avec tonique *ré*, regardée aujourd'hui dans la musique grecque comme le véritable plagal du deuxième *échos*, ce n'est pas autre chose que le ton byzantin dit *Nénano*. Cf. *Echos d'Orient*, Avril 1900, p. 216.

(2) *Mélopée*, p. 26-27.

(3) *Rev. Bénédictine*, déc. 1899, p. 535, 541. La théorie modale développée par D. Gaïsser est à mon humble avis une pure utopie. L'auteur prend soin de nous dire que dans son travail il « a pris pour point même de départ la théorie actuelle » ; il fait, en outre, un appel fréquent à la pratique des Grecs modernes, mais en vérité je ne vois nullement de quelle théorie & de quelle pratique il entend parler.

Dom Gaisser sur le *Système de la Roue* (τροχός), reposant sur cette belle conclusion, me paraît tout aussi erronée, sinon plus.

Pour terminer, il est juste d'observer que l'essai d'assimilation tenté par M. Bourgault-Ducoudray reste de beaucoup le seul acceptable, fondé qu'il est, non sur de simples rapports de nomenclatures, mais sur l'étude comparée des anciennes harmonies grecques (1).

J. THIBAUT,

des Augustins de l'Assomption.

(Constantinople.)

(1) *Études sur la musique ecclés. grecque*, p. 55-60.

LES « ÉCHOI » BYZANTINS ET LES MODES LATINS   85

Dom Gaisser sur le *Système de la Roue* (τροχός), reposant sur cette belle conclusion, me paraît tout aussi erronée, sinon plus.

Pour terminer, il est juste d'observer que l'essai d'assimilation tenté par M. Bourgault-Ducoudray reste de beaucoup le seul acceptable, fondé qu'il est, non sur de simples rapports de nomenclatures, mais sur l'étude comparée

LES NOTATIONS BYZANTINES

L'histoire de la musique byzantine a sa synthèse obligée, toute naturelle d'ailleurs, dans celle des notations figurées ou sémeiographiques. Je ne crois pas devoir mieux intéresser les membres du Congrès qu'en leur soumettant, à ce sujet, très brièvement, le résultat de cinq années d'études & de recherches personnelles.

Jusqu'au VIIᵉ siècle, — le défaut de documents positifs ne permet pas de préciser davantage, — le chant religieux, transmis très probablement par la seule tradition orale, n'eut pas d'autre moyen de transcription que l'écriture alphabétique des anciens Grecs.

A cette époque, une notation synthétique des plus simples, inventée on ne sait par qui, sert à exprimer le récitatif des évangiles & des épitres. C'est de là que naissent bientôt toutes les écritures sémeiographiques employées dans les diverses confessions chrétiennes latine, grecque, arménienne & syriaque (1), pour traduire le chant traditionnel des prières liturgiques, les nouvelles hymnes de la poésie religieuse alors dans son plus bel éclat, & jusqu'aux odes de la muse profane dont l'antique gloire n'est déjà plus qu'un souvenir.

La première écriture musicale figurée est dite *Ekphonétique*. Une simple page manuscrite du Xᵉ ou XIᵉ siècle en a parfaitement révélé la nature en nous faisant connaître, sous une forme quelque peu énigmatique, le nom des caractères sémeiographiques, leur nombre & les règles particulières de leur composition.

Il faut ajouter à cela que l'écriture *Ekphonétique* tire sa propre origine des signes prosodiques grecs & non pas, comme plusieurs l'ont pensé, de la

---

(1) Par une exception que je ne me suis pas encore expliquée, la théorie musicale copte est celle de saint Jean Damascène, mais, dans sa notation particulière, les lettres alphabétiques remplacent les caractères sémeiographiques.

notation alphabétique des Anciens (1). C'est du moins ce que je crois avoir suffisamment établi dans une étude spéciale de la *Byzantinische Zeitschrift* (2).

Le lieu exact où cette première notation sémeiographique prit naissance est & demeurera sans doute à jamais inconnu. Cependant, M. P. Aubry n'hésite pas à déclarer que ce fut à Rome, parce que de là seraient parties les origines du culte chrétien (3).

Une telle affirmation est quelque peu hasardée. En effet, vers la fin du III⁰ siècle, le grec n'était déjà plus, on le sait, la langue officielle de l'Église romaine, &, quand même la notation *Ekphonétique* eût été inventée dès cette époque, il ne s'ensuivrait pas qu'elle soit originaire d'Italie, puisque la liturgie a été célébrée en grec, tout d'abord à Antioche qui conserva du reste, sur ce point, une tradition différente de celle de Rome.

Chez les Byzantins la première notation issue de l'écriture *Ekphonétique* est celle que j'ai baptisée *Constantinopolitaine* (4), parce qu'elle fut principalement employée à Constantinople.

L'existence de cette écriture musicale m'a été révélée, il n'y a guère plus d'un an, par deux documents découverts : l'un, par M. J. Ouspensky, l'éminent directeur de l'Institut archéologique russe de Constantinople, l'autre, par M. S. Smolensky, directeur de l'*École des Chantres* à Moscou.

Transmise aux Russes dès le x⁰ siècle, lors du mariage de la princesse Anne de Byzance avec le grand duc Vladimir, cette seconde notation ne tarda pas à subir les variations imposées par le temps ou le génie particulier de la langue slave. Elle est encore parfaitement reconnaissable aujourd'hui dans l'écriture musicale employée par les *Staroveres* ou *Raskolniks*.

La découverte de quelques nouveaux documents, jointe à une étude approfondie de l'ancienne notation russe, nous dévoilera peut-être bientôt le sens particulier de la sémeiographie *Constantinopolitaine*; pour le moment il nous est encore impossible d'en pénétrer le secret.

Peu après la notation *Constantinopolitaine*, & très probablement vers la même époque, se formait en Palestine une écriture musicale similaire, dite *Hagiopolite* ou de *saint Jean Damascène*.

---

(1) Avec un tel principe à la base des notations byzantines, chacun se convaincra aisément qu'il est désormais superflu, pour expliquer la genèse de quelques-uns de leurs signes, de remonter au déluge en passant successivement par toutes les périodes historiques : hébraïque, égyptienne, assyrienne & autres!

(2) Cf. Byzant. Zeitschr., VIII, 1, p. 122-147.

(3) Cf. *La Tribune de Saint-Gervais*, Avril 1900, p. 124.

(4) Cf. *Bulletin de l'Institut archéologique russe*, 1898. — D. Gaïsser fait certainement erreur s'il entend parler de cette même notation *constantinopolitaine* quand il dit : « Les manuscrits du type jérosalémitique se distinguent (par exemple de ceux du type constantinopolitain) précisément par une plus grande simplicité & sobriété de style & de notation. » (Cf. *Rev. Bénéd.*, mai 1899, p. 225.) C'est en effet le contraire qui semble le vrai, comme il est facile de s'en convaincre en jetant un simple coup d'œil sur quelques planches qui accompagnent, dans le *Bulletin de l'Institut archéologique*, une étude spéciale sur la notation *hagiopolite*.

Chacun sait l'influence des moines Sabaïtes & l'importance du mona-
chisme byzantin aux ixe & xe siècles. Le *Typicon* de saint Sabas est alors officiellement accepté à sainte Sophie &, de là, dans tous les monastères &
toutes les églises de l'empire. Par la même occasion, la notation *Hagiopolite*
supplante partout celle de Constantinople, &, dès la fin du xie siècle, quel que
soit l'attachement des Byzantins pour leurs anciennes traditions, la substitution
de sémeiographie est complète.

Détail curieux : tandis que les *Sévéro-slaves* (Slaves du nord) conservent
la notation *Constantinopolitaine*, les *Jugo-slaves* (Slaves soumis du sud), dès
le xe siècle au pouvoir de Byzance, n'ont jamais eu d'autre écriture musicale
que celle de saint Jean Damascène, jointe au texte grec. Si extraordinaire que
puisse paraître cette assertion, elle est cependant fondée sur deux documents
de haute valeur : Le *Synodique* de Boris conservé à la Bibliothèque nationale
de Sofia & un manuscrit græco-slave récemment découvert par l'auteur de
cette communication dans l'ancien monastère grec de Batchkovo en Bulgarie.

J'ajouterai même, sur le témoignage de Mgr Angelitz, primat de l'Église
autocéphale de Carlovitz, que les Serbes, pas plus que les Bulgares, ne
possèdent aucun manuscrit liturgique en notation *sévéro-slave*. Le chant particulier à l'Église de Carlovitz (1) (Carlovitchko plénié) est basé sur le système
modal des grecs modernes : il a été transcrit, pour la première fois seulement
& suivant la notation européenne, en 1864, par Corneille Stankovitch.

Bien que ce ne soit pas ici le lieu d'entrer en de nombreux détails techniques, il me paraît utile cependant de suivre dans ses grandes lignes le
développement de la notation *Hagiopolite* qui fut, à certains égards, la plus
importante, & dont l'usage s'est perpétué jusqu'en notre siècle.

La tradition s'accorde assez généralement pour faire de saint Jean Damascène l'auteur de la notation *Hagiopolite*. Toutefois, si, pour être juste, on prend
en considération le témoignage de tous les anciens *codices* de musique, il
convient d'attribuer à saint Cosmas le mélode une partie de cet honneur.

Le système de notation inventé par les saints moines sabaïtes, tout en
conservant ce qu'il contenait d'essentiel, ne se maintint pas longtemps dans
sa simplicité & pureté originale. Chaque *magister*, on le conçoit aisément,
tenait à honneur de créer soit un neume, soit un signe particulier de *chironomie :* quelques chantres étaient seuls à s'apercevoir de l'innovation &
l'antique tradition ne changeait pas pour si peu !

Le développement de l'écriture musicale *Hagiopolite* ne prit cependant son
véritable essor qu'à l'époque de Koukouzélès, c'est-à-dire, vers la fin du
xiiie siècle (2).

---

(1) Ce genre de chant particulier est encore usité dans la Serbie, le Monténégro, la Bosnie
& l'Herzégovine, voire même jusqu'en Macédoine.

(2) Les auteurs discutent encore sur l'époque réelle où vécut Koukouzélès : le cardinal Pitra
fixe le xiie siècle ; j'ai donné ailleurs les raisons qui me portent à accepter également cette opinion de préférence à celles de M. Krumbacher & de M. G. Papadopoulos. Cf. *Échos d'Orient*,
Sept. 1898, p. 350.

A vrai dire, il n'y eut pas là précisément un changement de notation, mais une simple & naturelle évolution, telle que nous la constatons pour toutes les écritures sémeiographiques du même genre. Aussi, la plupart des manuscrits ne font-ils aucune distinction, & attribuent généralement à saint Jean Damascène les notations figurées, quelles qu'elles soient.

Il n'en reste pas moins vrai que le grand nombre d'éléments particuliers, introduits à la longue dans la notation *Hagiopolite*, autorise pleinement le musiciste à établir une nouvelle distinction. Par suite, dans une étude actuellement sous presse, je n'ai pas craint de désigner la notation byzantine qui va du xive au xixe siècle, sous le nom du célèbre magister Koukouzélès.

Ce n'est pas à dire que ce dernier soit l'auteur exclusif de tous les changements : quelques-uns lui sont postérieurs, beaucoup lui sont très positivement antérieurs ; mais, le témoignage de certains manuscrits, les exercices de *chironomie* & de *parallage* signés Koukouzélès, indiquent assez l'influence prépondérante qu'eut ce dernier dans le développement du chant byzantin, pour que l'on puisse dire avec Fabricius : « Jean Koukouzélès a donné aux Grecs un art musical (1). »

Quelle est au juste la nature de cet art? ce n'est pas ici le lieu de l'expliquer.

En général, il suffit de savoir qu'à part les caractères dits σώματα, qui indiquent par eux-mêmes les différentes métaboles de tons, les signes particuliers à la notation de Koukouzélès n'ont aucune valeur tonique. Les théoriciens les appellent des *chironomies* (χειρονομίαι), c'est-à-dire, des signes rythmiques, au sens le plus étendu de ce mot. Ils marquent en effet les différents temps & mouvements, l'expression, le tour particulier à chaque neume.

Ces caractères rythmiques n'ayant pas toujours une valeur spéciale bien déterminée, les chantres grecs finirent par ignorer la signification du plus grand nombre d'entre eux, si bien qu'à l'aurore de ce siècle Villoteau « avait peine à croire qu'il y eût quelqu'un, soit en Grèce, soit ailleurs, capable de connaître parfaitement les signes de chironomie (2) ».

Dans ces conditions, une réforme du chant liturgique grec devenait urgente. Elle fut accomplie en 1819 par Chrysanthe de Madytos, d'intelligence avec Chourmouzios Chartophylax & Grégoire Protopsalte.

A n'envisager que l'écriture sémeiographique, il faut tenir cette réforme pour très regrettable ; elle n'est pas autre chose, en bien des cas, qu'un simple décalque de la théorie musicale européenne & constitue, en fait, une rupture presque complète avec l'antique tradition byzantine.

---

(1) Cf. *Bibl. graec.*, vol. V, p. 45, X, p. 499.
(2) Cf. *Description de l'Égypte... État moderne*, t. P., Paris, Imp. Imp., 1809, in-folio, p. 790.

Les principes de la nouvelle méthode sont exposés fort au long dans le Θεωρητικὸν Μέγα de Chrysanthe resté, depuis, le traité officiel du chant ecclésiastique grec. Or, je le répète ici très volontiers : « Ce grand ouvrage didactique est sans égard ni respect pour l'ancienne théorie ; son premier & plus clair résultat fut de donner le change sur la véritable nature du chant byzantin ; pendant l'espace d'un demi-siècle, il en a écarté toute étude véritablement scientifique (1). »

A tout prendre, il eût été préférable, ainsi que j'en ai déjà exprimé la pensée, d'accepter purement & simplement notre notation diastématique sur lignes. D. Gaïsser, il est vrai, ne partage pas cette manière de voir & regrette même « la plupart des traductions qui ont été faites des recueils mélodiques de l'Église grecque en notation occidentale, parce que, en déterminant forcément les intervalles indéterminés dans la notation originale, on court toujours risque de les altérer, de les fausser, &c. (2) »

Il m'est difficile de me rendre à une telle raison. Pour si peu que l'on soit familiarisé avec l'harmonique & la théorie musicale des Grecs modernes, il est aisé de se convaincre que les intervalles réguliers de leurs gammes, sans être fixes, sont tout aussi bien déterminés que les nôtres. Au cours d'une mélodie écrite en *do* majeur nous n'avons pas de signes spéciaux pour indiquer que les intervalles, *mi-fa*, *si-do*, sont des demi-tons. Il n'en va pas autrement dans l'écriture musicale grecque ; la seule difficulté est dans la multiplicité des modes. Ainsi, par exemple, l'intervalle *sol-la* s'exprimera, si l'on veut, dans tous les ἦχοι avec les mêmes caractères sémeiographiques, & cela, sans prêter à la moindre confusion. Le dernier des chantres sait en effet, très positivement, que cet intervalle est sensiblement de trois quarts de ton dans le second mode authentique & d'un ton entier dans le premier plagal. Dans le cas assez fréquent de chromatisme accidentel & passager, on emploie le dièze, le bémol & toute la série des φθοραί. Notez bien qu'en fait, cependant, la nature des intervalles est beaucoup moins spécifiée par les signes que par la *théorie seule* ; aussi n'est-il rien de plus facile que d'adapter cette théorie à n'importe quelle notation, & à la nôtre en particulier.

Je conclus donc sans la moindre hésitation : quels que soient les rares avantages de l'écriture sémeiographique des Grecs modernes, ses inconvénients graves & multiples & son peu de rapport avec l'ancienne tradition byzantine font qu'en réalité elle serait très utilement remplacée par notre notation diastématique sur cinq lignes ; à la condition, bien entendu, d'adapter à cette dernière les principes spéciaux de la théorie musicale grecque.

---

(1) Cf. *Échos d'Orient*, sept. 1898, p. 362. — Jusqu'ici le meilleur ouvrage sur la notation & le chant des Grecs modernes est encore celui de M. Bourgault-Ducoudray : *Études sur la musique ecclésiastique grecque*, Paris, 1877.

(2) Cf. *Rev. Bénéd.*, mai 1899, p. 227.

Notation Ekphonétique	Constantinopolitaine et Russe	Hagiopolite	Signes nouveaux de la Notation de Koukouzélès
Ὀξεία /	/	Ὀξεία /	Τρομικὸν σύναγμα
Ὀξεῖαι //	//	Διπλῆ "	Ἐκστρεπτόν
Βαρεῖα \	\	Βαρεῖα \	Ψηφιστόν
Βαρεῖαι \\	\\		Ψηφιστὸν σύναγμα
Κρεμαστή		Ἴσον	Ψηφ. παρακάλεσμα
Συρματική ~	~	Ὀλίγον	Ὁμαλόν
Καθιστή			Οὐράνισμα
Παρακλιτική	Ɛ	Παρακλητική	Χόρευμα
Σύνεμβα		Πεταστή	Θέμα ἁπλοῦν
Ἀπόστροφος		Ἀπόστροφος	Θὲς καὶ ἀπόθες
Ἀπόστροφοι »	»	Ἀπόστροφοι »	Ἔναρξις
Κεντήματα	..	Κεντήματα ..	Σύναγμα
	.	Κέντημα .	Τρομικόν
Ὑπόκρισις			Τε . παρακάλεσμα
Τελεία +	+	Σταυρός +	Ἐπέγερμα
	×	Χαμηλή / Ὑψηλή	Κρατημοϋπόρροον
		Ἐλαφρόν	Θεματισμὸς ἔσω
	ʃ	Ὑπόρροη ʃ	Θεματισμὸς ἔξω
		Σύναγμα	Λύγισμα
		Ἀντικένωμα	Ἀντικενοκύλισμα
		Κλάσμα	Παρακάλεσμα
		Ξηρὸν κλάσμα	Ἕτερον παρ.
		Κράτημα	Ἡμίφωνον
		Φθορά	Ἡμίφθορον
		Ἀπόδερμα Τ	Ἡμσεγόν
		Γοργόν Γ	Ἀργοσύνθετον
		Ἀργόν	Γοργοσύνθετον
		Σεῖσμα	Πίασμα
		Κούφισμα	Πιαστόν

Au reste, les faits parlent plus haut que tous nos discours : l'Église russe orthodoxe a, la première, abandonné l'antique notation sémeiographique en raison de ses seuls inconvénients ; l'Église autocéphale serbe de Carlovitz adopta dès 1864 notre notation moderne, & l'Église bulgare se prépare à suivre cet exemple à moins qu'elle n'adopte, purement & simplement, le chant russe (1).

La musique est un idiome universel ; l'étude en devient de plus en plus générale aujourd'hui : ne doit-on pas souhaiter qu'elle ait officiellement une seule manière de s'exprimer ?

Le chant grec, qu'on veuille bien s'en persuader, n'a rien à perdre à être transcrit suivant notre notation moderne ; le chant grégorien & la musique ecclésiastique russe, écrits l'un & l'autre sur une portée de quatre lignes, auraient sans contredit le plus grand intérêt en ajoutant à celle-ci une simple ligne supplémentaire.

L'unité de notation, facilitant aux artistes de tous pays l'accès des différents genres de musique, serait, pour l'art musical lui-même, le principe de nouveaux & utiles progrès.

J. THIBAUT,

des Augustins de l'Assomption,

(Constantinople.)

---

(1) L'influence du chant russe est très marquée à Sofia, à Philippopoli & généralement dans les principales villes de Bulgarie. — Les plus récentes éditions de chants liturgiques bulgares entreprises par le pope Théodoref, professeur au grand séminaire de Samokof, sont en notation européenne.

L'ORIGINE ET LA VRAIE NATURE

DU MODE DIT « CHROMATIQUE ORIENTAL »

Ce mode, d'un emploi assez fréquent dans la musique ecclésiastique grecque, a justement éveillé la curiosité des musicologues. En voici le schéma tel que nous le retracent ceux qui l'ont entendu de la bouche d'Orientaux mêmes :

Vous vous en apercevez, c'est le tétracorde supérieur de la gamme mineure occidentale deux fois répété.

Cependant, au dire des théoriciens grecs eux-mêmes, le tétracorde aigu est souvent diatonique, d'où résulte cette échelle mixte (1) :

Le caractère particulièrement mou, propre à la musique orientale, l'a fait désigner sous le nom de mode « chromatique oriental ».

Avant d'exposer mon sentiment personnel, je crois bon de résumer en deux mots les opinions émises jusqu'à ce jour à ce sujet. La dénomination de « oriental », acceptée par tous les savants en cette matière, les résume du reste assez bien. On voit en effet généralement dans ce mode une importation étrangère, orientale surtout, soit turque, soit persane, soit arabe, laquelle, selon M. Bourgault-Ducoudray, notre illustre président, &, à sa suite, le regretté chanoine St. Morelot, aurait eu lieu dès l'époque de saint Jean Damascène, selon le cardinal Pitra, entre le xi⁰ & le xiii⁰ siècle, selon M. Tzètzès, au xv⁰ siècle, époque de la conquête de Constantinople par les Turcs (2). Du reste ces opinions ne prétendent aucunement s'appuyer sur des faits nets & précis

(1) Πολλάκις ὅμως οὗτος ὁ ἦχος μεταχειρίζεται τὴν ἑξῆς μικτὴν (κλίμακα... ἵνα) τὸ μὲν πρῶτον τετράχορδον ἔχει χρωματικόν, τὸ δεύτερον διατονικόν, Chrysanthos, εἰσαγωγή, κεφ. ιϛ, Constantinople, 1821.

(2) Quant à l'influence arabe en particulier, j'ai eu l'occasion de signaler dans la *Revue bénédictine* (mai 1899) le sentiment contradictoire des musiciens de cette nation qui supposent une influence inverse à une époque plus ou moins reculée.

(lesquels manquent), mais bien plutôt sur de simples inductions ayant plus ou moins de probabilité. Dès lors je puis me dispenser de les discuter en détail.

Toutefois il est un fait grave dont l'observation attentive doit conduire, ce semble, à des conclusions opposées. Je veux parler de l'absence complète de tout indice historique touchant l'introduction de ce type dans la musique grecque. Que si elle avait eu lieu, comment aurait-elle passé inaperçue au sein d'une nation dont les ancêtres ont toujours observé & enregistré avec la plus scrupuleuse exactitude le moindre changement apporté dans leur musique traditionnelle? Or, dans les écrits contemporains, soit spéciaux à cette matière, soit relatifs à l'histoire en général, l'on ne rencontre rien de semblable. Au contraire, tout indique une culture ou du moins une technique musicale restée égale à elle-même depuis des temps immémoriaux.

Que reste-t-il donc à conclure sinon que le type musical en question a toujours existé dans la musique hellénique? Mais, je me hâte d'ajouter : autre est la question de savoir si dès l'origine il a existé tel quel, autre celle de savoir s'il n'y a pas eu un mode très semblable, principe d'une transformation graduelle, dont le mode néochromatique représente le terme final. Je crois la seconde alternative plus vraisemblable ; & me voilà arrivé à ma thèse que je voudrais formuler ainsi :

La musique grecque antique elle-même possédait un type modal, dont le chromatique oriental d'aujourd'hui ne constitue qu'une nuance insensiblement modifiée soit par les chantres eux-mêmes, soit par ceux qui les ont entendus. Quel est ce type antique? il n'est autre que celui auquel la tradition byzantine assimile le mode en question, c'est-à-dire le lydien.

Je sais que ma proposition a de quoi étonner. De fait, la gamme lydienne basée sur *Fa* paraît tout ce qu'il y a de plus majeur dans la musique classique, tandis que le chromatique oriental semble tenir du mineur. Mais, pour ce qui est de ce dernier (le chromatique oriental), nous allons voir combien il convient de tenir compte des nuances données par les Orientaux à leurs intonations, variées à l'infini pour ainsi dire. Et, quant au mode lydien de l'antiquité, il y a lieu de douter que les musicologues tant anciens que modernes se soient rendu compte de la vraie nature de ses intervalles. Je m'explique.

Il est évident que la culture musicale d'un peuple est intimement liée à la nature des instruments dont il se sert. Or l'histoire & l'induction nous apprennent que l'instrument préféré des Lydiens, nation de race sémitique, belliqueuse, toujours adonnée au culte de Cybèle & à ses processions, était la σάλπιγξ, soit droite — la trompette, soit courbée — le cor ; puis venait l'αὐλός. Le premier instrument servait, selon toute apparence, de modèle pour l'accord des autres instruments ; la seconde était une espèce de clarinette suivant l'admirable exposé de M. Gevaert (1). Je demande maintenant quels

(1) *Musique de l'Antiq.*, II, p. 270 & ss.

sons & quels intervalles pouvaient rendre ces instruments, sinon ceux qu'ils ont rendus de tout temps en raison de leur conformation naturelle, c'est-à-dire les intervalles de la gamme acoustique, tels qu'ils se trouvent dans la série des sons harmoniques d'un ton fondamental quelconque? Ceux-ci, on le sait, sont produits par la subdivision d'une corde ou d'une colonne d'air en ses parties aliquotes, moitié, tiers, quart, &c., dont l'expression numérique même sert à représenter les intervalles en question. Ainsi le quart d'une corde ou d'une colonne d'air donne la seconde octave supérieure du son fournie par la corde entière ; le tiers, la quinte ou plutôt la douzième.

Le phénomène nous est connu & n'était pas ignoré dans l'antiquité ; mais ce qui paraît avoir échappé à nos musicologues & avoir été oublié de bonne heure dans l'antiquité, c'est le vrai point de départ, le vrai ton fondamental qu'il convient de choisir pour cette échelle, afin de pouvoir en tirer parti pour la pratique & la théorie musicales. C'est un bon & intelligent ami, M. Moonen, clerc-notaire & directeur de musique à Venloo en Hollande, qui me l'a fait remarquer, & c'est avec bonheur que je saisis cette occasion de lui attribuer le mérite de cette importante découverte dont je n'ai fait que l'application. Ce point de départ est précisément le *Fa*, ton fondamental de l'antique mode ou type lydien & resté jusqu'à ce jour le ton type du cor. Ainsi la colonne d'air (ou la corde entière) représentée par 1 me donne le *Contre-fa* — son fondamental réel ou idéal, peu importe ici — ; la moitié, représentée par 2, me fournit la première octave, *Fa* simple ; le tiers = 3, la quinte ou plutôt douzième *Ut*[1] ; le quart = 4, la seconde octave *Fa*[1], & ainsi de suite.

Ce qu'il y a maintenant à noter, c'est que de 8 représentant la troisième octave *Fa*[2] à 16 = *fa*[3], nous obtenons une échelle complète de huit degrés différents produclibles sur le cor sans pistons (quoique difficilement à partir du ton 12). La voici. Les chiffres supérieurs expriment les distances de la gamme acoustique, tandis que les inférieurs donnent approximativement les distances généralement adoptées de la soi-disant gamme naturelle ou diatonique.

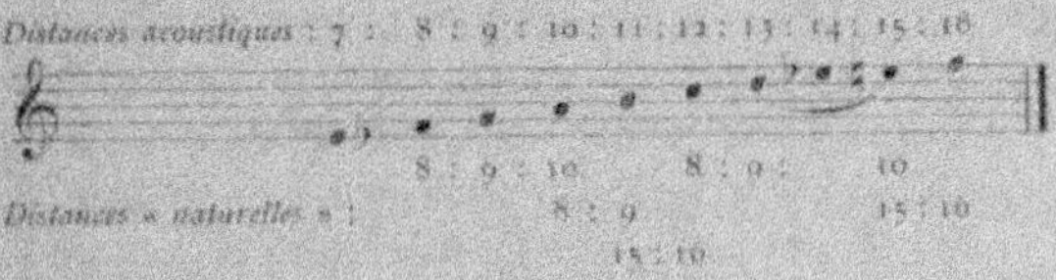

Nous remarquons en haut une série continue, une progression arithmétique de chiffres dont les rapports réciproques expriment d'emblée les distances tonales ; en bas au contraire, la série numérique est coupée plus d'une fois par suite des rapports mathématiques inégaux. Mais le phénomène qui doit frapper le plus, c'est que les intervalles diminuent à mesure que les degrés montent, jusqu'à se réduire finalement aux proportions du demi-ton ordinaire dans le rapport de 15 : 16. De là les conséquences suivantes qui sont de la plus haute importance dans la question qui nous occupe. L'intervalle *si-ut* représenté par 11 : 12 n'est ni un ton ni un demi-ton, mais un intervalle mitoyen entre les deux ; *ut-ré* représenté par 12 : 13 est plus petit que *si-ut*. L'intervalle *ré-mi♯* dans le rapport 13 : 15 dépasse en grandeur le ton majeur 8 : 9, & même le fameux ton maxime 7 : 8 représenté au haut de l'échelle par *mi♭-fa*, 14 : 16, rapport inusité dans la gamme lydienne. Donc, deux degrés sont plus bas que les degrés homologues de notre système reçu : *si* & *ré*, donnant lieu à quatre intervalles (sur sept) différents de ceux de notre pratique actuelle ; les intervalles *la-si* & *ut-ré* sont plus petits, *si-ut* & *ré-mi* plus grands.

Eh bien, tels ont dû être les intervalles de l'antique type lydien ou plutôt hypolydien. Cela semble ressortir irrécusablement des faits historiques reconnus de tous, tel que l'accord acoustique des principaux instruments lydiens. Faisons-en l'application à l'octave lydienne proprement dite, divisée en quarte grave : *ut ré mi fa*, & en quinte aiguë : *fa sol la si ut*. Le premier intervalle en montant est *ut-ré*, ton minime = 12 : 13 (τόνος ἐλάχιστος des Byzantins) ; suit l'intervalle augmenté ou hypermaxime *ré-mi* = 13 : 15 (τόνος μέγιστος des Byzantins), & enfin pour couronnement du tétracorde caractéristique, le demi-ton occidental *mi-fa* = 15 : 16. Dans la quinte les deux intervalles graves *fa-sol-la* n'offrent rien de particulier, mais les deux intervalles les plus aigus *la-si-ut* présentent les petits tons 10 : 11 & 11 : 12. Comparons maintenant cette gamme avec celle du chromatique oriental. Ne retrace-t-elle pas celle-ci jusqu'aux moindres nuances de sa variété mixte ? Le chromatique oriental ne diffère du lydien antique que parce qu'il se trouve transposé à la seconde aiguë *ré*, ayant *ré-mi* pour ton minime, *mi-fa♯* pour ton hypermaxime, *fa♯-sol* pour demi-ton proprement dit. Dans la partie supérieure, c'est *ut* qui joue le rôle du *si* ou degré 11. On le voit, le chroma n'est qu'apparent ; nous sommes bien ici en présence du lydien antique transposé sur *ré*.

Je disais qu'elle contient la variété mixte du chromatique oriental ; j'ajouterai que c'est là son vrai type primitif. Les autres variétés s'obtiennent par l'application du système tétracordal à l'octave lydienne, soit par jonction (1) (κατὰ συναφήν), soit par disjonction (κατὰ διάζευξιν), ou bien encore par métabole du lydien en hypolydien, la quinte étant mise au grave.

En tout cas, il me semble avoir montré la ressemblance, l'identité même, du chromatique oriental avec le lydien antique, mal noté, lui aussi, par les philosophes de l'antiquité, à cause de sa mollesse. Entrer à ce propos dans

---

(1) Tel le fameux chant *ishta samaisi*. Cf. Fétis, *Histoire de la mus.*, t. II, p. 395.

plus de détails m'entraînerait dans une question qui à elle seule demanderait toute une conférence, celle des genres & des nuances de la musique grecque.

Il me reste seulement à expliquer en quelques mots comment ce type primitif a pu devenir le chromatique oriental tel que nos musicologues nous le décrivent. Il s'agit surtout du *Mi♭* & du *si♭* qui s'y trouvent. Car le *fa♯* (& en partie aussi le *ut♯*) est parfaitement légitimé par la transposition dont je viens de parler.

Je dirai d'abord, ainsi que je l'ai déjà laissé entrevoir, que les voyageurs ont ou bien imparfaitement distingué les intervalles en question en prenant le *mi diminué* pour un véritable *Mi♭*, ou bien — & beaucoup ont soin d'en prévenir leurs lecteurs —, tout en se rendant compte de la nuance différente, ils les ont notées imparfaitement. En effet, la technique occidentale manque de moyens pour noter ces nuances, &, quant à les saisir, lorsqu'elles tombent des lèvres des Orientaux, tous ceux qui en ont fait l'expérience savent que c'est chose bien difficile & presque impossible. Les mêmes intervalles semblent pour ainsi dire se compénétrer dans leur bouche, changeant de dimension à chaque moment & produisant tour à tour la sensation d'un ton & d'un demi-ton, tandis que, de fait, ils ne sont ni l'un ni l'autre. Mais je crois que nous possédons maintenant la clef pour en fixer scientifiquement la vraie valeur légitime. Semble-t-il toutefois qu'il s'est produit une transformation, une modification tant soit peu réelle du type primitif qui d'ailleurs y prêtait par lui-même? Dans ce cas elle s'explique très facilement par le concours de diverses causes, sans qu'il soit nécessaire d'en rendre responsable la musique turque seule. Sans parler de l'analyse erronée que les théoriciens latins en faisaient & qui peut avoir exercé un contre-coup sur la pratique des Orientaux en contact avec eux, je ne veux mentionner que la présence réelle de *Mi♭* & de *si♭* dans la gamme normale de l'ancienne tradition byzantine, puis la double échelle presque indistinctement employée dans ce mode, l'une sur *Ré* avec 1 ou 2 ou même 1♯ & l'autre en *Mi♭* avec 3 ou 2♭. Cette dernière remarque donne une idée de l'extrême mobilité des intervalles, particulière à ce mode byzantin aussi bien qu'à l'antique lydien, & qui résulte du vague & de l'indécis qui les caractérisent.

Pour terminer, je vais essayer de vous faire comprendre par la pratique les considérations que je viens d'exposer, en me permettant de chanter deux spécimens de ce mode. Ils sont tirés tous deux de l'office du soir du jeudi saint (1).

(1) Σακελλαρίδης, Τριώδιον, Athènes 1895, p. 45-46 & p. 30-32.

Nᵒ 1.

Office du Jeudi Saint : Ὄρθρος.

Σακελλαρίδης, Μεγάλη Ἑβδομάς, B, 45-46.

(Athènes, Kousoulinos, 1805.)

N.-B. — Les parties désignées par I semblent appartenir à la gamme acoustique, celles désignées par II à la gamme modifiée par les nuances (ce que nous appelons gamme diatonique). Les parties comprises sous la lettre A paraissent relever plutôt du type hypolydien : *si* diminué & *sol* augmenté ; celles sous la lettre B plutôt du type lydien : *Mi* diminué & *Do* augmenté. La partie $\frac{A}{B}$ peut être assignée à l'un ou à l'autre type. La partie C dans le Nᵒ 2 semble représenter un mode lydien construit par jonction (sur *Sol*) de deux tétracordes lydiens, avec *Do* ♯ -*Ré* & plus loin *do-ré* pour προσλαμ-βανόμενος.

(1) Le signe * indique un degré baissé d'un diésis enharmonique ou d'un quart de ton environ, le signe † un degré haussé dans la même mesure. Le lecteur fera bien de ne pas s'inquiéter au commencement de ces signes.

N° 2.

Office du Jeudi Saint : Ὄρθρος.

Σακελλαρίδης, Μεγάλη Ἑβδομάς, Β, 30-32.

     DOM HUGUES GAÏSSER

Traduction littérale du n° 1.

Ils m'ont dépouillé de mes vêtements & m'ont revêtu d'un manteau de pourpre; ils m'ont placé sur la tête une couronne d'épines, & m'ont mis à la main un roseau, pour que je les brise. [oui], pour que je les brise comme les vases du potier.

Traduction littérale du n° 2.

Aujourd'hui est suspendu à un bois celui qui sur les eaux a suspendu la terre (*trois fois*). Une couronne d'épines ceint le front du Roi des Anges. Un manteau de pourpre trompeur recouvre celui qui couvre le ciel de nuages. Un soufflet est donné à celui qui, dans le jardin, a délivré Adam. Des clous tiennent attaché l'Époux de l'Église. Une lance a transpercé le fils de la Vierge.

Nous adorons vos souffrances, ô Christ (*trois fois*). Montrez-nous aussi votre glorieuse résurrection.

Dom HUGUES GAÏSSER.

III

MUSIQUE DU MOYEN-AGE

———

A

MUSIQUE RELIGIEUSE

LA NOTATION NEUMATIQUE

Dans une question scientifique, on ne peut isoler un fait quelconque pour l'étudier, sans tenir compte de ses attaches (1).

Pourquoi isolerait-on le *chant* dit *grégorien* de ses antécédents & de ses conséquents ?

Ne doit-on pas tenir compte des causes ambiantes qui ont présidé à sa naissance & l'ont obligé à voir le jour sous la forme que la notation neumatique, sévèrement analysée, nous révèle ?

Traitons ce sujet, de haut, seul moyen de l'embrasser dans son ensemble, car il y a là un monde insoupçonné à faire sortir du néant. C'est l'Art inconnu, servant de lien entre le passé & le présent, qu'il s'agit de faire revivre ou simplement connaître d'après des données certaines.

Pour délimiter le sens d'une notation & même de toute écriture, deux facteurs principaux sont à considérer : l'un, l'histoire de sa formation, l'autre, son sens matériel extérieur.

Des deux, relativement, le premier est le plus important ; car, pour le second, si l'on fait abstraction de la genèse de la notation envisagée, on peut aisément proposer plusieurs systèmes d'interprétation hypothétiques, — quitte à créer des exceptions, — tandis que l'origine du système d'écriture nous dévoile le *but* de ses auteurs. Connaissant le *but*, le reste est peu de chose à fixer.

La réponse à deux questions nous satisfera pleinement, j'en ai la conviction.

1° La notation neumatique est-elle *rythmique*, ou, au contraire, vaguement *idéographique*, comme on le prétend ?

2° Le rythme qu'elle accuse est-il *musical*, ou, au contraire, vaguement *oratoire*, comme on l'affirme d'autre part ?

(1) « Méfions-nous, dit M. Gevaert, d'une tendance essentiellement moderne qui consiste à considérer chaque art dans son isolement & non dans l'unité harmonieuse de la civilisation antique. » t. I, p. 20. *Hist. de la Mus. dans l'antiquité.* C'est très juste, mais pourquoi M. Gevaert, oublieux, ce semble, de cette sage recommandation, termine-t-il son remarquable ouvrage en appliquant au chant grégorien : *le rythme oratoire ?* t. III, p. 623. On verra dans la suite de cet exposé que le célèbre rythme ne trouve pas place parmi les *transformations insensibles* de l'Art, dont parle l'éminent écrivain, t. I, p. VIII, préface. Il ne donne d'ailleurs aucune raison, même minime, à l'appui de son assertion. Il est à présumer qu'il n'a fait que répéter celle de l'école bénédictine.

I

Je réponds sur le premier point :

La notation neumatique est : *abréviative*, par destination(1), *sténographique*, par nature(2), *rythmique*, par convention(3).

Son origine?

Romaine, sans aucun doute. Mais le type primitif fut porté à sa perfection dans un ensemble de manuscrits que nous appelons « *Sangalliens* » du nom de l'abbaye où ce type achevé paraît avoir été élaboré. Elle est romaine(4), comme le système fondamental de nos écritures occidentales est romain(5).

La cause de sa création?

Une nécessité absolue de faire tenir en peu de place, dans un manuscrit, l'*ossature complète* d'une mélodie fleurie à l'excès.

La raison de sa création?

Offrir au chanteur un memento complet & aussi parfait(6) qu'il était possible de la mélodie apprise à l'école, & sue de mémoire ; d'où :

---

(1) « Dicit autem (Guido) de neumis, id est notulis, quod inventa sunt causa breviandi, quia cantus, illis notulis, brevius notantur quam per litteras. » J. de Muris, ap. Gerbert, *Scriptores*, t. II, p. 226. « Causa vero breviandi neumæ solent fieri. » Guido Aretinus, ap. Migne, Patr. lat., t. CXLI, col. 409.

(2) Il suffit de la regarder pour s'en rendre compte, & de l'etudier pour en découvrir les subtilités.

(3) La suite de cet exposé le démontrera.

(4) Les arguments généraux en faveur de Rome, promotrice de la notation neumatique, sont : — 1º L'uniformité de fond de toutes les écritures neumatiques, prouvant une origine unique, donc un *centre* d'où est parti le type pour se répandre alentour. Ce centre ne peut être que Rome, mère de la liturgie, capitale de la catholicité, tête du mouvement intellectuel chrétien. — 2º C'est à Rome que, de tous côtés, on demandait des livres authentiques & des maîtres experts dans l'art du chant ecclésiastique. — 3º C'est à Rome que le pape S. Damase (366) fit venir des artistes grecs pour enseigner les formules-types du chant fleuri en voie de se constituer. — 4º Le nom de *Cautilène romaine* appliqué au premier chant chrétien prouve une origine romaine. — 5º Les termes techniques de la notation neumatique sont tous grecs, présomption en faveur de leur apport à Rome par les chantres grecs de S. Damase ; le chant fleuri entraînant une notation plus précise que l'ancienne notation grecque alphabétique. — 6º L'abandon fait à Rome dès le ive siècle, selon Cassiodore, de la notation grecque antique, présomption en faveur de son remplacement par les premiers essais de notation neumatique importés par les chantres grecs (cf. notre 3º précédent). — 7º Le témoignage d'un historiographe de saint Grégoire Ier disant que le grand Pape « neumavit » son célèbre antiphonaire; présomption qu'à cette époque (590-604) la notation neumatique était déjà complète. — 8º La diffusion rapide du système neumatique est prouvée par l'uniformité de fond de toutes les écritures occidentales. Le système n'a pas dû avoir le temps de s'altérer en gagnant de proche en proche. — 9º La *nota romana* du moine d'Angoulême ne peut s'appliquer qu'aux neumes romains.

(5) Cf. Natalis de Wailly, *El. de Paléographie*, t. I, p. 383.

(6) Cf. la note suivante.

Que doit-elle *exprimer* ?

Le contour mélodique extérieur du chant ;

Le groupement des sons en unités vocales ;

Le rythme d'ensemble du groupement par la valeur rythmique de chaque son pris isolément ; & enfin :

La notation neumatique exprime-t-elle : contours, groupements & rythmes VAGUEMENT, ou, au contraire, avec certitude ?

Guy d'Arezzo répond : *avec certitude*, si les neumes sont écrits avec soin comme ils doivent l'être (1).

Ne le dirait-il pas que l'histoire du chant & la notation elle-même dûment analysée sont là pour en témoigner, on le verra.

Il n'y a pas d'exemple de transformation d'écriture qui n'ait été un progrès. Il n'y a pas de progrès qui soit un retour en arrière, on en conviendra. Or, par le fait que la notation neumatique a remplacé EN BLOC la notation alphabétique phonétique & la notation rythmique de l'antiquité, elle *dut* être un progrès, &, comme telle, répondre *en bloc* (2) à cette double exigence de toute notation : représentation du son, représentation du rythme ; sinon c'était un recul sans précédent dans l'histoire de l'écriture.

On ne pourra jamais concevoir en effet, que, ayant à leur disposition une notation phonétique & rythmique complète (3), parfaitement suffisante au début du christianisme, alors qu'il ne s'agissait encore que de représenter une mélodie quasi-syllabique, on ne comprendra jamais que les notateurs aient délaissé définitivement un mode de notation aussi certain pour en adopter un nouveau, aléatoire, n'indiquant rien de précis au dire de certains écrivains du moyen âge (4).

---

(1) « Quomodo autem liquescant voces, & an adhærenter aut discrete sonent ; quæve sint morosæ & tremulæ & subitaneæ ; vel, quomodo cantilena distinctionibus dividatur ; &, an vox sequens ad præcedentem gravior vel acutior vel æquisona sit, facili colloquio, in ipsa neumarum figura monstratur, si, ut debent, ex industriâ componantur. » G. Ar., ap. Gerbert, t. II, p. 37. — Cf. également *Liber Gradualis*, Solesmis, Avertissement, p. III.

(2) M. Gevaert, s'appuyant sur un témoignage assez étrange de saint Isidore de Séville, dit que saint Grégoire n'a pas dû connaître de notation ? d'autant plus, dit-il autre part, que, dès le ive siècle, la notation grecque antique était tombée en désuétude. Il y aurait donc d'après lui une interruption de deux cents ans dans l'usage d'une notation musicale quelconque. Cela nous paraît inadmissible, & nous renvoyons le lecteur à notre note 4, p. 104. Un peuple ayant usé d'un type d'écriture pendant plus de 600 ans ne le laisse pas tomber en désuétude sans le remplacer par un autre mode de graphie, car l'écriture suit les transformations du langage.

(3) Il ne faut pas perdre de vue que la notation phonétique alphabétique était par elle-même rythmique à sons limité, puisque toute lettre non surmontée d'un signe de longueur spéciale autre que celle de la brève fondamentale indiquait par elle-même cette longueur brève-type.

<pre>
long. — triple   —   ou   — ⌐ ⎫
          quadruple   ⊓   ou   — ⊥ ⎬ Cf. Gevaert,
          quintuple   ⊔   ou   — ⊤ ⎭ t. II, p. 13-14.
</pre>

(4) Que des écrivains du xie siècle & des siècles suivants aient pu le croire de bonne foi, cela n'a rien qui puisse nous étonner. A 600 & 800 ans de distance, on peut avoir perdu la juste notion des choses. La notation mesurée du moyen âge antepalestrinien est un grimoire indé-

A priori, les neumes devaient indiquer *autant* que l'ancienne notation & je ne crains pas d'ajouter qu'ils devaient indiquer *plus !*

Quel était ce *plus ?* évidemment un progrès mélodique ayant entraîné un progrès rythmique, qui, tous deux d'ailleurs, nous sont prouvés, l'un par ce que nous savons de l'introduction des formules du chant oriental dans ce chant romain, au IVᵉ siècle sous le pape Damase, l'autre par la complication du rendu graphique neumé de ces mêmes formules, rendu pour lequel cette fois la double notation antérieure avait été reconnue, avec pleine raison, insuffisante en dépit de son ingéniosité, cachée sous des dehors très simples.

Dans un instant, en répondant à la deuxième des questions que j'ai posées au début de cette communication, je vous montrerai la filiation naturelle de ces deux progrès.

Je maintiens que la notation pouvait satisfaire à toutes les exigences du nouveau chant à représenter : notation rythmique par conséquent & non vaguement idéographique, cela est certain.

Permettez-moi, MM., de ne vous en donner ici qu'une seule raison purement théorique. Aussi bien, elle résume tout en elle.

Qu'y a-t-il dans le rythme musical ?

Surtout, & avant tout, des lois de proportions à respecter. C'est le sommet de l'art de la composition.

Ces proportions sont *absolues* dans la rythmique grecque. Elles sont *fondamentalement* les mêmes (1) dans la rythmique grégorienne, à dix siècles & plus de distance.

Or, seule, la traduction des neumes, faite d'après le principe *absolu* que j'ai formulé : un neume égale un temps rythmique moderne ; seule, cette traduction rétablit sous nos yeux ces proportions théoriques, sans lesquelles il n'y a pas de rythme musical pondéré, aussi bien dans l'antiquité qu'à l'heure actuelle.

Ces proportions sont introuvables hors de l'application du principe : un neume = un temps moderne ; si, par exemple, comme le font les mensuralistes, on dissèque les neumes, en interprétant par des longues ou par des brèves à valeurs fixes, les éléments constitutifs de la formule : points, traits, virgas, &c..., parce que toutes les unités étant dérangées (2), les proportions

chiffrable pour la plupart des musiciens de notre époque & quatre cents ans de culture intellectuelle intense se sont seulement écoulés depuis sa mise en pratique ! Il est bon qu'on pèse ces causes d'oubli à leur juste poids, & il est meilleur encore de savoir que les théoriciens du Xᵉ siècle & ceux des siècles antérieurs sont unanimes à dire que les signes neumatiques avaient pour rôle précis d'indiquer le rythme des groupes de sons en les groupant pieds par pieds rythmiques, unités du rythme dans l'antiquité.

(1) « Semper tamen aut in numero vocum aut in ratione tenorum neumæ alterutrum conferantur atque respondeant, nunc æquæ æquis, nunc duplæ vel triplæ simplicibus, atque alias collatione sesqialtera vel sesquitertia. »

(2) On sait en effet que les divergences qui existent entre manuscrits de même école, au sujet de l'emploi des signes distinctifs de longueur ou de brièveté (considérées dans un rapport

qu'elles concouraient à établir sont annihilées. A aussi forte raison le sont-elles d'après l'exécution du chant selon le rythme oratoire qui n'est applicable que sur une notation déformée & préparée pour l'appliquer.

Et ceci n'a rien qui doive nous surprendre. En effet, les proportions rythmiques reposent essentiellement sur le nombre des pieds rythmiques égaux, composant chaque membre de phrase, lequel se divise en un antécédent & un conséquent se partageant dans un rapport défini le nombre total des pieds rythmiques qui les constitue.

Rapports $\begin{cases} 1:1 \quad 1:2 \quad 1:3 \quad 2:3 \quad 3:4 \\ 2:2 \quad 2:4 \end{cases}$

Indirectement nous trouvons dans ce fait la preuve partielle du neume-pied rythmique grégorien spécifié par ces termes de Guy d'Aresso (1) : *Cum et neumæ loco sint pedum. Microl.*, xv.

Il me paraît inutile d'insister plus longuement sur ce sujet ; il me faudrait réfuter une à une les arguties des écoles adverses, & j'attendrai les objections.

La notation neumatique est donc rythmique (2).

J'aborde la deuxième question.

II

La notation neumatique accuse-t-elle un rythme *musical*, ou, au contraire, un rythme vaguement *oratoire ?*

A quel système mélodique la cantilène romaine a-t-elle succédé ? d'où est-elle issue ?

« Les cantilènes primitives du Christianisme occidental, dit M. Gevaert, naquirent dans l'atmosphère musicale de leur temps, & s'inspirèrent des formes mélodiques en vigueur (3). »

fixe de 1 : 2) sont un écueil à l'adoption de ce système d'interprétation ; on trouve en effet autant de versions rythmiques différentes que de manuscrits à traduire. Les groupements seuls sont identiques dans l'immense majorité des cas envisagés.

(1) En effet puisque 1° c'est dans le nombre de pieds de l'antécédent répondant au nombre de pieds du conséquent que réside toute proportion, & que 2° on ne trouve ces proportions qu'en traduisant chaque neume comme valant un pied, il est évident que notre principe est doublement fondé, de quelque manière qu'on raisonne ce point de doctrine.

Un certain nombre de pieds formant antécédent & conséquent entraînent une suite de pieds fondamentalement égaux ; un pied type étant adopté, il en faut un certain nombre pour former un antécédent & un conséquent, s'assemblant dans des rapports fixés pour former un membre de phrase. Rapprochons ceci de la théorie guidonienne, nous remémorant que les neumes se mêlent pour former des membres de phrases trimètres, tetramètres, pentamètres, hexamètres, & consultons une traduction faite d'après l'application de notre principe un N/ = un temps, nous retrouvons l'enseignement guidonien parfaitement respecté.

(2) La traduction ci-jointe d'une pièce célèbre, le Graduel : *Christus factus est* édifiera mieux qu'une longue dissertation technique.

(3) M. Gevaert, *Op. cit.*, t. III, p. 624. — Sur quels faits notoires s'appuie, par contre, le grand théoricien pour écrire : « Dès les premiers jours où le chant catholique apparaît hors de la

Il n'en peut pas être autrement. On ne crée pas une forme artistique nouvelle à telle heure de son choix, simplement parce qu'on le désire. On ne la crée surtout pas, en faisant table rase de tout ce qui peut permettre de l'asseoir sur des fondements solides. Il suffit de nous remémorer toutes les transformations de l'art musical depuis l'an 1000, pour constater que la filière de ses perfectionnements successifs est aussi ininterrompu que celle de son évolution depuis l'antiquité la plus reculée jusqu'à l'an 1000.

L'atmosphère musicale de l'époque, à laquelle M. Gevaert fait allusion, était celle de l'art gréco-romain, païen, licencieux, notez-le, car ce détail a une importance réelle.

Si cet art gréco-romain avait été pur dans ses tendances morales, jamais le christianisme n'aurait eu à l'épurer des éléments troublants qu'il contenait, &, sans doute, les chants de l'Eglise catholique eussent été quelque peu différents de ce qu'ils furent dans la suite. Nous y reviendrons brièvement.

L'art gréco-romain était musical au plus haut degré & caractérisé par des rythmes variés à l'infini dans leurs agencements & leurs emplois respectifs.

La mélodie pure, expressive n'existait pour ainsi dire pas (1).

Le rythme & l'éthos des modes employés imprimaient seuls à l'œuvre son cachet, son sens moral (2).

Le christianisme, pour réagir contre le torrent de débauches morales que cet art entretenait, & ne pouvant même pas avoir comme objectif la création d'un système nouveau en opposition avec celui de l'époque, le christianisme épura l'art musical contemporain, en écartant tout ce qui était de nature à rappeler à l'esprit un souvenir obscène, c'est-à-dire, en éliminant tous les rythmes désordonnés & toutes les échelles chromatiques & enharmoniques traditionnellement employées dans les pompes mondaines (3).

Il s'en tint uniquement au chant choral & à sa technique propre.

pénombre de ses origines, nous le voyons se ramifier en deux directions opposées (rythme musical des hymnes, rythme oratoire des chants propres de l'office) — bifurcation qui donne la clef des destinées ultérieures de la musique occidentale. »

Voilà qui me semble en contradiction manifeste aussi bien avec le passage cité dans le texte ci-dessus que avec le passage suivant (extrait du t. I, p. VIII, préface de son grand ouvrage) : « Il est certain que la musique primitive de l'Eglise latine n'est autre que celle de la Rome contemporaine. A son tour, cette musique chrétienne, après une série de *transformations insensibles*, est devenue la nôtre. Ainsi l'art moderne & innovateur par excellence se rattache sans aucune interruption au monde païen. »

Oui, selon ma théorie personnelle, mais sans passer par le rythme oratoire qui n'a jamais été en usage dans la musique de la Rome contemporaine des débuts du chant chrétien.

Je proteste de mon profond respect pour le grand érudit belge. Ce n'est pas à moi à attaquer un savant de cette envergure. En signalant ces faits, c'est plus un éclaircissement que je sollicite qu'une critique que je formule.

(1) Cf. Gevaert, *Op. cit.*, t. II, p. 513.

(2) Les premières hymnes dites ambrosiennes sont conformes à cette technique. Elles peuvent être considérées comme le premier essai officiel, sérieux, du chant choral occidental.

(3) S'il a existé des chants non rythmés, « ils furent sans application dans la pratique de

Dès lors nous voyons clairement se préciser devant nous son champ d'action. D'un côté, un système rythmique réduit à sa plus simple expression, n'admettant que des formules à allure calme, ressortissant généralement au rythme dit égal, aux combinaisons assez restreintes (1). D'un autre côté, un système harmonique relativement austère, celui du diatonisme pur, le seul employé antérieurement dans la lyrique chorale, type du « *Sain* » dans l'art de l'époque.

Retenons cette double indication des attaches réelles de l'art chrétien romain avec l'art grec antérieur. Elle est précieuse pour nous, en ce qu'elle nous montre le véritable point de départ de la cantilène romaine, ses attaches avec le passé, les éléments fondamentaux qui serviront d'assises à tout le système.

La filière n'est toujours pas rompue, vous le constatez, MM., veuillez la suivre encore.

L'art chrétien, ayant rejeté la plupart des moyens rythmiques & harmoniques à l'aide desquels l'art antique atteignait son *summum* d'effets sensuels, l'art chrétien, dis-je, relativement pauvre de rythme développa la mélodie en elle-même, elle n'avait pas alors d'autre voie de perfectionnement ; il fallait sortir de l'ornière creusée par les générations précédentes ; il fallait un *mieux*, ce fut l'évolution finale caractérisée par le progrès mélodique ayant entraîné le progrès rythmique, que je vous ai signalés comme étant les causes certaines & premières de la création de l'écriture neumatique.

En effet, d'une cantilène quasi-syllabique au début, très simplement rythmée, on arriva progressivement, & peut-être beaucoup plus tôt qu'on ne l'imagine, au style fleuri, flamboyant des pièces vocalisées alléluiatiques.

La notation phonétique alphabétique, même surmontée des signes rythmiques, se révéla de bonne heure insuffisante pour exprimer une mélodie riche en vocalises. Elle dut céder la place à un système d'écriture plus complet sous une forme plus restreinte : les signes neumatiques, nouvelle notation répondant amplement au but à atteindre : — groupements définis ne laissant place à aucun doute dans la représentation des unités vocales, aucun doute dans les proportions rythmiques : — système d'écriture sténographique propre à la transcription des mélodies dans des manuscrits volumineux & coûteux à établir.

l'art ! * Cf. Gevaert, t. I, p. 24. Voilà qui met à néant l'un des deux courants musicaux imaginés par l'auteur. Cf. note 16.

Est-il besoin d'ajouter que les initiateurs du chant d'église, ayant banni tout ce qui n'était pas sain de nature, n'ont pu donner accès dans leur école à ces chants désordonnés ?

M. Gevaert constate autre part que les chrétiens ont laissé de côté toute la partie instrumentale de la musique de leur temps (t. I, p. 31)

(1) Si la dénomination « plain-chant » pouvait avoir une signification logique, c'est bien celle qui lui conviendrait d'après son rythme nul, plan, toutes les unités-groupes se succédant égales les unes aux autres. Musique austère au premier chef, & dénuée de ces entrechocs propres à secouer l'organisme humain.

Donc la notation est rythmique musicale.

Est-il imprudent de rapporter aux IVe & Ve siècles cette évolution & ses effets ? Je ne le pense pas.

Si nous considérons attentivement les diverses données que j'ai rappelées, nous découvrons trop de liens entre elles pour n'y voir qu'une coïncidence sans portée.

Le hasard ne fait pas si bien les choses : Importation de formules du chant oriental par des chanteurs grecs sous le pape Damase, abandon dès le IVe siècle de l'ancienne notation grecque, création d'écoles de chantres à Rome, terminologie grecque dans tous les détails de la nouvelle notation neumatique, refonte des offices, constitution des pièces musicales propres à l'église, compilation — centonisation de l'Antiphonaire à l'époque du pape Grégoire Ier, témoignage admissible de l'historiographe dudit Grégoire en faveur de la *Neumation* du légendaire Antiphonaire. Tous ces faits ne se trouvent pas réunis fortuitement en une même période & plaident au contraire contre l'hypothèse de M. Gevaert que saint Grégoire Ier ne connût aucune notation.

Un corps de nation ne reste pas deux cents ans sans système d'écriture, après n'avoir pu s'en passer pendant les six cents années précédentes, alors que la nature même du chant n'en faisait pas alors une nécessité absolue.

Ouvrons une courte parenthèse.

On spécule sur le mot « rythme », en disant que le *rythme oratoire* est un rythme. Nul ne le conteste. Est-ce le rythme musical ? Non, nul le conteste davantage, puisque ses défenseurs ont bien soin de faire ressortir la différence radicale qui existe entre leur rythme oratoire & le rythme musical.

Dans le sujet qui nous occupe la question n'est pas là, & je la formule : Le rythme oratoire peut-il exister dans la musique pure &, par suite, le rythme du chant grégorien peut-il être oratoire ?

Vous répondrez comme je le fais, le rythme du chant grégorien ne peut pas être *oratoire*. Son origine même s'y oppose ; tout ce que j'ai exposé de ses origines nous démontre qu'il est musical, l'art de l'époque ne connaissant pas d'autre rythme. Mais, puisque, aussi bien, je n'ai aucune prétention à l'infaillibilité, je demande à ceux qui défendent ce rythme devenu fameux de nous exposer sans réticences ses origines & son développement, appuyés sur des faits historiques aussi précis que ceux que j'invoque contre son existence. Aujourd'hui je ne vois autour de moi qu'affirmations mille fois répétées reposant uniquement sur l'existence *incontestée* de ce rythme. J'entends même parler de *rupture avec la Science traditionnelle*, lorsque ma théorie est mise en cause ! Vous jugerez, MM., de la valeur de cette critique.

De même que précédemment je n'ai voulu donner qu'*une* raison théorique, affirmant le sens rythmique de la notation, de même ici je n'en donnerai encore qu'une seule, également de fait, montrant que le rythme est musical & non autre.

« Si le rythme était *oratoire*, toutes notes sensiblement égales, sauf la dernière de certains groupes, il n'y aurait neumatiquement qu'un seul type graphique pour chaque même mouvement mélodique, & de plus la note finale du groupe à ralentir serait indiquée à l'œil par le petit trait romanien que l'école bénédictine reconnaît elle-même comme étant un signe de ralentissement. »

Or, j'oppose à ces deux faits, anodins en apparence, 1° que je compte 7, 8, 10 & même 14 formules neumatiques indiquant un même mouvement vocal de quelques notes : *do-ré-do-la*, par ex. (1) ; &, 2° que la notation neumatique est émaillée de ces traits romaniens, signe de ralentissement, souvenez-vous-en, dont l'école du rythme oratoire ne tient aucun compte, contrairement à ses *opinions*, — car elle n'a pas de principes certains (2).

Rien donc n'autorise le rythme oratoire, si nous regardons la notation neumatique, & on se demande finalement dans quel but toute cette complication d'écriture.

On chercherait vainement le secret de cette complication en dehors de la nécessité d'indiquer dans chaque cas un rythme expressif précis. Donc, encore une fois, la notation neumatique est une notation rythmique & le rythme représenté ressort au rythme musical.

Je résume mon exposé & je conclus, vous priant de ne chercher dans mes expressions aucune intention blessante envers qui que ce soit. Je dois simplement affirmer mon *Credo* scientifique.

I. La cantilène romaine, dénommée plus tard « chant grégorien », fut une forme musicale, véritable, complète, naturellement déduite de l'art grec antique — épuré, comme rythmes & comme tonalités — & perfectionnée sous les influences d'un apport oriental que l'on peut fixer au milieu du ive siècle. La cantilène romaine ne fut pas une *simple ébauche de chant* (3), ainsi qu'il est nécessaire de le faire croire, pour que la possibilité d'un rythme vaguement oratoire puisse être soutenue désormais.

II. La notation neumatique comporte une science véritable, complète, perfectionnement logique de la notation musicale en tant qu'écriture sténographique. Elle fut une création *obligatoire*, étant donné la forme nouvelle du chant de l'époque, & la nécessité de réaliser une transcription complète dans un espace restreint.

La notation neumatique ne fut pas une *simple ébauche de notation* (4)

---

(1)

(2) Du moins, je n'ai jamais pu en tirer *un seul* du grand maître de la restauration bénédictine. Je n'appelle pas *principe* cette défaite usuelle : *On chante ainsi parce que c'est ainsi.*

(3) Une ébauche de chant ne reste pas *chant usuel quotidien* pendant six cents ans !

(4) Une ébauche de notation ne reste pas notation usuelle *sans retouches* pendant quatre cents ans ! Je dis sans retouches, parce que je garantis que du 8e au 12 s. aucun perfectionnement n'a été apporté à la notation sangallienne & je crois la connaître à fond.

ainsi qu'il est nécessaire de le faire croire pour autoriser une interprétation laissée au libre arbitre de chacun.

III. Le rythme du chant grégorien fut musical, strictement musical, choix raisonné fait parmi les éléments de la rythmique en usage. Les lois qui régissent ce rythme musical sont des lois de proportions mathématiques dans l'ordonnancement des membres de phrase, lois conformes à celles de la rythmopée antique, & inapplicables à la transcription des neumes en notation moderne hors du principe que j'ai formulé : *un neume = un temps rythmique moderne.*

IV. Enfin, MM., je crois avoir suffisamment démontré, sans faire incursion dans le domaine des hypothèses dangereuses, que l'histoire n'a pas laissé, dans ses annales, la plus petite place pour le rythme dit oratoire, rythme-néant musicalement parlant, sans antécédents ni conséquents, sans racines comme sans traces subséquentes, dans aucune des transformations de notre art occidental, à quelque époque que l'on en étudie l'une des phases.

24 juillet 1900.

G. Houdard.

____

Graduel: „CHRISTUS FACTUS EST.“

OBSERVATIONS

SUR LA COMMUNICATION DE M. HOUDARD

Dans le *Christus factus est*, l'on peut obtenir des proportions & une symétrie de parties tout aussi parfaite, sans recourir aux raccourcissements des valeurs employés par M. Houdard, & en interprétant la mélodie selon la méthode bénédictine. Seulement il faut, d'une part, faire abstraction des ictus & ne considérer que le nombre, &, d'autre part, faire entrer en ligne de compte les prolongations ou *moræ vocis* à la fin des divisions mélodiques. C'est ainsi que la cinquième note de la syllabe *no* de *pro nobis*, par suite de la *mora vocis*, est doublée, de sorte que tout le neume a six temps au lieu de cinq.

A l'objection de M. Houdard que l'indication de ces subdivisions au moyen d'un espace vide est une particularité propre aux éditions bénédictines, & qu'elle manque dans les manuscrits, je réponds que les meilleurs manuscrits au contraire indiquent ces divisions d'une manière assez nette, &, quand même il n'en serait pas ainsi de fait, il est certain qu'elles étaient constamment recommandées à l'attention des copistes par les théoriciens médiévaux.

Après ces quelques remarques de détail, je passe en revue, pour les peser avec soin, les principaux arguments produits, les jours précédents, pour ou contre la mesure dans le chant grégorien.

Et d'abord l'argument tiré par M. Houdard du caractère mesuré de la musique gréco-romaine à l'époque de la formation du chant grégorien me semble assez sérieux. Si, en effet, tous admettent une parenté intime, une sorte de solidarité entre cette musique & le chant grégorien, sous le rapport de la tonalité, pourquoi la nierait-on sous le rapport du rythme & de la mesure? Et, si, de l'accord de tous, on conclut validement de la tonalité de l'une à celle de l'autre, pourquoi n'en pourrait-on pas faire autant sous le rapport de la mesure? La question est seulement de savoir quelle est cette mesure.

Le second argument de M. Houdard, basé sur le progrès que la notation neumatique nouvellement inventée devait logiquement & nécessairement réaliser sur sa devancière, la notation classique, ne me semble pas aussi probant. Car ce progrès ne doit pas nécessairement consister dans une plus

grande précision. Une notation peut, au contraire, fort bien constituer un recul
au point de vue de la précision, & cependant marquer un progrès sous un
autre rapport. Le progrès se règle & se mesure d'après les besoins des exécutants. C'est ainsi que, si nous supposons les mélodies grégoriennes connues
en substance, la notation neumatique l'emporte sur la notation gréco-romaine,
parce qu'elle donne une image plus vivante de la mélodie & parle plus à l'œil.
C'est ainsi encore que la notation alphabétique du moyen âge A B C D, équivalent de notre musique chiffrée, dénote un progrès, parce qu'elle parle à
l'intelligence au moyen des rapports arithmétiques qu'elle établit entre les sons.

Passant ensuite aux arguments du parti adversaire de la mesure, j'apprécie
d'abord grandement la docte dissertation de M. Pierre Aubry sur la prédomi-
nance du latin vulgaire & conséquemment du rythme tonique libre &
exempt de toute préoccupation prosodique au ive siècle de notre ère.
Cependant, en reconnaissant l'exactitude de ces faits, je ne crois pas qu'on
puisse en conclure à l'absence & à l'impossibilité de la mesure à cette époque.
J'en vois la preuve dans l'analogie des procédés usités dans l'hymnographie
grecque. Celle-ci aussi fait abstraction du mètre des syllabes. C'est pour ce
motif qu'elle fut qualifiée par les scoliastes du xiie siècle, tels que Grégoire
de Corinthe & Théodore Prodrome, de λόγος πεζός, ἄμετρος, δίχα μέτρου, termes
marquant tous l'absence de mètre. Suidas, avant eux, avait dit la même chose
à propos de la majorité des canons de saint Jean Damascène, nommés par lui
καταλογάδην par opposition aux canons métriques appelés, par lui aussi,
ἰαμβικοί (1).

En s'appuyant sur ces témoignages, on a pensé que les dits commenta-
teurs n'avaient vu que de la prose (rythmée) dans les hymnes de l'Église
grecque. Mais on a oublié que ces expressions avaient, déjà chez les classiques,
un autre sens encore que celui de *prose*. Elles désignaient aussi un genre de
poésie plus libre, plus simple que celle basée sur la quantité & sur la mesure
des syllabes, une poésie qui se rattachait à la prose & qui était basée sur
son rythme & sur l'accent tonique.

Ce genre de poésie n'était en effet pas inconnu dans l'antiquité ; il était
mis à contribution surtout par les poètes comiques. Athénée mentionne (445)
comme son inventeur un certain Anthéas Lindios, & il qualifie ses vers de
καταλογάδην ἴαμβοι, c'est-à-dire d'iambes prosaïques, expression servant précisément à caractériser le genre des hymnographes de l'Église grecque. Or il est
une particularité qu'on voit observée d'une façon constante dans ces hymnes :
ce sont des tenues ou prolongations ménagées çà & là sur des syllabes surtout
accentuées, soit au moyen de groupes de notes, soit au moyen de notes

___

(1) Voir STEVENSON, *l'hymnographie de l'Église grecque* dans la *Revue des questions historiques*, 1876, ii, p. 490-91. Pitra, *l'hymnographie grecque*, p. 31, dit : « Suidas n'a en vue que la
différence radicale entre la poésie prosodique & celle des hymnographes. »

longues. C'est ainsi que dans le mot κύριος ou *Dominus*, la syllabe κυ ou *Do*, considérée comme brève au point de vue métrique, peut néanmoins dans ce rythme être longue, voire même remplir le temps de tout un pied, soit trochée = 3 temps, soit pyrrhichius = 2 temps, &c. Dans ce dernier cas (c'est-à-dire lorsque la syllabe κυ remplit tout un pied), la syllabe suivante ρι commence le pied suivant, en porte à ce titre l'accent rythmique & peut, à son tour, en remplir un ou deux temps ou même le pied tout entier. De fait, des formes rythmiques comme ♫♩♩ (lesquelles selon moi devraient mieux avoir une mesure ternaire : ♫♩♩) sont très fréquentes dans les hymnes grecques. C'est grâce à ces tenues que le rythme hymnodique, tout en ayant pour base & point de départ l'accent tonique, arrive cependant à imiter les rythmes basés sur la mesure des syllabes, & ses εἱρμοί peuvent atteindre l'art & la structure des périodes & des strophes de Pindare, même les plus savamment agencées.

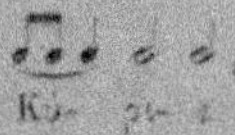

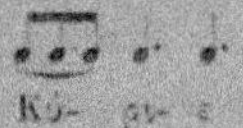

La mesure antique n'a donc pas changé ni disparu sous l'empire du rythme tonique, mais elle s'est greffée sur un autre élément & principe générateur que le mètre & la quantité des syllabes, celui de l'accent tonique. Le rythme tonique peut revêtir, dans la musique & par la musique, les propriétés du rythme mesuré, & l'un n'exclut pas l'autre.

Je termine en disant que les principes énoncés par Mgr Foucault me semblent assez près du vrai pour pouvoir servir de base d'entente dans cette importante matière.

Dom HUGUES GAÏSSER, O. S. B.

LA NOTATION NEUMATIQUE

CONSIDÉRÉE DANS SON SENS MATÉRIEL EXTÉRIEUR

Dans ma précédente communication, j'ai établi la filiation des origines du chant grégorien.

J'aborde aujourd'hui, très brièvement, l'exposition de la théorie rythmique dudit chant, telle qu'elle me paraît se dégager des textes anciens, rapprochés de la notation neumatique qu'ils doivent expliquer.

Les sources principales à consulter sont Rémy d'Auxerre, Hucbald de Saint-Amand, saint Odon de Cluny, Guy d'Arezzo & son commentateur Aribon le Scholastique. C'est donc un espace de deux cents ans environ que nous embrassons, de la 2ᵉ moitié du IXᵉ siècle à la fin du XIᵉ siècle.

La notation neumatique se compose dans son essence fondamentale de points (.) & de virgas (/) ou traits verticaux légèrement inclinés, cursivement (1).

Selon le nombre des notes composant chaque groupe de sons, ces points & traits verticaux se combinent de toutes manières :

./	devient	J
./ /	devient	N
/ ./	devient	N
&c.	&c.	

Le dessin graphique affecte donc une forme sinueuse partant du premier point ou du premier trait, selon le cas, pour se terminer au dernier point ou par le dernier trait selon l'élévation de la note initiale & de la note finale du groupe.

Tout ceci est parfaitement connu, du domaine public & n'appartient en propre à personne.

Les anciens musiciens ne connaissant pas la portée, le système était, en somme, ingénieux.

Je passe sur les nombreuses remarques à faire sur chacun de ces signes, concernant leur sens, leur rôle, leur mode d'emploi, &c… & j'aborde la question : Quel rythme ces groupements indiquent-ils?

---

(1) Chaque élément représente un seul son ; autant d'éléments, autant de sons dans la formule.

Par anticipation sur la discussion qui va suivre, je vous donne ma conclusion, non pas *a priori*, mais uniquement pour vous guider & vous servir de phare dans les ténèbres où nous allons évoluer :

UN NEUME ÉGALE UN TEMPS RYTHMIQUE MODERNE.

La *Noire* étant prise pour base de la représentation du temps premier, les valeurs à représenter dans notre sémélographie moderne seront donc d'autant plus brèves que les notes du groupe à traduire seront plus nombreuses. (Cf. ARIBON, ci-après.)

Un neume de deux sons égalera
» » » trois »
» » » quatre » »

&c. &c.

c'est élémentaire, mais il fallait le dire.

Ne parlons pas des notes réelles que ces signes représentent. C'est une question à côté, en ce moment, & ce serait embrouiller les choses à plaisir.

Concluons donc, non *a priori*, mais provisoirement : *un neume égale un temps moderne*.

Pourquoi ? Les raisons en sont simples.

Le rythme musical repose avant tout sur des rapports de durée, sur des proportions (1).

Ces proportions s'appliquent à deux choses distinctes, qui, réunies, forment cependant la phrase musicale.

La première application des lois de proportion regarde la constitution de *chaque unité rythmique*, c'est-à-dire de chaque temps moderne.

La seconde application de la même loi regarde la constitution de *chaque membre de phrase* composé de plusieurs unités rythmiques.

I

Étudions la première : celle qui régit la constitution de l'unité rythmique ou *temps moderne*.

L'unité rythmique peut se composer d'une seule note tenue, de deux, de trois, quatre, cinq, six fractions de la durée totale du type-unité.

C'est notre système moderne dans lequel la *ronde* égale deux *blanches*, quatre *noires*, huit *croches*, &c... &, conventionnellement, une division ternaire ou quinaire, remplaçant la division binaire.

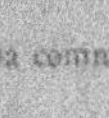

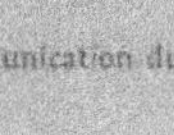

Dans les anciens théoriciens, la terminologie est tout autre, mais le résultat est le même. Les deux systèmes sont identiques; c'est fatal, l'homme ne connaît pas deux systèmes rythmiques.

Guy d'Arezzo (1) spécifie que : *unus* (.) *duo* (. .) *tres* (. . .) *soni aptantur in syllabas :* (♩ ♫ ♫) *ipsæque solæ, vel duplicatæ* (♫ ♫ , ♫ ♫) *neumam id est partem constituunt cantilenæ.*

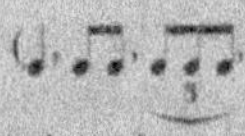

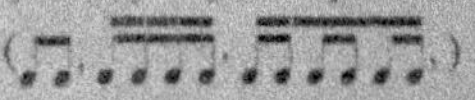

Saint Odon de Cluny (2) énonce la même théorie dans des termes similaires : *In musica plerumque sola vox per se pronuntiatur, plerumque duæ aut tres vel quatuor cohærentes unam consonnantiam reddunt, quod, juxta aliquem modum, musicam syllabam nominare possumus.*

Chaque groupe de sons, c'est-à-dire chaque signe neumatique, représente donc une syllabe musicale composée de 1, 2, 3, 4, 5, 6 sons, unissonnants ou différents d'intonation.

On ne peut nier désormais que l'unité du rythme grégorien soit représentée par le *neume-syllabe musical.*

Les sons sont-ils égaux entre eux comme une certaine école le prétend ? Il est aisé de démontrer qu'ils ont des durées différentes.

Guy d'Arezzo & le pseudo-Hucbald reviennent assez souvent sur ce sujet pour que la lecture de leurs écrits nous dispense de les citer en entier. Ce n'est, partout, que recommandations de respecter la durée des notes : ... *Aliæ voces ab aliis morulam duplo longiorem vel duplo breviorem aut tremulam habeant...,* dit Guy d'Arezzo (3).

Sic itaque numerose est canere, longis brevibusque sonis ratas morulas metiri, nec per loca protrahere vel contrahere magis quam oportet, dit de son côté le pseudo-Hucbald (4).

Inutile de citer d'autres théoriciens : nous n'aurions que l'embarras du choix. Néanmoins un commentateur de Guy d'Arezzo nous semble mériter une mention, car il s'exprime ainsi au sujet de la diversité de valeur des notes : *Tenor, dicitur, mora vocis, qui in æquis est, si quatuor vocibus duæ comparantur ; et quantum sit numerus duabus minor, tantum earum mora sit major* (5). Ce que je traduis : *Il y a égalité dans les rapports entre deux neumes égaux, lorsque deux sons sont opposés à quatre sons, parce que, en ce cas, la valeur-durée de chacun de ces deux sons est d'autant plus grande que leur nombre est plus petit.* (♫ ♫)

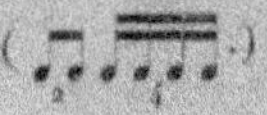

<hr>

(1) Cf. *Micrologus,* C. xv.
(2) Cf. S. Odonis *Op. de Musica,* Ap. Migne, t. CXXXIII, col. 784.
(3) Ouvr. cité.
(4) Ap. GERBERT, *Scriptores,* t. I, p. 182.
(5) ARIBON, ap. Migne, t. CL, col. 1342.

N'est-ce pas, encore une fois, la preuve réclamée par notre assertion précédente au sujet de l'identité des diverses valeurs rythmiques employées autrefois comme aujourd'hui ? Nous pouvons même aller plus loin dans notre identification, puisque nous retrouvons dans la rythmique antique les groupes ternaires & les groupes quinaires admis comme équivalents de groupes binaires (1). C'est ainsi que la série est complète :

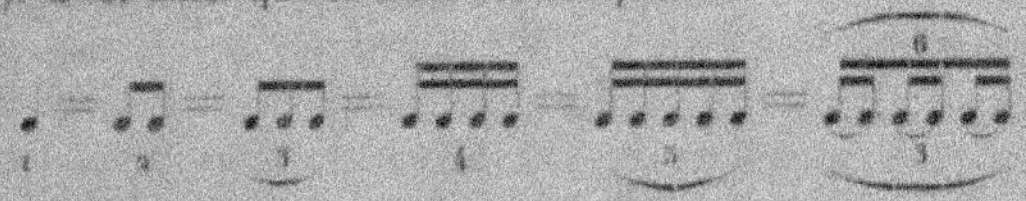

L'unité du rythme grégorien étant la syllabe musicale, la transcription de ces syllabes musicales doit être faite à l'aide d'une notation montrant leur égalité absolue. C'est pourquoi j'ai proposé la *noire* comme unité-type de la notation.

On objecte que la *tradition* ne permet pas d'admettre ces groupes chargés de notes !

Je demande où se trouve la tradition sinon dans les écrits théoriques contemporains ? C'est la seule tradition que l'on puisse admettre, & comme ces écrits sont clairs dans leur sens général, il semble prudent de s'en tenir à leurs enseignements de préférence à toutes les hypothèses qu'ont fait éclore les desiderata des modernes restaurateurs du chant antique.

Une autre raison vient à l'appui de notre thèse sur le syllabe-temps moderne.

Guy d'Arezzo nous a dit que la syllabe est le neume. Il nous a dit ensuite que le neume est le pied rythmique : *Cum et neumæ loco sint pedum* (2). Or nous savons que, dans une période musicale, on ne peut assembler que des pieds égaux. L'âme du rythme réside dans l'égalité de tous les pieds. Sans égalité entre les pieds successifs, pas de rythme possible & : « ce n'est que par l'égalité que les pieds peuvent s'assembler les uns avec les autres (3). »

Ce qui distingue d'une manière essentielle la métrique de la rythmique musicale, c'est précisément que la métrique permet le mélange des pieds de longueur différente ; la déclamation oratoire imprimant un cadencement propre à toute espèce de construction phraséologique, l'heureux mélange de pieds différents devient une richesse ; tandis que le rythme musical n'admet aucunement la rupture de l'uniformité dans la succession des unités rythmiques. Ce n'est que très passagèrement & en vue d'un effet momentané & tout spécial que cette rupture sera tolérable (4). Trop fréquente elle produirait le désordre.

---

(1) Cf. Arist. Quintilien ap. Meybaum, t. II, p. 33.
(2) *Microl.*, *loc. cit.*
(3) S. Augustin, *de Musica*.
(4) Cf. Croiset, *Poésie de Pindare*, p. 35.

Remarquez, MM., que de nos jours il en est toujours de même, preuve de la persistance de l'exigence tout humaine d'une régularité obligatoire dans la succession des unités.

Une preuve de fait de l'exigence humaine que je signale, nous est fournie par l'analyse des théories antiques.

Ne voyons-nous pas l'iambe & le trochée s'allonger conventionnellement pour égaler le spondée dans une période dactylique ? & l'inverse se produire dans une période iambique : création du dactyle cyclique ramenant à une durée totale de trois temps premiers le dactyle de quatre temps, type fondamental du genre égal ?

Il me semble presque oiseux d'insister encore sur la nécessité de l'égalité de tous les pieds employés dans une période ou membre de phrase musical. Mais vous m'excuserez de le faire, en considération de l'importance du principe lui-même.

M. Fab. Quintilien dit que les rythmes musicaux se succèdent tous égaux dans une période d'un genre fixé ; la période est, de plus, libre dans son développement. Les rythmes métriques, au contraire, admettent des alternances d'inégalités & se meuvent dans un cadre limité : *Sunt et illa discrimina quod rythmis libera spatia, metris finita sunt; et his certæ clausulæ, illi* (rythmi) *quomodo cœperant, currunt usque ad metabolem, id est transitum in aliud genus rythmi.*

Enfin & pour ne pas prolonger outre mesure cet exposé, j'attirerai votre attention, celle des musiciens plus spécialement, sur un côté très intéressant de l'identification du neume avec le temps moderne.

Je formulerai ma proposition ainsi :

On sait que le sentiment tonal fait éclore en nous chaque unité rythmique, avec un sens harmonique propre qui, lui à son tour, oblige les unités rythmiques à s'enchaîner dans tel ordre & non dans tel autre. L'importance capitale de ce fait, anodin en apparence, aurait frappé les philologues qui s'occupent de la question grégorienne, s'ils étaient moins imbus de leur infaillibilité philologique, mais un peu plus instruits en théorie & en pratique musicales.

Or, si je respecte le neume en le traduisant par une seule unité rythmique, comme je prétends qu'il doit être traduit théoriquement, le sentiment tonal, harmonique, modal, se dégage naturellement, temps par temps, de la phrase musicale ainsi reconstituée.

Est-ce là un effet de hasard ? on n'osera pas le soutenir, alors surtout que, selon les méthodes en faveur actuellement, les auteurs qui les ont proposées sont obligés à espacer leur harmonisation, à cheval sur plusieurs unités, &, chose inadmissible, certaines notes des groupes constitués arbitrairement exigent une harmonisation spéciale qui rompt l'unité tant mélodique que rythmique de la phrase elle-même. La gravité de cette constatation n'échappera pas davantage à personne.

Tout ce qui précède nous amène bon gré mal gré à cette conclusion : *un neume = un temps moderne*.

Si cette conclusion n'est pas forcée, elle doit trouver sa confirmation dans la seconde application du principe des proportions rythmiques au membre de phrase.

Les deux conditions d'application de ces lois sont la contre-partie obligée l'une de l'autre, & la condition *sine qua non* de la vérité de leur sens.

Étudions cette seconde face de la question.

II

Guy d'Arezzo nous a dit :

Syllaba i. e. neuma. Neuma i. e. pars cantilenæ. Il ajoute : *Sed pars una vel plures distinctionem faciunt.*

On a vu précédemment que les neumes doivent s'égaliser en durée, puisqu'ils sont, en quelque sorte, les représentants des pieds rythmiques, & que tous les pieds doivent être égaux dans une période d'un genre fixe.

Le théoricien ajoute plus loin : *Semper tamen aut in numero vocum aut in ratione tenorum neumæ alterutrum conferantur* (confirmation du principe d'égalité affirmée par Aribon, on s'en souvient) *atque respondeant nunc æquæ æquis, nunc duplæ vel triplæ simplicibus atque alias collatione sesquialtera vel sesquitertia.*

Comment ne pas remarquer que cette loi de proportions est la même qui, de toute antiquité, régissait la constitution des périodes du genre égal, double, triple (rejetée par quelques théoriciens) péonique, ou épitrite (également rejetée de la pratique) ?

La loi de proportions ainsi posée doit trouver son application stricte sur les neumes, considérés *un à un* comme un pied séparé, quelque soit le nombre des notes qui les constituent.

Et, seule, ai-je déjà dit, ma reconstitution *neume-temps* par *neume-temps*, groupés d'après les indications spéciales du texte, ou des neumes eux-mêmes, (lorsqu'il y a musique pure), rétablit ces proportions !

On objecte que l'on peut fort bien *créer* d'autres proportions admissibles théoriquement, en groupant les notes autrement. Un de nos collègues vient précisément de nous donner un exemple d'un tel travail de rétablissement de rythme admissible. Mais, MM., n'est-ce pas se condamner soi-même qu'opérer de la sorte, puisqu'on reconnaît que l'on CRÉE *proprio motu* d'autres groupes rythmiques que ceux indiqués par les neumes ?

Et ce n'est pas une version rythmique que l'on m'oppose, mais *plusieurs* versions rythmiques différentes, parmi lesquelles on s'arroge le droit de faire un choix selon son goût personnel. Est-ce scientifique, cela? J'en doute un peu.

Il ne peut donc être question de constituer *un* rythme défendable à l'aide de quelques principes théoriques, il faut uniquement respecter les neumes tels que nous les trouvons dans les manuscrits; puis, leur appliquant ensuite les principes théoriques des écrivains contemporains, nous devons avoir sous les yeux, abstraction faite de notre goût personnel, une mélodie parfaitement établie théoriquement, sous le rapport du rythme, de la mélodie & du sens harmonique modal qui l'a fait éclore.

Voilà bien ce qu'aucun système actuel d'interprétation ne nous donne réuni en un tout homogène. L'un a contre lui la théorie concernant la constitution du pied rythmique, l'autre, la théorie régissant la constitution du membre de phrase; dans un troisième, le sens harmonique de chaque groupe, arbitrairement formé sans tenir compte des neumes, s'oppose à son admissibilité.

Au-dessus de toutes ces considérations enfin, plane la suivante. — Dans quelque sens que l'on étudie ma théorie d'interprétation, on retrouve la cohésion absolue du système antique. En effet : 1° l'égalité des pieds rythmiques représentés par les neumes permet la constitution des périodes rythmiques dans tous les genres de rythme admis officiellement par la rythmopée antique; 2° la constitution théorique parfaite des périodes d'après les neumes traduits par pieds rythmiques égaux entraîne obligatoirement l'existence du *neume-pied,* fondement du rythme grégorien.

Pour terminer & afin d'affirmer une fois de plus la nature essentiellement musicale de la cantilène grégorienne, j'appellerai votre attention, MM., sur un dernier fait dont on ne peut pas ne pas tenir un grand compte.

Les formules mélodiques du chant antique ont été apportées à Rome par des artistes grecs (1). Ces formules mélodiques s'appliquaient dans leur pays d'origine à des textes écrits en langue grecque & peut-être originairement en langue syriaque. Or, ces formules, construites sur une base accentuée, obligatoirement différente de celle de l'accentuation latine, & conservées comme type mélodique primitif ayant engendré tout l'art subséquent, il est, ce me semble, inutile de parler du rôle de l'accent latin dans la composition des mélodies grégoriennes &, à défaut d'arguments plus probants, je conseillerais à ceux que la question intéresse d'analyser quelques œuvres grégoriennes traduites selon les principes théoriques que je viens de rappeler. Je ne doute pas qu'ils n'arrivent à ma conclusion.

La phrase grégorienne est *musicale,* rythmée par périodes d'inégales longueurs simulant des trimètres, des tétramètres, des pentamètres, des hexamètres (jamais plus), ainsi que Guy d'Arezzo le spécifie lui-même.

(1) Sous le pontificat de S. Damase. (366).

Les unités qui, par leur réunion, constituent ces simili-vers sont des groupes de sons simulant eux-mêmes quelquefois des pieds métriques. Chaque unité est battue, frappée comme un pied métrique.

Telle est la conclusion qui m'a paru s'imposer, & qui déjà âgée de trois ans n'a rien perdu de sa force en dépit des objections trop superficielles que l'on connaît.

27 Juillet 1900.

G. HOUDARD.

A L'INTERPRÉTATION DES NOTES NEUMATIQUES

DU CHANT GRÉGORIEN

Assurément, les sujets traités jusqu'ici dans nos séances de Congrès sont de la plus haute importance & répondent pleinement au but proposé. Toutefois, certaines questions agitées, très complexes de leur nature, ne peuvent avoir une solution adéquate, & ce serait un tort de vouloir les trancher à l'aide de documents trop récents & par le fait inefficaces. A mon avis, il est nécessaire de remonter à la source de l'art musical & de marcher ensuite, pas à pas, à travers ses progrès aussi nombreux qu'incontestables.

La parole est la première musique. Avec ses sons extrêmement variés, ses voyelles & ses consonnes, elle parle à l'intelligence pour lui montrer la vérité dont elle vit & dont elle se nourrit. De plus, elle en présente toute la beauté.

L'agrément de la parole, comme l'agrément que produisent tous les beaux-arts, résulte de la proportion & de la symétrie dans les formes. L'art oratoire & surtout la poésie se servent de cette proportion & symétrie de façon toute spéciale ; ne sont-ils pas eux-mêmes l'origine de l'art musical ? C'est donc à leur procédé que nous devons remonter tout d'abord, si nous voulons ensuite reconnaître la structure intrinsèque & les qualités de l'art musical.

Musique & poésie n'étaient point, jadis, deux arts distincts comme de nos jours, & les mêmes instruments n'avaient point une vie spéciale & indépendante de la parole : ainsi, l'on dit de Jubal leur inventeur que *fuit pater canentium in tuba et cithara.*

Les cantiques furent les premières expressions musicales & aussi les premières poésies ; la harpe & le psaltérion furent les premières formes d'instruments avec lesquels on accompagna les poésies des temps primitifs.

Les poètes grecs ont eu pour règles de leurs poésies la quantité des syllabes, le chant de la cithare d'Apollon & de la lyre ; ensuite, les Latins les imitèrent. Plus tard, à l'époque où vécurent, en Italie, les Dante, Arioste, Pétrarque & le Tasse, dignes émules des Homère & des Virgile, les accents font place à la quantité & au chant. Les grammairiens ne nous ont point donné la valeur vraie de l'accent. A mon avis, l'accent tire sa valeur & ses qualités du son. En effet, le son a trois propriétés ; il est susceptible de *mesure* soit en *intensité*, soit en *durée*, soit par ses degrés de *gravité* ou d'*acuité*.

Les sons, comme les syllabes, pris de façon isolée & sans comparaison, n'ont pas à subir l'accent, attendu que l'accent suppose la proportion entre trois syllabes.

En pareil cas, l'accent, qui revêt une force plus grande, une quantité plus grande aussi & une élévation de la voix, subit deux formes distinctes proportionnées & symétriques que les grammariens italiens appellent *piana* & *sdrucciola*, comme dans les deux exemples suivants : amóre, dolóre, ou bien : fácere, cármina, &c...,

Dans les deux mots : amóre, dolóre, l'accent se trouve au milieu, dans les mots : fácere, cármina, la syllabe la plus faible ou plus brève se trouve au milieu & l'accent qui est moins fort que les premiers est placé sur la première syllabe. Les mots composés de plus de cinq syllabes reçoivent alors une forme composée.

L'art oratoire, dont le but secondaire est de plaire, prend soin de combiner la proportion des parties en une période, tandis que la poésie combine la proportion des accents en dispositions symétriques, mais à cause des déclinaisons & des conjugaisons, dont le but est de faciliter la perception des idées & le travail de la mémoire, il lui est plus difficile d'arriver à une vraie symétrie. Cela étant, nous voyons combien le chant grégorien & la musique moderne ajoutent de précision & même de perfection à la grammaire & à la prosodie.

Le chant grégorien tire de la parole son rythme mixte *binaire* & *ternaire*, mais surtout ses accents. Toutefois, la parole n'est pas seule à venir au secours du chant grégorien. Outre la forme expressive il reçoit encore une autre forme propre par le fait qu'il augmente ou accroît certaines parties, faibles de leur nature, & désormais proportionnées avec l'ensemble. Prenons comme exemple le vers iambique. A la lecture, comme dans la déclamation, ce vers ne représente pas seulement le mouvement *binaire*, soit à cause des substitutions auxquelles il est sujet au premier & troisième pied & qu'il finit presque toujours pas un dactyle ou *sdrucciola*, mais encore, dans le chant, il prend cette même forme (binaire) par l'accentuation de la dernière syllabe. Parfois aussi, les vers mêmes de forme *binaire* prennent, avec le chant, une forme *ternaire*, comme dans l'hymne *Veni Creator Spiritus* du chant grégorien & dans une foule d'autres exemples.

Après l'invention de Guido d'Arezzo qui donna à chaque note sa valeur, on distingua le temps *binaire* du *ternaire* &, par le fait, on put donner aux vers une symétrie parfaite. Cette symétrie & unification du rythme devint d'autant plus nette & tranchée que les voix & les sons devinrent plus indépendants de la parole.

Outre l'accent particulier aux mots de trois syllabes, il ne faut pas oublier celui que prennent les monosyllabes & les mots dissyllabes lorsqu'ils se trouvent réunis soit dans le discours ordinaire, soit dans les vers. De même le chant grégorien, spécialement dans les formes neumatiques, sans paroles, comme dans l'Alleluia, reçoit un accent des principales notes elles-mêmes, notes appartenant toujours à l'accord majeur ou mineur. Aucune forme musicale soit antique, soit moderne, soit même de l'avenir, ne peut échapper à ces accords, qui sont naturels.

Ne perdons pas de vue que les anciens avaient, eux aussi, le temps fort & le temps faible, (*thesis* & *arsis*), & avec cette mesure qui apparaît double se réalisaient aussi les pieds impairs comme le dactyle & le tribraque, &c. Précisément pour cela le rythme des vers & le rythme du chant grégorien paraît mixte, comme l'on peut s'en rendre compte en scandant le vers suivant de Virgile :

Conticu/ere o/mnes in/ tenti/que ora te/nebant.

Mgr BARTOLOMEO GRASSI LANDI.

L'ORIGINE DU « TONUS PEREGRINUS »

Entre tous les types modaux du chant grégorien, il en est peu qui aient plus intrigué les musicologues de tous les temps que celui qu'on est convenu d'appeler le *tonus peregrinus*. La structure mélodique tant de ses antiennes que de son ton psalmodique s'écarte des règles & des allures ordinaires des modes, au point de lui mériter le qualificatif d' « irrégulier ». Son assignation modale même au tetrardus a de quoi surprendre ; & il n'est pas jusqu'au nom de *peregrinus* qui n'ait donné lieu aux commentaires les plus divers.

Je voudrais dire un mot sur cette question si intriguante & si obscure, comptant au reste sur votre bienveillante appréciation &, au besoin, sur votre précieux concours pour y porter la pleine lumière.

Il me semble que le problème peut se résumer en une double question : Ce mode a-t-il une provenance ou un âge différents de ceux du répertoire grégorien ? Et, dans la négative, comment expliquer les irrégularités qui le caractérisent & à quel type de la musique antique ou de la musique ecclésiastique le ramener ?

De la réponse à ces questions, j'ose l'espérer, jaillira un peu de lumière. Je ne séparerai pas le type antiphonique de la psalmodie, quitte à en faire plus loin l'application en particulier.

I

Et d'abord, le *tonus peregrinus* a-t-il une provenance ou un âge différents de ceux des autres mélodies grégoriennes ?

Il n'est, que je sache, aucun document ou témoignage historique qui autorise une supposition de ce genre. Dans le sentiment des musicologues les plus anciens & les plus autorisés, les origines & les destinées de ce mode se confondent plutôt avec celles des mélodies grégoriennes en général : elles se perdent dans le lointain du passé. Voici ce qu'en écrit Aurélien de Réomé au IX⁰ siècle : « Il est vrai, dit-il, que les mélodies de ces antiennes ne sont pas conformes aux règles des modes ; mais telles on les chanta autrefois, telles on les chante encore aujourd'hui (1). » Et plus loin, à l'encontre de ceux qui auraient voulu « régulariser » ces mélodies & les remplacer par de nouveaux tours, il préconise leur haute antiquité, en disant : « Ces chants ont été composés longtemps avant l'invention de ces tons (nouveaux), & de longs siècles ont passé depuis qu'ils furent accueillis au giron de la sainte Église (2). » Vous l'entendez, l'emploi de ce mode, . . . si irrégulier qu'il soit, remonte cependant à des temps immémoriaux. En cela il ne tranche point sur l'ensemble des mélodies grégoriennes. Il est donc acquis que le *tonus peregrinus* ne provient pas d'une autre source que le chant grégorien en général.

II

Faisons maintenant un pas en avant ; demandons-nous quelle est cette source, & nous toucherons directement à notre seconde question : comment expliquer ces irrégularités & à quel type de la musique antique ou de la musique ecclésiastique faut-il ramener ce ton ? Aurélien, que nous avons cité plus haut, nous répond que toutes les variétés modales connues à son époque & mentionnées par lui proviennent de source grecque (*a græco derivari fonte… omnes varietates*). Parmi elles se trouve notre *tonus peregrinus* classifié par lui sous le tetrardus. C'est cette classification qui, dès les temps les plus anciens, a déconcerté les théoriciens. Ils se refusent de voir un tetrardus latin dans ces mélodies & dans d'autres semblables qui à leurs yeux tiennent manifestement du protus. Et ils ont raison. Seulement, si ces chants ne sont pas du tetrardus latin, il y a lieu de demander s'ils ne représentent peut-être pas un tetrardus selon les principes de la technique byzantine. Sous ce rapport l'indication du vieux maître a un grand prix pour nous ; suivons la voie qu'elle nous ouvre.

Les Byzantins ont deux formes bien distinctes de tetrardus plagal, l'un sur *do*, l'autre sur *fa*. La première forme sur *do*, forme ordinaire, doit se chanter (ainsi que je l'ai démontré dans la *Revue bénédictine*, surtout nov. & décembre 1899) avec ♭, donc *si*♭ & *mi*♮, c'est-à-dire avec tierce & septième mineure, mais sixte majeure. C'est donc l'équivalent du protus latin dont il ne diffère que parce qu'il est noté un ton plus bas : *do* pour *ré* (3). Il est vrai qu'aujourd'hui,

(1) *Musica disciplina*, c. 16 : « Harum trium versus antiphonarum nullam in sese continent auctoritatem, sed quemadmodum ab antiquis, ita a modernis modo canuntur. » La traduction d'après M. Gevaert, *Mélopée*, p. 121.

(2) *Ib.* « In ullo ante hæ (antiphonæ) inventæ sunt, quam hi toni, & multorum annorum præcessere curricula, quod in gremio sanctæ canuntur ecclesiæ. » Cf. Gevaert, *l. c.*

(3) Car il y a égalité d'intervalles entre ces deux séries.

$$\text{Modus latin : } \text{Ré} \mid \text{Mi} \frac{1}{2} \text{Fa} \mid \text{Sol} \mid \text{la} \mid \text{si} \frac{1}{2} \text{do} \mid \text{ré}.$$

$$\tilde{\epsilon}\lambda\alpha\gamma.\delta' \text{ grec : } \text{Do} \mid \text{Ré} \frac{1}{2} \text{Mi}^\flat \mid \text{Fa} \mid \text{Sol} \mid \text{la} \frac{1}{2} \text{si}^\flat \mid \text{do}.$$

c'est-à-dire depuis 30 ans & plus, les Grecs le chantent pour la plupart du temps avec la tierce majeure *mi*♮ (& quelques-uns même avec septième majeure *si*♮). Cependant, outre les arguments généraux, basés sur la tradition, pour prouver le caractère de ce mode, que j'ai exposés dans la *Revue bénédictine*, je puis alléguer un grand nombre de modulations & même des passages entiers dans les éditions actuelles, où des *mi*♭, voire des *la*♭, sont expressément signalés.

Un argument convaincant est encore la notation double de chants absolument identiques tels que Πατέρα υἱόν noté chez les uns en πλ.δ´ (Σακελλαρίδης, Ὑμνολόγιον, Athènes, Kousoulinos, 1891, p. 29), chez les autres en πλ.ἀ (Σακελλαρίδης, Χρηστομάθεια, Athènes, Kousoulinos, 1895), &, concordamment avec ce dernier fait, l'assimilation du πλ.δ´ à l'antique hypodorien par le même Σακελλαρίδης (l. c.), tandis que Σακελλαρίδης (l. c.), conséquent avec lui-même dans ses innovations, en fait un lydien.

Le πλ.δ´ byzantin, — notons-le en passant, — n'est toutefois, pas plus que le premier latin, un hypodorien ou éolien proprement dit, mais un μιξολύδιος μέσος, terme que j'ai également expliqué dans la *Revue bénédictine* (déc. 1899, p. 538-539). Il se distingue de l'hypodorien par la sixte tantôt mineure tantôt majeure ou plutôt mitoyenne dans le πλ.δ´, tandis qu'elle est toujours mineure dans le πλ.ἀ ou hypodorien. De tous points donc, ainsi que je l'ai dit, il est le pendant du *protus* latin.

Ce fait jette une grande lumière sur les classifications apparemment contradictoires des mélodies grégoriennes chez les auteurs médiévaux. Les plus anciens, tels qu'Aurélien, les classifient le plus souvent au point de vue de la technique byzantine, source dont ce dernier fait tout dériver. A leur point de vue, les chants tels que *Urbs fortitudinis*, la communion *Potum meum* & notre *tonus peregrinus* appartiennent au *tetrardus*; tandis que leurs successeurs & épigones dans leurs listes tonales feront figurer les mêmes mélodies sous le *protus*, si encore ils ne recourent pas à des équivoques ou à des compromis pour concilier les contradictions, en traduisant par exemple *tetrardus* par *quartus*, comme Réginon de Prum le fait par exemple à propos du Graduel *Justus ut palma* (1). Mais revenons à notre sujet.

Les Byzantins ont encore un autre *tetrardus plagal* qu'ils emploient fréquemment dans les petits tropaires, comparables comme étendue & comme rôle aux antiennes de commémoraison des Latins. La note modale *do* se trouve transposée à la quarte aiguë, *fa*. La tierce mineure *do-mi*♭ doit maintenant, à moins de m'abuser, se retrouver sur *fa-la*♭. De fait, dans plusieurs de ces chants, de bonnes éditions indiquent expressément un *la*♭ la première fois que ce

---

(1) De même Réginon traduit le τρίτος par *tertius* latin. Il suffit d'examiner de près les quiproquos manifestes commis par cet auteur pour comprendre qu'il est bien loin de mériter cette confiance absolue que M. Gevaert semble lui accorder.

degré arrive. Ainsi Χουρμούζιος, un des trois réformateurs du commencement
du XIXᵉ siècle, dans son Ἀναστασιματάριον publié en 1832, donne le commen-

F - - G F E F [2]

cement du θεοτοκίον « Ὁ δι' ἡμᾶς γεννηθείς » comme suit : Ὁ δι' ἡμᾶς γεννηθείς

- -   G F G   α G F

ἐκ παρθένου καὶ σταύρωσιν &c. Constantinople, Castro, 1832, p. 311. Je trouve
la même indication dans le tropaire Ἐν σοὶ μῆτερ en l'honneur de sainte Marie
d'Égypte dans la Κυψέλη de Bamba de 1898, &c. D'autres chants de ce type
offrent des variantes de rédaction en δεύτερος, mode qui à son tour demande
un *la♭* permanent. Il est vrai que dans la suite de ces morceaux du πλ.δ΄ en *fa*
le *la♭* fait apparemment place au *la♮* & le mode se change ainsi en un τρίτος.
Mais on est en droit de douter de la légitimité de ce procédé qui s'explique
très facilement comme une corruption amenée par l'identité de la note modale
entre le τρίτος & le πλ.δ΄ transposé (1).

Traduit en chant grégorien, c'est-à-dire transposé de *fa* à *sol,* ce *tetrardus*
byzantin est exactement notre *tonus peregrinus,* qui, sous cette forme, se
rencontre dans beaucoup de chants latins autres que ceux connus sous ce
titre. Je citerai le *Venite exsultemus* férial, l'Invitatoire & le *Venite* de Noël,
le Credo II du Liber Gradualis de Solesmes & autres. Leur finale a été quelquefois modifiée par suite de malentendus. Mais c'est *sol* qui paraît être la
vraie note modale & la seule finale légitime de tous ces chants.

Mais, me direz-vous, d'où vient alors le mouvement initial qui est tout
à fait propre aux antiennes du *tonus peregrinus?* — La musique byzantine avait
pour chaque mode & pour chaque chant une espèce de prélude connu sous le
nom de ἐπήχημα. Il était chanté à mi-voix par le protopsalte avant le début
du chant, & avait pour but de mettre dans l'oreille des chantres le type modal
qu'il s'agissait d'exécuter. Mais quelquefois, s'il y avait une transposition
modale à opérer, l'ἐπήχημα devait, en outre, & tout à la fois l'exprimer &
l'effectuer, pour ainsi dire, séance tenante. C'est ainsi qu'on trouve dans les

C D CC

manuscrits comme ἐπήχημα ordinaire du πλ.δ΄ νε-αγι-ε, tandis que pour le πλ.δ΄

C DCC FEF   C DCC DEF

transposé il y a νε-αγι-ε ζ ζα (2) ou bien encore νεα-γι-ε ζ ζα (3). C'est cette
dernière formule de transposition qui se trouve reproduite presque note pour
note dans la mélodie initiale de l'antienne *Nos qui vivimus.*

---

(1) On comprend ainsi, soit dit en passant, combien certains auteurs contemporains ont tort
de vouloir remplacer par des expressions telles que « ton de *fa* » les indications modales consacrées
& fidèlement conservées par l'usage de l'Église grecque.

(2) L'exemple se trouve dans le Cod. gr. Vat. 791, f. 3ʳ, dans la partie traitant *ex professo*
περὶ « τῶν ἠχημάτων ». Cf. BARBERINI, IV-65 (XIIᵉ-XIIIᵉ s.), f. 113ʳ, avec la même mélodie.

(3) BARB., IV, 65, f. 30ʳ.

Le traducteur latin a toutefois usé d'une sorte d'adaptation qu'il est intéressant d'étudier. Il commence par *do*, note modale & initiale de la formule du πλ. δ́ byzantin : un emprunt servile des deux premiers degrés. Mais alors, sentant venir en montant un demi-ton *mi♭* que la théorie latine postérieure prohibait & que la tradition auriculaire lui interdisait cependant de remplacer par un *mi♮* (celui-ci faisant du mineur un majeur), que fait-il pour mettre tout d'accord ? Il saute ce degré pour passer de *do ré* immédiatement à *fa sol* : donc *do ré fa sol* au lieu de *do ré mi♭ fa* ; cela lui permettait du même coup de rejoindre dans ce mouvement caractéristique le *sol*, note modale du *tetrardus* auquel la mélodie était assignée. Certes il était en droit d'agir ainsi, mais il aurait dû être conséquent & traduire moins servilement aussi les notes initiales *do ré*, en les convertissant en *ré mi♮*, de manière à

D   E F FG G

chanter *ré mi♮ fa sol* : Nos qui vi vi mus (1).

Telle me paraît, Messieurs, l'origine du *tonus peregrinus* en général. Il me reste un mot à dire, si vous le voulez bien, sur le nom & sur le ton psalmodique en particulier.

Le *nom* de ce mode lui vient, ce semble, de sa nature même. C'est un mode ou ton qui a abandonné son siège propre, le lieu où il est né, si je puis ainsi parler, pour se transporter en un autre, étranger à sa constitution (modale). C'est dans ce même sens que l'auteur du *Scolica Enchiriadis* (2) parle de la *migratio* d'une mélodie *de sua sede in aliam*, laquelle entraîne ou bien une *absonia*, changement de l'échelle première, ou bien — en conservant l'échelle première — un changement des intervalles de la mélodie, qu'il nomme, lui (peut-être par un malentendu), proprement *migratio* dans le sens que *modus in aliam speciem migrat*. Les Byzantins semblent avoir désigné cette transposition du πλ. δ́ par le mot φθορά. Je le conclus de la mélodie *do-fa* que donne au mot φθορά Koukouzélès, célèbre maître du XIIIᵉ (?) siècle dans son fameux chant *Ison oligon*, &c., composé exprès pour exprimer mélodiquement la valeur des différents signes de notation. Aussi semble-t-il que nous soyons en présence d'un de ces quatre tons énumérés dans l'*Hagiopolites* (3) sous le nom de φθοραί. Ceux-ci ne seraient donc autre chose que les plagaux transposés à la quarte aiguë (4). Hucbald ou son interprète dans l'*Harmonica institutio* compte cet ἦχος parmi ce qu'il nomme *parapteres*. J'ai en vain cherché ce mot dans Du Cange (latin & grec) & dans le *Thesaurus* d'Estienne.

(1) Remarquons en passant la confirmation que reçoit ici l'opinion de M. Gevaert touchant le rôle d'abord purement musical des antiennes. Par contre l'éminent musicologue me semble à tort ranger cette mélodie dans ce qu'il appelle suivant Westphal le iastien, nommé communément hypophrygien. Celui-ci réclamerait pour début Do Mi♮ Fa Sol au lieu de Do Ré Fa Sol.

(2) Migne, P. L., 132, 989 ; cf. ce qu'il dit des quatre tons d'un tétracorde : « Quisque in suo tantum ordine propriam retinet qualitatem, nec in *sua sede* alteri dat locum. »

(3) Bibl. nat. de Paris, ms. 360, f. 2ʳ.

(4) Tzetzès, Ueber altgriech. Musik, p. 69 & ss. parle d'un plus grand nombre de φθοραί.

Serait-ce une corruption de παράφθορος ou d'un autre mot grec tel que παράπτερος (= sous-plagal)? Je ne sais, & faire des conjectures à ce sujet offrirait peu d'intérêt.

Ce qui davantage que le nom intéresse l'histoire de la musique, c'est la *psalmodie* du *tonus peregrinus* dont il me reste à parler. La mélodie que nous connaissons tous, est-elle bien la mélodie primitive ou y en avait-il auparavant une autre, & dans ce cas, laquelle? Le titre *tonus novissimus* sous lequel Hucbald insère notre mélodie actuelle dans la *Commemoratio brevis* donne à penser qu'elle a été composée ou combinée au xᵉ siècle. S'il faut l'analyser, je dirai que c'est dans la première partie un *protus* latin ordinaire, tandis que la seconde partie part de la note modale du *protus peregrinus, sol*, pour ramener la mélodie à son siège & à son point de départ légitimes qui est *ré*, comme je l'ai dit, & non pas *do*. Et sous ce rapport l'arrangement n'est pas sans mérite musical & technique & dénote une connaissance sûre des principes traditionnels de la musique & de la psalmodie byzantines. Car celles-ci offrent passagèrement du moins des procédés tout à fait semblables. Le fait d'une innovation est rendu probable aussi, par ce que Aurélien dit des tentatives d'un changement d'une mélodie traditionnelle. Toutefois, l'expression *novissimus* peut signifier aussi le dernier mode d'une série & n'oblige pas nécessairement à y voir une composition récemment introduite.

Voudrait-on restituer le type de la mélodie primitive, on en trouverait, si je ne me trompe, les éléments, d'une part dans le ton férial du psaume *Venite exsultemus*, d'autre part dans la mélodie ordinaire des petits tropaires des Grecs & dans le ton du psaume Εὐλόγει ἡ ψυχή μου (*Benedic anima mea*), tel que le chantent les Grecs de Sicile. Voici ce chant :

Fa   a♭ a G a   ♭ a♭aG G   a ♭   ♭ a G G c ♭ ♭aG a
Εὐλόγει ἡ ψυχή μου τὸν Κύριον, καὶ πάντα τὰ ἐντός μου τὸ ὄνομα τὸ ἅγιον αὐτοῦ.

Si, tout en prenant cette mélodie pour base, je remplace la finale *a* qui fait du πλ. δ̅ un τέταρτος (παπαδικός) ou un δεύτερος, & si je fais en outre dominer davantage les notes modales, j'arriverai à peu près à ce ton-ci :

    (ou ♭)
G G   a ♭ a aG   G a ♭   ♭ aG c ♭ aG
In exitu Israel de Ægypto * domus Jacob de populo barbaro.

Ce ton psalmodique, contrairement à la psalmodie ordinaire des Latins, donne à la seconde moitié un mouvement ascendant crescendo vis-à-vis de la première moitié. Aussi le correcteur ou le rédacteur latin a-t-il peut-être voulu corriger ce qu'il y avait là d'extraordinaire & pour ainsi dire de heurtant à ses yeux, en remplaçant à la fin la quarte conjointe *do si♭ la sol* par la quarte inférieure *sol fa mi ré*.

Ce n'est pas que je croie devoir attacher une grande importance à un essai de restitution de cette nature ; mais, si un type de ce genre venait à tomber un jour sous vos yeux, vous sauriez, me semble-t-il, ce qu'il faudrait en croire.

Telle est, Messieurs, ma pensée sur l'origine du *tonus peregrinus*, que j'ai tenu à honneur de soumettre à votre docte appréciation.

Dom HUGUES GAÏSSER, O. S. B.

Fragment du *Tonus Peregrinus* d'après un manuscrit de Reims
XIIIe siècle.

Communiqué par M. l'abbé Bonnaire, curé d'Igny.

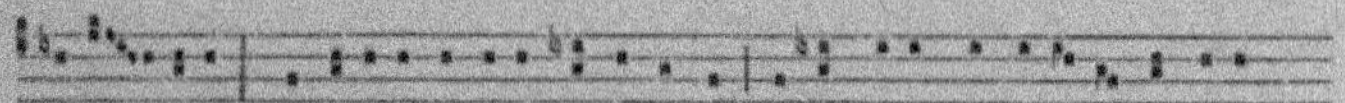

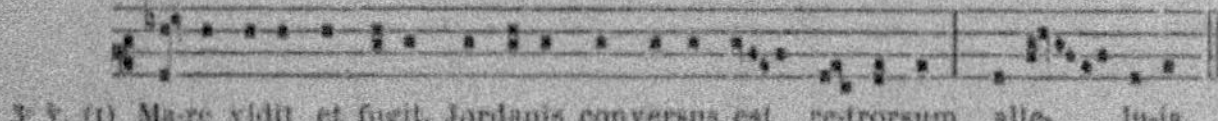

(1) Il y a toujours deux versets semblables suivis d'un troisième. Celui-ci se rapproche quelque peu du type actuel. La finale en quatrième toutefois a de quoi grandement surprendre.

LE CHANT RELIGIEUX
DE L'ÉGLISE ORTHODOXE RUSSE

I

Le Directeur de l'École du chant ecclésiastique du Synode à Moscou, M. Smolenski, a publié dans la *Gazette Musicale Russe* de 1899 une intéressante communication sur la bibliothèque de cette École, qui s'est enrichie d'une grande collection de manuscrits musicaux. La Société impériale russe de musique m'y ayant envoyé afin d'étudier ces manuscrits, j'en ai pu feuilleter un nombre considérable.

La date la plus reculée de ces manuscrits, dont plusieurs sont ornés de dessins très intéressants pour l'histoire de l'art en Russie, ne dépasse pas le XIVᵉ siècle. La sémiographie des monuments les plus anciens n'a pas entièrement disparu, lors même que la notation moderne pénétra en Russie vers la fin du XVIIᵉ siècle. Cette sémiographie des anciennes mélodies de l'Église orthodoxe russe présente quelques analogies avec la sémiographie byzantine & neumatique de l'Europe occidentale ; mais le dessin en est original. Les signes de cette notation servent à indiquer l'intonation, le rythme, le mouvement, les cadences & les nuances de l'exécution. Cette sémiographie est parfaitement adaptée aux mélodies anciennes, dont elle forme, pour ainsi dire, l'enveloppe matérielle, & Alexandre Mesenetz, auteur de l'Alphabet du chant ancien religieux russe, en a parfaitement compris les avantages. Cet auteur du XVIIᵉ siècle a fait son livre pour réagir contre la notation moderne, comme non adéquate à nos mélodies anciennes, étant adaptée à une musique basée sur d'autres principes.

La notation moderne est pour le chant ancien religieux russe une agglomération de signes conventionnels, tout à fait étrangers à son caractère ; elle n'en exprime pas l'esprit, l'effusion musicale du sentiment religieux & le lien intime entre la mélodie & le texte, qui est le principe capital de la notation de la mélopée liturgique russe.

Nos plus anciens monuments musicaux, notés avec les caractères de cette sémiographie originale, remontent au XIIᵉ siècle.

Plus anciens sont les *contaces*, notés avec des signes particuliers. Ceux-ci n'ont pas été déchiffrés malgré les efforts qui ont été faits pour résoudre cette énigme. La sémiographie du chant ancien religieux russe ne change pas du XIIe siècle au XIVe. La différence commence à se manifester au XVe. Aux XVIe & XVIIe, la mélodie ancienne se développe considérablement & la sémiographie en devient plus compliquée. C'est alors qu'on ressentit la nécessité de la rendre plus précise.

On commence à chercher des remèdes. Entre autres, un certain Jean Chaïdouroff de Nowgorod a inventé des *signes* qu'il a ajoutés à ceux de la sémiographie déjà existante. Ces signes se distinguent facilement, étant peints en rouge. Grâce à ces signes de Chaïdouroff, le secret de la sémiographie de notre chant ancien ecclésiastique a disparu complètement.

Le connaisseur de cette sémiographie trouvera dans la bibliothèque de l'École du chant ecclésiastique du Synode à Moscou une grande quantité de matériaux. La bibliothèque contient une richesse immense de mélodies anciennes, dont la notation donne un moyen de pénétrer dans ce monde original, créé par le génie musical russe, inspiré du sentiment religieux dans toute sa naïve sincérité.

Le philologue y trouvera son compte aussi. Dans la période du XIIe au XIVe siècle, le texte des mélodies est plein de semi-voyelles, garnies de signes musicaux ; c'est qu'on les chantait. Depuis la fin du XIVe siècle on voit les voyelles, *o, e,* se substituer aux semi-voyelles. C'est un fait de développement linguistique ; pratiquée par des personnes ignorantes, opérant indûment en vue du chant, la substitution devait aboutir à une immense corruption du texte. Au XVIIe siècle on tâche d'y remédier. Dans ce but des commissions furent instituées. Alexandre Mesenetz était un des collaborateurs les plus actifs. Il a inventé aussi des *indices* pour préciser la notation ancienne.

Les mélodies qu'on chante dans les églises orthodoxes russes se distinguent d'après les lieux de leur origine. Il y a un chant ecclésiastique grec, des pays Slaves, de Kiew, &c. Le genre principal se nomme chant noté, écrit, ce qui le distingue des mélodies chantées d'après l'oreille. Ce chant, auguste par son antiquité, se distingue par sa simplicité, son calme sublime, par son *ambitus,* qui correspond aux voix normales des chantres, par son adaptation parfaite au texte, par sa connexion avec l'ordre du culte, dont il est considéré comme élément essentiel.

Les mélodies du chant ecclésiastique russe sont diatoniques. Elles sont basées sur *huit modes,* qui ne sont pas identiques aux modes du chant grégorien & ne dépassent presque pas les limites des tétracordes & pentacordes. Les principaux travaux consacrés à cette question sont ceux de MM. Arnold, Rasoumowsky, Wosnessensky, Smolensky & Matalloff ; mais la diversité des opinions, émises à ce sujet, empêche de trancher la question définitivement.

Les mélodies du chant noté présentent quelques éléments du chant grec & slave ; mais toujours faut-il les considérer comme un résultat original du génie musical russe dans le domaine de l'inspiration religieuse.

Le chant de l'Église russe était mélodique : on l'exécutait à l'unisson. C'est au xviiᵉ siècle que le chant harmonique pénètre en Russie. Il y avait un genre de chant harmonique noté sans portée. Le thème principal, qui était ordinairement une mélodie du chant noté, s'exécutait avec la voix de basse, ou celle de ténor ou d'alto. L'harmonie consiste en accords parfaits avec ses renversements. On y rencontre souvent des quintes, des octaves & même des secondes parallèles.

Vers la moitié du xviiᵉ siècle la notation sur les cinq lignes pénètre en Russie. Alors le chant harmonique noté avec des signes sans portées tombe graduellement en désuétude. C'est par l'intermédiaire de l'Église grecque unie que le chant harmonique, qu'on nomme chant des parties, passa de Pologne en Russie ; le clergé catholique, travaillant à la propagande, se servit de l'école & du chant ecclésiastique. Pour paralyser le succès de cette propagande, l'Église orthodoxe russe recourut aux mêmes moyens : elle établit des écoles & y forma des chœurs. Pour que les charmes de la musique harmonique ne pussent séduire les croyants, elle tâcha d'y opposer son propre chant harmonique. C'est ainsi que l'Église russe du sud-ouest, qui luttait contre l'Église grecque unie, accepta la musique harmonique, telle qu'elle se pratiquait en Pologne, sauf l'élément instrumental.

La musique ecclésiastique russe resta strictement vocale. Ce chant harmonique, introduit dans la Russie du sud-ouest, à Kiew, trouva à Moscou une protestation énergique, qui n'a pas duré. L'innovation ne tarda pas à être acceptée. Ce chant est toujours noté sur cinq lignes dans la clef de *c-fa-ut*, correspondant à celle d'*ut* sur la troisième ligne ; mais, si les mélodies se transposent une quarte plus haut, cette clef peut désigner la note *fa*. Les notes écrites sur les cinq lignes ont une forme originale.

Peut-être ont-elles été inventées en Russie. Il y a des caractères pour les rondes, les blanches, les noires & les croches, dont j'ai l'honneur de vous présenter les spécimens. Cette notation vient de Kiew. Dans la bibliothèque de l'école du chant ecclésiastique du Synode il y a beaucoup d'œuvres du chant des parties, notées avec les caractères de cette sémiographie. La plupart de ces œuvres se rapportent à la fin du xviiᵉ & au commencement du xviiiᵉ siècle. Presque toutes les partitions sont disparues. Restent les parties très usées, couvertes de taches de cire : on a dû les chanter souvent à la lueur des cierges. Il s'y trouve des compositions pour 3, 4, 6, 8, 12 & même 48 parties ; je n'ai pu me procurer la composition complète écrite pour 48 parties, c'est-à-dire pour 12 chœurs, la partie du premier soprano ayant disparu ; je vous présente une partition de 47 parties conservées, que j'ai fait copier.

Ces compositions sont écrites ou sans chant donné, ou sur une mélodie ecclésiastique, qui joue le rôle du thème principal. Ordinairement elle était exécutée par le ténor. Le contrepoint est assez correct, mais on y trouve quelquefois des combinaisons bizarres. De temps en temps on y aperçoit des quintes & des octaves parallèles. Peut-être y a-t-il des cas ou elles sont écrites de propos délibéré, car elles doublent la partie principale. Pour que celle-ci reçût la prépondérance, on la chantait avec un plus grand nombre de voix que les autres parties. La qualité de ces œuvres est assez médiocre. Mais elles sont intéressantes comme documents historiques, qui nous montrent le chant harmonique russe dans la première période de l'influence polonaise. L'engouement pour le chant harmonique polonais en Russie était prodigieux. On l'introduisit dans les maisons avec les paroles polonaises qu'on ne comprenait pas.

Simon Polotzki au XVIIᵉ siècle, élève de l'académie de Kiew, précepteur du cesarèvitch Théodor Alexeewitch, traduisit le psautier versifié polonais en vers syllabiques russes. Mais son texte ne s'adaptant pas à la musique polonaise, un russe, Basile Titow, y en a joint une autre. Je vous présente des spécimens de cette œuvre aussi bien que des autres, psaumes & cantiques, qui furent composés à cette époque.

Après l'influence polonaise vint le tour de la musique italienne. Au XVIIIᵉ siècle une troupe italienne fut engagée à Saint-Pétersbourg pour y chanter des opéras. Les compositeurs italiens & leurs élèves russes commencèrent à écrire des œuvres musicales pour l'Église russe ; mais la mélodie ancienne de notre chant religieux était tout à fait exclue de ces compositions. Ce n'est qu'avec le temps que les compositeurs russes, Bortniansky un des premiers, commencent à se souvenir des beautés de la mélodie ancienne, la prenant pour base de leurs compositions harmoniques, tâchant de plus en plus de la laisser intacte dans son diatonisme rigoureux, son rythme asymétrique, ses beautés, remplies d'expression, qui font de ces mélodies un chef-d'œuvre du génie musical russe, où il resplendit dans toute sa clarté. Voilà pourquoi les premiers pas que l'art russe a faits dans l'harmonisation de cette mélodie ancienne présentent un intérêt exceptionnel.

Je vous présente quelques échantillons venant de la bibliothèque de l'école du chant ecclésiastique du Synode à Moscou. Il faut les comparer aux travaux modernes des compositeurs du chant d'église russe pour comprendre le changement prodigieux qui s'y opéra. On remarquera l'effort des compositeurs du XIXᵉ siècle pour créer un contrepoint organiquement développé de la mélodie ancienne comme de son embryon musical. Si le problème de ce contrepoint n'est pas encore résolu entièrement, il est évident que, vers la fin du XIXᵉ siècle, un immense progrès s'est accompli. Ce progrès suggère une brillante espérance, & nous avons tout le droit de croire à sa réalisation prochaine.

II

Wladimir, le grand duc de Kiew, fut baptisé probablement à Khersonèse, ville grecque située au bord occidental de la Crimée. En revenant à Kiew, Wladimir emmena avec lui le métropolitain Michel, plusieurs évêques, ainsi que des prêtres & chantres. Le chant religieux se répandit avec le christianisme dans toute la Russie & y trouva un terrain propice pour sa floraison.

Le genre principal du chant ecclésiastique russe s'appelle *znamennoi*, nom dérivé d'un mot qui signifie *caractère, signe, note*. Ainsi le chant « *znamennoi* » veut dire chant noté. Il y a différentes espèces de ce chant, qui sont toutes du même caractère ; mais leurs mélodies se distinguent par le degré de développement. Au XVIIe siècle, des mélodies du chant grec, de Serbie, de Bulgarie & d'autres commencent à pénétrer dans le chant ecclésiastique russe. Au commencement du XIXe siècle se forma le genre de chant de la chapelle de la Cour impériale où les chantres se rassemblaient des parties différentes de la Russie & apportaient avec eux leurs mélodies nationales religieuses. Voilà la cause de la diversité considérable des chants religieux dans cette chapelle. C'est un énorme réservoir où se rassemblent tous ces chants divers, comme des métaux dans une fournaise où ils doivent être fondus. Le résultat de ce mélange a formé ce qu'on nomme à présent « le chant de la chapelle de la Cour impériale ».

Le métropolitain Philarète a exprimé au grand duc Constantin son opinion sur ce chant dans les termes suivants : « Le chant de la chapelle de la Cour impériale a sa gloire & ses mérites, qui sont reconnus de tout le monde. Mais l'amateur & le connaisseur du chant religieux ancien peut dire que quelques-unes des mélodies de ce chant ont gardé leur caractère ancien ; les autres furent altérées, ce qui ne les améliora point ! » Les voyageurs étrangers, qui visitèrent la Russie, étaient ravis des beautés du chant religieux de ce pays. Herbinius, qui naquit en Silésie en 1633 & visita la Russie dans la seconde moitié du XVIIe siècle, fait beaucoup d'éloges de son culte. « Les psaumes, écrit Herbinius (1), & les autres cantiques des Pères se chantent chaque jour dans les églises avec la participation du peuple en langue slave, suivant les règles de l'art musical. Dans l'harmonie sonore & agréable se font entendre séparément le soprano, la haute-contre, le ténor & la basse. Ici le peuple comprend ce que chante ou lit le clergé en langue nationale. Tous les laïques chantent avec le clergé si harmonieusement & si pieusement que, plein d'enthousiasme de ce chant, je rêvais d'être à Jérusalem & d'y voir

(1) M. Iohannes Herbinius, *Religiosæ Kijovienses Cryptæ, sive kijovia subterranea.* Ienæ, 1675, XIV, VI, p. 153-154.

l'image & l'esprit de l'Église chrétienne primitive. La simplicité du culte russe m'a ému jusqu'aux larmes & à l'instar de saint Ambroise & de saint Augustin j'ai glorifié Notre-Seigneur Jésus-Christ en ces termes : « Les cieux & la terre sont remplis de la majesté de votre gloire. »

Ce récit de Herbinius nous apprend qu'à l'époque où ce voyageur visita la Russie le chant religieux y fut harmonique. Auparavant il était mélodique & on l'exécutait à l'unisson. Le chant harmonique commença à pénétrer en Russie pendant le XVIIe siècle, venant du sud-ouest. Ce genre de chant, les Russes pouvaient l'entendre même à Moscou. Pendant le règne de Boris Godounoff, il y avait au Kremlin une église catholique où l'on exécutait un chant harmonique. Le patriarche Hermogène était un adversaire ardent de ce chant. Mais Nicone, qui succéda à Joseph en 1652, en fut un protecteur énergique.

A mesure que se propageait le chant harmonique en Russie, les chœurs des voix d'hommes sont remplacés par les chœurs avec des voix mêlées. Les parties du soprano & de la haute-contre s'exécutent par les voix des enfants. Les femmes ordinairement ne prennent point part aux chœurs mêlés. Mais leur participation à l'exécution du chant ecclésiastique, à l'église, n'est pas interdite, par exemple, dans les couvents des religieuses & dans les écoles.

Les chœurs fleurissent en Russie depuis une époque très reculée. Les plus célèbres sont ceux de la chapelle de la Cour impériale, du Synode & plusieurs autres. Presque tous les membres de la famille impériale, presque chaque prélat, surtout s'il demeurait à Moscou ou s'il y venait de temps en temps, avaient leurs propres chœurs. Les chroniques mentionnent les chœurs de la Tzarine Sophie, de l'Impératrice Catherine I, des métropolitains de Riazan, de Nowgorod, de plusieurs archevêques, &c. Les familles aristocratiques & riches possédaient aussi des chœurs. Surtout furent célèbres ceux du comte Scheremetief & du prince Traubezkoï.

Il y avait aussi des chœurs d'amateurs, qui chantaient pour leur propre plaisir. Ces amateurs se rencontrèrent surtout parmi les jeunes négociants qui formèrent des chœurs, dont plusieurs chantres acquirent, à force de pratique, des connaissances considérables dans l'art musical, devinrent maîtres de chapelles & enrichirent le chant ecclésiastique russe de leurs compositions.

C'est surtout le chœur de la chapelle de la Cour impériale qui fut célèbre à cause de la perfection de son chant. « C'est au XVIIIe siècle, durant le règne du Tzar Alexis Mikaïlowitch, que l'on songea à organiser un chœur de la Cour, & l'on invita de Kiew les meilleurs chantres en leur accordant plusieurs avantages. En 1796 ce chœur de la Cour fut nommé Chapelle impériale &, pour le compléter, on envoya chercher des chantres dans la petite Russie qui par son beau climat produit des voix particulièrement belles. » Les musiciens étrangers en étaient ravis. Berlioz dans ses *Soirées de l'orchestre* écrit : « Le chœur de la chapelle de l'empereur de Russie, composé de quatre-vingts chanteurs, hommes & enfants, exécutant des morceaux à quatre, six & huit parties réelles, tantôt d'une allure assez vive & compliqués de tous les artifices du style fugué, tantôt d'une expression calme & séraphique, d'un mouvement extrêmement lent, & exigeant en conséquence une pose de voix & un art de la soutenir fort rares, me paraît au-dessus de tout ce qui existe en ce genre en Europe. »

Quand le chant harmonique parut en Russie & exerça son charme sur le public, des compositions à quatre, six, huit, douze parties, &c., commencent à paraître. Ce genre de chant était sous l'influence de la Pologne. Nous connaissons plusieurs noms de compositeurs russes qui se soumettent à cette influence, par exemple : Théodore Redrikow, Basile Titow, Nicolas Bowikin, Basile Winogradow, &c. Ils composèrent non seulement des concerts, mais aussi des messes. Ces compositions se distinguent en grande partie par des complications recherchées. On y entend beaucoup de tapage qui empêche de comprendre le sens des paroles. Elles portent des noms étranges, par exemple : *Une Larme*, *La Cornemuse*, *La Trompette*, *L'Oiseau*, &c.

L'influence de la Pologne sur le chant harmonique de l'Église russe se prolonge jusqu'en 1725, c'est-à-dire jusqu'à la mort de Pierre le Grand. Après cet événement, l'influence de la Pologne s'affaiblit, puis disparaît & fait place à celle de la musique italienne. Pendant le règne de l'Impératrice Anna Joannowna, l'opéra italien paraît à Saint-Pétersbourg. Le compositeur Araïa y fut invité en qualité de chef d'orchestre. Les Italiens, venus en Russie, y exercent leur influence sur la musique religieuse. Le fait suivant en fournit l'occasion. Quand on commença à monter des opéras à Saint-Pétersbourg, faute de chanteurs, on dut prendre ceux de la chapelle de la Cour impériale. Le texte italien était écrit en caractères russes. L'exécution emporta l'approbation générale. C'est ainsi que les compositeurs italiens eurent l'occasion de connaître les grandes capacités des chantres russes pour la musique, ce qui donna l'idée à ces musiciens étrangers d'écrire des œuvres destinées spécialement au chœur de la chapelle de la Cour impériale.

Galuppi, qui fut chef d'orchestre à Saint-Pétersbourg, est le premier des compositeurs italiens qui commença à écrire la musique religieuse sur des textes en langue slavonne pour ce chœur. Les compositeurs italiens n'usaient point des anciennes mélodies religieuses russes. Ils composaient des œuvres, principalement des concerts sur le texte des prières, qu'on exécutait pendant le service divin. Il est donc naturel que ces œuvres, quoique destinées à l'église, aient subi l'influence du style de l'opéra italien. Cette influence s'est communiquée à ceux des compositeurs russes de la musique religieuse qui étudiaient chez les maîtres étrangers. Ainsi Berezowski (1745-1777) fit ses études sous la direction de Zoppis ; Wedel (1770-1806) & Dechtéreff (1766-1813) sous celle de Sarti ; Bortniansky (1752-1825) sous celle de Galuppi. Ces musiciens russes, inspirés par les maîtres italiens, employaient dans leurs œuvres tous les ornements du style italien ; « mais, en composant des concerts, ils vouaient une grande attention au texte des chants religieux, cherchant à concilier la richesse des moyens musicaux avec les pensées exprimées dans le texte & les accents des mots. »

Pourtant Lwow qui fut directeur de la chapelle de la Cour impériale accusait non sans raison Bortniansky d'avoir employé dans les paroles du texte religieux des accents irréguliers pour la symétrie du rythme selon les règles de la musique profane de l'Europe occidentale. Malgré ces défauts Lwow estimait beaucoup le talent de Bortniansky, qui ne se servait des difficultés techniques que comme d'un moyen pour atteindre des effets esthétiques. Le talent de Bortniansky se conforme aux exigences de l'église. Ce compositeur met au premier rang la prière ; pour lui le chant n'est qu'un moyen d'exprimer l'idée du texte. Voilà la cause qui assigne à Bortniansky une des premières places parmi les compositeurs de la musique religieuse : « Dans toutes ses œuvres, écrit Berlioz, on trouve un véritable sentiment religieux, souvent une sorte de mysticisme qui plonge l'auditeur en de profondes extases, une rare expérience du groupement des masses vocales, une prodigieuse entente des nuances, une harmonie sonore, &, chose surprenante, une incroyable liberté dans la disposition des parties, un mépris souverain des règles respectées par ses prédécesseurs comme par ses contemporains, & surtout par les italiens dont il est censé le disciple (1). »

Outre ses œuvres originales sur le texte des prières du service divin, Bortniansky se rappela l'ancienne mélodie religieuse qu'il essaya d'harmoniser. On prétend qu'il avait même l'intention de publier les anciennes mélodies religieuses, en gardant leur sémiographie originale. Il prévoyait que l'étude de ces mélodies anciennes religieuses & le fait de les harmoniser, en respectant leur caractère, devaient concourir au développement du contrepoint original russe. Mais, dans ses propres harmonisations de la mélodie ancienne religieuse, il était assez loin de cet idéal. Pour l'adapter aux règles de la musique de l'Europe occidentale, Bortniansky la mutilait & quelquefois en gardait seulement les notes principales.

Il y a deux manières d'harmoniser la mélodie ancienne ecclésiastique russe. La première consiste en ce que le compositeur use librement de la mélodie, en l'adaptant au rythme & à l'harmonisation selon les règles de la musique de l'Europe occidentale. Bortniansky était de cette école. La seconde consiste dans l'effort pour garder la mélodie ancienne religieuse intacte, comme on la trouve dans les livres du chant ecclésiastique qui sont imprimés depuis 1772. C'est ainsi que le Père Tourchianinow harmonisa les mélodies anciennes. Le Saint-Synode autorisa l'exécution de ses œuvres à l'église. Dans les compositions de Tourchianinow cette mélodie se répète une tierce plus haut

(2) Hector Berlioz. *Les Soirées de l'orchestre*, Paris, 1853, p. 270.

dans une autre partie. Ainsi la mélodie principale est exécutée en tierce parallèle & en reçoit plus de prépondérance.

Laissant les mélodies anciennes intactes, Tourchianinow, pourtant, les harmonisa d'après les règles de la musique de l'Europe occidentale moderne, avec son chromatisme & son rythme symétrique. Mais cette mélodie est unie au texte prosaïque, & fondée sur le principe du rythme libre, asymétrique, sur lequel Lwow a fait d'intéressantes recherches. Il écrit que toute la force, toute l'importance du chant ecclésiastique consiste dans le texte de la prière. Le but principal de ce chant est de donner plus d'expression aux paroles sacrées. Il est certain que ce chant doit non seulement se conformer au sens du texte, mais les signes, les caractères mêmes de la notation doivent être subordonnés au rythme des paroles sans les changer en aucune façon. Celui qui s'initie à la gravité de la prière & suit attentivement les paroles du chant jouit de son harmonie simple & conforme au texte. Toutes les voix prononcent les mêmes paroles à la fois, distinctement, & s'accordent avec l'accentuation naturelle des mots. Ni trilles, ni roulades, ni aucune autre fioriture ne doivent orner le chant ecclésiastique. Le texte de nos prières a un style particulier avec lequel doit s'accorder le caractère du chant. Plusieurs compositeurs essayèrent de subordonner quelques chants religieux à la mesure régulière & précise. Ces chants devinrent conformes aux principes reçus du rythme musical, mais ils s'éloignèrent de la prière : l'accord entre le texte & la musique fut rompu. Pour répondre aux exigences des principes musicaux, les compositeurs ont dû avoir recours à différents moyens : à la répétition superflue des paroles, à leur prolongement déplacé &, ce qui est pire, à leur articulation non simultanée, qui rend le texte obscur, souvent même inintelligible ; car les auditeurs ne peuvent pas distinguer les mots. Ceux qui voulaient introduire une mesure uniforme dans notre ancien chant ecclésiastique tombaient dans l'erreur, & leurs efforts n'aboutirent qu'à atténuer la beauté du texte & de la mélodie.

Voilà les idées principales de Lwow sur le chant de l'Église russe, qu'il a exprimées dans son intéressant ouvrage sur le rythme asymétrique dans notre musique ecclésiastique. Il ne se bornait pas à ces considérations théoriques. Il les pratiquait dans ses essais d'harmonisation de la mélodie liturgique. Lwow trouva dans Worotnikow, précepteur de la chapelle de la Cour impériale, un collaborateur & un disciple, qui appliquait avec beaucoup de zèle les principes de son maître à l'harmonisation des mélodies anciennes ecclésiastiques.

Après Lwow, en 1861 fut nommé directeur de la chapelle de la Cour impériale Bachmétiew, dont les compositions décèlent l'influence de son prédécesseur. On y remarque une tendance à l'expression pieuse des prières liturgiques. En même temps ce compositeur se laissait entraîner par des imitations des parties, se permettait des répétitions des mots & leur articulation non simultanée. Dans ses compositions, Bachmétiew emploie des accords dissonants, le chromatisme, l'enharmonisme, des modulations soudaines, ce qui les prive du caractère sévère, conforme au chant ecclésiastique, & en dévoile le goût *dilettante*.

Le style pur & rigoureux de l'ancien chant religieux trouve un partisan zélé dans le prince Odoiewsky. Dans sa communication au premier Congrès archéologique à Moscou en 1861, il exprima les pensées suivantes :

« Nos chants ecclésiastiques, dans les livres de musique publiés par le Synode, sont imprimés tous à une voix. Cependant, dans les chœurs d'églises, nous entendons toujours des combinaisons harmoniques, exécutées pour ainsi dire par instinct populaire & suivant la tradition. Les accords présentent toujours des consonnances. Le caractère même de notre chant ecclésiastique rejette toutes dissonances. Il n'a ni mode majeur, ni mode mineur purs. Chaque dissonance, chaque chromatisme dans notre chant religieux serait une erreur & porterait atteinte à l'originalité de ce chant, à son style sévère & à son caractère toujours majestueux & calme.

« Le but principal de notre chant ecclésiastique est l'articulation nette des mots. Ici le texte n'est point subordonné à la musique, mais, au contraire, la musique au texte ; à un tel point que la phrase musicale finit avec celle du texte. On tolère une syllabe chantée sur plusieurs notes, mais la répétition des mots est défendue. Et voilà la cause pour laquelle les pères de notre Église n'emploient point le terme « musique » pour ce chant, mais le nomment « mélodies des paroles. »

Le prince Odoiewsky ajoute plus loin que « tous les chantres du chœur doivent articuler simultanément les mots pour que les laïques puissent exactement suivre non seulement de l'ouïe, mais aussi avec la voix, les mots chantés. Par conséquent dans notre chant ecclésiastique est possible uniquement le contrepoint le plus simple, *punctum contra punctum*, note contre note, sans prolongation & anticipation... Selon les idées orthodoxes un autre chant ne peut & ne doit pas être exécuté dans notre Église, parce que toute autre méthode d'harmonisation empêcherait le chœur d'articuler distinctement & simultanément les paroles des prières, c'est-à-dire que serait ainsi violé le principe essentiel de notre chant ecclésiastique, que le compositeur de musique religieuse ne doit jamais perdre de vue... Le but unique de l'harmonisation de la mélodie ecclésiastique est de former des combinaisons régulières des parties, mais ne détourner nullement l'attention de l'essentiel, c'est-à-dire des paroles du texte. »

Notre éminent compositeur Glinka, qui fut nommé maître de la chapelle de la Cour impériale en 1836, essaya de mettre en pratique les principes posés par le prince Odoiewsky dans notre chant ecclésiastique. A propos de sa nomination Glinka écrit dans ses *Mémoires* : « L'empereur, m'adressant la parole au théâtre même, me dit : « Glinka, j'ai une prière à t'adresser & « j'espère que tu ne me refuseras pas. Le chœur de ma chapelle est connu

« de l'Europe entière, & il est digne que tu t'en occupes. Mais je te demande
« que les chantres gardent leur caractère national, qu'ils ne deviennent pas
« italiens. »

C'est pendant son séjour à la chapelle de la Cour impériale que Glinka
composa son « Hymne Chérubique. » On ne l'exécutait point, & il fut considéré comme ayant peu de valeur. Pourtant M. Jurgenson le publia. De nos
jours les qualités éminentes de ce chef-d'œuvre sont reconnues & il est devenu
l'ornement de notre musique religieuse. Pourtant, l'auteur lui-même trouvait
cet hymne mal réussi. En fait de musique religieuse, Glinka a écrit encore
plusieurs morceaux. Ses œuvres furent exécutées avec un grand succès au
couvent de Saint-Serge près de Saint-Pétersbourg.

Notre éminent compositeur, que je viens de nommer, s'intéressait fortement au problème de notre chant ecclésiastique. Quel chant convient à l'Église
orthodoxe russe? Voilà la question que désirait résoudre Glinka. Pour la
solution de ce grave problème, Glinka se mit à l'étude des modes grégoriens
& fit un voyage à Berlin, pour y étudier la musique polyphonique des grands
maîtres du contrepoint sous la direction du célèbre théoricien Dehn. A
propos de ces travaux, Glinka écrivait à M. Stassow le 3 septembre 1856 :
« Dehn a l'intention de travailler avec moi deux fois par semaine, afin que
je puisse graduellement arriver à composer la fugue à deux sujets, dont le
thème doit être fondé sur les modes grégoriens dans lesquels je suis encore
très peu versé. En général, je puis dire que jusqu'à présent je n'ai jamais
étudié la musique religieuse authentique, & je n'espère pas de me rendre
maître en peu de temps de tout ce qui a été créé pendant des siècles. Dehn
me propose comme exemple de ce genre de musique les œuvres de Palestrina
& de Rolland de Lassus. » La mort de Glinka coupa court au grand ouvrage
qu'il désirait accomplir dans le domaine de notre musique religieuse.

Commencé par Glinka, ce travail fut continué par Potoulow (1810-1873),
grand connaisseur de la mélopée liturgique. En l'harmonisant, Potoulow ne la
changeait jamais. L'harmonie de Potoulow est diatonique & consiste en
accords parfaits majeurs & mineurs, avec leur premier renversement. Ainsi
Potoulow réalisa les idées du prince Odoiewsky qui lui en faisait des éloges :
« Travail consciencieux, écrivait le prince Odoiewsky en parlant de l'harmonisation de la mélopée liturgique par Potoulow ; travail ingénieux & énormé-
ment difficile, car il faut un grand courage pour entreprendre une œuvre
aussi étendue & techniquement pénible. » Potoulow a rejeté la facilité que
présente l'harmonisation de la musique laïque, a dédaigné les effets de l'opéra,
qui charment tant le public, & a soutenu le style rigoureux & sobre de notre
chant d'église avec toutes ses conventions si gênantes pour le compositeur de
nos jours.

En accompagnant la mélodie religieuse d'une harmonie rigoureusement
diatonique, en conservant son rythme asymétrique & subordonnant la musique

au texte, de manière que toutes les voix du chœur articulent les paroles sacrées simultanément, Potoulow peut-être se rapproche le plus de l'idéal du chant religieux tracé par le prince Odoïewsky.

La difficulté de résoudre le problème de la musique harmonique religieuse dépend de l'antagonisme entre les tendances de l'art musical & les exigences du culte. Cet antagonisme n'existe pas dans le chant de l'ancienne mélodie religieuse exécutée à l'unisson. Mais la polyphonie tend à subordonner le texte & souvent l'embrouille par l'articulation simultanée de paroles différentes, à cause des entrées des parties dans des moments divers.

Peut-être la musique religieuse russe, en suivant la voie tracée par les zélateurs de l'ancienne mélodie orthodoxe, se rapprochera-t-elle de l'idéal voulu? Mais, en s'engageant dans cette voie, elle risque d'atteindre son but au prix des beautés spécifiques de l'art. Nous le voyons chez Potoulow. Le style rigoureux de ses œuvres porte atteinte à l'élément esthétique du chant religieux. Son harmonie est enfermée dans des limites trop étroites. Elle exclut même les notes de passage. Voilà pourquoi ces œuvres sont si pauvres en fait de combinaisons harmoniques. En même temps elles sont déparées par le mouvement disjoint des parties, qui n'ont pas assez de liberté pour leur développement mélodique. L'harmonisation de Potoulow est basée sur des principes théoriques, qui empêchent l'indépendance des parties dans l'accompagnement de la mélodie principale, qui ne peut leur communiquer ni son caractère, ni ses beautés. Les mouvements des parties de l'accompagnement & leurs combinaisons sont comme prédestinés à l'avance & liés à des règles mécaniques qui paralysent l'allure libre des voix, contrarient l'expression & nuisent au mérite artistique de ses œuvres.

L'évolution ultérieure du chant harmonique de l'église orthodoxe russe tend à rehausser la beauté de la mélopée liturgique par la polyphonie, sans porter aucune atteinte à la mélodie principale, qui, au contraire, en dominant les voix de l'accompagnement, leur sert de modèle. Telle est l'harmonisation de la mélopée liturgique, donnée au soprano, dans les éditions de la confrérie de la sainte Vierge, principalement dans les œuvres de MM. Dimitri Solowiew, Smirnow, &c. L'élément artistique y est plus considérable que dans les œuvres de Potoulow & leur communique plus d'intérêt esthétique. C'est pourquoi ces œuvres se rapprochent encore plus de l'idéal de la musique d'église orthodoxe russe. La mélopée liturgique se trouve intacte aussi dans les éditions de la chapelle de la Cour impériale, par exemple, *Les Vêpres des chants anciens* de 1888. La direction de la chapelle de la Cour impériale après Bachmétiew fut confiée en 1883 à M. Balakirew avec la collaboration de M. Rimsky-Korsakow. Grâce à ces compositeurs d'un talent éminent, qui enrichirent la musique religieuse russe de plusieurs chefs-d'œuvre dignes de leurs noms, la chapelle de la Cour impériale reçut un cachet plus national, & l'idéal de l'harmonisation de l'ancienne mélodie ecclésiastique dans le caractère de cette dernière commença à devenir plus clair. En 1895, M. Arensky fut nommé directeur de la chapelle de la Cour impériale. Il enrichit la musique religieuse russe de plusieurs œuvres d'un grand mérite artistique.

Outre ces compositeurs il y en a encore beaucoup, dont je ne fais pas mention, mais qui pourtant ont considérablement contribué à l'éclaircissement du problème du chant religieux russe. Ce problème intéressait aussi M. Tschaikowsky, qui, dans une de ses lettres, a exprimé les pensées suivantes. En parlant de l'intérêt qu'il portait à la musique religieuse russe, M. Tschaikowsky dit : « Le côté technique de Bortniansky est puéril & plein de routine, mais c'est l'unique compositeur de la musique religieuse russe qui était compétent. Tous ces Wedel, Dechterew, &c., aimaient la musique à leur façon ; mais ils étaient des ignorants & furent tellement nuisibles à la Russie qu'il n'a pas suffi d'un siècle pour anéantir le mal qu'ils ont fait. » Dans ses œuvres musicales religieuses Tschaikowsky tendait aussi à épurer la musique ecclésiastique des éléments étrangers, introduits par les maîtres italiens du siècle précédent & par leurs élèves.

De sa « Messe » Tschaikowsky disait qu'il y suivit son propre penchant artistique. Mais dans ses « Vêpres » il a essayé de rendre à notre Église son bien qui lui fut ravi par force. Tschaikowsky, comme il le disait lui-même, tâchait d'éviter les extrêmes. Il n'avait point du tout l'idée hardie de renouveler le chant ancien de l'Église & de se débarrasser des entraves européennes. Mais il ne s'est pas soumis aux traditions qui de l'époque de Bortniansky italianisaient notre musique d'église. Les compositions religieuses de Tschaikowsky, de son propre aveu, ont un caractère éclectique. Tschaikowsky se plaignait que Bortniansky eût subjugué toute la Russie & était persuadé que, pour anéantir d'un coup toutes les vieilleries & créer un art musical ecclésiastique nouveau, digne de l'office divin orthodoxe, un « Messie » était indispensable. Tschaikowsky rêvait ce « Messie » entraînant l'art musical religieux dans une voie nouvelle, & nous ramenant vers l'antiquité profonde avec son ancienne mélodie, revêtue d'une harmonisation conforme à son caractère & digne de ses beautés.

En attendant, vers cette « antiquité profonde », vers cette source vivifiante qui doit rajeunir la musique ecclésiastique & donner le moyen au génie futur de créer un nouvel art musical religieux, nous conduisent de modestes savants avec leurs travaux archéologiques, historiques & théoriques. Ne sont-ils pas prédestinés à préparer la voie pour l'avènement de ce « Messie » & ne seront-ils pas ses précurseurs ?

Depuis le XVIIe siècle, époque de l'apparition du chant à plusieurs parties, la théorie de ce dernier commence à se développer. Un des plus anciens livres sur ce sujet « basé sur les écrivains antiques » était composé par un chantre impérial, le diacre Korenew. Nicolas Diletzky, qui a étudié le contrepoint à Wilna chez Zamarewitch, revisa ce manuel & en exposa en 1681 le contenu dans son manuscrit sous le titre « Musique ». Ce manuscrit se trouve à la bibliothèque de la « Société d'histoire & des antiquités russes à Moscou ». Mais déjà, en 1677, Diletzky publia à Smolensk sa « Grammaire du chant musical ». L'année suivante cet ouvrage fut publié à Wilna en polonais sous le titre d' « Idées de la grammaire musicale ». En 1679 ce livre parut à Moscou en « dialecte slave ». Diletzky, ayant reçu une éducation polonaise, ignore entièrement le chant ecclésiastique russe & concentre toute son attention sur la composition des concerts dans le style de l'art « polonais ».

Dans son évolution ultérieure le chant harmonique de l'Église russe subissait l'influence des autres nationalités de l'Europe occidentale, surtout celle de la musique italienne.

Le métropolitain Eugène Bolchovitinow, dans sa *Dissertation historique sur l'ancien chant du culte chrétien en général et particulièrement sur le chant dans l'Église russe*, qui fut écrite en 1797, est de cet avis que le chant exotique dans notre Église « est un élément accessoire, introduit arbitrairement ». Selon lui, l'Église, condescendant aux ouvrages des compositeurs russes & étrangers, « n'estime pas tout ce qui provient de leur imagination & de leur art comme adapté au culte ».

Il y avait des personnes qui étaient absolument hostiles au chant harmonique dans l'Église orthodoxe russe & inclinaient vers le chant mélodique, exécuté à l'unisson : par exemple le Père Rasoumowsky & Worotnikow, qui exprimèrent leurs idées à ce sujet dans leur communication au « Premier Congrès archéologique à Moscou », qui eut lieu en 1861. C'est là aussi que le prince Odoïewsky lut ses *Remarques brèves sur la caractéristique du chant d'Église orthodoxe russe*.

Glinka, acceptant les opinions du prince Odoïewsky, cherchait la solution du problème de la musique harmonique à l'Église orthodoxe russe dans l'adaptation à la mélodie de ses chants anciens des principes fondamentaux du contrepoint rigoureux, basés sur les modes du chant grégorien dans la musique de l'Europe occidentale des xve & xvie siècles. C'est là que Glinka cherchait des modèles pour ses compositions religieuses. Néanmoins les recherches récentes sur notre chant ecclésiastique rejettent les modes grégoriens comme élément étranger.

Les modes de la mélodie ecclésiastique russe ne sont pas identiques avec ceux du chant grégorien. Le rythme du plain-chant catholique diffère de celui de la mélopée liturgique orthodoxe russe. Voilà les causes de ce que l'harmonisation, la succession des accords, les cadences de la musique de l'Église catholique sont parfois impossibles dans la musique de l'Église orthodoxe russe & vice versa. Ces deux genres de musique sont irréconciliables à cause de leur originalité, leur indépendance & leur particularité. Un des plus grands connaisseurs contemporains du chant ecclésiastique russe, de son histoire & de sa théorie, le Père Metallow, termine son étude sur l'ancien traité de la

théorie musicale de 1679, dont l'auteur est Nicolas Diletzky, dans les termes
suivants : « La mélodie religieuse orthodoxe russe a un caractère particulier,
dont elle seule possède les mystères. On peut les découvrir à force d'étudier
des ouvrages anciens, comme le traité de Diletzky, en y joignant une scrupuleuse analyse acoustique. »

Dans l'analyse acoustique, Georges Arnold cherchait les principes de
l'harmonisation de notre chant ecclésiastique. Il espérait aussi trouver un guide
dans l'étude de la théorie musicale grecque & byzantine. La théorie abstraite
& artificielle de ce savant, basée sur d'arides calculs mathématiques & des
fragments dépareillés des ouvrages théoriques antiques, appartenant souvent
à des siècles différents, ne peut donner des résultats solides. On peut les
obtenir plutôt par l'étude pratique du chant ecclésiastique russe. Ce n'est
qu'en suivant cette voie qu'on peut dévoiler le caractère original de ces
mélodies, toute l'élégance de leur forme, d'une régularité irréprochable,
quoique masquée par leur rythme asymétrique, & toute la profondeur du
sentiment religieux dont elles sont remplies.

Georges Arnold dans ses ouvrages théoriques se servait des conseils &
des indications du Père Rasoumowsky. Ils furent solidaires dans leurs opinions.
Il faut leur joindre aussi le Père Woznessensky, qui a fait des explorations
sérieuses des différents genres de chant dans l'Église orthodoxe russe. Le
Père Metallow, reconnaissant les mérites éminents du Père Woznessensky, lui
reproche la méthode de son analyse. Elle convient plus au chant grégorien
& à la musique ordinaire qu'aux particularités de la mélodie ancienne orthodoxe
russe. Cette mélodie peut être comprise, non dans la transcription en notation
moderne, mais dans sa sémiographie originale, qui lui sert d'enveloppe
matérielle, organiquement formée de son germe musical.

Un essai d'analyse qui pénètre dans les profondeurs intimes de la structure
mélodique du chant ecclésiastique orthodoxe russe nous est donné par le
Père Metallow, un grand connaisseur de la sémiographie originale du chant
ancien orthodoxe russe, dont il a écrit un manuel très utile pour déchiffrer
ce genre de notation.

Le Père Metallow se voua à des études profondes, historiques, théoriques
& pratiques des modes, des particularités, du caractère & de la structure des
anciennes mélodies du chant ecclésiastique russe. Les investigations minu-
tieuses de ce savant coopérèrent considérablement à éclaircir le problème du
style rigoureux dans l'harmonisation de la mélodie ancienne. Les recherches
archéologiques & historiques sur l'ancien chant ecclésiastique russe, que le
Père Metallow prêche avec tant d'ardeur, datent du milieu du xixᵉ siècle.
L'initiateur en fut Oundolsky, qui a publié en 1846 ses *Remarques sur l'histoire
du chant religieux russe*. Le manque de connaissances spéciales sur le chant
s'y fait voir dans des opinions trop réservées & trop peu développées de
l'auteur. Néanmoins les remarques claires, précises & justes sont la cause de

ce que cet ouvrage a conservé son importance jusqu'aujourd'hui. L'ignorance musicale fut très nuisible à Sacharow, qui a publié en 1849, dans le *Journal du Ministère de l'Instruction publique*, ses *Recherches sur le chant d'Église russe*.

Le prince Odoïewsky, en qualité d'homme très instruit, s'adonnant avec beaucoup de zèle à l'étude du chant ancien ecclésiastique, a rendu des services importants à l'archéologie, l'histoire & la théorie de la mélopée liturgique, quoique cet auteur manque de fini, de précision & de plan dans ses articles, écrits à propos des faits accidentels & éparpillés dans différentes publications périodiques. Ses principaux ouvrages ont pour sujet le problème du chant ancien, le chant dans les églises paroissiales, l'importance du chant dans l'éducation, &c. Le prince Odoïewsky exerça une grande influence sur plusieurs personnes remarquables par leurs travaux dans le domaine du chant ecclésiastique russe, par exemple : Glinka, Lomakine, Potoulow, Oundolsky, le Père Rasoumowsky, &c.

Le Père Rasoumowsky a rendu de bien grands services à l'archéologie, l'histoire & la théorie du chant religieux, surtout par son livre éminent : *Le chant d'Église en Russie*, qui fut publié en 1867. Cet ouvrage résume toutes les recherches précédentes & devient le fondement indispensable des études suivantes sur ce sujet. Mais les grands mérites du Père Rasoumowsky dans la science du chant d'église orthodoxe russe ne peuvent cacher le défaut de connaissances spécialement musicales chez cet auteur, ce qu'on distingue parfois dans des inexactitudes & des jugements peu solides, qui durent être rectifiés par des recherches modernes.

Le prince Odoïewsky a eu raison de se plaindre que « nos musiciens ne sont pas des archéologues & nos archéologues ne sont pas musiciens ». Mais actuellement la Russie a le bonheur de posséder dans la personne de M. Smolensky, directeur de l'École du chant ecclésiastique du Synode & professeur d'histoire du chant ecclésiastique au Conservatoire à Moscou, un archéologue musicien. En cela est la différence capitale qui distingue M. Smolensky de ses prédécesseurs dans les investigations sur le chant orthodoxe russe. Possédant un savoir éminent, il a écrit & publié une série d'ouvrages fondamentaux sur ce sujet. Un des principaux est l'*Alphabet du chant noté* d'Alexandre Mesenetz, écrivain du XVIIe siècle, que M. Smolensky a publié en 1888 avec des notes.

Alexandre Mesenetz voulait conserver dans une pureté inviolable le chant ecclésiastique ancien, qui pendant des siècles entiers constituait la propriété inaliénable du culte orthodoxe russe, ce chant, dis-je, qui se forma sur le sol natal des sentiments religieux dont étaient remplis les cœurs de plusieurs générations. Voilà en quoi consiste le rôle important de l'*Alphabet* d'Alexandre Mesenetz, qui est rehaussé considérablement par les notes de M. Smolensky. Cet auteur a enrichi le fonds des connaissances obtenues par les savants antérieurs des résultats de ses propres travaux, après avoir étudié d'anciens manuscrits notés avec les caractères de la sémiographie russe.

En qualité de directeur du chœur du Synode & de son école du chant ecclésiastique à Moscou, M. Smolensky porta ces établissements à un haut degré de perfection. Les élèves de cette école chantent à livre ouvert les solfèges les plus difficiles avec une grande pureté & la plus stricte précision. Dès leur bas âge, ils s'exercent dans le contrepoint, apprennent à jouer du violon & du piano, exécutant, sur ce dernier principalement, les œuvres de Bach. Mais le principal mérite de cette école consiste dans une atmosphère musicale, tout imprégnée d'anciennes mélodies. Grâce à cette atmosphère, les compositeurs formés dans cette école produisent des œuvres, fondées sur ce chant, &, dévoilant les beautés merveilleuses des anciennes mélodies religieuses, y joignent une harmonisation, adaptée à leur caractère.

N'est-ce pas ici que doit se former ce contrepoint national russe, dont l'idée est attribuée à Bortniansky? Les compositeurs qui ont fini leurs études dans cette école se trouvent dans des conditions très propices pour le développement de leur talent, vu que leurs compositions peuvent toujours être exécutées & corrigées, le chœur étant à leur disposition à chaque instant.

Et quelle heureuse influence réciproque entre les compositeurs & les exécutants! Ce chœur, une des merveilles du monde, qui éblouit tant le public de Vienne en y donnant un concert au printemps de 1899 & dont Jean Richter fit tant d'éloges, ce chœur, dis-je, par son exécution de la plus haute perfection éveille le don créateur des compositeurs. Ces derniers, parfaitement initiés, non seulement à la théorie, mais aussi à la pratique du chant (ils participaient au chœur dès leur enfance), créent des combinaisons de voix admirables, dont l'étendue est immense (1) & produit un effet sublime. Pendant mon séjour à Moscou l'hiver dernier, j'ai eu le bonheur d'entendre ce chœur superbe. On a exécuté quelques œuvres de M. Smolensky, de ses adeptes & des élèves de son école. L'exécution artistique de ces compositions de talent sous la direction de M. Orlow, maître de chapelle de premier ordre, procura aux assistants des moments de haute jouissance esthétique. Sous le charme de cette impression j'ai pensé : N'est-ce pas là que doit paraître ce « Messie » musical dont a rêvé Tschaïkowsky?

L'évolution immense qui se manifeste dans le chant de l'Eglise orthodoxe russe correspond au progrès général de la civilisation du peuple russe. Pourtant le pas énorme que fit la Russie vers la fin du XIXᵉ siècle dans la voie de sa culture doit être envisagé seulement comme un début, qui ouvre une perspective, dans laquelle est entraînée la vie de ce peuple avec toute l'impétuosité de sa jeunesse & de sa vigueur. Nous croyons fermement à la prophétie de notre éminent pédagogue & patriote, M. Ratchinsky, qui, abdiquant son professorat, se voua à l'instruction du peuple en enseignant les enfants des paysans à l'école de village & qui mieux que tout autre

(1) Il y a des voix qui descendent jusqu'au contre la au-dessous des portées, (clef de fa).

connaît leurs capacités intenses & diverses ; nous partageons sa conviction, que « la floraison de l'art national russe est dans l'avenir. Tout cet immense œuvre artistique de la Russie au XIXe siècle n'est que préparatoire. Ce perfectionnement, ce progrès étonnant de la langue, toutes ces hardiesses & finesses des procédés techniques en fait de musique & de peinture, cette profonde conception du génie créateur national, est un fonds inépuisable de matériaux pour l'érection de l'édifice majestueux de l'art russe au XXe siècle ».

LIBORIO SACCHETTI.

A la lecture de ses deux mémoires, M. Liborio Sacchetti avait joint la communication des pièces suivantes :

1º Deux Concerts de St. Dechterew (1766-1813), élève de Sarti.

2º Un Concert pour 2 chœurs (8 parties) de D. Bortniansky (1751-1825). — Un *Pater noster* du même (chœur à 4 parties). — L'harmonisation, par le même, d'un chant ancien religieux russe (altéré).

3º La collection des œuvres de Tourchianinow (1779-1856).

4º L'harmonisation, par A. Lwow (1799-1870), des chants anciens ecclésiastiques russes.

5º *L'Hymne Chérubique* de N. Bachmétiew (1807-1891).

6º *L'Hymne Chérubique* de Glinka (1804-1857).

7º La collection des harmonisations des chants anciens religieux russes de N. Potoulow (1840-1873).

8º Les mêmes harmonisations par D. Solowiew.

9º   id.   par Rimsky-Korsakow.

10º Le *Pater noster* de A. Arensky.

11º Un fragment des Vêpres de P. Tscharkowsky (1840-1893).

III

MUSIQUE DU MOYEN-AGE

———

B

MUSIQUE PROFANE

LA LÉGENDE DORÉE DU JONGLEUR

Dans un roman de Dickens, nous assistons à la mort, sur son grabat de misère, d'un *clown* auquel le public avait jadis fait quelque célébrité. La page est poignante & douloureuse : est-ce au talent de l'humoriste qu'elle le doit ? n'est-ce point plutôt à la situation elle-même & à la cruauté d'une existence qui, consacrée tout entière au rire & à la folie des autres, s'éteint, loin du souvenir de ceux qu'elle a charmés & en face des réalités les plus sombres de la vie & de la mort, dans l'oubli & dans le dénûment ?

Et de même, longtemps, on a pu croire que, par une injustice ironique de l'histoire, ces ménestrels & ces jongleurs, qui tinrent une place si aimable dans la vie du moyen âge par les légendes & les poèmes que nous leur devons, avaient vu leur race s'éteindre, sans que, par un juste retour, légendes ou poèmes aient consacré leur souvenir.

Au reste, qu'étaient ces jongleurs & quelle place tenaient-ils dans la société féodale du xiie & du xiiie siècle ? Disons sommairement qu'ils furent le plus souvent les interprètes, diseurs ou chanteurs, de nos poètes d'épopée & que, quelquefois aussi, ils composèrent eux-mêmes les œuvres qu'ils répandaient. Ils tenaient donc dans la vie intellectuelle une place moins élevée que les troubadours & les trouvères ; dans la vie sociale aussi, on ne leur accordait qu'une estime assez médiocre, car la réputation des jongleurs n'était guère brillante. Nous sommes d'ailleurs fort bien outillés pour la connaître : historiens, poètes & juristes leur font de fréquentes allusions, & nous renseignent volontiers. Nous savons ainsi que les jongleurs ne se contentaient point seulement de *chanter de geste,* selon la vieille expression, mais que d'autres, les frères pauvres de la corporation, faisaient même métier de danseurs, d'acrobates & de montreurs d'animaux.

On riait, certes, à leur approche ; mais, néanmoins, les mères faisaient rentrer leurs filles & les vieilles gens cachaient leurs écus d'or. Il faut lire dans les sermonnaires du même temps les portraits peu flattés qui sont souvent faits de nos jongleurs ; les canons des conciles, les Pères de l'Église se joignent volontiers aux prédicateurs, pour supplier les seigneurs & les nobles

de ne point, comme ils avaient accoutumé de le faire, donner de beaux vêtements, des chevaux, des plats d'or, à ces chanteurs errants, qui, aux heures
de vesprée, s'en venaient frapper à la porte des châteaux &, en échange de
leurs chansons, demander bon gîte & hospitalité.

Nous ferons quelque jour un tableau détaillé & plus précis de leurs
mœurs ; aujourd'hui nous nous tiendrons sur le terrain de l'histoire littéraire ;
nous ajouterons un chapitre au recueil des légendes médiévales & un argument à cette thèse que la musicologie, pour vivre comme science, ne doit pas
être isolée dans la synthèse des connaissances humaines : c'est ici l'histoire
littéraire qui apporte sa contribution à l'histoire des musiciens. Laissons donc
parler la légende.

*
* *

Avant d'entrer dans le domaine de la littérature & d'analyser les légendes
que le moyen âge a fixées définitivement sous une forme poétique, nous
avons dessein de rechercher celles qu'on se transmettait oralement, & que nous
connaissons par des renseignements épars dans les historiens ou sur les
monuments.

Sainte Cécile, que l'on invoque comme la patronne des musiciens & que
l'iconographie du moyen âge représente toujours avec un attribut musical,
était sans doute une chaste personne qui n'avait rien de commun avec ces
libertins de jongleurs. La seule remarque que nous puissions faire à son
endroit, c'est qu'elle s'est autant désintéressée des musiciens du moyen âge
que ceux-ci en revanche se sont peu souciés d'elle.

C'est un saint des premiers siècles de l'Église, un Père du désert, bien
surpris sans doute de se trouver dans une telle aventure, que nous allons
mêler à la vie de nos jongleurs : il s'agit de saint Paphnuce. « Le saint ermite
avait un jour demandé au ciel (ce qui n'était peut-être pas suffisamment
modeste), quelle pouvait bien être devant Dieu la valeur morale du solitaire
Paphnuce. Il lui fut répondu que c'était celle d'un pauvre musicien des rues
qu'on lui nomma. Le saint, médiocrement glorieux de cette comparaison, alla
trouver le bonhomme avec lequel il était peut-être surpris de se voir ainsi
comparé & l'interrogea longuement sur toute sa vie. Il apprit que ce chanteur
ambulant, — un vrai jongleur, — avait jadis été voleur, mais que depuis
longtemps il pratiquait de beaux actes de charité envers le prochain. Paphnuce,
édifié de cette droiture & de cette charité chez un homme qui ne jouissait
d'aucune considération, lui fit connaître ce qu'il avait appris de Dieu à son
sujet ; & le pauvre musicien, touché de cette révélation, servit désormais le

saint dans son monastère. Il y mourut saintement & Paphnuce vit son âme portée au ciel par les anges (1). »

Une autre légende, chère au moyen âge & vraisemblablement assez répandue, puisqu'avec d'autres noms, nous la retrouvons dans les fabliaux français, est celle de sainte Wilgeforde, cette vierge d'une idéale beauté, qui demande au ciel, pour fuir une union qui lui répugnait, de dissimuler la grâce de ses traits sous une barbe repoussante. Son vœu fut exaucé. La vierge barbue devint sainte de l'Église ; & bien des siècles plus tard nous voyons sainte Wilgeforde faire largesse d'une de ses pantoufles d'or à un jongleur qui était venu fort candidement à Prague jouer une sérénade devant son image : l'image miraculeuse n'a d'ailleurs plus aujourd'hui qu'un soulier d'or (2).

La chronique de Geoffroy de Stavelot nous fait connaître un cas curieux : c'est l'histoire miraculeuse de ce jongleur, qui, durant une veillée funèbre consacrée à saint Remacle, se met, subitement inspiré, à improviser tout un poème en l'honneur du saint (3). Ce fut merveille au dire des contemporains, & ce chant miraculeux fit, dès longtemps avant Schelley, définir la poésie une visite de la divinité dans le cœur de l'homme.

Nous connaissons encore le miracle de Notre-Dame de Chartres, ce récit naïf & charmant où l'on voit la Mère de Dieu guérir un pauvre muet plein de foi & punir du même coup le jongleur ivrogne & sceptique, qui, de la taverne où il s'attardait en longues beuveries, raillait les hommes de Dieu dans l'église voisine ; mais il est à croire que les jongleurs ne se vantaient pas à l'excès d'un prodige qui tournait si peu à leur gloire.

Bien autrement répandus & populaires dans nos provinces de France au XIIIe siècle, les deux prodiges d'Arras & de Rocamadour. Le premier de ces récits resta dans la tradition orale ; le second reçut les honneurs de la poésie. Voici donc ce qui se passait au pays d'Arras. Un mal épouvantable sur lequel les érudits ne semblent pas d'accord, « le mal des ardents », ravageait alors toute la région. Était-ce, comme on l'a prétendu, une sorte d'érésypèle gangreneux ? il importe peu de le savoir, mais enfin l'épidémie sévissait, & elle était horrible. C'est alors, suivant la légende, c'est le samedi 23 mai de l'année 1105, que la Vierge Marie apparut à deux jongleurs qui s'étaient voué une haine mortelle, & dont l'un, appelé Itier, demeurait en Brabant, & l'autre, du nom de Normand, à Saint-Pol-sur-Ternoise. « Allez, leur dit Marie, & annoncez à l'évêque qu'une femme lui apparaîtra au chant du coq, tenant à la main un cierge de cire blanche. Elle en fera tomber quelques gouttes dans l'eau qui est destinée aux malades & ils seront guéris. » Les deux jongleurs

(1) Cf. L. Gautier, *Épop. fr.*, t. II ; — P. Cahier, *Caractérist. des saints*, p. 38.
(2) Cf. P. Cahier, *Caract. des saints*, p. 121 & 122 ; — *Acta SS.*, Jul. I, p. 63.
(3) Cf. Migne, *P. L.*, CXLIX, col. 324.

obéirent à la voix céleste, remplirent leur mission, &, signe manifeste de
l'intervention divine, tombèrent dans les bras l'un de l'autre, en se réconciliant
pour toujours. Puis le cierge miraculeux que l'évêque reçut en effet des mains
de la Vierge, fit tous les miracles qu'on en pouvait attendre & la reconnaissance populaire le transforma bientôt en une sorte de relique auguste &
comme le palladium de la cité. On le conserva d'abord dans une chapelle
consacrée à saint Nicolas ; puis, quelques années plus tard, en 1214 ou 1215,
on fit mieux & l'on construisit en l'honneur du cierge béni, sur la place du
Petit Marché, un édifice exquis auquel on voulut vaguement donner la forme
d'un cierge ; & les clefs de ce saint luminaire, nous apprend un célèbre
manuscrit de la Bibliothèque Nationale (1), étaient confiées aux deux mayeurs
de la confrérie des jongleurs d'Arras.

Voilà donc quelques-uns des récits que le moyen âge aima & que les
jongleurs racontaient avec quelque orgueil, certes, dans les veillées d'hiver ; &
l'on devine que, le récit terminé, tandis que près de l'âtre qui pétille, le
seigneur & sa maisnie, tous ses enfants & tous ses serviteurs, se recueillent
& méditent en silence le miracle qui vient d'être conté, le jongleur ne manque
pas de tirer la moralité de son histoire & de bien faire ressortir qu'un bon &
chrétien seigneur ne doit pas être moins hospitalier & moins généreux que
les saints ou les saintes, que la Vierge envers les pauvres jongleurs qui
courent les grandes routes de France en contant les bienfaits du bon Dieu.

Mais ce n'est pas tout : dans son bagage, notre jongleur a certainement
un de ces petits manuscrits de poche, comme nous en avons tant conservé
dans nos bibliothèques. Ce ne sont pas chefs-d'œuvre de calligraphie, ni
d'enluminure ; au contraire, ce sont des livres d'usage & de pratique, très
simples, mais ils sont pleins de si belles histoires ! ils donnent souvent le
texte de nos grandes épopées guerrières, de nos merveilleux romans d'aventure, & peut-être aussi, à côté de Fierabras ou de Guillaume d'Orange, trouverait-on un conte en vers, bien petit & bien humble, un court fabliau,
presque honteux du jour, mais que le jongleur sera fier de lire à son auditoire ;
car ces quelques fabliaux, que nous connaissons, constituent pour la jonglerie
autant de titres de noblesse, & d'autant plus précieux que plus rares.

Si donc le seigneur qui accueille notre jongleur est un esprit cultivé, s'il
ne goûte que médiocrement les récits miraculeux de sainte Wilgeforde, de
saint Remacle ou du cierge d'Arras, le malin jongleur prendra le petit
manuscrit & lira de beaux vers à son hôte ; il lui lira en quelques fabliaux la
légende dorée du jongleur.

Comme le nord, le midi de la France eut un cierge miraculeux, à Rocamadour. Déjà très anciennement au moyen âge, sur les bords de l'Alzou, au
sommet d'un rocher, il y avait un oratoire formé de deux chapelles super-

(1) Paris, B. N., fr. 8541 ; — Cf. *Ann. arch.*, X, p. 321, & XI, p. 175.

posées & dédiées à la Vierge & à saint Amadour ; c'était comme aujourd'hui, un pèlerinage célèbre.

Or Pierre de Siglar, troubadour renommé, se rendit au sanctuaire de N.-D. de Rocamadour ; sa prière terminée, le jongleur prit sa viole entre ses doigts & fit retentir la chapelle des plus doux accords. Le peuple, ému par ses accents, se rassembla autour de lui. Le jongleur chanta longuement les louanges de la Mère de Dieu & à la fin, il se sentit inspiré de lui demander un des cierges qu'il voyait placés sur une estrade & qu'on avait offerts à la Vierge en reconnaissance de quelque faveur obtenue. C'était, disait-il, pour l'éclairer pendant son souper & un témoignage que ses chants lui avaient été agréables. La Madone, sensible à cette naïve prière, fit descendre sur la vièle du jongleur le cierge tant désiré.

Un moine, Girars, gardien de l'église, regardant ce fait merveilleux comme un acte de magie, saisit le cierge & le replace sur l'estrade. Pierre de Siglar, animé d'une nouvelle confiance, reprend avec vivacité son instrument & fait entendre des accords d'une douceur ravissante. Le moine, courroucé à son tour, s'élance avec la rapidité de la biche sur le cierge qu'il remet de nouveau sur l'estrade & attache solidement. Le menestrier, sans se déconcerter à la colère du sacristain, recommence ses soupirs & ses plaintes sur son instrument. Tandis qu'il s'accompagne sur sa vièle, son cœur s'élève jusque dans les cieux ; il supplie avec larmes la Vierge de confirmer le miracle qu'elle vient de faire à deux reprises différentes.

Soudain son vœu est exaucé. Le cierge redescend une troisième fois sur la vièle du jongleur. Le peuple, à la vue d'un prodige si bien constaté, environne Pierre de Siglar & fait sonner les cloches en signe de réjouissance. Le jongleur offrit ce cierge miraculeux à l'autel de Marie, en reconnaissance de ce bienfait, & revint chaque année présenter à la Vierge de Rocamadour un cierge de la pesanteur d'une livre. Depuis cette époque, il n'entra jamais dans aucune église, sans jouer de son instrument en l'honneur de la Reine des cieux. A sa mort son âme bienheureuse s'en alla au ciel avec les anges par la miséricorde de Notre-Dame.

****

Il y a dans ce fabliau comme dans le suivant une pointe de malice : nous voyons la sainte Vierge prendre partie pour le jongleur contre un moine ou un clerc ; le moine de Rocamadour est « tel & maignars » ; celui de la pièce qui suit ne demande qu'à railler le jongleur ignorant qui danse devant la statue de la Vierge, mais l'aventure tourne à la confusion de ces moines pour le plus grand honneur du musicien.

Voici d'ailleurs ce que raconte le poète du tumbeor Notre-Dame.

Un ménestrel, dégoûté du monde, s'était retiré au couvent de Clairvaux. Quoique animé d'une vive piété, il ne pouvait prendre part au service divin, ne sachant ni le *Pater noster*, ni le *Credo*, ni même l'*Ave Maria*. Tourmenté par la pensée qu'il était un membre inutile de la Congrégation & qu'il mangeait sans rien faire le pain qu'elle lui donnait, craignant aussi d'être chassé du couvent pour retourner dans le monde des pécheurs, il s'adressa à la Vierge compatissante. Pendant que les cloches invitaient à l'office, il entra dans une « croute » où il y avait un autel de la Vierge. Il lui raconta longuement sa perplexité, lui disant combien il aimerait la servir & la prier. Mais il ne savait comment s'y prendre. A défaut d'autres hommages ne pourrait-il faire pour elle la seule chose qu'il sût faire? Aussitôt que cette idée lui fut venue, il ôta sa robe, & revêtu d'une simple cote, il fit devant la Vierge tous les tours qu'il avait coutume d'exécuter devant les badauds jadis.

Il continua ce même manège longtemps, tant enfin qu'un des frères du couvent, surpris de ne pas le voir à la messe, l'épia & découvrit son secret. Après avoir été témoin de ce singulier service divin, il s'empressa d'en faire part à l'abbé. Celui-ci, qui en croyait à peine ses oreilles, se rendit dans la crypte, & arriva pour voir un miracle touchant : comme le pauvre jongleur, ayant fini par perdre connaissance de fatigue, était tombé au pied de l'autel, Marie descendit du ciel, accompagnée de sa suite d'anges, & avec une « touaille » en guise d'éventail, elle se mit à éventer doucement son ménestrel qui ne s'en apercevait pas. Bientôt après, le jongleur mourut, & les anges emportèrent son âme au séjour des bienheureux.

**

Le fabliau de saint Pierre & du jongleur est bien une des plus joyeuses fantaisies que le moyen âge nous ait laissées : avec lui la légende du jongleur finit en comédie & sur cette morale que l'enfer n'est point fait pour les jongleurs.

Voici d'ailleurs ce qui en est. Un jongleur qui, dans sa vie sur terre, avait perdu tout son bien & compromis gravement le salut de son âme, fréquentant les tavernes & les mauvais lieux, vint à mourir. Un diable, qui passait non loin en quête de quelque gibier d'enfer, trouva l'occasion bonne, mit la main au collet de notre bohème & l'entraîna comme une excellente prise dans les satanesques profondeurs. Là, on le prépose aux fourneaux, & on lui laisse la garde de tous les damnés qui sont en train de rôtir, pendant que les diablotins montent sur terre à la recherche de la clientèle.

Mais voici que pendant ce temps, saint Pierre, déguisé & méconnaissable, vient à passer par les enfers &, voyant notre jongleur, dont il connaissait l'amour immodéré du jeu, lui propose une partie de tremerel. Il montre beaucoup de pièces d'or. — « Mais je n'ai rien, répond le jongleur. — Qu'est cela, répond saint Pierre, on s'arrangera toujours ! tu auras bien quelque chose à me donner si tu perds. Tiens, ne fût-ce qu'une de ces âmes, que tu fais si gentiment rôtir ! — Plus souvent, répond l'autre, mon maître me mangerait tout vif s'il en manquait une seule. — Que non, réplique saint Pierre, en manquerait-il deux ou trois que ton patron ne s'en apercevrait point. » — Et le malin saint Pierre se fait si persuasif que le jongleur prend les dés, joue & perd, il perd encore plus, & plus il perd, plus il s'entête à jouer & à perdre, si bien qu'en fin de compte, effrayé des conséquences, il se fâche & traite saint Pierre comme un vulgaire bonneteur, l'accuse de tricher & se jette sur lui pour le battre. Mais le saint est un robuste gaillard & notre jongleur, n'étant pas le plus fort,

> Sire, dist-il, or faisons pés,
> Et rejuons par amistié.

On joue à quitte ou double & saint Pierre a gagné toutes les âmes commises à la garde du jongleur. Il n'est pas plus tôt parti que les diables rentrent. Alors, la scène est plaisante & les explications du pauvre jongleur sont plutôt embarrassées. On ne le mange pas tout vif, mais le diable déclare que les jongleurs sont une trop mauvaise clientèle & que le meilleur tour à jouer à saint Pierre est de les envoyer tous en paradis.

.˙.

Telles sont donc les légendes que le moyen âge a conçues & qui, dans une forme souvent exquise de poésie, nous ont été conservées.

C'est à bon droit que nous pouvons considérer l'ensemble de ces récits & de ces fabliaux comme une véritable légende dorée du jongleur. Jacques de Voragine ne l'a point écrite, c'est vrai, mais son livre célèbre demeure éternellement ouvert, &, si humble soit-elle, la cause de ces pauvres jongleurs n'est point pour être rejetée au tribunal de la clémence divine. Nous voyons en effet les saints ou la Vierge Marie regarder avec compassion ces jongleurs que la société du moyen âge tenait volontiers en dehors d'elle. Fictions poétiques ! nous objectera-t-on. Soit ! mais ces fictions étaient répandues dans la société & admises par elle.

Il y avait donc de bons & de mauvais jongleurs, comme, dans le monde féodal lui-même, il y avait de bons & de mauvais seigneurs. A côté de ces jongleurs âpres au gain, ivrognes, violeurs de filles, détrousseurs de grand chemin, blasphémateurs & sacrilèges, l'histoire nous apprend que d'autres menaient réellement une vie exemplaire. Je n'en veux pour témoin que ce jongleur d'épopée, le héros de ce joli poème en langue d'oc de Daurel & Béton. C'est l'histoire du pauvre jongleur Daurel qui substitue son propre enfant à l'enfant de son seigneur dont un traître avait décidé la mort. Le pauvre père assista au supplice du cher petit que l'on prit par les pieds & dont on brisa la tête contre un pilier. Quel sanglot ! quelle colère ! Et il se disait en lui-même : « Mon fils est mort, mais le fils de mon maître est vivant ! » Ce n'est qu'un roman sans doute, mais il ne faut pas oublier qu'on le lisait dans tous les châteaux & que les poètes prenaient généralement leurs modèles dans la société qui les entourait (1).

En outre, le jongleur pouvait en certains cas s'élever, à force de bravoure & de dévouement, au-dessus de sa condition, & nous savons qu'il est un certain nombre de troubadours qui ont commencé par être jongleurs & qu'il en est plusieurs qui, un jour, ont été faits chevaliers.

Même dans leur état, les sentiments pieux ou délicats ne leur sont pas interdits, & c'est un jongleur qui écrit :

> Je ne truis pas pour robe avoir
> Je ne truis mie pour avoir
> Mais pour l'amor la bele avoir
> Que n'a compaigne ne pareille
> A sa biauté ! (2)

Un texte historique, tiré de la *Vita sancti Ayberti* (3), nous apprend la piété d'un jongleur : *Itaque cum esset [sanctus Aybertus] iuuenis et laicus in domo patris sui, et sanctitatis, ut dictum est, amator, forte quadam die audiuit mimum cantando referentem uitam et conuersionem sancti Theobaldi et asperitatem uitæ eius, quam numquam uiuendo deserens, tandem perpetuam adeptus est gloriam.*

Il y avait donc de pieux jongleurs. Oui, & c'est à ceux-là que nous devons la presque totalité de la poésie dévote du moyen âge, la cantilène de sainte Eulalie, la vie de saint Léger, le poème de la Passion, & tant d'autres œuvres ; & ceux qui « chantaient de geste » Charlemagne ou Roland n'étaient point gibier d'enfer non plus. Ce n'était point à eux que Gratien déniait le droit de tester en justice, ou que Jean de Salisbury refusait la communion.

Mais dans le clergé d'alors il y eut des esprits plus libéraux, nous en sommes assurés par des textes précis, comme celui de saint Thomas d'Aquin où il est dit que la profession de jongleur n'est pas mauvaise en soi, *eorum officium non esse secundum se illicitum* (4).

---

(1) Gautier, *La Chevalerie*, p. 565.
(2) Cf. *Berta de li grand pie*, v. 50, p. 180. — *Romania*, 1874, p. 341.
(3) *Acta sanctor.*, April., t. I, p. 672.
(4) Secunda Secundæ, quæst. 108, art. 3.

Dans un traité *de septem sacramentis* (1), encore manuscrit, à la Bibliothèque Nationale de Paris, le canoniste va plus loin : *Sed si cantant cum instrumentis et de gestis ad recreationem et forte ad informationem uicini sunt excusationi.*

Mais le texte le plus curieux qui nous prouve la tolérance de l'Église au moyen âge en faveur des jongleurs qui ne faisaient point étalage d'impiété est le célèbre passage de Thomas de Cabham, dans son *Pénitentiel*, vers la fin du XIIIe siècle :

Est etiam tertium genus histrionum qui habent instrumenta musica ad delectandum homines ; et talium sunt duo genera. Quidam enim frequentant publicas potationes et lasciuas congregationes et cantant ibi diuersas cantilenas ut moueant homines ad lasciuiam, et tales sunt dampnabiles sicut et alii. Sunt autem alii qui dicuntur ioculatores, qui cantant gesta principum et uitam sanctorum et faciunt solatia hominibus uel in egritudinibus suis uel in angustiis et non faciunt nimias turpitudines sicut faciunt saltatores et saltatrices et alii qui ludunt in imaginibus inhonestis. Si autem non faciunt talia, sed cantant in instrumentis suis gesta principum et talia alia utilia ut faciant solatia hominibus, sicut supra dictum est, bene possunt sustineri tales, sicut ait Alexander papa. Cum quidam ioculator quereret ab eo utrum posset saluare animam suam in officio suo, quesiuit papa ab eo utrum sciret aliquod alius opus unde uiuere posset. Respondit ioculator quod non. Permisit igitur papa quod ipse uiueret de officio suo, dummodo abstineret a predictis lasciuiis et turpitudinibus (2).

Voilà bien la vraie doctrine de l'Église tolérante : elle ne condamne point le jongleur en raison de sa profession ; mais seulement quand le jongleur viole les lois religieuses ou morales, l'Église sévit contre lui.

C'est l'enseignement qui découle des textes canoniques que nous avons rapportés : l'histoire est donc en conformité avec la légende, & les jongleurs ne bravaient point les préjugés de leur siècle, quand ils faisaient intervenir les personnes célestes dans un débat en leur faveur, quand ils montraient la Vierge Marie souriant au pauvre diable qui dansait devant elle.

Cette tolérance de l'Église au moyen âge, contraire à bien des doctrines reçues, a quelque chose de touchant dans sa simplicité. Nous nous plaisons d'autant a nous arrêter devant elle, comme devant une relique de l'histoire, qu'elle ne semble pas avoir vécu, ou si, plus qu'au temps de Molière, le théâtre fraternise avec l'autel, c'est que l'un & l'autre y trouve son intérêt ; mais dans les questions où l'art seul est en jeu, on croirait qu'un vent d'intolérance a soufflé, & nous voyons en divers diocèses de France des évêques, ignorants des choses de la musique, prohiber un chant qu'ils ne comprennent point & mettre presque en interdit des musiciens, épris de leur métier, & qui

(1) Paris, Bibl. Nat., lat. 14859, fol. 325, XIIIe s.
(2) Cf. Haureau, *Notices & extraits*, XXIV, 284 & sqq.

dans la pratique du chant grégorien ou palestrinien n'ont jamais cherché que la beauté de l'art religieux, épuré & dégagé de toutes les contingences mondaines : il semble parfois qu'à s'occuper de musique liturgique on doive trembler pour le salut de son âme.

Nos pauvres jongleurs du moyen âge avaient au moins pour les consoler l'espérance de voir un jour la Vierge leur sourire, comme elle avait souri à plusieurs d'entre eux. Dans le positivisme de l'heure présente, un tel miracle semble bien improbable : mais il reste toujours comme soutien à ces jongleurs du bon Dieu, aux *uiellatores Dei*, qui veulent donner à son Église un chant digne d'elle, la poésie de l'art & la satisfaction du devoir accompli.

PIERRE AUBRY.

UN POÈTE-MUSICIEN FRANÇAIS DU XVᵉ SIÈCLE :

ELOY D'AMERVAL

Les historiens de l'art musical inscrivent le nom d'Eloy parmi ceux des fondateurs de l'école du contrepoint vocal, au xvᵉ siècle, en se fondant sur la double autorité de Tinctor & de Gafori, & sur l'existence d'une messe à cinq voix, de ce compositeur, parmi les manuscrits de la chapelle pontificale.

C'est dans son traité de la musique mesurée, intitulé *Proportionale*, que Tinctor, citant la messe *Dixerunt discipuli*, déclare Eloy « très savant dans les modes », *in modis doctissimum*, — le mot *mode* étant pris, non dans le sens tonal, mais dans le sens rythmique que lui attribuait la théorie de la notation proportionnelle (1). Gafori, dans sa *Practica musica*, publiée en 1496, c'est-à-dire une vingtaine d'années après la rédaction du *Proportionale* de Tinctor, se réfère visiblement au jugement de son prédécesseur, pour rappeler le même fragment de la messe d'Eloy, & dire à son tour ce musicien *in modis doctissimus* (2).

Cette messe existe, sous le nom d'Eloy, & sous le titre, rapproché de la prononciation italienne, *Diserunt discipuli*, dans le ms. 14 de la chapelle pontificale, exécuté après 1481 (3). Une copie du *Kyrie* & de l'*Agnus Dei* fut faite par Baini pour Kiesewetter, qui mit en partition les deux morceaux & les publia dans l'appendice de son Histoire de la musique (4). Ils furent jugés par Fétis « de grand mérite pour le temps où ils ont été écrits », & leur auteur parut à Ambros s'approcher du premier rang parmi les maîtres de son temps. A cette unique composition connue d'Eloy pourrait probablement s'ajouter la pièce, ou les pièces contenues sous le nom apparemment altéré de Eloym, Bloym, Blomy, dans l'un des manuscrits de la cathédrale de Trente,

(1) Coussemaker, *Scriptorum*, t. IV, p. 175.

(2) Gafori, *Musicæ utriusque cantus practica*, lib. II, cap. 7. Les deux phrases latines de Tinctor & de Gafor sont citées en note par Fétis, à l'article *Eloy* de sa *Biographie univers. des musiciens*, t. III, p. 130.

(3) Ce ms. a été décrit par M. Haberl dans sa monographie sur Du Fay (*Bausteine für Musikgeschichte*, t. I, p. 74) & dans son catalogue des archives musicales de la chapelle pontificale (*Bausteine*, t. II, p. 130).

(4) Kiesewetter, *Geschichte der europ. abendl. Musik*, pl. XIV & XV.

passés, depuis quelques années, à la Bibliothèque impériale de Vienne. Une légère contradiction existe entre les deux descriptions sommaires qu'en 1885 & 1897 M. Haberl a données de ces précieux volumes ; d'après l'une, un morceau serait renfermé dans le ms. 87 ; d'après la seconde, ce serait dans le ms. 92 que se trouveraient un *Et in terra* & un *Patrem* (1).

Si ce total d'œuvres est un des plus brefs que puisse nous présenter actuellement la bibliographie musicale du XVᵉ siècle, l'estime de Tinctor & l'intérêt des rares fragments conservés suffisent à justifier des recherches tentées pour « établir les éléments d'une biographie d'Eloy », chose dont, en 1860, Fétis reconnaissait n'avoir pu rien savoir. L'existence en Flandre & en Hainaut, à l'époque actuelle, de familles portant le nom d'Eloy, l'induisait en la tentation, toujours aiguë chez lui, de revendiquer le vieux maître pour la patrie belge ; & l'absence de ses œuvres dans les recueils imprimés depuis 1501 par Petrucci l'engageait à reculer son décès à une époque de beaucoup antérieure. Il est inutile, pour annuler la première hypothèse, d'insister sur ce que, en maintes régions de langue française, l'usage du prénom Eloy, pris comme nom de famille, pourrait être constaté. La seconde supposition de Fétis n'a pas plus de solidité, car, malgré le nombre énorme des œuvres qu'ils contiennent, les recueils de Petrucci sont loin de représenter la totalité des compositeurs vivant ou ayant vécu à l'époque de leur publication.

Eloy ne figurant ni sur les listes des chanteurs de la chapelle pontificale & de la chapelle de Bourgogne, ni sur celles des chapelains du roi de France, & sa présence n'étant pas signalée dans les petites cours italiennes, dont se sont occupés plusieurs érudits modernes, il y a lieu de le chercher dans des sphères artistiques plus modestes, dans de simples maîtrises d'églises cathédrales ou collégiales : c'est, en effet, à la maîtrise de Sainte-Croix d'Orléans, en 1483, puis à celle de l'église de Béthune, que nous croyons pouvoir le reconnaître.

Depuis le 8 mai 1430, la délivrance d'Orléans par Jeanne d'Arc, accomplie l'année précédente, était célébrée dans cette ville par une procession annuelle, avec office religieux, prédication en l'honneur de Jeanne, & réjouissances populaires. Loin que le zèle pieux & patriotique des Orléanais se ralentît avec les années, la célébration de cette fête devenait de plus en plus solennelle ; sur le parcours de la procession, qui suivait le tracé de l'ancienne enceinte, on élevait de nouveaux échafauds ou reposoirs, où des groupes de menestriers sonnaient des fanfares & représentaient des jeux par personnages. En 1483, les comptes municipaux relatifs à la procession du 8 mai contiennent, outre les dépenses accoutumées, un article spécial, relatif à l'introduction dans la cérémonie d'un embellissement supplémentaire, dû à l'initiative du musicien & versificateur Eloy d'Amerval :

<hr>

(1) Haberl, *Bausteine*, I, 90, & *Kirchenmusikalisches Jahrbuch für 1897*, p. 25.

« A messire Eloy d'Amerval, maistre des enffans de cueur de Saincte-Croix d'Orléans, tant pour lui que pour les autres chantres & chapelains d'icelle eglise qui ont chanté avec les chantres & chappelains de l'eglise Saint-Aignan d'Orléans & fait le service appartenant & accoustumé faire à ladicte procession d'icelle ville. 28 s. p. [sous parisis.]

« Audit messire Eloy d'Amerval, la somme de cent quatre solz parisis, pour la valleur de quatre escuz d'or à lui ordonnez estre paiez & baillez en recompense & remuneracion de avoir dité & noté en latin & en françois ung motet, pour chanter doresenavant es processions qui se font chacun an ledit viij° jour de may, & qui en icelle procession derrenière a esté chanté en rendant graces à Dieu de la victoire que il donna auxditz habitans ledit jour que les Anglois levérent le siege que ilz avoient mis devant ladicte ville ; duquel motet il a fait deux livres contenans chacun huit grans feuillez de parchemin, reliez entre deux ays, couvers de cuir vermeil, l'un pour bailler aux chantres, & l'autre aux enffans de cueur d'icelle eglise Saincte Croix, pour chanter à la stacion qui se fait devant la porte Dunoise. Lesquelz deux livres icellui messire Eloy a donnez & presentez ausdiz procureurs assemblez en l'ostel de ladicte ville & pour les habitans d'icelle, ledit 8° jour de may, au retour d'icelle procession derrenière. Pour ce, 104 s. p. (1). »

Un « Inventaire des lectres, tiltres, artillerie, [h]abillemens de guerre & autres choses & biens appartenans à la communauté de la ville d'Orléans », dressé en 1486, & qui existe aux archives du Loiret, mentionne « deux livres couvers de rouge, faiz par maistre Eloy d'Amerval, esquelz sont escriptz & notez certains dictz & chançons faiz pour chanter à la feste de la ville (2) ».

Lorsque F. Le Maire, en 1645, publia la première édition de son grand ouvrage, *Histoire et antiquités de la ville et duché d'Orléans*, les deux manuscrits d'Eloy se trouvaient encore au « trésor de la ville » ; Lemaire en reproduisit le texte littéraire, divisé en deux parties : les « Motets chantés devant l'église de Notre-Dame des Miracles de Saint-Paul », & les « Motets chantés devant la porte Dunoise ». Dans les premiers, le poëte-musicien, interpellant en français la ville d'Orléans, invitait les habitants à se réjouir & à remercier Dieu, la Vierge & les Saints patrons du lieu, en célébrant l'anniversaire de la victoire de Jeanne d'Arc ; un verset latin : « Gaudeamus omnes in Domino », &c., terminait cette première série de chants. La seconde, qu'Eloy destinait à la station de la porte Dunoise, commençait par une invocation latine : « Salus Aurelianum & omnium populorum », que suivaient cinq couplets français, séparés les uns des autres & terminés par autant de versets latins. Le même sujet était alternativement traité dans les deux langues. Après avoir célébré Jeanne & ses compagnons de guerre & de gloire, l'auteur terminait par un couplet latin en l'honneur de la Croix, & par un Alleluia, l'œuvre poétique & musicale qui le place en tête de tous les artistes ayant, depuis quatre cents ans, célébré Jeanne d'Arc.

---

(1) QUICHERAT, *Procès de Jeanne d'Arc*, t. V, p. 312 (parmi les documents relatifs à la fête du 8 mai).

(2) *Inventaire-Sommaire des Archives départementales...* Loiret, A. 2184.

Le Maire n'a donné le texte littéraire des motets latins & français d'Eloy que dans la première édition, in-4°, de son histoire d'Orléans, & ne l'a pas répété dans la seconde, in-folio (1). Si, grâce à lui, les poésies nous sont parvenues, la musique, qui était notée avec les paroles dans les « deux livres couvers de rouge », est malheureusement perdue, & sa disparition nous semble d'autant plus regrettable que nous nous éloignons de l'opinion des écrivains orléanais modernes sur sa nature & son importance artistique. M. Émile Huet, se demandant « de quel genre était cette musique », a cru pouvoir « répondre avec certitude en disant qu'elle était écrite en plain-chant » ; il suppose même qu' « elle n'était qu'une phrase empruntée à la mélodie liturgique, & qu'à coup sûr d'Amerval, s'il poussa plus loin l'invention musicale, ne dépassa certainement point ce qui était alors le summum de l'harmonie, savoir le faux-bourdon traité en trois parties (2) » ; M. Huet regarde donc comme « tout à fait vraisemblable » l'essai de « restitution » tenté par M. Jules Brosset, qui a repris les paroles de la première série des motets d'Eloy, pour les associer à deux thèmes anciens, — une mélodie liturgique, empruntée à l'hymne des Complies pour les fêtes de la Vierge, & un Noel populaire, *Or, dites nous, Marie*, — dont la structure mélodique pouvait s'accorder avec le rythme des vers (3).

Nous sommes persuadé qu'en 1483, — époque où Dufay, Binchois, Ockeghem & bien d'autres avaient porté déjà fort loin l'art, non pas du faux-bourdon, mais du contrepoint à plusieurs voix, — le maître de chapelle d'une cathédrale, écrivant, pour une occasion solennelle, une œuvre précieusement déposée au trésor de la ville, ne se serait jamais borné à mesurer des vers sur des timbres connus ; s'il l'eût fait, ce n'eût été que pour pouvoir, selon l'usage de son temps, élever un édifice contrepointique sur la base accoutumée d'un thème préexistant. Les deux livres où étaient inscrites & notées les compositions poétiques & musicales d'Eloy, & qui étaient destinés l'un aux chantres & l'autre aux enfants de chœur, contenaient certainement les parties séparées d'œuvres polyphoniques, divisées en deux volumes pour la commodité des exécutants.

Le compositeur de la messe *Dixerunt discipuli*, contemporain de Tinctor, & le maître de musique de Sainte-Croix d'Orléans en 1483 nous paraissent donc identiques ; nous ne croyons pas moins plausible de les assimiler au versificateur Eloy d'Amerval, connu par un long & singulier poème dialogué : *le Livre de la Deablerie*.

---

(1) C'est ce qui explique comment Quicherat (*Procès de Jeanne d'Arc*, tome V, p. 313), donnant un extrait des couplets français, les emprunte à Lottin (*Recherches histor. sur la ville d'Orléans*, t. I, 1re partie, p. 279), en disant que cet auteur les a « publiés pour la première fois », mais sans dire « où il en avait trouvé la copie ».

(2) Émile Huet, *Jeanne d'Arc et la musique*, dans les *Mémoires de la société d'agriculture, sciences et arts d'Orléans*, 1892, p. 11.

(3) *Vieux motets et complaintes de Jehanne d'Arc*, recueillis & harmonisés par Jules Brosset, Orléanais, organiste de la cathédrale de Blois. Orléans, 1890.

. *.

Brunet, qui définit ce poème « un ouvrage de théologie morale en vers »,
en mentionne trois éditions, gothiques, dont deux sans date & une de 1508 (1).
De cette dernière la Bibliothèque Nationale possède un bel exemplaire. Il a
pour frontispice une gravure sur bois, où se voit la gueule de l'enfer, garnie
de diables, &, à gauche, le portrait de l'auteur, assis, tenant sur ses genoux
une banderole portant le nom : *Eloy*. Au-dessus de la gravure est le titre :
Le Livre de la Deablerie. Au-dessous, ces vers (2) :

> De maistre Eloy damerval sans doubtance,
> Venerable prestre plain de prudence,
> Icy s'ensuyt, croyez, la deablerie.
> Il a congé du roy, je vous affie,
> De le faire à Paris imprimer.
> Aultre ne peut que luy se exprimer,
> Sur grandes peines cela est deffendu.
> Jusques a deux ans il doibt estre vendu
> Par iceluy qui en a le congé.
> C'est ung bon livre utille e abregé.
> L'acteur long temps a vacqué à l'ouvrage
> Pour expliquer son cueur & son courage.
> Michel le noir faicte a l'impression.
> Tous deux les mette Dieu en sa maison !

Au verso du titre commence la table des chapitres, qui sont au nombre
de 216 ; une gravure qui représente l'Annonciation est suivie du privilège,
daté de Blois le 29 janvier 1507, & une troisième gravure, placée en tête du
prologue, offre de nouveau le portrait de l'auteur écrivant.

Le premier chapitre, « Comment l'acteur se rend humble & indigne
compositeur de ce livre, demandant la grâce de Dieu », débute par une tirade
embrouillée, où Eloy se dit prêtre, poète, musicien, & d'où l'on peut supposer
qu'il était maître des enfants de l'église de Béthune, — ou qu'il avait été
jadis l'un de ces enfants.

Les bibliophiles modernes qui ont étudié *le Livre de la Deablerie* se sont
attachés surtout aux renseignements que, sous une forme satirique, le vieux
poète se trouve avoir abondamment fournis sur la société, les mœurs & les
modes de son temps (3). D'intéressantes indications musicales, qui n'ont

---

(1) *Manuel du libraire*, édit. 1861, t. I, p. 478.
(2) Pour les lecteurs peu familiarisés avec les usages typographiques de 1508, nous avons
cru devoir compléter quelques abréviations & ajouter des accents & des signes de ponctuation.
(3) Voyez un article de E. de Dramard, dans le *Bulletin du Bibliophile*, tome XLII, année 1875,
p. 198, & la réimpression partielle du *Livre de la Deablerie*, publiée en 1884 par M. Georges
Hurtrel.

jusqu'ici pas été relevées, sont contenues, vers la fin du volume, dans les chapitres où l'auteur parle du clergé, des églises & du paradis.

Au chapitre 191, l'auteur « loue le beau service des grans esglises & les habiles clercz du lieu » :

> Et si sont grans musiciens,
> Composans & chantans lyens,
> Si bien qu'ilz y font grant honneur
> Par dessus tous, je t'en fais seur,
> Car, de vrai, la belle musique
> Est science plus angelique
> Que humaine, à l'honneur de laquelle
> Je te vueil une rime belle
> Et honneste maintenant dire.

Cette « rime belle & honneste » à la louange de la musique est contenue dans deux chapitres où Satan, se servant d'un verset de l'Apocalypse, explique à Lucifer « comment les sauvés contemplent la glorieuse Trinité », & décrit « les joyes des saints & la triumphe de paradis ». La vision du Dieu en trois personnes est, dit-il, « la souveraine gloire des bienheureux ». Pour « passe temps ».

> Ilz chantent devant Dieu sans cesse
> A plaisance, joye & lyesse,
> Tous ensemble ung beau chant nouveau.
>
> . . . .
>
> Là sont les grans musiciens
> Qui composent tousiours liens,
> Comme j'aperçois en maint lieu
> A la grant louënge de Dieu,
> Quelque chanterie nouvelle,
> Doulce, plaisant, devoste & belle,
> Hympnes, proses, messes, motez.
>
> . . . .
>
> Comme Dompstable & Du Fay,
> Qui tant doulcement, en leur temps,
> Par bel & devost passe temps,
> Ont composay, ce sçay je bien,
> Et plusieurs aultres gens de bien :
> Robinet de la Magdalaine,
> Binchoiz, Fede, Jorges, & Hayne,
> Le Rouge, Alixandre, Olreghem,
> Bunoiz, Basiron, Barbingham,
> Louyset, Mureau, Prioris,
> Jossequin, Brumel, Tintoris,
> Et beaucoup d'aultres, je t'asseure,
> Dont n'ay pas memoire a ceste heure.
> Je te vueil bien dire qu'ilz font
> Grant honneur ez lieulx où ilz sont,

> C'est ung desduyt que d'estre là,
> Et sy te dy, avec cela,
> Pour resveiller bien les oreilles,
> Qu'ilz jouent si bien que merveilles
> Des orgues, en tant de beaux lieux ;
> L'une des choses soubz les cieulx
> Qui est plus plaisante à ouyr,
> Pour tout humain cueur resiouir.
> Et doibs sçavoir que c'est lyens
> Que les grans princes terriens
> Se fournissent, pour leurs chappelles,
> De bons chantres & de voix belles,
> D'organistes semblablement
> Bien jouans merveilleusement.

Ce chapitre ne s'ajoute pas inutilement aux fragments des poëtes du même temps, Guillaume Cretin, Lemaire de Belges, qui fournissent des listes de compositeurs & des renseignements sur la culture de la musique à la fin du xv⁰ siècle. Dix-neuf compositeurs y sont nommés, dont le premier & le doyen d'âge est l'anglais Dunstaple († 1458) ; tous les autres appartiennent à l'école gallo-belge, ou franco-bourguignonne, du xv⁰ siècle, & sont connus, soit par des œuvres, soit par les mentions que divers auteurs ont faites de leur présence dans la chapelle du roi de France ou dans quelques maîtrises de France ou de Flandre (1).

Au chapitre 194, Eloy, affirmant fièrement son propre savoir musical, faisait encore l'éloge des « chantres des eglises catedralles & collegiales » :

> ... C'est un songe en mainte eglise
> Tant les fait bon ouyr chanter,
> Bien prononcer, bien gringoter
> Choses faictes, & sur le livre (2).
> Pense que je ne suis pas yvre,
> Je me congnois bien en telz pas.
> C'est ung soulas, n'en doubte pas,
> Qu'on prise trop, je t'en asseure.
> Et chantent, quasi à toute heure,

---

(1) On a reconnu aisément dans cette liste Alexandre Agricola (qu'Eloy, selon l'usage général, appelle seulement Alexandre), Barbireau (Barbingant), Bassiron, Binchois, Brumel, Busnois, Loyset Compère (Louyset), Josquin Depres, Dufay, Hayne van Ghyzeghem, P. Rubeus (Le Rouge), Ockeghem, Prioris, Tinctoris. — Le compositeur qu'Eloy nomme Jorges est sans doute le Georget de Brelles de la « prière pour les musiciens » de Loyset Compère, le Georgius du ms. de Séville ; celui qu'il appelle Robinet de la Magdeleine pourrait être, à la rigueur, Robinet Caulier, chanteur du roi de France ; Fede, de son vrai nom Jean Sohier, « alias Fede », fit partie, comme Robinet Caulier, Prioris & Ockeghem de la chapelle du même souverain ; Gilles Mureau était maître de musique de la cathédrale de Chartres.

(2) *Choses faites, res facta*, se disait des compositions écrites, par opposition au *chant sur le livre*, ou contrepoint improvisé.

Les chanoines, les assistens,
En leurs lieux si bien, tu m'entens,
Tant que le service est tout fait,
Dont sont bien à priser de fait.

Le satiriste reparaît dans le passage où Eloy parle des chantres nomades qui voyageaient, ou, comme l'on dit plus tard, *vicariaient* d'église en église, ainsi que dans le chapitre 197, où il trace la caricature d'un mauvais chantre, sans voix, sans science & sans talent, mais imbu de grandes prétentions. Peut-être l'auteur de la *Deablerie* y a-t-il visé quelque rival non dénommé, quelque possesseur incapable d'un de ces « bénéfices » qu'Eloy, dans les pages voisines, dit largement accordés aux serviteurs des princes, & très peu à ceux des églises. Le poète-musicien, qui « vivotait » parmi ces derniers, ne regardait pas sans un peu de jalousie des confrères moins capables & mieux récompensés. Nous l'avons vu exercer en 1483 les fonctions de maître des enfants de l'église Sainte-Croix d'Orléans ; le vers : « Eloy, des enfants de Béthune », placé au début du *Livre de la Deablerie*, a permis de le désigner comme exerçant le même emploi à l'église Saint-Barthélemy de Béthune (1), à l'époque de la rédaction du poème. Par une interprétation un peu forcée du même vers, on a dit Eloy né à Béthune : il y a plus de probabilité dans l'hypothèse qui consiste à prendre le nom d'Amerval comme l'indication de son lieu de naissance, qui serait Amerval, village de l'ancienne province d'Artois (arrondissement de Saint-Pol, Pas-de-Calais). Disons enfin que la date de 1508, que porte l'édition par Michel le Noir du *Livre de la Deablerie*, ne doit pas conduire à faire approcher jusque-là l'époque de la composition du poème : car les deux éditions non datées, qui sont signalées, peuvent avoir été de plusieurs années antérieures.

MICHEL BRENET.

(1) E. Cornet, *Histoire de Béthune*, t. II, p. 435.

IV

MUSIQUE MODERNE

DES TRANSFORMATIONS DE LA TONALITÉ

ET DU RÔLE DU DIÈZE ET DU BÉMOL

DEPUIS LE MOYEN AGE JUSQU'AU XVIIᵉ SIÈCLE

(Résumé)

La notation musicale peut être aujourd'hui considérée comme parfaite. Mais il a fallu le travail de longs siècles pour arriver à ce résultat. Même au xviᵉ siècle, par une survivance du principe des neumes (lesquels indiquaient seulement l'inflexion ascendante ou descendante sans préciser le degré exact de cette inflexion), l'intonation n'était pas encore fixée d'une façon absolue par la note : l'usage, en effet, était de ne pas exprimer, ou d'exprimer de façon intermittente & arbitraire, les signes d'altération, dièze & bémol. Une phrase de Tinctoris est, à cet égard, très significative : parlant de certain cas où il est nécessaire d'abaisser la note par le bémol, le théoricien ajoute : *Neque tunc b mollis signum apponi est necessarium : imo si appositum videatur, asininum esse dicitur.* Il est donc nécessaire que les règles qui présidaient à l'emploi du dièze & du bémol dans la musique depuis le moyen âge jusqu'à la fin du xviᵉ siècle soient définies aussi exactement que possible. Non seulement cette étude permettra de reconstituer les monuments avec plus de certitude qu'on ne l'a fait jusqu'à présent, mais, au double point de vue théorique & historique, elle est d'une importance capitale, car elle se confond intimement avec la question, si passionnante, de l'évolution de la tonalité pendant la période indiquée, & de la formation de la tonalité moderne.

En ce qui concerne le bémol, les particularités relatives à la double qualité de la note *si* (B mol & B carré) sont connues, & ont été définies par tous les théoriciens dès les premiers temps du moyen âge. — Textes d'Odon de Cluny, Guy d'Arezzo, saint Bernard (traité attribué à), Marchetto de Padoue (ce dernier précisant le rôle du *si bémol* dans le 1ᵉ & le 5ᵉ tons, lesquels se confondent ainsi avec le mineur & le majeur modernes, affirmant en outre le principe des attractions harmoniques en spécifiant que le bécarre doit être

employé par mouvement ascendant & le bémol par mouvement descendant).
Tinctoris (rôle du bémol dans les différents tons), Vanneo (affirmant que le
bémol a son essence fixée dans le 5e & le 6e ton, *perinde atque pisces in
aqua et in aere aves*). Ces premiers auteurs traitent principalement de l'usage du
bémol dans la musique monodique & particulièrement dans le plain-chant.
D'autres, & les derniers nommés eux-mêmes, définissent son rôle dans la
musique harmonique. — Textes de Vanneo (emploi du bémol pour éviter les
consonnances imparfaites dans l'harmonie), Tinctoris (*id.*), Aaron (nombreux
exemples tirés des maîtres).

A partir du xvie siècle, on commence à voir assez souvent le bémol
inscrit sur la portée, soit à l'armature, soit au cours d'un morceau, comme
altération accidentelle. On persistera néanmoins longtemps encore à le sous-
entendre dans le cas de relation immédiate de triton.

Quant au dièze, il est omis bien plus généralement encore dans les
anciennes notations.

L'histoire du dièze est d'ailleurs plus obscure & plus compliquée que
celle du bémol.

Le *diesis* était connu de l'antiquité grecque : il désignait l'intervalle
enharmonique ou quart de ton. Mais plus tard ce mot servit à caractériser
des objets fort divers. Boèce le définit encore : *Diesis autem est semitonii
dimidium*. Mais, dans le même livre, il montre que le dièze pouvait être
aussi tout autre chose : parlant de la division du ton en deux parties, il dit
que l'une, la plus grande, s'appelle *apotome*, & l'autre, moindre d'un coma,
diesis. La différence correspond simplement à ce qui, dans la terminologie
moderne, porte les noms respectifs de demi-ton majeur & demi-ton mineur :
or ce dernier, bien que considéré comme plus petit, n'est pourtant pas l'intervalle enharmonique de quart de ton. La confusion entre les définitions diverses
augmenta si bien qu'au xve siècle Tinctoris, citant l'opinion de divers auteurs,
n'attribue pas moins de six sens différents au dièze, ce mot représentant
toujours une division du ton, mais tantôt en deux, tantôt en quatre, ou en
trois, ou en cinq, ou en huit, ou encore en deux moitiés du demi-ton mineur,
intermédiaires conséquemment entre le quart & le cinquième de ton.

Mais ce sont là de vaines spéculations de théoriciens. Quant à l'usage
effectif du demi-ton ascendant dans les gammes du moyen âge ou dans la
musique harmonique depuis son origine jusqu'à la fin du xvie siècle, la
plupart des écrivains ne donnent que des indications rares & assez vagues,
qui, coordonnées entre elles, peuvent nous permettre d'entrevoir la vérité.

Gui d'Arezzo, dans le Xe chapitre du *Micrologue*, parle du dièze, « qu'il
ne faut employer que dans certains cas », ajoutant ensuite que « ce dièze ne
peut être fait sur aucun son, excepté le troisième & le sixième ». Or, le
troisième & le sixième sons de l'échelle fondamentale (gamme de *la*) sont *ut*
& *fa*. Et *ut dièze* est la note sensible du ton de *ré* mineur, & *fa dièze* la note

sensible du ton de *sol* majeur. Il résulte de là que ces deux modes, essentiellement modernes, étaient connus & pratiqués dès le XIe siècle.

Marchetto de Padoue, deux siècles plus tard, donne dans son *Lucidarium musicæ planæ* des exemples notés, extrêmement caractéristiques, dans lesquels le dièze intervient de la façon la plus claire & la plus nette, affectant, dans le 1er ton, l'*ut*, ainsi devenu note sensible.

Bonaventure de Brescia, dans un traité du commencement du XVIe siècle : *Regola del musica plana* (1513), dit que les tons *do ré, fa sol*, sont les « tons parfaits » : ils admettent le chromatique « par musique feinte » en élevant accidentellement *ut* ou *fa*. Cela, notons-le bien, dans un traité de plain-chant.

Quant à la musique harmonique, l'auteur qui nous donne les détails les plus précieux sur l'emploi du dièze est Vanneo, dans son *Recanetum de musica aurea*, 1533. Il examine les cas dans lesquels le dièze doit être introduit accidentellement, & ces cas (toujours réduits aux notes *do* & *fa*, &, par extension, *sol*) sont plus nombreux que nous n'aurions pensé. Il résulte de ses textes multiples qu'au commencement du XVIe siècle (& il en fut évidemment de même au siècle précédent) l'altération chromatique, par le dièze aussi bien que par le bémol, était d'un usage constant dans la musique figurée.

Autres citations tirées de Tinctoris, Gafori, Aaron, &c.

A ces données fournies par les écrits des théoriciens, il vient s'en ajouter d'autres, non moins significatives. On sait que la notation en tablature de luth ne permet pas les mêmes indécisions que la notation sur la portée, cette tablature fixant de la façon la plus exacte la position des tons & des demi-tons. La comparaison de certaines chansons en parties transcrites des deux notations est on ne peut plus édifiante. Elle précise les cas où le signe d'altération, non inscrit sur la portée, est sous-entendu & doit être ajouté dans la transcription. Ces cas sont nombreux. Il y en a un sur lequel la doctrine ne varie pas : c'est celui de la cadence parfaite qui, dans le mode mineur comme dans le majeur, doit toujours comporter une note sensible en relation de tierce majeure avec la dominante. L'absence du signe d'altération dans certaines transcriptions modernes est donc en contradiction manifeste avec le sentiment tonal des anciens temps aussi bien que du temps moderne.

Des exemples tirés de mélodies populaires montrent dans quelle mesure la tradition orale a conservé le souvenir vivant des principes en vigueur dans les époques primitives.

D'autres exemples, tirés des maîtres du XVIe au XVIIIe siècle, font ressortir de quelle manière la tonalité ancienne s'est transformée pour aboutir définitivement à l'usage exclusif des deux modes actuels.

Conclusion : La tonalité moderne, c'est-à-dire la substitution du majeur & du mineur aux gammes antiques & à celles du moyen âge, loin d'avoir été formée en un jour & d'être l'œuvre du génie d'un seul musicien, est le produit d'une longue évolution qui s'étend sur un grand nombre de siècles.

Le dièze & le bémol furent les agents principaux de cette destruction.

Les signes de ces altérations sont généralement omis des notations antérieures au XVIIᵉ siècle. Il est donc du devoir des paléographes de ne pas s'en tenir, dans leurs transcriptions, à la note écrite, & de se pénétrer du sentiment & des principes de la tonalité aux diverses époques pour l'insertion en bonne place des signes sous-entendus.

Julien TIERSOT.

JEAN-BAPTISTE BESARD

ET LES LUTHISTES DU XVIe SIÈCLE

La Bibliothèque universitaire de Genève possède un livre d'une grande importance historique & artistique, œuvre d'un français, « trésor » où sont conservées de célèbres compositions du xvie siècle. En voici le titre exact :

Thesaurus harmonicus Divini Laurencini Romani, nec non præstantissimorum musicorum, qui hoc sæculo in diversis orbis partibus excellunt, selectissima omnis generis cantus in testudine modulamina continens. Novum plane, et longe excellens opus, in gratiam liberalis facultatis excultorum, quanta fieri potuit diligentia, methodo, et facilitate, ex variis ipsorum Authorum scriptis (quorum nomina proxima a præfatione pagina recensetur) in hoc volumen congestum, et decem libris (quorum quilibet peculiare melodiæ genus complectitur) divisum, Per Joannem Baptistam Besardum Vesontinum, *artium liberalium excultorem et Musices conscriptus.*

Qui Satyros Musis præfert, & Apollinis artes
Spernit, is humanæ nil rationis habet.

Coloniæ Agrippinæ *excudebat Gerardus Greuenbruch, sumptibus Authoris anno redemptionis MDCIII, etc.*

L'auteur de ce livre très intéressant, Jean-Baptiste Besard, naquit à Besançon dans la seconde moitié du xvie siècle, probablement en 1567. Comme beaucoup d'artistes de la Renaissance, il montra des aptitudes très diverses ; tout en s'appliquant avec profit à la jurisprudence & à la médecine, il eut toujours une prédilection pour la musique & acquit une habileté extraordinaire sur le luth. Pris de la passion des voyages, il erra pendant quelque temps en Europe & s'établit ensuite en Allemagne, où il abandonna les études juridiques pour exercer la médecine, d'abord à Cologne, &, quelques années après, à Augsbourg. A Cologne, il publia son *Thesaurus harmonicus* (1603), gros volume dans lequel il avait réduit pour le luth les meilleures compositiõns de son temps. A Augsbourg, il publia l'*Antrum philosoficum* (1617), œuvre rare & curieuse où il traite des principales maladies & de leurs remèdes, de l'art de conserver la beauté, du secret de certaines préparations chimiques & du mouvement perpétuel pour lequel il avait inventé une machine. Aux amis qui l'accusaient de dissipation il répond dans la *Préface* de ce livre qu'il n'a pas perdu son temps, puisque, outre le *Thesaurus*, il a encore publié l'*Epitome Historiarum* (plus connu sous le titre de *Mercurius gallo-belgicus*). Fétis cite encore quelques ouvrages de lui pour le luth. Après 1617, toute trace de lui est perdue ; on ignore le lieu & l'année de sa mort. Dans une très belle étude publiée par la *Rivista musicale italiana* (fasc. IV, 1898, *Notes sur l'histoire du luth en France*, p. 675), M. Michel Brenet a résumé les quelques renseignements que nous possédons, d'après la courte mais substantielle étude publiée par Auguste Castan (*Notes sur J.-B. Besard de Besançon*, dans les *Mémoires de la Société d'émulation du Doubs*, 5e série, t. I, p. 25 & suiv. Besançon, 1876) ; il résulte de cette étude que Besard, fils d'un marchand de Besançon, était né en cette ville vers 1567, fit ses études & prit ses grades à l'Université de Dôle ; qu'il se maria à Besançon en 1602 ; que, *contraint* par la mauvaise fortune en même temps que poussé par une humeur aventureuse, il habita successivement Rome, où il devint l'élève du luthiste Lorenzini, Cologne où fut imprimé le *Thesaurus* & le tome V de son recueil historique (en 1604), Augsbourg enfin où parurent ses dernières œuvres de luth (1617), l'*Antrum*, & où peut-être il mourut à une date inconnue.

Le *Thesaurus*, à la composition duquel Besard avait été fort bien préparé par ses voyages, contient des pièces fort gracieuses d'auteurs inconnus ou peu connus (1). Il est divisé en dix livres : 1° Préludes ; 2° Fantaisies ; 3° Madrigaux & villanelles ; 4° Chansons françaises & *Airs de court* ; 5° Pass' e mezzi (avec une pavane & un bergamasco) ; 6° Gaillardes ; 7° Allemandes (avec quelques danses polonaises & anglaises) ; 8° Branles & ballets ; 9° Voltes & courantes ; 10° Miscellanées (batailles, guillemettes, canaries, gaillardes de guerre, fantaisies, &c...). La musique y est notée d'après la *tabulature* ordinaire du luth allemand (système qui, comme on sait, ne faisait pas usage de la portée, & qui indiquait les notes par des lettres, des chiffres & divers signes que je n'ai pas à rappeler ici).

---

(1) C'est de plus un véritable trésor des mélodies populaires du xvie siècle.

Voici les auteurs, tout à fait ignorés, je crois, dont le *Thesaurus* nous fait connaître certaines œuvres : Hortensius Perla Patavinus, Pomponius Bononiensis, *Carolus Bocquet* (de Paris), *Joannes Perrichonius* (id.), *Joannes Edintbonius* (id.), *Monsieur de Vaumeny* (id.), *Balardus* (id.), *Mercurius Aurelianensis* (d'Orléans), *Victor de Montbuisson Avinionnensis* (d'Avignon), *Cydrac Rael Bituricensis* (de Bourges), Jacobus Reys Augustanus (d'Aoste), Joannes Baefart Hungarus, Albertus Dlugoraï Polonus & Joannes Dooland Anglus.

Nous avons au contraire quelques renseignements sur les auteurs suivants :

1° *Laurencinus Romanus*, dont le nom est inscrit le premier en tête du recueil ; il eut une grande renommée, à Rome, comme joueur de luth, dans la première moitié du XVIᵉ siècle. Il fut décoré par le pape de l'ordre de l'Éperon d'or, & Besard se faisait sans doute l'écho de ses contemporains en lui donnant l'épithète de « divin ». L'illustre Ab. Prof. Pietro Canal (1) demande si Laurencinus (*Laurenzino = Le petit Laurent*) serait le même que mentionne Pietro della Valle comme un des éminents organistes de Rome, dans l'âge précédent, sous le nom de *Cavaliere del liuto*. Et il ajoute : « La différence des instruments ne gênerait pas cette interprétation, car on sait bien qu'en ce temps-là les musiciens adonnés à un seul instrument étaient peu nombreux. Mais laissons de côté cette question & arrivons aux quelques renseignements qui nous sont donnés par les archives de Mantoue. Au mois d'août 1570, Annibale Cappello, écrivant au Zibramonti, disait que Laurenzino *était vraiment un monstre de nature, pour son âge, dans cette profession*. Il était donc très jeune alors... il servait le cardinal de Ferrara, mais voulait le quitter. Quand le cardinal l'appela à Tivoli où il était en villégiature, il refusa. Il passait toutes ses journées à jouer dans les maisons des cardinaux & des seigneurs ; un matin que le prieur de Barletta, Ferdinando Gonzaga, donnait à dîner à l'ambassadeur de l'Empereur, ce fut encore lui qui, en jouant du luth, émerveilla tout le monde... »

2° *Diomedes (Catone)*, né à Venise vers le milieu du XVIᵉ siècle. Il alla très jeune en Pologne s'établir chez le grand trésorier Stanislas Kostka. Il était très habile comme luthiste & comme chanteur ; en 1607, il fit imprimer à Cracovie quelques mélodies composées par lui en l'honneur de saint Stanislas, protecteur de la Pologne.

3° *Fabricius Dentici*, qui vécut à Rome vers 1550. Dans le *Dialogo della musica antica et della moderna*, Vincentio Galilei loue Dentice comme célèbre luthiste & compositeur. Il publia à Venise un livre de Motets (1581), & un livre d'Antiennes à plusieurs voix (1586). Plus tard, il obtint en Espagne un grand succès comme joueur de luth. On a encore de lui d'autres compositions pour l'Église (Milan, 1593).

(1) *Della musica in Mantova, Notizie tratte principalmente dall'archivio Gonzaga.*

4° *Alfonsus de Ferrabosco*, madrigaliste fameux, qui naquit en Italie vers 1515, & se fixa en Angleterre vers 1540. Nous avons de lui deux livres de madrigaux publiés par Gardano à Venise. Dans un de ces livres, l'auteur se dit « gentilhomme au service du duc de Savoie ». Il figure avec honneur dans plusieurs recueils d' « excellentes compositions » faits par de très bons musiciens : par exemple, dans le *Fronimo* de Galilei, dans l'*Armonia celeste* de Pevernage & dans un ouvrage plus rare & moins connu, IL PRIMO LIBRO DE INTAVOLATURA DA LIUTO, *de motetti ricercate madrigali, et canzonette alla napolitana, a tre et quattro voci, per cantare et sonare, composte per* GABRIEL FALLAMERO *gentilhuomo Alessandrino*; (*Vinegia, appresso l'Herede di Girolamo Scotto,* 1584).

5° *Martelius Elias Argentinensis*, de Strasbourg, qui, vers la fin du XVᵉ siècle & dans les premières années du XVIᵉ, eut une grande renommée comme joueur de luth & compositeur. Très précieux est le recueil de compositions pour cet instrument publié par lui sous ce titre : HORTUS MUSICALIS NOVUS, *fragrantissimis lectissimisque flosculis, tum patriis, tum exoticis, testudine carpendis atque delibandis*, &c. *Argentorati, sumptibus ac typis Authoris per Ant. Bertramum, M DC XV.*

6° Besard a inséré, dans son livre, de la musique d'un *Eques Romanus*. Je ne sais si, sous ce nom latinisé, il entendait désigner *Emilio del Cavaliere* ou *Alessandro della viola*, tous deux musiciens qualifiés de « præstantissimi ». — Enfin il y a placé un certain nombre de villanelles à trois voix, avec accompagnement de luth, par Luca Marenzio, l'artiste fameux, surnommé « *il cigno più dolce* », du XVIᵉ siècle.

Les œuvres réunies par Besard ne sont pas toujours conformes à notre goût, cultivé aujourd'hui d'après un autre système mélodique & harmonique. Nous y trouvons quelquefois d'étranges successions d'accords qui blessent nos oreilles, & des gammes hors d'usage (par ex. la gamme descendante majeure avec la 7ᵉ mineure), qui ne satisfont pas notre sentiment moderne de la tonalité. Souvent, la mélodie est entortillée, d'un rythme brusquement coupé, & surchargée d'ornements bizarres. En outre, les madrigaux, les fantaisies, &, en général, les compositions de style fugué n'ont aucun effet & restent presque incompréhensibles, étant exécutées sur un instrument où il est impossible de tenir le son. Les danses, au contraire, sont charmantes & bien caractérisées ; plusieurs branles, quelques *pass' e mezzi,* certaines danses anglaises & polonaises, un bergamasco m'ont semblé de vrais bijoux. — Les transcriptions que je donne ont été transposées à la sixte majeure (1).

---

(1) Afin d'établir une règle unique de notation & de permettre l'exécution de la musique de luth sur un *terzino di chitarra* dont la quatrième corde serait baissée d'un demi ton (la *chitarra piccola*, accordée d'une tierce majeure au-dessus de l'accord ordinaire).

Telle est la description sommaire du *Thesaurus*. En septembre 1617,
parut une nouvelle publication de Besard avec ce titre interminable :

IOAN. BAPT. BE-

SARDI VESONTINI

NOVUS PARTUS,

sive

Concertationes Mu-
sicæ, duodena trium, ac totidem

binarum Testudinum (quibus & notæ Musicæ adduntur)

singulari ordine modulamina continentes.

HIS ADDIDIT AUTHOR, LECTISSIMI STI-

li partes aliquot seorsim, tam proprias, quam alienas; atque in gratiam

Philomusi, e tenebris in meliorem lucem liberaliter eduxit :

NECNON

Ad artem Testudinis brevi, citraque magnum fastidium ca-

pescendam, facilem & methodicam insti-

tutionem hisce subiecit.

UT EMENDATISSIMUM PRODIRET

opus, Stephanus Michelspacherus Tirolensis, ex

authoris manuscripto, suis sumptibus to-

tum curavit incidi & excudi.

AUGUSTÆ VINDELICORUM

per Davidem Francum

Anno Salutis Humanæ

M. DCXVII

Cum gratia, & privilegio

Cæs. Maiestatis.

Un heureux hasard me le fit trouver dans la *Braidense* (1) de Milan, & je
pus l'examiner pour en tirer l'essentiel. J'avoue qu'aucune autre musique
de luth, imprimée ou manuscrite, ne m'a donné plus de peine pour la
traduction. Dans les concerts à trois luths on trouve des dissonances étranges
& des heurts désagréables, vraiment inintelligibles. Peut-être est-ce la
reproduction d'un manuscrit très hâtif & défectueux de Besard, livré à
l'impression sans que l'auteur s'inquiétât de le corriger. Peut-être aussi
Besard, tout en étant un exécutant de premier ordre, manquait-il des connaissances nécessaires pour une composition « in concerto » ; les fautes telles
que déplacements de lettres (la tabulature est à peu près celle du *Thesaurus*),
le manque de mesure, tiennent l'attention constamment tendue. L'édition, par-

(1) Bibliothèque nationale de Brera.

dessus le marché, est très laide & pleine de lacunes. A la dédicace & à des épanchements poétiques variés sur le nouveau produit « del nobilissimo e chiarissimo dottor Besard » succède un traité pratique en latin pour bien exécuter la tabulature du luth. Ce traité est complet & excellent, à la fois par sa brièveté & sa clarté. L'auteur dit ensuite, toujours en latin, comment il faut disposer les trois luths pour les concerts de la première partie :

La *Testudo minor* serait le luth ordinaire, mais à dix cordes, dont les cinq basses dans l'échelle diatonique de la composition ; (la dixième, c'est-à-dire la plus grave, se baisse d'un demi-ton, en certains cas, pour obtenir des effets spéciaux) ;

La *Nova testudo*, luth un peu plus petit, monté avec des cordes minces, à l'octave supérieure de l'instrument ordinaire, moins les cordes I & II, qui devraient être les plus aiguës & qui, au contraire, restent à la hauteur habituelle ;

enfin la *Testudo major*, appelée aussi *Liuto quartino basso*, instrument plus grand, avec un manche long pour les cordes graves, & accordé une quarte au-dessous de la *testudo minor*.

La *Nova testudo*, comme les deux autres luths, a les cordes doubles, avec cette différence qu'elles sont à l'unisson. Il y a sur elle un saut, ou déplacement, difficile, de la 3ᵉ corde à la 2ᵉ & à la 1ʳᵉ. L'auteur, qui inventa cette nouvelle manière d'accorder l'instrument, trouve plus commode d'écrire certains passages aigus & rapides sur la 3ᵉ corde (la plus haute) que de les écrire sur la 1ʳᵉ, qui est seulement d'un ton au-dessus de la 4ᵉ. Cela prouve que cette invention ne vaut pas grand'chose en pratique, puisque la 1ʳᵉ & la 2ᵉ cordes ne servent guère qu'à la plénitude de l'accord ; en d'autres termes, toute la musique écrite pour la *nova testudo* pourrait très bien s'exécuter sur les 8 cordes (de 3 à 10), les autres ne servant qu'à renforcer les sons & à faciliter, en quelques cas, l'exécution.

En dehors de Besard, je n'ai pas rencontré d'autres compositeurs qui aient écrit pour la *nova testudo*. Il n'en est rien dit par Mersenne qui, à vrai dire, lorsqu'il parle d'accords, se tire facilement d'affaire par ces mots : « *Je laisse plusieurs sortes d'accords que l'on peut donner au luth, parce qu'il faudrait un volume de cent feuilles* (les volumes de Mersenne sont *in-folio !*) *pour les comprendre tous.* » — La transcription de la *testudo major* doit être faite aujourd'hui dans le ton de la *testudo minor*.

La première partie du *Novus partus* contient plusieurs « concerti », sacrés & profanes, à trois luths, presque tous avec la musique du soprano & de la basse. La seconde partie contient de la musique de danse à deux luths (t. major & t. minor). On y trouve une page de branles très amusante & tout à fait caractéristique. La troisième & dernière partie est formée de compositions pour luth seul, parmi lesquelles on trouvera une petite chose très expressive & gentille : *Les cloches de Paris*.

Je terminerai cette notice forcément incomplète en résumant ainsi mon jugement sur le français Jean-Baptiste Besard : exécutant de premier ordre, compositeur de rang moins élevé, il nous permet, grâce à son *Thesaurus*, d'enrichir l'histoire de la musique de plusieurs nouveaux noms d'artistes français, & nous donne un important témoignage sur les plus célèbres musiciens de son temps dont il a réuni les meilleurs ouvrages en une compilation où les perles ne manquent pas.

D^{re} O. CHILESOTTI.

Branle de Paris.

tiré du *Thesaurus harmonicus* de Jean-Baptiste Besard (1603, n° XXX).

Campanæ Parisienses (incerti authoris).

(Les *CLOCHES DE PARIS*, tiré du *Novus partus* de Besard, XLVIII.)

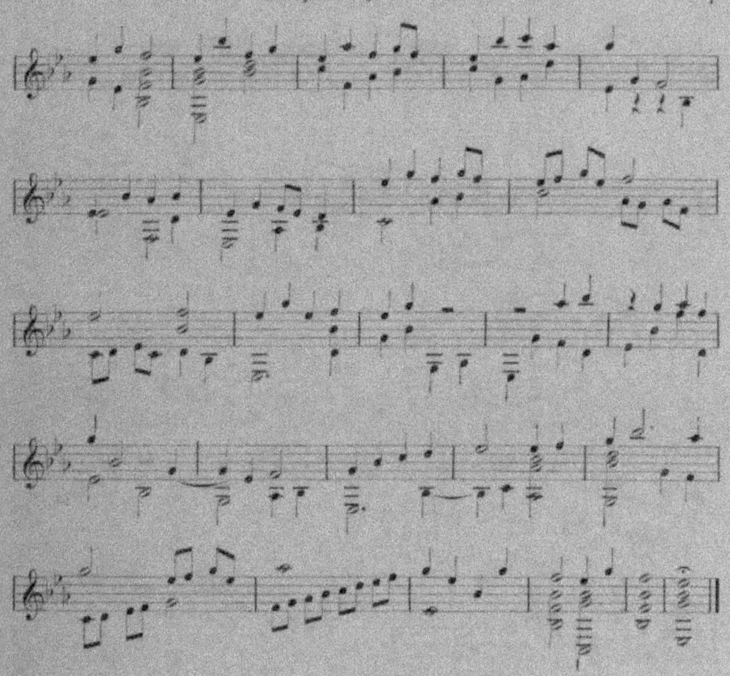

Branle simple de Poictou.

tiré du même recueil (musique de luth) N° XXIII.

Bergamasco.

tiré du *Thesaurus* de J.-B. Besard, n° XVI.

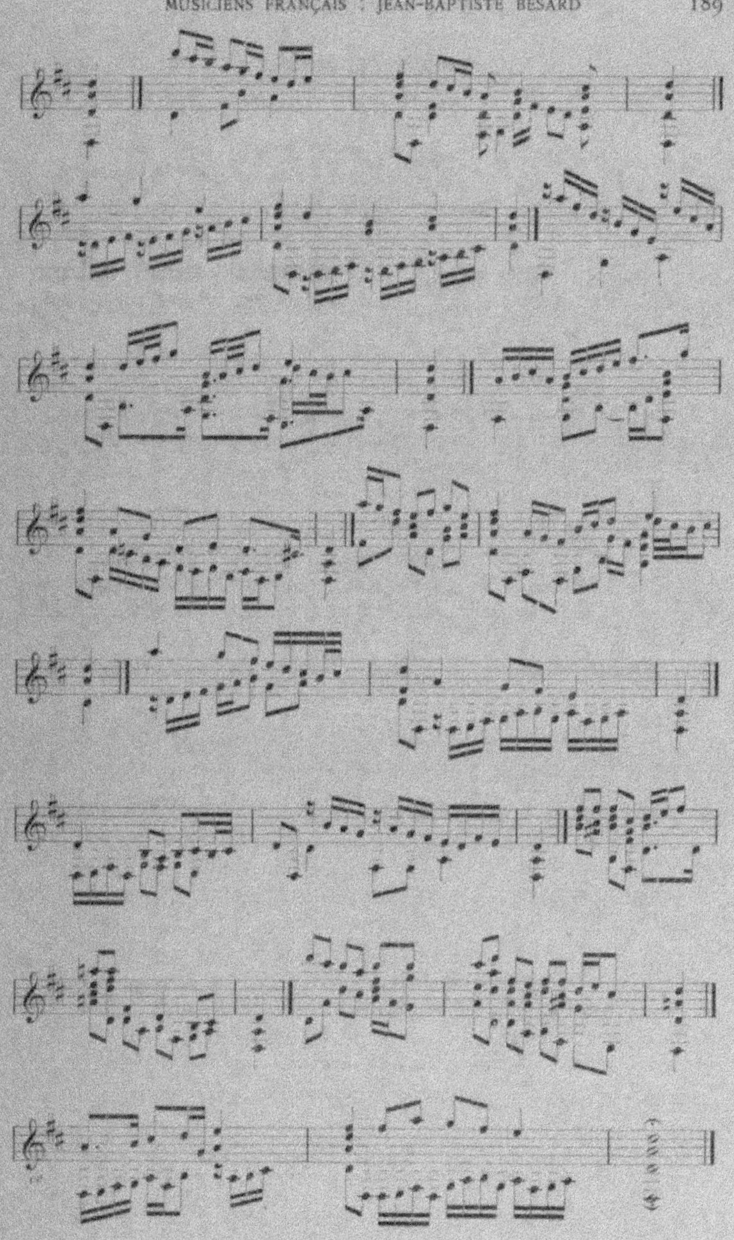

Dᵗᵉ O. CHILESOTTI

Courante d'Angleterre.

tirée du même recueil, n° XXXIII.

NOTES SUR L'ORFEO DE LUIGI ROSSI,

ET SUR LES MUSICIENS ITALIENS A PARIS, SOUS MAZARIN

On sait que le premier grand opéra, joué à Paris, fût l'*Orfeo* de Luigi Rossi (1).

Ce que l'on en connaît jusqu'à présent se réduit à assez peu de chose : quelques lignes des mémoires & journaux contemporains, & une intéressante brochure de M. Ademollo (2). — Par bonheur, la partition d'*Orfeo*, si longtemps considérée comme perdue, est récemment revenue à la lumière, après une disparition de deux siècles & demi. L'histoire générale du ministère de Mazarin offre de plus beaucoup de renseignements qui n'ont pas été utilisés pour l'histoire de la musique. Et enfin, il ne me semble pas qu'on ait tiré tout le parti possible des documents, déjà publiés, mais rarement d'une façon complète, ni surtout très historique.

Nous ne ferons qu'indiquer ici quelques-uns des résultats auxquels conduit l'étude de ces différentes sources.

I

RAPPORTS PERSONNELS DE MAZARIN AVEC LA MUSIQUE ET LES MUSICIENS

Les progrès de l'italianisme musical en France coïncident trop visiblement avec le ministère de Mazarin, pour qu'on n'ait pas l'idée de chercher un rapport entre les goûts du premier ministre & l'établissement de l'Opéra.

Mazarin était en effet musicien, connaisseur en musique, & il fut mêlé de très bonne heure au mouvement mélodramatique de Rome & de Florence. Tout enfant, il avait été élevé chez les pères de l'Oratoire de Saint-Philippe de Néri ; il passa ses premières années dans ce berceau du drame musical religieux, puis, à partir de sept ans, chez les jésuites du Collège romain. Quand ses maîtres, pour célébrer la canonisation de saint Ignace, donnèrent

---

(1) Ce droit de priorité lui a été quelquefois contesté : à tort, je crois ; car *la Finta pazza*, qui le précède de deux ans, est une comédie mêlée de musique, mais non pas tout entière en musique.

(2) *I primi fasti della musica italiana a Parigi.*

une grande représentation dramatique à laquelle tout Rome assista, on raconte qu'ils confièrent le rôle principal, celui du saint, à Mazarin, déjà sorti du Collège (1), & qu'il le joua avec un succès retentissant (2). Il aurait donc pris part à la fameuse représentation de Kapsberger : *l'Apothéose de saint Ignace de Loyola et saint François Xavier* (1622), qui fut une sorte de triomphe de Jules César jésuite, avec des défilés de nations, d'animaux & d'objets exotiques (3).

Il s'était lié, dès le collège, avec les Colonna (4) : &, depuis 1626, il fut en relations intimes avec les Barberini. Il était surtout ami du cardinal Antonio (5). Ainsi il était bien placé pour suivre les premiers essais du théâtre d'opéra, dont ces deux illustres familles furent les principaux Mécènes à Rome, sous le pontificat d'Urbain VIII (1623-1644). Dans un des plus violents pamphlets écrits contre Mazarin pendant la Fronde, *la lettre d'un Religieux au prince de Condé* (6), on va jusqu'à prétendre que c'est « par l'entremise d'une comédienne chanteuse, une infâme qu'il avait débauchée à Rome, qu'il s'était insinué dans les bonnes grâces du cardinal Antonio ». — Ce n'est là qu'un bruit diffamatoire, mais qui montre que, comme tant d'autres prélats de l'époque, il fréquentait assidûment l'Opéra & les cantatrices.

Il était à l'ambassade de France, à Rome (7), quand on y joua en 1639 un drame musical, dédié au cardinal de Richelieu : *il favorito del principe*, dont le librettiste était Ottaviano Castelli. — Naturalisé français par lettres patentes d'avril 1639, il passe en France. Richelieu meurt le 3 décembre 1642, & Louis XIII, le 14 mai 1643. Dès le 28 novembre 1643, Teodoro Ameyden note dans ses *Avis de Rome* « l'ordre du cardinal Mazarin de conduire en France des musiciens de Rome, & en particulier de la chapelle papale pour

---

(1) Il soutint ses thèses en 1618.

(2) Elfridio Benedetti : *Raccolta di diverse memorie per scrivere la vita del card. G. Mazarino Romano*, in 4°, Lyon ; — cité par V. Cousin : *La jeunesse de Mazarin*. 1865.

(3) M. Ademollo fait remarquer que, dans la première moitié du xvii° siècle, en Italie, il était de règle qu'un comédien sût aussi la musique, & fût capable de chanter même une partie principale dans un mélodrame. La même règle devait s'appliquer aux spectacles privés & aux représentations d'écoles.

(4) Il fut élevé avec les enfants du connétable Colonna, & accompagna en Espagne, entre 1619 & 1622, don Jérôme Colonna.

(5) Les correspondances du nonce Sacchetti, citées par Cousin, montrent combien Mazarin était déjà apprécié en 1629 par le pape Urbain VIII & le cardinal Francesco Barberini, secrétaire d'État. La même année, il est attaché comme capitaine d'infanterie à la légation du cardinal Antonio, à Bologne.

(6) *Lettre d'un religieux envoyée à Mgr le prince de Condé à Saint-Germain-en-Laye, contenant la vérité de la vie et des mœurs du cardinal Mazarin*. (Cimber & Danjou. — 2° série, t. VII, p. 434.) — Le « religieux » est sans doute le curé de Saint-Roch.

(7) Mais non pas ambassadeur, comme semble dire Ademollo dans son livre sur *les Théâtres de Rome au XVII° siècle*. En 1639, l'ambassadeur de France à Rome était le maréchal d'Estrées. Mais Mazarin était à Rome, persécuté par le parti espagnol, & en relations avec Richelieu, qui envoie cette même année à Rome son violiste préféré, Maugars, pour écrire un rapport sur l'état de la musique en Italie.

une comédie ou un drame musical ». — Et en février suivant, « ordre du cardinal à l'ambassadeur de France à Rome, d'envoyer à Paris la Leonora, cantatrice à qui l'on donnera mille pistoles (*doppie*) pour le voyage, & autant de pension annuelle ».

Il s'agit de la fameuse Leonora Baroni, célébrée par Maugars, qui l'appelle « une merveille du monde », & en l'entendant chanter, « en oublie sa condition mortelle, croit être déjà parmi les anges, jouissant des contentements des bienheureux (1) » ; — cette Leonora aimée & chantée par Milton, qui la compare à la Léonore du Tasse (2) ; — aimée & chantée par le pape Clément IX (alors Mgr Ruspigliosi), qui l'appelle une sirène, « dolce sirena », & célèbre « ses yeux ardents » (3) ; — aimée & chantée par tous les poètes italiens, qui publient un volume à sa gloire (4).

Il semble bien que Mazarin n'ait pas été non plus insensible, sinon à sa beauté que conteste Maugars, au moins à son pouvoir de séduction. Ce serait même à elle que ferait allusion la perfidie du *Religieux* de Saint-Roch. Mazarin y donna prise par la hâte avec laquelle il la fit venir à Paris, & l'établit chez un de ses familiers, dans un hôtel attenant au sien, où il la faisait servir par des officiers de sa maison (5). Elle se faisait d'ailleurs escorter partout par son

---

(1) MAUGARS : *Response faite à un curieux sur le sentiment de la musique d'Italie, escrite à Rome le premier octobre 1639*. (publié par Thoinan, 1865).

« Elle a le jugement fort bon, pour discerner la mauvaise d'avec la bonne musique ; elle l'entend parfaitement bien, voire mesme qu'elle y compose... Elle prononce & exprime parfaitement bien le sens des paroles. Elle ne se picque pas d'estre belle, mais elle n'est pas désagréable ny coquette. Elle chante avec une pudeur asseurée, avec une généreuse modestie, & avec une douce gravité. Sa voix est d'une haute estendue, juste, sonore, harmonieuse, l'adoucissant & la renforçant sans peine & sans faire aucunes grimaces. Ses eslans & souspirs ne sont point lascifs, ses regards n'ont rien d'impudique, & ses gestes sont de la bienséance d'une honneste fille. En passant d'un ton en l'autre, *elle fait quelquefois sentir les divisions des genres enharmonique et chromatique, avec adresse et agrément...* » — Elle touchait le théorbe & la viole. Maugars l'entendit chanter avec sa sœur Caterina, & sa mère, « la belle Adriana », — sa mère touchait la lyre, sa sœur la harpe, & elle « la thuorbe ».

(2) Milton, qui assistait en 1639 aux représentations des Barberini à Rome, dédia à Léonora une pièce de vers latins :

Ad Leonoram Romæ canentem
« Altera Torquatum cepit Leonora poetam
cujus ab insano cessit amore furens.
Ah ! miser ille tuo quanto felicius ævo
perditus, & propter te, Leonora, foret ! »

(3) « Vivi e i lumi ardenti scoccan dal vago ciglio amabil pena » (1639)

(4) *Applausi poetici alle glorie della signora Leonora Baroni* (1639-1641).
Voir les articles de M. Ademollo dans divers journaux italiens. (*Opinione*, 1879, nos 227-232. — *Fanfulla della Domenica*, 1881, no 32. — 1883, no 45.)

(5) Lettre de l'abbé Scaglia à Mme royale Christine de France, régente de Savoie, le 10 mars 1645. (citée par Ademollo.)
Cf. *Mémoires anonymes* de la collection des *Mém. relatifs à l'histoire de France* (Petitot, t. LVIII). — attribués au comte de Brégy.

« Le cardinal Mazarin, peu de temps après son établissement dans le ministère, fit venir de Rome une musicienne qui passait pour une des plus belles voix d'Italie, & il la logea chez mon père : on l'appelait la signora Leonora. Elle me dit de si belles choses de son pays, qu'elle me donna envie de faire le voyage de Rome. » (p. 255).

mari, Giulio Cesare Castellani, & se conduisait en personne prudente & réservée. Elle avait alors trente-trois ans, étant née en décembre 1611 à Mantoue. Elle n'était pas une cantatrice de théâtre, mais une « virtuosa di musica da camera ». Sa façon de chanter ne fut pas sans étonner, & même sans un peu choquer d'abord. « On commença par la discuter ; on disait que sa voix était mieux faite pour le théâtre ou pour l'église que pour les salons, & que sa manière italienne était dure pour l'oreille. » Mais ces critiques tombèrent soudain, quand la reine eut dit qu'on ne pouvait chanter mieux. — L'abbé Scaglia écrit : « Je ne pourrais autrement exprimer les caresses que lui a faites la reine, qu'en vous disant qu'elles ont été proportionnées à l'estime qu'elle fait des personnes qui ont l'approbation du Cardinal. » Elle lui accorda l'entrée à toute heure dans son appartement, la combla d'argent, de bijoux « dix mille livres pour s'habiller à la française, un collier de perles, des pendants d'oreilles, plusieurs milliers d'écus de joyaux, un brevet de pension de mille écus, &c. ». Mme de Motteville dit qu'elle suivit la cour, en 1644, chez la duchesse d'Aiguillon, à Ruel, où la reine était allée se réfugier contre les chaleurs de l'été. Elle y chantait souvent & improvisait des airs sur des poésies de Voiture. — Elle ne resta qu'un an en France. Elle repartit de Paris le 10 avril 1645 (1).

D'autres musiciens italiens étaient arrivés en même temps qu'elle, ou ne tardèrent pas à la suivre à la cour de France (2). — En novembre 1644, voici venir l'étonnant Atto Melani, chanteur sopraniste, compositeur, impresario, — & agent secret (3). Avec ce personnage, nous entrevoyons une nouvelle face du dilettantisme musical de Mazarin : la politique. Le rusé ministre fait servir la musique & les musiciens à son gouvernement. Déjà le Journal d'Ameyden avait noté en février 1644, à propos de l'arrivée de Leonora, l'intention évidente du cardinal de tenir les Français occupés avec les divertissements, *tenendoli occupati con allegria con che si guadagna gli animi di quella natione e della medesima Regina* (« le plaisir par lequel on gagne les esprits de cette nation, & de la reine même »).

Et c'est ici le cas de rappeler les sévères accusations du vieux musicien Kuhnau contre la musique, dans son roman du *Charlatan musical* (4) : « La musique détourne des études sérieuses. Ce n'est pas sans motif que les

(1) Lettre de l'abbé Scaglia à Mme royale Christine de France, régente de Savoie, le 14 avril 1645.

Ademollo dit qu'elle ne revint plus en France, & qu'elle resta à Rome, où elle acquit un grand ascendant dans les hautes sphères politiques & ecclésiastiques. Il est curieux que les contemporains français de Leonora, — Montglat par exemple, — parlent d'elle, comme si elle était restée à Paris beaucoup plus longtemps, & jusqu'à l'*Orfeo* de Rossi, voire jusqu'au *Serse* de Cavalli, c'est-à-dire jusqu'en 1660. C'est en tout cas une preuve de l'impression qu'elle avait faite, & du souvenir laissé par son talent.

(2) L'abbé Scaglia mentionne dans la même lettre un virtuose : Marco dell'Arpa.

(3) Né à Pistoie le 31 mars 1626, fils du sonneur de cloches du Dôme.

(4) *Der Musicalische Quack-Salber*. Leipzig. 1700. — c. 43.

politiques la favorisent : ils le font par raison d'État. C'est une diversion aux
pensées du peuple ; elle l'empêche de regarder dans les cartes des gouvernants.
L'Italie en est un exemple : ses princes & ses ministres l'ont laissé infecter
par les charlatans & les musiciens, afin de n'être point troublés dans leurs
affaires. »

On croirait que certaines de ces phrases ont été écrites à l'occasion de
Mazarin. Le ministre, dont la devise était : « Qui a le cœur, a tout », savait
trop le pouvoir des spectacles & de la musique pour n'en pas user comme
d'un moyen d'action ; & si le tempérament national était trop peu musical en
France pour que cette politique eût son effet sur les bourgeois français, sur
les Parlementaires (1), — en revanche, elle réussit parfaitement auprès de la
cour, & davantage encore sur la reine, à qui elle était avant tout destinée. —
Leonora Baroni l'avait charmée par son chant. Atto Melani est bientôt tout-
puissant. Elle ne peut se passer de lui. De deux soirs l'un, il faut qu'il chante
chez elle ; & elle est si passionnée de musique, que, pendant quatre heures de
suite, on ne doit penser à rien autre. Elle aimait surtout les airs mélancoli-
ques ; & toute la cour, naturellement, partagea son goût (2).

Aussitôt installé & sûr de la faveur royale, Atto Melani, instrument
habile & souple de Mazarin, fait les premiers essais de représentation musicale.
Une lettre du 10 mars 1645, qu'il écrit au prince de Médicis, fait allusion à un
spectacle de ce genre, dont il ne donne pas le nom, & qui aurait été repris
après Pâques (3). Il est fort probable qu'il s'agit là déjà de *la Finta pazza*,
dont les historiens, d'ordinaire, plaçaient la première représentation quelques mois plus tard, le 14 décembre 1645. Je n'insisterai pas sur cette
œuvre (4), qui n'était pas à proprement parler un Opéra, mais une action
embellie de musique & de machines (5). Un passage du programme, cité par
Chouquet, dit : « Cette scène sera toute sans musique, mais si bien dite,

(1) Au contraire. Nous verrons que l'effet produit sur eux a été diamétralement opposé à
celui que cherchait Mazarin.

(2) Lettre d'Atto Melani au prince Mattias de Medici. 22 nov. 1644 :

« E chi disse à V. A. che non piacevano che arie allegre li disse poco la verità, perchè à
S. M. non gustano se non le malinconiche e queste son le sue favorite, e tutti questi cavalieri
non gustano se non di quelle. »

(3) Un des frères de Melani & une certaine Checca de Florence y chantaient.

(4) *La Festa teatrale della Finta pazza* était de Sacrati pour la musique, & de Giulio Strozzi
pour le poème. Mais les deux auteurs principaux étaient le décorateur machiniste, Iacopo Torelli
de Fano, homme universel, mathématicien, poète, peintre, architecte, mécanicien, venu à Paris
à la fin de 1644, & le maître de ballets, G.-Battista Balbi ; — envoyés, le premier par le duc de
Parme, le second par le grand-duc de Toscane. — *La Finta Pazza* avait été déjà représentée
en 1641 à Venise ; mais on l'accommoda certainement au goût de Paris, & du petit roi, âgé
de sept ans. G. Strozzi devait être à cette époque en relations avec la France ; car, la même
année, on exécutait des opéras de lui (*Proserpina rapita*) à l'ambassade de France à Rome. — Les
acteurs de *la Finta pazza* à Paris furent en grande partie des comédiens italiens de la troupe
de Giuseppe Bianchi, venue à Paris dès 1639.

(5) Le P. Menestrier dit : « Les voix qu'on avait fait venir d'Italie rendirent cette action la
plus agréable du monde, avec les divers changements de scène, les machines, &c. »

qu'elle fera presque oublier l'harmonie passée (1). » — L'essai n'était pas concluant. Du reste, on ne hasarda la pièce que devant peu de personnes, « le Roi, la Reine, le cardinal & le familier de la cour (2) », & il ne semble pas que le succès ait été grand. On connaît la relation de Mme de Motteville : « Nous n'étions que vingt ou trente personnes, & nous pensâmes mourir d'ennui & de froid (3). » — Là-dessus, Atto Melani repartit pour l'Italie (4), & la cause de l'Opéra italien sembla bien compromise.

Il n'en fut rien cependant. Mazarin persista à faire un second essai ; & nous allons voir entrer en ligne des personnages & des circonstances, qu'on a négligé de noter jusqu'à présent, mais dont l'action fut décisive pour la fondation de l'Opéra en France : il s'agit de l'arrivée à Paris des princes Barberini.

II

LES BARBERINI EN FRANCE

ET LA PREMIÈRE REPRÉSENTATION DE L'OPÉRA ITALIEN A PARIS

Ils étaient trois neveux du pape Urbain VIII : l'aîné, le cardinal Francesco, secrétaire d'État ; — Don Taddeo, prince de Palestrina, préfet de Rome, général de l'Église, marié en 1629 à dona Anna Colònna, fille du connétable ; — & le cardinal Antonio, l'ami de Mazarin, plus tard grand aumônier de France, évêque de Poitiers, archevêque de Reims, pour le moment protecteur de la couronne de France à Rome, c'est-à-dire chargé des intérêts français près du Saint-Siège. — Ils avaient été tout-puissants à Rome de 1623 à 1644, & l'on sait quel rôle ils avaient joué dans l'histoire de l'Opéra. Leur amour de la musique était célèbre. Filippo Vitali, l'auteur de l'*Aretusa* de 1620, était virtuose di camera du cardinal Francesco. Stefano Landi, les deux Mazzocchi, les deux Rossi, Marco Marazzoli, écrivaient pour eux. *La Diana schernita* de Cornachioli (1629), & les *Drames musicaux* d'Ottavio Tronsarelli (1629), sont dédiés à don Taddeo. Leur influence sur la musique dramatique devint surtout prépondérante, après la construction du palais Barberini, & du théâtre pouvant contenir plus de 3 000 personnes. Le premier opéra qui y fut représenté, le

---

(1) Voir l'exemplaire de la Bibliothèque nationale, avec planches de Valerio Spada & description de Giulio Cesare Bianchi de Turin.

(2) « Parce que la grosse troupe des courtisans était chez Monsieur, qui donnait à souper au duc d'Enghien. » (Voir les *Mémoires de Mme de Motteville*, t. XXXVII de la collect. Petitot, p. 168.)

(3) « Les divertissements de cette nature demandent du monde, & la solitude n'a pas de rapport avec les théâtres. » (*Id.*)

(4) Lettre de Mazarin au prince Mattias de Medici, 10 mai 1645.

La Checca le suivit bientôt. (Lettre du prince Léopold au prince Mattias, 14 août 1646.)

S. Alessio de Stefano Landi, en février 1632(1), était même, pour le poème, l'œuvre du cardinal Francesco, à qui la partition est dédiée. Vint ensuite, en 1635, *la Vita di S. Teodora*, poésie de Mgr Ruspigliosi ; — en 1637, *il Falcone*, opéra inconnu, & *Erminia sul Giordano*, de Michel Angelo Rossi, dédiée à D. Anna Colonna Barberina ; — en 1639, *Chi soffre speri*, poème de Mgr Ruspigliosi, musique de Vergilio Mazzocchi & Marco Marazzoli, représentation fameuse où assistèrent 3 500 personnes, parmi lesquelles Milton ; enfin, la même année, *Galatea*, paroles & musique du célèbre chanteur Loreto Vittori, dédiée au cardinal Antonio(2). — Tous ces spectacles avaient eu un retentissement considérable en dehors de l'Italie ; & le bibliothécaire & confident de Mazarin, Gabriel Naudé, ne cache pas que c'est à leur modèle que le cardinal voulait donner en France des représentations musicales(3).

Les événements politiques favorisèrent singulièrement ce projet. Le pape Barberini mourut en 1644. L'étrange étourderie politique de ses neveux porta au trône pontifical l'ennemi de la France & leur propre ennemi, le cardinal Pamfili (Innocent X). Les persécutions commencèrent bientôt contre tout ce qui avait eu part au gouvernement précédent. Innocent X voulut faire rendre compte aux Barberini de leurs exactions financières. Les Barberini, déjà occupés depuis 1640 par leurs démêlés avec les princes italiens, & en guerre avec le duc de Parme, durent fermer leur théâtre (4). Les musiciens & les acteurs romains émigrèrent (5). Les princes Barberini eux-mêmes quittèrent Rome, où leurs biens & leur vie étaient menacés. Le cardinal Antonio, pour échapper au procès de concussion qui s'instruisait contre lui, se sauva par mer des États pontificaux, & arriva en France en octobre 1645.

Le cardinal Francesco & don Taddeo suivirent son exemple ; après quatre jours de tempête, qui firent errer leur navire tout autour de la Sardaigne &

(1) Et non pas en 1634, comme on a dit jusqu'ici ; car nous avons une relation de J.-J. Bouchard, qui y assista en 1632. — Voir Lucien Marcheix : *Un Parisien à Rome et à Naples en 1632.* (*Mémoires de J.-J. Bouchard.*) — 1897. Leroux, p. 9 & suiv.

(2) On se souvient que Mazarin était à Rome, pendant cette année 1639, où les représentations des Barberini furent particulièrement fastueuses.

(3) « Et parce que tous ceux qui avoient esté à Rome louoient infiniment à la Reyne cette façon de réciter des comédies en musique, comme estoient celles que Messieurs les Barberins avoient données au peuple de Rome, pendant cinq ou six années consécutives, elle en voulut, par un excès de bonté extraordinaire, donner le plaisir aux Parisiens. »

Gabriel Naudé (*Mascurat*) : *Jugement de tout ce qui a esté imprimé contre le cardinal Mazarin, depuis le sixième Janvier, jusques à la déclaration du premier Avril mil six cens quarante-neuf.* — 1649, in-4°.

Naudé avait assisté lui-même à certaines des représentations Barberini, en particulier à celles de *S. Alessio*, en même temps que Bouchard, en 1632.

(4) Il rouvrit en 1653, année où les Barberini firent leur paix avec les Pamfili. On joua *Dal Male il Bene*, poème du cardinal Ruspigliosi, musique de Marazzoli, à l'occasion des noces du prince de Palestrina avec d. Olimpia Giustiniani. Pour ceux qui y assistèrent, le titre dut sembler une allusion à la nouvelle fortune des Barberini.

(5) Benedetto Ferrari & Manelli de Tivoli, avec une troupe romaine, venaient de fonder l'Opéra à Venise.

de la Corse, ils abordèrent à Cannes, en janvier 1646, dans le plus complet dénuement (1). Mazarin, qui s'était brouillé de façon éclatante avec eux après l'élection d'Innocent X, ne leur garda pas rancune, & se donna le luxe de prendre la défense des proscrits & de les protéger magnifiquement (2). Il alla au devant du cardinal Francesco au pavillon de Charenton, le reçut affectueusement, & l'amena dans son palais de Paris. A son tour, arriva à Paris, le 3 octobre 1646, la princesse Palestrina, dona Anna Colonna, femme de don Taddeo ; & la reine l'accueillit avec amitié (3). Ainsi toute cette puissante maison Barberini était installée à Paris, à la fin de 1646 & en 1647, & dans des rapports si intimes avec la cour, qu'en novembre 1647, Mazarin pense marier une de ses « Mazarinettes » à un Barberini.

Or c'est précisément cette année que l'Opéra italien fait ses débuts retentissants & décisifs à Paris, au Palais-Royal, sous les yeux des Barberini. Nul doute qu'ils n'y aient pris part. Cette forme d'art était en partie leur œuvre ; leur orgueil était intéressé à son succès ; & nous savons quelle surveillance active & minutieuse les cardinaux Francesco & Antonio exerçaient sur leurs représentations de Rome (4). Les chanteurs & les machinistes italiens de Paris étaient leurs familiers ; & si le drame musical avait été essayé avant eux à Florence & à Rome, la « Comédie des machines », (qui sera l'Opéra français), était proprement Barberini (5).

Nous reconnaissons leur marque dans le spectacle donné le 2 mars 1647, au Palais-Royal : l'*Orfeo* ; & nous en avons une preuve frappante. Des deux

(1) « Sequestrati le beni, le stesse persone erano per andar in Castello, e voci erano uscite, che gli potevan far vedere, che della tragedia non fosse la sola priggiona l'ultimo atto. A Cannes sono arrivati in equipaggio non solo di fugittivi, ma di naufraganti, rotte le antenne e le vele, perdute il timone, doppo un incessanta borasca di quattro giorni di lunga, che gl'ha fatto girare la Sardinia e la Corsica. »

(Dépêche de l'ambassadeur vénitien Nani, 6 fév. 1646. — t. CIII des Amb. Vénit., f° 222. — Chéruel : *Hist. de France pendant la minorité de Louis XIV*, II, 180-1). Voir aussi : *Mémoires d'Omer Talon*, I, 467. — Hanotaux : *Recueil des instructions données aux ambassadeurs de France. Rome*, I, p. 5, 1888.

(2) En réponse aux bulles du pape contre les cardinaux fugitifs, le Roi interdit aux Barberini de sortir de France, & enjoignit aux gouverneurs des provinces de s'y opposer au besoin. On fit la guerre au pape. Condé voulait qu'on prît Avignon. On s'empara de Piombino & de Porto Longone en octobre 1646. Le pape effrayé promit de recevoir en grâce les Barberini & de leur rendre leurs biens. (*Lettres de Mazarin*, II, 326). Mais il ne tint pas parole ; &, le 24 juin 1647, l'ambassadeur français à Rome, Fontenay-Mareuil, écrit encore : « Il ne faut point parler des Barberini. » Ils restèrent donc à Paris, où don Taddeo mourut en 1647. Quant au cardinal Antonio, il devint à peu près Français, grand aumônier de France, évêque de Poitiers (1652), & archevêque de Reims (1667).

(3) *Mémoires de Mme de Motteville*, p. 195-6.

(4) *Journal de Bouchard* (1632). Le cardinal Francesco lui explique minutieusement toute la représentation de *S. Alessio*. — *Lettre de Milton à Luca Holstenio*, 30 mars 1639. Le cardinal Francesco lui fait les honneurs de la représentation de *Chi sofre, speri*. — A la même représentation, le cardinal Antonio fait lui-même, & à coups de bâton, la police de la salle. (Ademollo : *I teatri di Roma*.)

(5) Voir les fastueuses & étranges inventions de machines, changements à vue, pluie, grêle, orages, batailles, chevauchées à travers les airs, décors mouvants, de l'*Erminia* de 1637, & de *Chi sofre speri* de 1639.

auteurs de l'*Orfeo*, l'un, le poëte, l'abbé Francesco Buti de Rome, docteur en droit, protonotaire apostolique, vint avec le cardinal Antonio en 1645 (1); l'autre, le musicien, Luigi Rossi, — (le fait n'a pas encore été signalé, je crois), — était, en 1646, « musico dell' Em. card. Ant. Barberino (2) »; il n'est donc pas douteux qu'il ne l'ait aussi accompagné dans son exil en France (3).

Dès lors, tout s'explique. Après l'arrivée des Barberini, de leurs poètes & de leurs musiciens, Mazarin s'adresse à Florence & à Rome pour se faire envoyer de nouveaux comédiens (4), &, le 29 septembre 1646, il recommande à l'intendant de l'armée d'Italie de profiter du retour de l'armée navale pour les amener en France. — Atto Melani fut rappelé de Florence pour diriger la représentation. Il arrive en janvier 1647, « après 14 jours de voyage », & écrit à son maître, le prince Mattias, qu'on répète « une très belle comédie intitulée l'*Orfeo*, paroles du signor Buti, & musique du signor Luigi », & même que « S. M. montre tant de goût pour ce genre de pièces, qu'on en fait préparer encore une autre pour la jouer aussitôt après l'*Orfeo* (5) ». Une lettre de Gobert à Huygens (6), probablement de février 1647, confirme cette nouvelle : « Il y a quatre hommes & huit castrats que M. le cardinal a fait venir. Ils concertent une Comédie, que le sieur Louygy fait exprès pour représenter au carnaval (7) ».

III

LUIGI ROSSI AVANT SON ARRIVÉE EN FRANCE

Qui était ce Luigi Rossi, si célèbre à son époque, si inconnu maintenant? On ne trouve son nom, ni dans les dictionnaires de MM. H. Riemann & G. Humbert, ni dans les notices de Villarosa sur les compositeurs napo-

(1) Voir ADEMOLLO : *I primi fasti della musica italiana a Parigi.*

(2) *Ariette di musica, a una e due voce di Eccellentissimi autori* — in Bracciano, per Andrea Fei stampator ducale. 1646.

(3) Nuitter signale d'ailleurs sa présence à Paris avant l'arrivée des chanteurs.

(4) Au marquis Bentivoglio de Florence, & à Elpidio Benedetti de Rome.
Lettres de Mazarin, t. II, p. 815, 1879. — Lettre à M. Brachet. Fontainebleau. 29 sept. 1646.

(5) 12 janvier 1647, voir Ademollo. — Ce second spectacle n'eut pas lieu, comme on verra plus loin.

(6) *Correspondance de Huygens*. 1882. p. CCXIX, cité par Nuitter & Thoinan.

(7) D'autres prélats italiens du parti Barberini furent intéressés à ces premiers essais d'Opéra italien en France. — S'il est vrai, comme le dit le P. Menestrier (p. 177), qu'en février 1646 on ait aussi joué à Carpentras, dans la salle épiscopale, une sorte d'opéra français, *Achebar, roi du Mogol*, poésie & musique de l'abbé Mailly, il faut remarquer qu'on était encore là sous l'influence de Mazarin & de ses amis du Sacré Collège. L'évêque de Carpentras était le cardinal Alessandro Bicchi, le plus intime des cardinaux italiens auprès de Mazarin, & le plus sûr soutien de l'influence française à Rome. — Michel Mazarin était de plus archevêque d'Aix depuis 1645; & le cardinal Mazarin lui-même avait été à deux reprises vice-légat d'Avignon. Toute la région avait donc subi fortement leur influence.

litains ; & les renseignements contenus dans les dictionnaires de Fétis & de
Grove sont très insignifiants & assez inexacts (un peu meilleurs, ceux de
Burney). Ni Mme de Motteville, ni Guy Joly, ni Goulas, ni Montglat, ni Lefèvre
d'Ormesson, n'en parlent dans leurs notes sur la représentation du Palais-
Royal, qui les avait pourtant beaucoup frappés. La *Gazette* de Renaudot ne
mentionne même pas son nom, dans sa longue description officielle d'*Orfeo*.
Le P. Menestrier suit son exemple. Aussi ne sait-on bientôt plus à qui
attribuer l'*Orfeo*. Ludovic Celler (L. Leclercq) & Clément disent : à Monte-
verde ; — Fournel, à l'abbé Perrin ; — Arteaga, Ivanovich & d'autres, à
Aurelio Aureli ; — Francesco Caffi, & H. Riemann, dans son édition de 1887,
à Gius. Zarlino du XVIe siècle, ou à un musicien qui avait pris son nom ; —
Humbert, dans la traduction française du dictionnaire de Riemann, parue
en 1899, l'attribue encore à Peri.

Cependant le nom de Luigi avait été dans la France du XVIIe siècle repré-
sentatif de toute une époque de musique italienne, & de la plus parfaite, celle
que Sébastien de Brossard appelle dans son *Catalogue* (1) « le moyen aage »,
(c'est-à-dire de 1640 à 1680 ou 1690,) & où il donne à Luigi le premier rang
parmi les Italiens. La Vieville de Fresneuse parle souvent de lui dans sa *Comparaison de la musique italienne et de la musique française* (2), & semble résumer
la grande musique italienne en son nom, celui de Carissimi, & celui de
Lully. — Bacilly, qui est un de ceux, d'après Fresneuse, qui ont fait le plus
pour perfectionner le chant français, n'a que deux noms à la bouche :
Ant. Boesset & l'illustre Luigi (3). Mais la source de tous leurs renseignements est Saint-Evremond, qui garda une prédilection toute spéciale pour
Luigi, — (sans doute parce qu'il lui rappelait ses années de jeunesse à la
cour de France, avant l'exil). — & qui l'appelle sans hésiter « le premier
homme de l'univers en son art (4) ». Il est visible que c'est à lui que la
Vieville emprunte, en particulier, tout ce qu'il dit des rapports de Luigi avec
les musiciens français (5).

Luigi Rossi était né à Naples vers la fin du XVIe siècle. Il était frère, nous

---

(1) Sébastien de Brossard : *Catalogue* (manuscrit) *des livres de musique théorique et pratique,
vocalle et instrumentalle, tant imprimée que manuscripts, qui sont dans le cabinet du Sr S. de B.,
chanoine de Meaux, et dont il supplie très humblement S. M. d'accepter le don, pour être mis et
conservez dans sa Bibliothèque, — fait et escrit en l'année 1724.* Bibl. nat. Rés.

(2) 1705. Bruxelles.

(3) *Remarques curieuses sur l'art de bien chanter et particulièrement pour ce qui regarde le
chant françois,* 1679.

(4) *Observations sur le goût et le discernement des François,* & *Lettre sur les Opéra,* à M. le
duc de Buckingham.

(5) Il y a aussi quelques mots sur lui dans la *Lettre de Pietro della Valle à Lelio
Guidiccioni* (ap. Doni, II. 258), sur la *Superiorità della Musica dell'età nostra ;* — & quelques
poésies françaises & italiennes, adressées à Luigi, tant par Margherita Costa, (*la Tromba di
Parnaso*), que par Dassoucy, le futur musicien de l'*Andromède* de Corneille, qui peut-être avait
déjà connu Rossi à Rome, où il avait voyagé.

dit lady Morgan (1), de Carlo Rossi, négociant & banquier très riche & de goûts distingués, jouant à Rome le rôle de protecteur des artistes, comme un siècle plus tôt le grand banquier Chigi, patron de Raphaël. Carlo Rossi se mêlait lui-même de littérature & de musique, & il passait à Rome pour le meilleur joueur de harpe après son frère Luigi. Tous deux se firent naturaliser citoyens romains.

Il y avait à Rome, au temps des Barberini, une petite colonie napolitaine, dont l'âme était Salvator Rosa. Carlo Rossi fut son ami le plus intime, jusqu'à sa mort, après laquelle il lui éleva un monument. Luigi fréquentait aussi la maison de la via del Babbuino, où il dut se rencontrer avec les plus illustres artistes d'Italie, & en particulier avec Carissimi, Ferrari, Cesti, Cavalli, comme lui familiers du logis. Salvator était musicien, comme on sait (2); il a laissé des compositions, & surtout il a collaboré avec ses amis musiciens. Burney dit avoir vu de lui un livre d'airs & de cantates poétiques, que Rossi, Carissimi & d'autres avaient mises en musique. Peut-être trouverait-on le reflet des pensées de ce cénacle musical dans les *Satires* de Salvator. Il y attaque avec une violence impitoyable la corruption des artistes, les mœurs infâmes des chanteurs, l'engouement du monde romain pour cette *canaglia*, & surtout l'abaissement de l'art religieux, le chant mondain de l'église, « où le miserere devient une chacone, ce style de farce & de comédie, avec des gigues & des sarabandes (3) ». — Carissimi réagissait alors contre ce style, au Collège germanique, où il était installé depuis 1630 environ. Quant à Luigi, bien qu'il eût écrit en 1640, (d'après lady Morgan), un *opera spirituale : Giuseppe figlio di Giacobbe* (4), dont le titre nous fait songer aux oratorios de Carissimi, représentés à la même époque, il commençait à se spécialiser dans la musique mondaine. Ses *canzonette*, dont Pietro della Valle loue la nouveauté de style dans sa lettre du 16 janvier 1640, l'avaient rendu surtout populaire. Il les interprétait sans doute lui-même, car Atto Melani fait l'éloge de sa virtuosité, dans une lettre de Rome du 4 juin 1644, où il associe son nom à celui d'un chanteur italien, qui sera précisément un des principaux acteurs d'*Orfeo* : Marc Antonio Pasqualini (5).

Un opéra de Rossi fut exécuté à Rome en 1642 : *Il Palazzo incantato,*

(1) *Mémoires sur la vie et le siècle de Salvator Rosa*, I, 255 & suiv.

(2) « La peinture, la poésie & la musique, a-t-il dit, sont inséparables. » (Lady Morgan, I, 67.)

(3) « Cantan su la ciaccona il miserere
e un stilo da farza e da commedia
e gighe e sarabande alla distesa. »

(4) Burney (IV, 152) & Grove en ont signalé la présence à la bibl. Magliabecchi de Florence, avec la signature : *Aloigi de Rossi, napolitano, in Roma*. — M. Ademollo a constaté sur le catalogue de la Magliabecchiana la mention de la partition de Rossi, mais sans retrouver l'exemplaire. — Il y a aussi des *madrigaux spirituels* de Luigi Rossi au British Museum.

(5) « Il signor Luigi ed il signor Marc Antonio i più bravi virtuosi che mai abbia conosciuto & in vero ci è da imparare assai. »

overo la Guerriere amante. (quelquefois appelé aussi *il Palagio d'Atlante*)(1).
Le poëme en était extrait de l'*Orlando furioso.* Il n'y avait pas moins d'une
cinquantaine de scènes & de 23 personnages ; mais on avait recours aux
expédients. Chaque acteur tenait deux rôles. On reconnaît ici déjà le goût propre
à l'opéra vénitien, & qui lui était imposé par un public superficiel & curieux,
aimant surtout en musique les soli, & au théâtre les épisodes variés. A ce
genre d'œuvres émiettées en une multitude de scènes, sans unité, sans logique,
& dont les grands ensembles polyphoniques semblent bannis, appartiendra
l'*Orfeo*, comme le *Palagio d'Atlante.* — L'auteur du poëme était Mgr Rospigliosi. Or, si l'on se rappelle que c'était le librettiste aristocratique par
excellence, l'ami des Barberini ; si l'on remarque de plus que les deux rôles
principaux de la pièce : Angélique & Atlante, étaient tenus par Loreto Vittori,
le prince du chant romain, l'auteur de la *Galatea* de 1639, il y a tout lieu de
croire que Luigi était à cette époque le musicien à la mode, auprès des
Barberini & de leur illustre clientèle.

La petite société de la via del Babbuino subit le contre-coup de la révolution de palais qui fit tomber les Barberini. En 1647, Salvator Rosa dut
s'enfuir de Rome, & passa à Florence, où l'appelait depuis quelque temps le
prince Mattias de Medici, le patron d'Atto Melani. La même année, Luigi
Rossi était à Paris avec les Barberini, & dirigeait les répétitions de cet *Orfeo*,
« qu'il avait écrit tout exprès pour représenter au carnaval (2) ».

IV

LA REPRÉSENTATION D' « ORFEO »
ET L'OPPOSITION RELIGIEUSE ET POLITIQUE A L'OPÉRA

Les principaux acteurs d'*Orfeo* nous sont connus par une lettre d'Atto
Melani. Atto lui-même jouait Orfeo ; la Checha, l'ancienne protagoniste de la

---

(1) Le libretto & la partition sont au *Liceo musicale* de Bologne (Catalogue de Gaspari,
t. III, p. 333). — La *bibliothèque Barberini* de Rome possède deux exemplaires de la partition,
sous le titre de « dramma musicale, poesie de Mgr Giulio Rospigliosi », sans le nom du musicien.
— Voir aussi Ademollo. *I teatri di Roma,* p. 87.) — Enfin Grove signale un manuscrit de la
partition à la *Library of the sacred Harmonic Society of London.*

La pièce a 3 actes. D'après Ademollo, le 1er acte a 15 scènes ; le second, 17 ; le 3e, 38 (?) —
Les personnages sont :

Pour le Prologue :	Pittura	Musica	
	Poesia	Magia	
	Gigante	Ruggero	Atlante
	Angelica	Alceste	Olimpia
	Orlando	Fiordiligi	Doralice
Pour le drame :	Bradamante	Prasildo	Iroldo
	Marfisa	Mandricardo	Nano
	Ferrau	Gradasso	Astolfo
	Sacripante		

(2) GOUBERT.

Finta pazza, chantait Eurydice ; Marc Antonio Pasqualini, le célèbre sopraniste romain, tenait le rôle d'Aristeo ; une protégée du prince Mattias, munie d'une lettre de recommandation pour Mazarin, « la signora Rossina », (Martini), jouait Vénus ; & « le castrat des seigneurs Bentivogli », était la nourrice d'Eurydice (1). Nous ignorons le nom des autres. Il est probable qu'un des frères Melani figura dans la pièce.

La première représentation eut lieu au Palais-Royal, « sur la fin des jours gras », le samedi 2 mars 1647 (2). On redonna la pièce le dimanche gras 3 mars, le mardi gras 5 mars ; puis les spectacles furent interrompus par les austérités du carême & ne reprirent qu'après Pâques, où la reine fit jouer *Orfeo* encore plusieurs fois : le 29 avril, en l'honneur de l'ambassadrice de Danemark, le 6 mai & le 8 mai, pour la duchesse de Longueville, « qui depuis peu était revenue de Münster ». Condé devait assister à la première, avant son départ pour l'armée de Catalogne, qui eut lieu à la fin de mars. Le prince de Galles, le futur Charles II, était un des hôtes de la cour.

Madame de Motteville donne sur la première représentation quelques détails intéressants qui doivent être mis en lumière : — « Cette comédie, dit-elle, ne put être prête que les derniers jours du carnaval ; ce qui fut cause que le cardinal Mazarin & le duc d'Orléans pressèrent la Reine pour qu'elle se jouât dans le carême ; mais elle, qui conservait une volonté pour tout ce qui regardait sa conscience, n'y voulut pas consentir. Elle témoigna même quelque dépit de ce que la comédie, qui se représenta le samedi pour la première fois, ne put commencer que tard, parce qu'elle voulait faire ses dévotions le dimanche gras ; & que, la veille des jours qu'elle voulait communier, elle avait accoutumé de se retirer à meilleure heure, pour se lever le lendemain plus matin. Elle ne voulut pas tout à fait perdre ce plaisir, pour obliger celui qui le donnait ; mais ne voulant pas aussi manquer à ce qu'elle croyait être de son devoir, elle quitta la comédie à moitié, & se retira pour prier Dieu, pour se coucher & souper à l'heure qu'il convenait, pour ne rien troubler de l'ordre de sa vie. Le cardinal Mazarin en témoigna quelque déplaisir ; &, quoique ce ne fût qu'une bagatelle qui avait en soi un fondement assez sérieux & assez grand pour obliger la Reine à faire plus qu'elle ne fit, c'est-à-dire à ne la point voir du tout, elle fut néanmoins estimée d'avoir agi contre les sentiments de son ministre : &, comme il témoigna d'en être fâché, cette petite amertume fut une grande douceur pour un grand nombre d'hommes. Les langues & les oreilles inutiles en furent occupées quelques

(1) Lettre d'Atto Melani au prince Mattias, 12 janv. 1647.

(2) Voir Mme de Motteville (Petitot, p. 516-21, 538) ; — *Gazette de Renaudot*, 8 mars 1647, & passim ; — Lettres d'Ormesson (*Docum. inéd. sur l'hist. de France*, I, p. 377 & suiv.).

(Mme de Motteville semble dire qu'on rejoua en même temps *la Finta pazza* : « C'était une comédie à machines & en musique à la mode d'Italie, qui fut belle, *et celle que nous avions déjà vue, qui nous parut une chose extraordinaire & royale.* » — Nulle autre indication de cette reprise.)

jours, & les plus graves en sentirent des moments de joie qui leur furent délectables. »

J'ai peine à croire que la mauvaise humeur persistante de Mme de Motteville contre Mazarin n'ait pas altéré sa clairvoyance, & que la Reine ait agi ici contre le sentiment, & même sans l'assentiment du ministre. Cette pieuse attitude n'était pas seulement affaire de conscience, mais de prudence politique. Les spectacles italiens venaient de soulever des tempêtes dans le clergé de Paris. Depuis l'arrivée de Leonora & surtout de Melani, la Reine était devenue beaucoup plus passionnée de musique & de théâtre que Mazarin même n'eût voulu. Les représentations alternaient avec les concerts ; & en 1647 la Reine, qui jusque-là se cachait pour entendre la comédie, à cause de son deuil, y allait publiquement tous les soirs(1). Les ennemis de Mazarin ne laissèrent pas échapper cette occasion de crier au scandale ; ils poussèrent en avant un prêtre, le curé de Saint-Germain. Celui-ci se plaignit fort haut. La Reine inquiète consulta des évêques qui la rassurèrent. Le curé de Saint-Germain ne se tint pas pour battu. Il alla trouver sept docteurs en Sorbonne, & leur fit signer « que la comédie ne peut estre fréquentée sans péché par les chrétiens, & que les princes doivent chasser les comédiens de leurs états(2) ». La Reine riposta, en faisant répondre par dix ou douze autres docteurs de Sorbonne, que la comédie était bonne & licite aux princes. « Monsieur le cardinal, » — (& ce passage d'un de ses ennemis acharnés nous montre bien sa physionomie silencieuse & rusée)(3), — « M. le cardinal, que cette affaire regardait en quelque façon par le plaisir qu'il prenait à la comédie italienne principalement, jugea à propos de ne rien dire, sachant qu'il avoit assez de complaisants à la cour & de gens de passe-temps qui soutiendroient son intérêt en cette rencontre (4). » « Mais, ajoute Goulas, il connut que la dévotion n'était pas pour luy & ne pouvoit digérer ce jeu continuel, cette attache aux saletés du théâtre & la pratique des plus méchants & débordés de la cour qu'il appeloit dans ses plaisirs & qu'il avoit continuellement chez lui. »

Ainsi, il y avait à Paris, au moment d'*Orfeo*, une levée de boucliers extrêmement violente contre le théâtre italien, au nom d'un puritanisme plus ou moins hypocrite ; & le cardinal observait à son égard la plus grande réserve.

---

(1) « Les soirs, la belle cour se rassemblait au Palais-Royal, dans la petite salle des comédies. La Reine se mettait dans une tribune pour l'entendre plus commodément, & y descendait par un petit escalier qui n'était pas éloigné de sa chambre. Elle y menait le Roi, le cardinal Mazarin, & quelquefois des personnes qu'elle voulait bien traiter, soit par la considération de leur qualité, soit par la faveur. » *Mme de Motteville*, p. 207-8.

(2) *Mémoires de Nicolas Goulas, gentilhomme ordinaire de la chambre du duc d'Orléans*. (Soc. de l'hist. de France, t. II, p. 203).

(3) « Les Italiens, dit à son propos Mme de Motteville, sont d'ordinaire ennemis de la foule & du bruit. » (p. 238).

(4) GOULAS (*Ibid.*)

Au contraire la Reine lui tenait tête, &, malgré quelques accès de scrupules, ne renonçait à rien de ses plaisirs. Elle était fort imprudente dans ses relations avec les comédiennes & comédiens italiens. Léonora ne la quittait point ; & Melani se plaignait avec fatuité qu'elle ne pût se passer de lui(1). Elle l'emmènera avec elle en voyage, à Amiens, bien que son congé soit terminé, & qu'on l'attende à Florence ; elle ne peut se décider à le laisser partir ; elle écrit à Mattias de Medici des lettres gauches, pour qu'il lui permette de garder quelque temps encore le séduisant castrat. Elle finit par se faire donner une verte leçon par son hôtesse, l'orgueilleuse princesse de Palestrina, dona Anna Colonna Barberina (2). L'une des comédiennes italiennes qui chantèrent dans l'*Orfeo*, « ayant eu réputation de vendre sa beauté en Italie, ne laissa pas, dit Goulas, d'estre reçue chez la Reyne, & jusques dans le cabinet. L'on dit qu'un jour, comme la Reyne demanda à la femme du préfet Barberin si elle ne la voyoit pas souvent quand elle étoit à Rome & ne la faisoit pas venir chez elle, chantant si bien & ayant tant d'esprit, cette femme superbe, qui étoit fille du connétable Colonne, ne luy répondit rien d'abord, &, Sa Majesté la pressant, elle échappa & dit : « Si elle y fût venue, je l'aurois « fait jeter par les fenestres », ce qui surprit fort la Reyne, & l'obligea de changer de propos, après avoir changé de couleur (3). »

On voit que la Reine ne péchait point par pruderie, — au moins en ce qui concerne la musique (4), — & que la petite manifestation du 2 mars 1647, à la première représentation d'*Orfeo*, ne pouvait beaucoup déplaire à Mazarin, que les imprudences de sa souveraine mirent plus d'une fois dans l'embarras.

Le même désir d'apaiser l'opposition puritaine a certainement inspiré la fin de l'article de Renaudot, dans sa *Gazette*, dont le sens a été généralement mal compris. Après avoir fait un très grand éloge de la musique & du poème, le journaliste termine ainsi :

« Mais ce qui rend cette pièce encore plus considérable & l'a fait approuver par les plus rudes censeurs de la comédie, c'est que la vertu l'emporte toujours au-dessus du vice, nonobstant les traverses qui s'y

(1) Lettre d'Anne d'Autriche à Mattias, 21 mai 1647. — Lettre de Melani à Mattias, 25 juin 1647. — Lettre de Mazarin à Mattias, 10 juillet 1647. — Melani partit en juillet 1647 pour Florence, avec la Rosina (la Vénus d'*Orfeo*). Il revint presque aussitôt, joua en 1648 & 1649 un rôle d'agent secret de Mazarin, repartit pour l'Italie en septembre 1649, & cette fois y resta jusqu'en 1657. Mais il était devenu à demi-français, & les Italiens le lui reprochaient en termes fort crus : « ... Come puo stare che un cappon canti da gallo ? » (Libelle sur *Atto Melani castrato di Pistoja, figliuolo di un campanajo*. (Bibl. nat. Florence. — Cité par Ademollo.)

(2) « La princesse Palestrine était âgée, avait eu de la beauté, avait de l'esprit, ne savait pas le français, parlait beaucoup, & était extrêmement fière de son nom. » (*Mᵐᵉ de Motteville.*) (Petitot, XXXVII, p. 195-6.)

(3) *Goulas*, t. II, p. 212-3.

(4) Pour la peinture, elle a une réputation malheureusement tout autre. Sauval prétend qu'à son avènement à la régence, (1643), elle fit brûler à Fontainebleau pour plus de 100 000 écus de tableaux qui choquaient la décence.

opposent ; Orphée & Eurydice n'ayant pas seulement été constants en leurs chastes amours, malgré les efforts de Vénus & de Bacchus, les deux plus puissants auteurs de débauches, mais l'Amour même ayant résisté à sa mère pour ne pas vouloir induire Eurydice à fausser la fidélité conjugale. Aussi ne fallait-il pas attendre autre chose que des moralités honnêtes & instructives au bien, d'une action honorée de la présence d'une si sage & si pieuse reine qu'est la nôtre. »

Ces étranges protestations de vertu ne s'expliqueraient pas, s'il n'y avait eu un danger réel à conjurer : il ne s'agissait point alors de vaines réclamations au nom de la morale, comme celles qu'élèvent périodiquement aujourd'hui quelques hommes isolés, qui crient dans le désert & que personne n'écoute. Le puritanisme d'alors avait des sanctions redoutables ; &, pour bien apprécier l'histoire des mœurs & des arts, au temps de Luigi Rossi, il faut se souvenir qu'au même instant le puritanisme soulevait l'Angleterre, & qu'il allait un an plus tard faire tomber la tête de Charles Iᵉʳ, dont le fils assistait à la représentation d'*Orfeo* (1).

Malgré toutes les précautions, on n'évita point les censures religieuses. « Les dévots en murmurèrent, dit Mᵐᵉ de Motteville ; & ceux qui, par un esprit déréglé, blâment tout ce qui se fait, ne manquèrent pas à leur ordinaire d'empoisonner ces plaisirs, parce qu'ils ne respirent pas l'air sans chagrin & sans rage. »

Mais il était difficile à la morale de se sentir outragée par *Orfeo*, & aux mécontents de découvrir des sujets de scandale dans une pièce où l'Amour même refuse de détourner Eurydice de ses devoirs conjugaux, & où Eurydice meurt par un excès de pudeur véritablement rare & digne d'une habituée du Salon Bleu : mordue à la jambe par un serpent, en l'absence d'Orphée, elle refuse (2) de laisser enlever le reptile par Aristée « de peur, dit Renaudot, d'offenser son mari par la licence qu'elle donnerait à son rival de la toucher ».

Il fallut bien que l'hypocrisie désarmât ; mais elle trouva sa revanche d'autre part. — Elle ne pouvait non plus contester la magnificence du spectacle & le grand succès de la pièce. Les Parlementaires qu'on avait invités (3), esprits chagrins & boudeurs, ennemis irréconciliables de Mazarin, firent sans doute de leur mieux pour s'ennuyer ; & ils y réussirent. Mais il leur fallut bien reconnaître en maugréant, la victoire des Italiens ; & tels de ceux qui affectaient de bâiller à la première représentation n'eurent pas le courage de résister à l'engouement général. Olivier Lefèvre d'Ormesson, qui dit, le 2 mars,

---

(1) En France même, le 18 déc. 1647, le Parlement rendait un arrêt où il renouvelait les peines féroces du moyen âge, — le gibet, la roue, la mutilation de la langue, — contre ceux qui blasphémaient non seulement Dieu, mais la Vierge & les saints — Ces peines avaient été supprimées de fait sous Richelieu (*Recueil des anciennes lois françaises*, t. XVII, p. 65)

(2) Et avec quels discours de pruderie offensée !

(3) « Les principales personnes des corps & compagnies souveraines. »

que « la langue italienne, que l'on n'entendoit pas aisément, estoit ennuyeuse (1) », n'en revit pas moins la pièce le 8 mai, & « la trouva plus belle que la première fois, tout estant bien mieux concerté ». Montglat enregistre avec maussaderie que « la comédie durait plus de six heures », & que « la grande longueur ennuyait sans qu'on l'osât témoigner ; & tel n'entendait pas l'italien qui n'en bougeait, & l'admirait par complaisance » ; mais il doit convenir que la pièce « était fort belle à voir pour une fois, tant les changements de décorations étaient surprenants (2) ». Il insinue bien, dans sa mauvaise foi, que, si « la Reine ne perdait pas une fois sa représentation, ...c'est qu'elle prenait soin de plaire au cardinal, & par la crainte qu'elle avait de le fâcher ». — En réalité, la Reine, qui, dès le lendemain, revit la pièce de Rossi, & cette fois en entier, assista à toutes les représentations, « sans jamais s'en lasser ». C'est Mme de Motteville qui nous le dit ; & elle est peu suspecte d'amitié pour Mazarin (3). — Le petit Roi « y apporta tant d'attention, qu'encor que S. M. l'eust desja veue deux fois, elle y voulut encore assister cette troisième, n'ayant donné aucun tesmoignage de s'y ennuyer, bien qu'elle deust estre fatiguée du bal du jour précédent, auquel elle fit tant de merveilles (4) ». Le succès fut éclatant. Non seulement les machines émerveillaient les spectateurs de telle sorte « qu'ils doutoyent s'ils ne changeoyent point eux mesmes de place (5) », mais la musique les bouleversa. Surtout le chœur qui suit la mort d'Eurydice, & où les Nymphes se lamentent avec Apollon sur le malheur « de la pauvre deffunte », arracha les larmes. « La force de cette musique vocale jointe à celle des instruments, tiroyent l'ame par les oreilles de tous les auditeurs, & l'aurait fait bien davantage, sans que le Soleil descendu dans son char flamboyant, éclairé d'or, d'escarboucles & de brillants, excitoit un doux murmure d'acclamations (6). » — Mme de Motteville cite deux des courtisans qui se distinguaient le plus par leur enthousiasme : « Le maréchal de Gramont, éloquent, spirituel, gascon, & hardi à trop louer, mettait cette comédie au-dessus des merveilles du monde : le duc de Mortemart, grand amateur de la musique & grand courtisan, paraissait enchanté au seul nom du moindre des acteurs : & tous ensemble, afin de plaire au ministre, faisaient de si fortes exagérations quand ils en parlaient, qu'elle devint enfin ennuyeuse aux personnes modérées dans

(1) Le 2 mars, après avoir dîné chez M. de Sévigné, Lefèvre d'Ormesson alla « au Palais-Royal pour voir la représentation de la grande comédie, où, après avoir attendu 1 heure 1/2, il entra par le moyen de M. de la Mothe... Les voix sont belles, mais la langue italienne, que l'on n'entendait pas aisément, estoit ennuyeuse. » *Mémoires d'O. Lefèvre d'Ormesson,* (*Doc. inéd. sur l'hist. de France,* I, p. 377-8.) Renaudot assure pourtant que les acteurs jouaient si parfaitement « qu'ils se pouvoyent faire entendre à ceux qui n'avoyent aucune connoissance de leur langue ».

(2) *Mémoires du marquis de Montglat.* (Petitot, p. 59-60.)

(3) *Mme de Motteville,* p. 258.

(4) *Renaudot,* 8 mars.

(5) *Id.*

(6) *Renaudot.*

les paroles. » — Quant à Naudé, il dit qu'à la fin de la représentation « on
n'entendait rien autre chose que les exclamations de ceux qui en loüoient
extraordinairement ce qui avait le plus fait d'impression sur leurs esprits (1) » ;
& il cite quelques vers latins extraits « d'un ouvrage entier qu'un cordelier
portugais, le R. P. Macedo, avait composé à la louange de cette comédie ».

On ne pouvait donc raisonnablement chicaner le succès de la pièce, —
(au moins immédiatement) (2). — Mais l'opposition se rattrapa sur un autre
terrain. Ne pouvant reprocher à l'*Orfeo* d'être un spectacle manqué, elle lui
reprocha d'être trop beau, trop riche, & de coûter trop cher. Cette nouvelle
forme d'hostilité n'était pas moins dangereuse que l'opposition religieuse. La
misère était grande, & les impôts montaient : ils venaient d'atteindre cette
année même le chiffre le plus élevé où ils fussent jamais parvenus (3). Les
Parlements affectaient de se poser en défenseurs du peuple contre les expédients
financiers de Mazarin & de ses Italiens. Ils ne pouvaient manquer de signaler
à la nation affamée les dépenses exagérées du cardinal pour les plaisirs de la
cour & les spectacles italiens. Le reproche ici était fondé ; mais ils l'exagérèrent
beaucoup, & grossirent considérablement le chiffre des sommes gaspillées
pour *Orfeo*. — Naudé proteste en vain qu'on ne dépensa que 30 000 écus(4).
Les 30 000 écus deviennent 400 000 livres chez Montglat, & 500 000 écus
chez Guy Joly. — « La comédie en musique, dit ce dernier, conseiller au
Châtelet, coûta plus de 500 000 écus, & fit faire beaucoup de réflexions à
tout le monde, mais particulièrement à ceux des compagnies souveraines
qu'on tourmentait, & qui voyaient bien, par cette dépense excessive & superflue,
que les besoins de l'État n'étaient pas si pressants, qu'on ne les eût bien
épargnés si l'on eût voulu (5). » — Et l'on voit dans Goulas que les perfides
doléances des Parlementaires atteignirent leur but & parvinrent à remuer le
peuple : « La comédie de M. le cardinal causa tant de bruit & de vacarme
parmi le peuple » qu'il ne songea plus à rien autre. « Car chacun s'acharna
sur l'horrible dépense des machines & des musiciens italiens qui étoient

(1) « Cette comédie représentée quasi en présence de toute la France, avec l'approbation,
voire mesme le transport & admiration de tous ceux qui faisoient profession de s'y cognoistre. »
NAUDÉ, *Jugement de tout ce qui a été imprimé contre le cardinal... &c.* 1649.

(2) Cela n'empêcha point les ennemis de Mazarin, ou les envieux de Luigi, de falsifier
bientôt l'histoire, & de railler dans les Mazarinades l'ennui d'Orphée, à peu près de la même façon
que nos journaux amusants raillaient vers 1860 les vertus soporifiques de Tannhaeuser : « Ce
beau mais malheureux Orphée, ou, pour mieux parler, ce Morphée, puisque tout le monde
y dormit. » Bientôt Cambert & Perrin ne craindront pas d'écrire que « les comédies en musique
italiennes ont déplu à notre nation » (1659).

(3) 142 millions.

(4) « L'on a voulu qu'une despense de 30 000 escus pour un entretien de la Cour, & d'une
si grande ville que Paris, ait esté une chose bien extraordinaire : & l'on a fait un crime de voir
une seule comédie de respect pendant la régence, au lieu qu'auparavant c'estoit galanterie d'en
voir toutes les années, & de jouer bien souvent des Balets, dont la despense estoit quasi toujours
plus grande que n'a esté celle de la comédie d'Orphée. » Naudé, *Ibid.*

(5) *Mémoires de Guy Joly*. (Petitot, t. XLVII, p. 11.)

venus de Rome & d'ailleurs à grands frais, parce qu'il les fallut payer pour partir, venir & s'entretenir en France (1). »

Mazarin vit venir l'orage, & il s'en inquiéta. Une lettre de Melani, citée plus haut, disait, on s'en souvient, que la reine faisait préparer une autre comédie en musique, pour donner aussitôt après *Orfeo* (2). Mazarin s'y opposa. Naudé nous le dit formellement : « Il combattit l'année suivante les sentimens de toute la cour, & empescha absolument que l'on ne fist une autre comédie, qui n'auroit esté de gueres moindre despense que celle d'Orphée (3). » Et il ajoute même que, « si on l'eut voulu croire, l'on n'auroit jamais pensé à cette première, à laquelle ceux qui la presserent davantage, s'estoient engagez insensiblement ».

Rien n'y fit ; & ces protestations — (dont quelques-unes étaient d'ailleurs peu vraisemblables) — n'empêchèrent pas les calomnies d'aller leur train. Les dépenses d'*Orfeo* restent pendant les guerres civiles le principal grief contre la prodigalité du cardinal : « Quand il a fallu trouver de quoy le proscrire, on luy a mis cette pièce en ligne de compte... On lui a donné sujet de dire après Ovide :

O nimis exitio nata theatra meo (4). »

L'impopularité dont jouit l'*Orfeo* se manifeste bien aux persécutions qu'eut à subir Torelli, le machiniste, le véritable auteur de la pièce aux yeux du gros public. Il fut poursuivi, emprisonné, ruiné pendant la Fronde ; & sa vie fut menacée, comme celle des autres Italiens restés à Paris, qui avaient pris part aux représentations de 1645 & 1647.

Ainsi l'opéra italien eut part, de la façon la plus inattendue, mais la plus certaine, au soulèvement de la Fronde. Et c'est ce qui nous explique que, malgré le grand succès de ses premiers essais en France, il ait fallu attendre tant d'années encore après *Orfeo* pour le voir définitivement installé à Paris (5).

ROMAIN ROLLAND.

(1) *Mémoires de Goulas*, II, p. 212.

(2) Lettre d'Atto Melani, 12 janv. 1647. Peut-être s'agissait-il du projet de carrousel dramatico-musical de Margherita Costa : *le Défi d'Apollon et de Mars.*

(3) Du reste, la maladie du petit roi (la petite vérole), puis les troubles de la Fronde, vinrent interrompre toutes les fêtes.

(4) NAUDÉ, *id.*, p. 575. Naudé va même jusqu'à appeler Mazarin « le Martyr d'Estat », parce qu'on lui fit porter, à lui seul, la responsabilité de toutes les dépenses d'*Orfeo*.

(5) Quelques dates : 1654. Ballet italien donné à la cour. *Le Nozze di Peleo e Theti*, de Buti, Captoli & Torelli. — 1659. *Opéra d'Issy (Pastorale)* de Perrin & Cambert. — 1660. *Serse* de Cavalli (au Louvre). — 1662. *Ercole amante* de Cavalli. — 1671. *Pomone* de Cambert & Perrin, & fondation de l'Académie d'Opéra.

Il n'est pas sans intérêt de rappeler que malade, & deux mois avant sa mort, Mazarin faisait représenter *Serse* dans sa chambre (le 11 janvier 1661, lettre de l'ambassadeur Grimani. — Il mourut le 9 mars). — Ainsi, jusqu'à la fin, il conserva son amour pour la musique & pour l'Opéra. L'éternel Melani jouait deux rôles dans la pièce, qu'il avait montée.

On peut croire que l'influence d'*Orfeo* a contribué à la création d'un certain nombre de tragédies lyriques françaises, dont la *Naissance d'Hercule* de Rotrou (1640) & l'*Andromède* de Corneille (1650) sont les exemples les plus célèbres. Pour l'*Andromède*, dont la musique était de d'Assoucy, ami de Luigi, on utilisa même les machines d'*Orfeo*.

14

PURCELL ET BACH

L'histoire de Henry Purcell, le grand musicien anglais, a un intérêt tout particulier. Il fut enlevé de ce monde à l'âge de 37 ans &, selon toute apparence, avant que son génie eût atteint sa complète maturité. Quinze ans, presque jour pour jour, après sa mort (1695), Händel vint à Londres ; la musique de Purcell était alors presque entièrement tombée dans l'oubli. Le *Te Deum* qu'il avait écrit en 1694 pour le Festival de Sainte-Cécile fut exécuté dans la cathédrale de Saint-Paul pendant dix-huit années consécutives ; mais il fut alors remplacé par l'*Utrecht Te Deum* de Händel. L'art, il est vrai, est cosmopolite ; mais cependant les musiciens anglais, malgré tout le respect qu'ils doivent à Händel, ne peuvent s'empêcher de regretter que le plus parfait génie musical dont la Grande Bretagne puisse se glorifier n'ait pas été considéré comme le fondateur & le représentant d'une École anglaise. *Didon et Enée*, opéra que Purcell écrivit à l'âge de 21 ans, est une œuvre marquée de la réelle empreinte du génie & qui aurait été suivie sans doute par d'autres ouvrages d'un mérite plus grand encore. Ce fut le seul véritable opéra que composa Purcell.

Je n'ai pas l'intention de discuter la musique de Purcell ; mais je voudrais, en quelques mots, le comparer à l'un de ses plus grands successeurs, Jean-Sébastien Bach, au point de vue des influences extérieures, du développement graduel de leurs facultés en puissance & aussi de la justice tardive rendue à leur génie. Il est certes bien loin de ma pensée de proclamer l'égalité de ces deux génies ; mais ce qui leur fut commun, ce fut le profond amour de leur art & cette modestie naturelle qui accompagne le vrai mérite.

Bach n'avait que 10 ans quand Purcell mourut. Tous deux travaillèrent avec assiduité la musique de leurs prédécesseurs & celle de leurs contemporains. Pour ce qui en est de Bach, Spitta a dit quelle grande influence eurent sur lui Pachelbel, Buxehude, Kuhnau & quelques autres. Purcell, lui aussi, doit beaucoup à des compositeurs, ses compatriotes, qui vécurent avant lui. Deux d'entre eux surtout doivent être cités : John Jenkins & Matthew Locke.

Les œuvres de ces grands compositeurs furent publiées ou exécutées seulement en parties ; mais ce fut suffisant pour montrer que Purcell procéda d'eux à peu près de la même façon, — si ce parallèle sommaire & primitif peut être permis, — que Beethoven procéda de Haydn & de Mozart.

Les rapports qu'il y a entre Purcell & ses prédécesseurs anglais, ainsi que l'influence qu'ils eurent sur lui, pourraient être la matière d'une étude des plus intéressantes dans l'évolution musicale ; si cette étude était soigneusement faite sur le plan même suivi par Spitta dans son travail sur les influences extérieures d'après lesquelles Bach développa ses facultés latentes, elle deviendrait à la fois intéressante & utile.

Bach n'étudia pas seulement la musique allemande ; mais il fut mis en contact immédiat avec les ouvrages des compositeurs français & italiens. A la cour ducale de Cette où Bach, dans sa jeunesse, passa quelque temps, la musique instrumentale française jouissait d'une faveur spéciale, — il copia de sa propre main des suites de Grigny & de Dieupart ; — & nous voyons qu'à Weimar il trouva l'occasion de se familiariser avec la musique de chambre des Italiens.

Maintenant si nous revenons à Purcell, nous le trouvons de bonne heure sous l'influence de la musique française. Son maître fut Pelham Humphreys que Charles II envoya à Paris pour travailler sous la direction de Lulli & qu'à son retour Pepys, dans son journal, dépeignit comme un « absolute Monsieur ». Puis dans la dédicace au duc de Sommerset de son œuvre la *Prophétesse*, Purcell lui-même écrit : « La musique n'est encore qu'en enfance ; c'est un enfant précoce qui donne l'espoir de ce qu'il peut être un jour en Angleterre, quand ses maîtres auront trouvé plus d'encouragement. Il devra maintenant étudier les compositeurs italiens qui sont ses meilleurs maîtres & travailler un peu la musique française afin d'acquérir plus de gaieté & d'entrain. »

Purcell comme Bach développa peu à peu son génie. « La Tempête », « la Prophétesse » ou « Dioclétien », « Le Roi Arthur », « la Reine des Fées », « la Reine Indienne », la musique vocale & instrumentale de tous ces opéras peut être rangée au nombre de ses meilleures œuvres, & ces opéras furent composés entre 1600 & 1695, les dernières années de sa vie. Bach, il est à peine besoin de l'ajouter, parvint à l'apogée du talent pendant le temps qu'il vécut à Leipzig, dernière période de son existence. Le grand musicien cependant eut une vie plus longue & plus paisible que celle de Purcell &, même en supposant que le génie naturel de Purcell eût égalé celui de Bach, les conditions dans lesquelles celui-là travailla furent moins favorables.

Bach mourut au milieu du xviiiᵉ siècle & ils furent très peu nombreux ceux qui conservèrent la mémoire de son nom. Un siècle s'écoula avant la fondation de la Société de Bach pour la publication de ses œuvres complètes. La Société de Purcell, fondée dans un but semblable, ne fut pas, d'autre part, créée avant 1875, 171 ans après la mort du maître anglais. Ainsi, pour ces deux hommes, de longues années s'écoulèrent avant que l'on reconnût leur génie. Les semences, comme nous le voyons dans la vieille parabole, qui ne sont pas semées profondément en terre, bientôt se flétrissent & meurent ; mais les semences qu'avaient jetées Purcell & Bach étaient tombées dans un bon terrain & ont produit à la longue une riche & abondante moisson (1).

SHEDLOCK.

(1) Traduit de l'anglais par Mlle Fernande SALZEDO.

OBSERVATIONS

SUR LA VALEUR HISTORIQUE DES COMPOSITIONS
POUR CLAVECIN DE DOMINIQUE SCARLATTI

Ce n'est pas moi qui révèlerai Dominique Scarlatti aux musiciens : mais, déplorant que ses compositions pour clavecin n'aient pas encore, dans les programmes d'enseignement des Conservatoires de musique, la place qu'elles méritent, je tâcherai d'en stimuler la connaissance & l'étude, en en faisant ressortir la valeur historique.

Scarlatti fut le contemporain de Bach, de Händel, de Rameau & de Couperin ; mais, tandis que ces derniers portaient à la dernière limite de la perfection le style polyphonique & le style fleuri avec les *Fugues* & les *Suites*, lui alla tout seul par une autre route. Il chercha une forme nouvelle, il y insinua le sentiment, tantôt comique, tantôt tendre, de son âme, & il le raviva par un mécanisme hardi & gracieux en même temps. Et de cet ensemble jaillit une personnalité artistique si marquée qu'aujourd'hui, — après deux siècles, — elle vit encore & a même des souffles de vie nouvelle.

Je ne crois pas qu'il y ait de l'audace à affirmer que c'est à Scarlatti que l'on doit l'origine de la *Sonate* moderne ; et si, dans sa vaste production, nous ne trouvons pas la *Sonate* en quatre temps, qui fut plus tard celle de Beethoven, avec *l'adagio* et le *scherzo* comme dans les temps moyens, nous en retrouvons pourtant tous les éléments, soit dans la substance, soit dans la forme. Cette forme, dont les classiques venus plus tard conservèrent, — tout en l'agrandissant, — la proportion presque symétrique des deux parties et le rapport du *rivolto*, peut fort bien être comparée au *sonnet* littéraire.

Le développement des morceaux de Scarlatti est éminemment thématique, souvent à *imitation*, rarement *fugué*, & les thèmes, sobres & précis comme des vers savamment scandés, se montrent à mesure d'une ductilité merveilleuse. Mais ce qui surprend le plus dans les compositions de Scarlatti, c'est le mécanisme. A chaque page, on aperçoit le propos d'éviter les mignardises du style fleuri & de rompre les freins du style lié, propre à l'orgue.

Les combinaisons les plus ingénieuses de gammes & d'arpèges y sont employées de la manière la plus opportune. De temps en temps, on y trouve des passages de *tierces*, de *sixtes* & d'*octaves* confiés à chaque main ; & très souvent on y rencontre des passages à mains croisées & à sauts hardis, qui constituent des preuves de bravoure pour les exécutants.

Il faut connaître à fond les morceaux de Scarlatti pour apprécier à sa juste valeur, — dans l'histoire du développement du piano, — le mécanisme qui les anime, & pour constater que Beethoven, qui devait bien connaître Scarlatti, puisqu'il était encore jeune & se trouvait à Vienne, lorsque Riedl publia un vaste recueil de compositions de Scarlatti, en a fait les applications les plus vastes & les plus géniales. Sous ce rapport, Scarlatti doit donc être aussi considéré comme le précurseur de la *Sonate* moderne.

Dominique Scarlatti tira son éducation musicale de son père, Alexandre, chef de l'École napolitaine, grand compositeur de musique sacrée, d'opéras mélodramatiques, passionnels et gais, et auteur de plusieurs *Toccate* pour clavecin. Dominique débuta, lui aussi, par le mélodrame ; mais il trouva une voie d'expression plus facile dans le clavecin, &, pour cet humble instrument, il écrivit plus de 400 morceaux, — dont une soixantaine fut publiée de son vivant.

Si, dans les morceaux contenus dans les éditions originales, nous avons la mesure de l'art de Scarlatti, on ne peut en dire autant pour les morceaux inédits, parce que le dernier coup de lime leur a manqué.

Il y a, par-ci par là, des imperfections & souvent des hardiesses non justifiées que l'on est tenté de corriger : & il n'y a, en effet, personne qui, en soignant une édition de Scarlatti, n'ait osé porter la plume sur le texte, — & quelquefois même avec un peu trop d'audace, ainsi que l'ont fait *von Bülow* & *Tausig*.

Une chose pareille est-elle permise ? — Non, certes. De même qu'il n'est point permis de retoucher un tableau ancien ou de corriger les premières poésies naïves d'une littérature. L'art profite davantage par la connaissance précise du texte. Respectons-le donc, en nous réservant seulement le droit des gloses.

Moi aussi j'ai quelques torts envers Scarlatti ; mais je ferai amende honorable en soignant la grande édition complète de ses œuvres pour clavecin, que la maison Ricordi de Milan a bien voulu me confier. Je ferai tous mes efforts pour trouver la vraie leçon du texte, en remontant — autant que possible — aux autographes & aux manuscrits de l'époque ; & je ne manquerai pas de réduire à sa valeur le travail des réviseurs.

Je conclus en faisant observer qu'à diverses époques & en divers pays, des éditeurs ont fait & font encore de nobles efforts pour la diffusion des œuvres de Scarlatti ; mais il est à souhaiter qu'une diffusion substantielle en soit faite par les Maîtres au moyen de l'enseignement dans les Conservatoires. Le style & le mécanisme de Dominique Scarlatti méritent une étude plus longue & plus diligente : & je puis dire, par expérience, que la récompense est supérieure à la peine.

ALEXANDRE LONGO.

CONTRIBUTION A L'HISTOIRE DE LA « POLONAISE »

PAR LE Dʳ ADOLF LINDGREN (STOCKHOLM)

Selon A. Sowinski (*Les musiciens polonais*, Paris, 1857) cité dans le
« Dictionary of music » de Grove, la *Polonaise* serait issue des vieux cantiques de Noël qui se chantent encore en Pologne ; il donne comme exemple
un cantique de ce genre dans lequel le rythme & la cadence de la *Polonaise*
se trouvent. Mais le « Dictionary » de Grove (W. B. Squire : art. *Polonaise*)
fait remarquer que, les plus anciennes Polonaises étant instrumentales, il est
plus vraisemblable de supposer que c'est à la cour qu'elles doivent leur
origine. Conformément à cette opinion, la *Polonaise* aurait été dansée pour la
première fois lors d'une grande réception à Krakau en 1574, quand
Henri d'Anjou y reçut l'hommage de ses sujets comme roi de Pologne & que
les grandes dames de la cour défilèrent solennellement devant le trône. Böhme
(*Gesch. des Tanzes in Deutschland*, I, 213) met pourtant en doute que ce défilé
pût être déjà notre *Polonaise* à la mesure 3/4. Sans doute on connaissait déjà
en Allemagne, à la fin du xvıᵉ siècle & au commencement du xvııᵉ, une
« Polenscher Tanz », mais tous les exemples de musique montrent seulement
la mesure à 2/4 ou à 4/4 & par conséquent ce n'était pas notre *Polonaise*.
Dans le livre de luth de Besardus (*Thesaurus harmonicus*. — Cologne, 1603)
se trouvent quelques « choreæ polonicæ », mais elles montrent, du propre
aveu de Squire, « very slightly the rythm and peculiarities of Polish national
music », & sont pour la plupart composées par un Vénitien naturalisé sous le
règne de Sigismund III (1587-1632).

La *Polonaise* actuelle s'est sans doute formée, selon Böhme, vers la fin
du xvıⁱᵉ siècle, mais ce n'est qu'au commencement du xvıııᵉ qu'elle fut
connue. D'où tire-t-elle son origine ? Son nom français semble indiquer la
France ou les maîtres de danse français des cours de l'Allemagne. Cependant
on ne la connaissait pas en France, car elle n'est nommée ni dans l'*Orchéso-
graphie* de Tabourot (1588), ni dans la *Terpsichore* de Praetorius (1612), ni dans
l'*Harmonie universelle* de Mersenne (1636), ni enfin dans le *Dance-Master*
anglais (1650-1731). Je puis ajouter qu'elle n'est pas non plus nommée dans

le livre de luth de Mouton de la fin du xviie siècle, dont un intéressant exemplaire a été trouvé parmi les papiers laissés après la mort du compositeur suédois Aug. Söderman, (pourvu de notes qui semblent indiquer que cet exemplaire a dû appartenir jadis à J.-A. Bellman, grand-père du poète Carl Michaël Bellman).

Les premières *Polonaises* connues, au type bien caractéristique, se trouvent, selon Böhme, dans le livre de musique que Sébastien Bach a écrit pour sa seconde femme en 1725. Böhme en conclut que la *Polonaise* est d'origine allemande (Saxe) & qu'elle a pris naissance à la cour de l'électeur de Saxe, Auguste II le Fort, après que celui-ci fut devenu roi de Pologne en 1697. Il me semble pourtant que, si l'époque de son apparition première semble aujourd'hui hors du débat, il serait plus naturel de supposer qu'elle dut sa naissance à la Pologne plutôt qu'à la Saxe, puisqu'elle a reçu son nom de la Pologne. F. Niecks (*Friedrich Chopin, aus dem Englischen übertragen von W. Langenhans, Leipzig, 1890*; II, 261) tient absolument à la nationalité polonaise & est d'avis que son origine première « verliert sich, wie der der zweifellos älteren mazurka, in fernste vergangenheit », & ajoute que « die ältere *Polonaise* war ohne gesang, und blieb es bis zur zeit des königs Sobieski (1674-96) ». Que ce soit sous un nom français qu'elle ait paru d'abord dans une cour allemande, cela n'empêche pas plus son origine d'être polonaise que celle de l' « allemande », d'abord dansée en France & connue sous un nom français, d'être allemande. On employait du reste aussi le nom de « pohlnisch » pour la distinguer du « teutsch » ; c'est ce que fait le propre maître des cérémonies & historiographe d'Auguste II le Fort, David Fassman (*Das glorwürdigste Leben und Thaten Friedrich August des Grossen*, 1733, p. 567), lorsqu'il décrit de la manière suivante un bal qui eut lieu à l'occasion du mariage du prince-électeur en 1719 : « Ihro Majestat... führten mit der königin unter einer herrlichen music den ball ein, dabey pohlnisch getantzt wurde, und paar und paar dames und cavaliers dem könige nachfolgeten. Vor dem könige giengen vier marschalle mit ihren stäben, und als solches eine halbe stunde gewährt, setzten sich allerseits die königl personen nebst deren dames wieder nieder ; und forderte alsdenn der k. prinz dero gemahl zu einer menuet auf... wie auch zugleich englisch und teutsch getantzet. » Qu'ici « pohlnisch » désigne justement la même chose que *Polonaise*, cela ressort clairement de ce que cette danse ouvrit le bal & fut comme une sorte de procession solennelle. On peut lire dans Brodzinski & Mickiewicz (cités par Niecks, pag. 262-265) des descriptions plus détaillées de la manière de danser cette *Polonaise*, laquelle semble avoir été bien plus variée que ne l'est notre *Polonaise* si monotone & si guindée.

Fassman raconte ensuite qu'en l'an 1706 plusieurs dames suédoises vinrent en Pologne rejoindre leurs maris qu'elles n'avaient pas vu depuis six ans. L'une d'elles, dit-il, la comtesse Piper, amenait avec elle une sœur non mariée qui épousa en Pologne le général Meyerfeld ; « und auf dieser hochzeit hat man den könig von Schweden ein paar reyhen *polnisch* tanzen sehen. » Tout semble en effet indiquer que ce fut pendant le séjour de Charles XII en Pologne que la *Polonaise* fut connue des Suédois & transplantée en Suède sous le nom de *Polska* ou *Pollonessa*. Quelques années plus tard, lors de l'arrivée de Stanislas Leczinsky à Stockholm le 29 septembre 1711, on dansa effectivement la « polska » au palais de Stockholm, d'après Tessin & Tessiniana, qui en font mention de la manière suivante (p. 263-64) :

« Le soir, bal. Leurs Majestés & Son Altesse Royale firent une partie d'hombre. Le roi Stanislas, un peu surpris de ces arrangements, demanda à Tessin : « Je vous prie de me dire qui est-ce qui a fait accroire à la Reine que j'aime la danse? Hélas ! ce n'est pas là ma passion. » Le comte Horn persuada au roi de monter à la salle de bal où il dansa des contredanses anglaises & des *polskas*, mais pas de menuets ; à dix heures on finit. »

L'idée fixe de Böhme que la première « Polnischer Tanz » aurait été une danse d'une autre sorte que la *Polonaise* plus récente, & sans aucun rapport avec celle-ci, repose sur deux propositions dont je vais prouver la fausseté : la première, c'est que la mesure de la « Polnischer Tanz » (en polonais « Taniec Polsky ») aurait été nécessairement à quatre temps (4/4); la seconde, que le rythme ternaire (3/4) devait seul convenir à la *Polonaise*. Voyons ce qu'il en est.

D'après ce que le savant connaisseur de la littérature du luth, le docteur suédois Tobias Nordlind, a eu la complaisance de me communiquer, le nom de « Polnischer Tanz » n'apparaît dans les livres de luth que vers la fin du XVIe siècle. Le premier morceau de cette sorte noté par le même savant se trouve dans le *Lautenbuch* de Waisselius de 1592 & a la forme suivante : (l'accompagnement est supprimé) :

Polonischer Tanz.

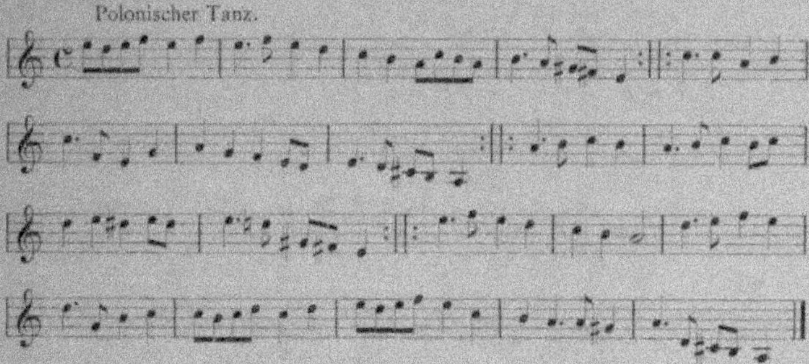

Ce morceau est, comme on le voit, à quatre temps. Cependant au commencement du XVIIe siècle la « Polnischer Tanz » subit généralement ce

changement de rythme que Böhme prétend ordinaire dans les danses allemandes & italiennes & dont il parle de la manière suivante :

« Betrachten wir die Form der Tänze vom 14-16 Jahrhundert, so finden
wir eine ganz eigenthümliche Taktumwandlung, die für deutsche wie für
italienische Tänze stehend war. Sie bestand darin, dass der zuerst in geradem
Takte gesetzte Tanz (prima pars, Vortanz) gleich darauf in ungeradem Takte
wiederholt wurde und dabei wohl einige Abänderungen erfuhr, im Wesentli-
chen aber doch dieselbe Melodie war. Diese veränderte Wiederholung der
Tanzmelodie, jetz im 3/2 Takt, nannte man secunda pars oder proportio
(verstümmelt Proportz), auch Springtanz, Huppauf, Hoppeltanz, Nachtanz. Bei
manchen Hoftänzen heisst der Nachtanz auch Gassenhauer. Bei den Italienern
hiess der zweite Satz, der in lebendigeren, springenden Pas ausgeführt wurde,
Saltarello. Diese taktische Einrichtung war die nothwendige Folge der uralten
zwei Hauptarten vom Tanz, nämlich umgehender und springender. Für jenen
tanzmässigen Umzug oder Vortanz diente der gerade Marschtakt, für den
gesprungenen und gehüpften Nachtanz wurde der 3/2 Takt aufgespielt. »

Böhme donne lui-même un exemple qui prouve qu'on observait ce changement de rythme non seulement dans les danses allemandes & italiennes,
mais encore dans une « Tanzlied nach Art der Polhen », 1651, dont la mélodie
a l'apparence suivante :

Si l'on considère attentivement la « Nachtanz » indiquée plus haut, on
remarquera facilement que cette étrangère & originale mélodie, grâce à un
simple changement de rythme, ressemble assez à une autre danse spécialement polonaise, qui d'habitude est désignée par le rythme ♫ ♩ ♩ j'ai
nommé la *mazurka*. Or, la mazurka ne se distinguait, au point de vue

musical, que fort peu ou point de la *Polonaise* sous sa forme primitive & plus
simple, ainsi que nous allons le voir tout à l'heure. Böhme ne pouvait avoir
connaissance de ce fait, puisqu'il ne connaissait pas de plus ancienne Polonaise que celle de Séb. Bach dont nous avons déjà parlé.

*Mais les plus anciens morceaux de danses, portant le nom de « Polonaise »
comme nomen proprium, se trouvent en Suède.*

Deux cahiers de manuscrits, notés en tablature pour l'orgue, le montrent
bien : l'un est tiré de la collection Möhlman-Djurclou de la bibliothèque
royale de Stockholm, — le second a été découvert par moi à la bibliothèque
de l'évêché dans la ville suédoise de Kalmar. Ce dernier cahier est daté de
1721, le premier n'est pas daté, mais, son contenu ressemblant en partie à
celui d'autres manuscrits datés, on peut en conclure qu'il est de 1710 environ.
Le manuscrit de Stockholm contient entre autres trois danses polonaises, deux
appelées *Le Polonel*, la troisième formellement — mais avec une orthographe
un peu singulière — appelée *Polonese*. Le changement de rythme se trouve
dans toutes les trois, & la dernière mélodie a la forme suivante (notée à la
manière moderne) :

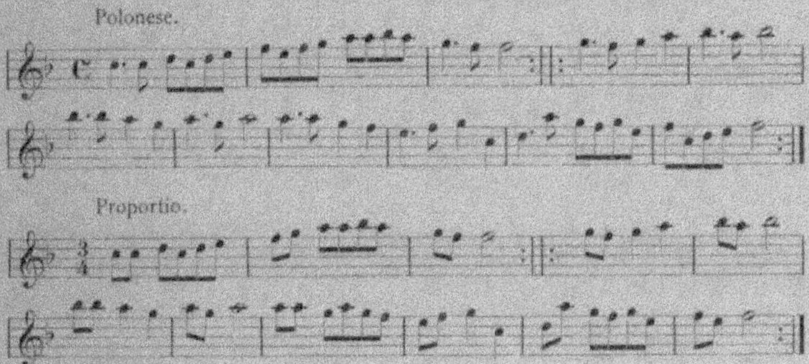

Le manuscrit de Kalmar contient une quantité de morceaux appartenant à
cette catégorie, appelée *Polonessa*, qui est la forme suédoise du mot *Polonaise* ;
— le rythme étant changeant au moins dans un de ces morceaux, ce dernier
doit être reproduit ici.

Proportion.

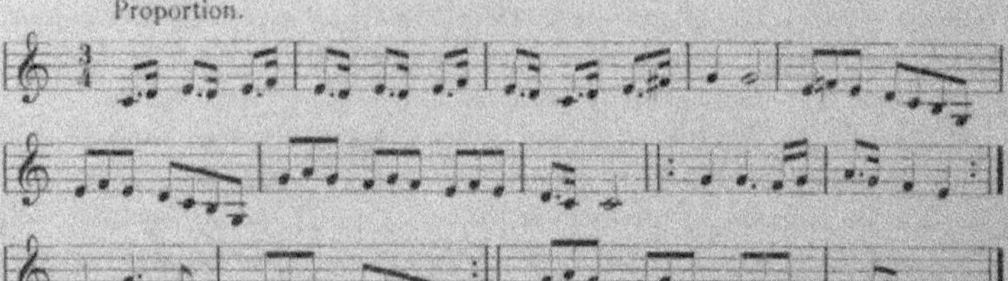

Pour ne pas occuper trop longtemps l'attention, je ne veux produire, de ce même cahier, qu'une seule mélodie encore, laquelle ressemble bien plus à une mazurka qu'à une polonaise moderne. Ce n'est que dans la polonaise de Bach citée par Böhme que le caractère plus prononcé de la *Polonaise* se montre pour la première fois. Mais dans notre manuscrit la danse en est encore à son type le plus simple (on peut l'appeler *le type aux croches*) :

Pollonessa.

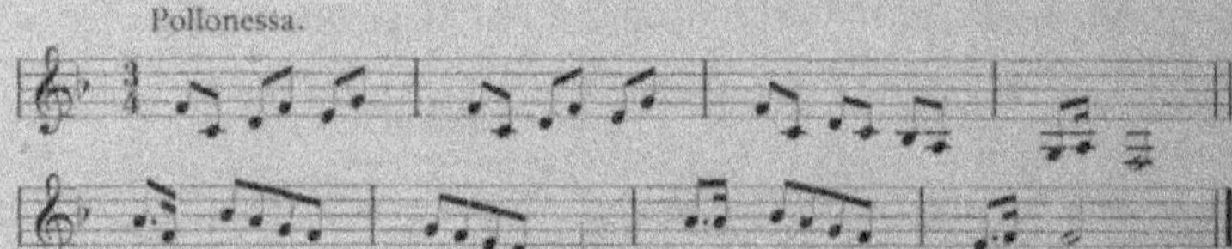

Mais la mélodie de Bach a l'apparence suivante (*le type aux doubles croches*) :

Polonaise.

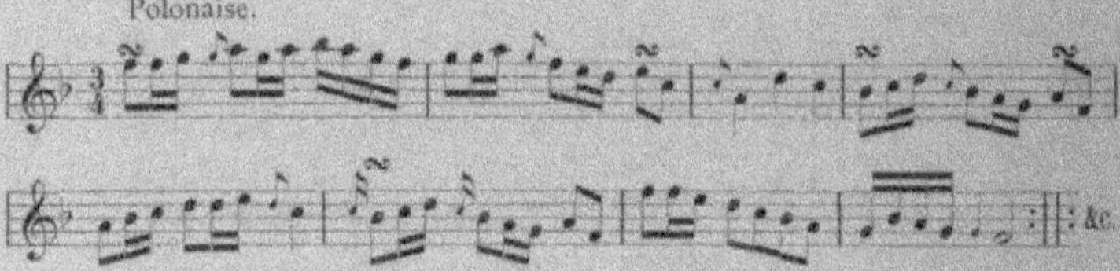

Il est difficile de prouver d'une manière certaine si ce type perfectionné de la *Polonaise* doit son origine au type le plus simple de la *mazurka*, ou s'il s'est produit à côté de celui-ci. Ce qui est digne de remarque, c'est que les deux types se sont conservés dans les danses nationales en Suède jusqu'à nos jours, & que ces types sont tous les deux désignés sous le nom de *Polska*.

La forme à 4 temps semble avoir disparu après 1721, quoique Mattheson en parle encore, 1739 (*Der vollkommene Kapellmeister*). C'est à tort que Böhme dit que « Polonaise im geraden Takt doch nur im Gehirn Mattheson's, aber nie in praxi gelebt hat ».

ADOLF LINDGREN.

LES PRINCIPES NATURELS
DE L'ÉVOLUTION MUSICALE [1]

Introduction à un recueil de « Notes pour servir à l'étude de l'Histoire de la musique ».

A Monsieur le D^r mus. & phil. Hugo Riemann,
en témoignage d'admiration & de reconnaissance.

On a discuté longtemps, & l'on discute encore ardemment sur l'origine possible ou probable de l'art musical. Mais, ce qu'il importe de connaître plus & mieux que l'origine précise, c'est le principe d'évolution d'un art. Pour la musique, ce principe générateur est d'ordre absolument naturel, — ce que je vais m'efforcer de démontrer aussi brièvement que possible.

****

La musique est à la fois un *art* & une *science* ; en tant qu'*art*, elle est la manifestation du Beau par le moyen des sons, mais cette manifestation repose sur une *science* exacte, formée par l'ensemble des lois qui régissent la production des sons, en même temps que leurs rapports d'élévation, de durée, d'intensité & de timbre.

Tout le monde est bien d'accord sur ce point que le *son* est l'élément primordial de toute musique. Toutefois, j'ai hâte d'ajouter que le son pris isolément, en soi, comme résultat de vibrations plus ou moins nombreuses, analogues à celles qui nous procurent les sensations de lumière & de chaleur, ne peut prétendre à aucune valeur esthétique. L'art ne commence que là où il y a « rapport » entre deux sons successifs ou simultanés, là où notre intellect entre en jeu, par l'interprétation spontanée, ou résultant d'un travail préparatoire, de ces rapports nettement définis. Ces rapports nous sont du reste fournis implicitement par le son, dont la composition est de nature fort complexe.

[1] Les données de cet essai sont empruntées aux théories dualistes dont M. Hugo Riemann est actuellement le représentant le plus autorisé. Il va de soi que leur application à la théorie de l'évolution musicale est absolument personnelle & que les conclusions du présent travail n'engagent que leur auteur. — G. H.

Rappelons ici que le son musical comporte toute une série de sons partiels, supérieurs & inférieurs au son fondamental, & dont l'ensemble est connu sous le nom de série harmonique supérieure & inférieure. Soit, pour le son *ut* :

$$1 \quad \frac{1}{2} \quad \frac{1}{3} \quad \frac{1}{4} \quad \frac{1}{5} \quad \frac{1}{6} \quad \frac{1}{7} \quad \frac{1}{8} \quad \frac{1}{9} \quad \frac{1}{10} \quad \frac{1}{11} \quad \frac{1}{12}$$

$$fa^{-2} \ sol\flat^{-2} \ la\flat^{-2} \ si\flat^{-2} \ ut^{-1} \ ré^{-1} \ fa^{-1} \ la\flat^{-1} \ ut^{1} \ fa^{1} \ ut^{2} \ UT^{3} \ ut^{3} \ sol^{4} \ ut^{5} \ mi^{5} \ sol^{6} \ si\flat^{6} \ ut^{6} \ ré^{6} \ mi^{6} \ fa\sharp^{6} \ sol^{6}$$

$$12 \quad 11 \quad 10 \quad 9 \quad 8 \quad 7 \quad 6 \quad 5 \quad 4 \quad 3 \quad 2 \quad 1$$

& de même pour chacun des sons de l'échelle musicale.

Il y a, dans cette simple contexture physique du son musical, un genre d'évolution qui est bien loin d'avoir, à l'heure qu'il est, porté tous ses fruits, & dont nous ne pouvons encore mesurer la puissance.

Les rapports d'élévation des sons entre eux nous sont fournis par le son lui-même. Il n'en est pas moins certain que, dès la plus haute antiquité, théoriciens & musiciens pratiquants cherchèrent à les fixer, en établissant un certain nombre d'échelles tonales qui servirent de base à l'exercice *artistique* de la musique. J'insiste, pour cause, sur le qualificatif « artistique ». Il est, en effet, de toute évidence que la musique populaire des races primitives ne connut, durant des milliers d'années, d'autre forme que celle de la mélodie réduite à son unique principe constant : changement de hauteur des sons, par marche ascendante ou descendante, mais continue, non par degrés, comme c'est le cas dans la musique des nations plus développées. Et cette existence prouvée de la mélodie continue ne vient-elle pas d'une manière frappante à l'appui de la négation de l'harmonie chez les peuples de l'antiquité? On sait que l'harmonie est le résultat de la superposition de deux ou plusieurs mélodies différentes. Or, comment serait-il possible d'établir des rapports de simultanéité entre des mélodies dont le déploiement ne serait point soumis à la fixation préalable d'un certain nombre de degrés, toujours identiques à euxmêmes & se trouvant, par conséquent, dans des rapports réciproques nettement déterminés?

La possibilité de superposer des mélodies diverses ne peut donc remonter au delà de l'époque à laquelle les théoriciens établirent une échelle restreinte, formée de *valeurs moyennes*, de degrés. D'autre part, cette possibilité résulte directement de la connaissance approfondie du son musical.

Ainsi, *du son naît la mélodie* dans ses rapports déterminés, analysés au moyen de la fixation préalable de degrés, — *du son encore, l'harmonie.*

Rien de plus aisé, maintenant, que de suivre, à la lumière de ce principe, la ligne de développement merveilleux qui, à travers les tâtonnements innombrables des peuples de l'antiquité (Chinois, Hindous, Égyptiens, Hébreux, Grecs), conduit des premières exclamations de joie, des premiers cris de douleur de l'homme à la formation d'une gamme à rapports constants.

.·.

Quant à la fixation de la *durée* relative des sons, elle n'est issue que du besoin d'individualiser toujours davantage les différentes voix participant à l'ensemble polyphonique. Et la prodigieuse transformation que subit l'art musical dès le début du XIIᵉ siècle, grâce à l'adoption d'une notation proportionnelle (c'est-à-dire d'une notation dans laquelle les rapports de durée des sons se trouvent exactement déterminés), que peut-elle être, sinon l'exploitation consciente & rigoureuse du principe de la durée des sons? — Enfin, avant de dépasser le siècle de Palestrina, ce XVIᵉ siècle qui trace une limite naturelle dans l'histoire musicale, nous voyons l'union de ces deux seuls principes, l'*élévation* & la *durée*, réaliser toutes les merveilles de l'art polyphonique, depuis ses tout premiers balbutiements, dans les formules d'accompagnement arpégées des Grecs, jusqu'aux grandes écoles vocales de l'Italie septentrionale, en passant par l'organum, la diaphonie, le faux-bourdon, les imitations de contrepoint, le canon, &c., &c.

.·.

Le son musical comporte d'autres facteurs encore que l'élévation & la durée, facteurs dont on ne saurait nier l'importance & qui sont : l'*intensité* (provenant, comme on le sait, de l'amplitude des vibrations) & le *timbre* (qui a sa source dans le nombre & la combinaison des harmoniques entourant le son fondamental). Or, c'est à développer & à perfectionner les éléments esthétiques de ces deux facteurs que se sont appliqués, sciemment ou non, tous les grands maîtres du XVIIIᵉ & du XIXᵉ siècle.

Le *timbre* d'abord : voyez cette formidable poussée qui, dans la musique instrumentale, de Monteverdi à MM. Vincent d'Indy ou Richard Strauss, en passant par les Bach, Gluck, Haydn, Mozart, Beethoven, Weber, Mendelssohn, Schumann, Berlioz & Wagner, tend à l'individualisation toujours plus absolue d'un nombre toujours plus considérable d'instruments divers.

Mais l'*intensité* du son, objectera-t-on sans doute, fut observée de tout temps ; il est évident que, toujours, l'exécution de telle hymne ambrosienne, de telle messe de Palestrina fut nuancée. — C'est fort bien ; toutefois, il convient de remarquer qu'il s'agit en l'espèce d'œuvres vocales dont les degrés d'intensité sonore sont réglés par pur instinct du chanteur. Quant au développement, à l'exploitation — si j'ose ainsi m'exprimer — du principe même de l'intensité sonore, avec tout ce qu'il comporte d'infinies variétés, de nuances délicates, progressives & régressives, c'est l'œuvre avant tout du XVIIIᵉ siècle.

A partir du jour où la parenté des sons par tierce fut reconnue, l'ancienne échelle des quintes (Pythagore) fut remplacée — comme base de l'échelle fondamentale mélodique — par un groupe d'harmonies naturelles qui comprend un son fondamental (prime) portant sa tierce & sa quinte, accompagné de sa quinte supérieure & de sa quinte inférieure, portant chacune leur tierce & leur quinte. Soit, pour le son *ut* :

<table>
<tr><td>*Majeur pur :*</td><td>*Mineur pur :*</td></tr>
<tr><td>   sol si ré</td><td>   ut mi♭ sol</td></tr>
<tr><td> ut mi sol</td><td> fa la♭ ut</td></tr>
<tr><td>fa la ut</td><td>si♭ ré♭ fa</td></tr>
<tr><td>soit : ut, ré, mi, fa, sol, la, si.</td><td>soit : ut, si♭, la♭, sol, fa, mi♭, ré♭.</td></tr>
</table>

ou :

<table>
<tr><td>*Majeur-Mineur :*</td><td>*Mineur-Majeur :*</td></tr>
<tr><td>   sol si ré</td><td>   ut mi sol</td></tr>
<tr><td> ut mi sol</td><td> fa la♭ ut</td></tr>
<tr><td>fa la♭ ut</td><td>si♭ ré♭ fa</td></tr>
<tr><td>soit : ut, ré, mi, fa, sol, la♭, si.</td><td>soit : ut, si♭, la♭, sol, fa, mi, ré♭.</td></tr>
</table>

De ces diverses constatations, il résulte, entre autres, que deux sons doivent être considérés comme consonants, lorsqu'ils appartiennent à une seule & même harmonie naturelle & qu'ils la représentent ; que, par contre, la dissonance ne s'explique que comme adjonction à une harmonie naturelle d'un son emprunté à une autre harmonie naturelle.

Il y a plus encore — & c'est là que nous en voulions venir — : la parenté des sons par tierce implique nécessairement celle des harmonies que portent ces sons. Et voici, n'est-il pas vrai, la clef simple, pratique & exclusivement scientifique du principe de la *tonalité moderne* — fondement de l'évolution contemporaine de notre art —, de la *tonalité libre*, par opposition à la tonalité enchaînée aux lois de la formation d'une gamme diatonique.

Bien que fort brèves &, sans doute incomplètes, les considérations qui précèdent nous permettent d'affirmer maintenant que *le développement continu de l'art musical est le résultat*, non pas tant d'une série d'actes de volonté successifs, que *de la puissance évolutive propre aux éléments mêmes de l'art en question*.

.·.

Si, après avoir recherché les principes générateurs de l'évolution musicale, nous examinons cette évolution non plus dans ses causes, mais bien dans ses effets, dans ses *manifestations extérieures*, nous remarquerons que l'histoire de notre art se subdivise en trois grandes périodes, & que nous sommes au début d'une quatrième période. D'autre part, la continuité de l'évolution musicale est telle qu'il serait impossible de fixer exactement l'étendue de chaque période. La deuxième ne commence pas au point précis où s'achève la première, & ainsi de suite ; bien au contraire, chaque période plonge des racines profondes dans la période précédente.

Lausanne, Juillet 1900.

GEORGES HUMBERT,
Prof. d'histoire de la musique,
au Conservatoire de Genève
& à l'Institut de musique de Lausanne.

LES PRINCIPES NATURELS DE L'ÉVOLUTION MUSICALE 225

musicale est telle qu'il serait impossible de fixer exactement l'étendue de chaque période. La deuxième ne commence pas au point précis où s'achève la première, & ainsi de suite ; bien au contraire, chaque période plonge des racines profondes dans la période précédente.

PROGRÈS ET NATIONALITÉ DANS LA MUSIQUE

L'épopée grecque chantait : « La génération des hommes est semblable à celle des feuilles : autant de feuilles le vent répand sur la terre à l'automne, autant de feuilles se reproduisent dans la forêt au renouvellement du printemps. » Cette belle image pourrait bien s'appliquer aux formes de l'art en général, de l'art musical en particulier. Si plusieurs d'entre elles tombent dans l'oubli, on en voit plusieurs autres poindre & s'épanouir avec un lustre nouveau. On croirait donc que l'homme doit saluer avec joie les floraisons nouvelles de l'art & en encourager le progrès ; personne ne niera cependant que l'homme, par nature ou par habitude, penche toujours au regret du passé. Il juge presque toujours en pessimiste les temps dans lesquels il vit, & pareillement il se plaît à méconnaître les progrès artistiques ; en sorte que, si quelqu'un vient lui démontrer que le siècle est corrompu & immoral, que tout s'effondre, se noie dans l'eau trouble qui monte, monte jusqu'à nous ; ou si on lui fait observer l'avilissement de la littérature, le crépuscule de la poésie, la décadence de l'art, il prend tout cela pour de grandes vérités.

Je dirai d'abord qu'il suffit d'ouvrir un livre quelconque traitant de l'art, de n'importe quelle époque, pour y lire ces habituels *hosannas* sur les temps écoulés & ces habituelles lamentations sur les temps actuels. — « La divine musique des anciens Grecs avait suspendu le cours des fleuves ; elle avait fait tressaillir les forêts, déplacé les pierres, apaisé les bêtes féroces. » Et pourtant, ne s'était-elle pas aussitôt *corrompue* ? Pindare s'opposait déjà à sa décadence ; & Plutarque, dans son *De Musica*, faisait dire à Lysie que plusieurs écrivains platoniciens & péripatéticiens avaient déjà traité de l'*excellence de l'ancienne musique* & de sa subséquente *corruption*. Platon avait appelé déjà « corrompue » la musique de son époque, & Aristoxène en faisait remonter la décadence aux temps de Sophocle. Le comédien Anassila ajoutait qu'en son temps la musique, comme la Lybie, produisait chaque année quelque *monstre* tel qu'on n'en avait jamais vu ! *Dans la Chine elle-même*, & dès l'an 364 après Jésus-Christ, l'empereur Ngaiti se plaignait… de la décadence de la musique, & la chassait, comme corruptrice des mœurs, du Céleste Empire ! Mais laissons là les temps anciens, & venons à notre époque.

Stefano Arteaga, l'auteur renommé des *Révolutions du théâtre musical italien* (1), non seulement s'efforçait de démontrer la décadence de la musique dans le siècle passé, mais en déterminait aussi les causes. Elles sont exactement les mêmes qu'on a toujours répétées après lui & qu'aujourd'hui encore on répète. — Et d'abord, *l'abus de la musique instrumentale dans le drame lyrique*. Ah! les temps heureux où tous les soins du compositeur étaient pour la mélodie, la phrase chantée!... Maintenant, les instruments dominent la voix humaine : adieu la simplicité, le sentiment! — Deuxième raison : *l'excessive sonorité, le fracas, le vacarme :* enfin, *l'égarement des traditions nationales*, la manie du *germanisme*.

Voilà les principaux reproches que Arteaga faisait à la musique de son temps, & que, relativement au « bruit excessif », faisait aussssi Benedetto Marcello, lorsque, dans son piquant ouvrage satirique intitulé *Le théâtre à la mode* (2), il conseillait ironiquement aux compositeurs de son temps de faire grand usage de la partie instrumentale, *car, pour faire de la bonne musique à la mode du jour*, disait-il, *il faut chercher le fracas plutôt que l'harmonie!*

Ensuite vous entendrez un poète italien, Pindemonte, se prononcer contre le drame lyrique de son temps, revêtu de si graves harmonies qu'on ne peut plus entendre la voix du chanteur, ni comprendre l'idée musicale, noyée dans un océan de sons qui se détruisent mutuellement; vous entendrez Marmontel saluer Gluck avec ces vers :

... Le parterre éveillé d'un long somme
Dans un grand bruit crut voir l'art d'un grand homme!

Vous entendrez la même accusation contre Rossini, dont un poète italien osa dire que son orchestre brisait le tympan; sa *Sémiramis*, lorsqu'elle parut, ne plut pas, parce qu'*on reprochait à Rossini d'avoir amplifié à l'excès, dans cette nouvelle partition, le rôle de l'orchestre, et employé des formules trop recherchées!*

De Bellini lui-même, toujours si simple & si clair, on a dit, écrit & publié que, dans les *Puritani*, il avait *abusé de l'instrumentation;* & je me garderai de répéter, car l'histoire en est trop récente, ce qu'on a dit de Verdi, de Gounod, de Bizet, de tous les maîtres contemporains.

On a toujours reproché à tous les maîtres non allemands de se germaniser, à mesure qu'ils avançaient dans la voie lumineuse que leur indiquaient le génie & l'évolution du goût. — On a dit, en parlant de *Sémiramis*, que Rossini *avait été gâté par son séjour à Vienne*, & le surnom d'*Allemand* lui avait été jeté à la face même avant, comme une injure. De son côté l'auteur du *Barbier*, en écrivant à l'avocat Filippo Santocanale, à propos des *Puritani*, s'exprimait ainsi dans une lettre publiée par le journal *L'Omnibus* de Naples, (28 mai 1835) : « Il y a dans cette partition un progrès notable en ce qui regarde l'instrumentation : veuillez néanmoins recommander tous les jours à Bellini de ne pas trop se laisser séduire par les harmonies allemandes ! » Tandis que Rossini théorisait de cette façon, les critiques lui faisaient les mêmes reproches qu'il adressait à Bellini ; ils remarquaient dans le *Moïse, une recherche germanique d'accompagnement ;* & Stendhal l'appelait *l'Allemand,* & bien d'autres se montraient scandalisés du *Guillaume Tell,* opéra trop tôt arrivé, compris seulement trop tard. Il sera tout à fait inutile de rappeler comment le même reproche de « germanisation » a été lancé à Verdi : tout le monde s'en souvient. — Lors de l'apparition d'*Aïda,* les critiques déplorèrent la perte, peut-être irréparable, des traditions de l'art italien. — Un critique français très connu écrivait qu'il trouvait dans *Aïda, un autre Verdi entiché de germanisme :* en Italie, on répéta les accusations habituelles contre l'excessive sonorité & la condescendance envers les formes wagnériennes, dont cependant on ne trouve pas de trace dans cette partition. — Aujourd'hui, faut-il le dire ? *Aïda* est classée parmi les vieilleries ; & les accusations de germanisme qu'on lui adressait autrefois se reportent sur *Othello* & sur *Falstaff.*

Sur le germanisme, on a eu longtemps, en Italie, d'étranges préjugés, non encore complétement dissipés ; on a enveloppé toute la musique allemande dans une imputation générique de pesanteur & d'obscurité. Un philosophe illustre & bon poète italien, Mamiani, dans son hymne à sainte Cécile, après avoir représenté le type & la figure artistique de plusieurs compositeurs italiens, en parlant de Mozart s'écriait qu' « il avait harmonisé avec gravité ses chants teutoniques » ! Pour la même raison, lorsque les maîtres italiens, avançant dans leur route, profitaient des nouvelles conquêtes de l'art, élargissaient la conception & les formes de l'œuvre musicale, on cria qu'ils se germanisaient, tandis qu'il fallait dire simplement qu'ils faisaient des progrès. Toutes ces lamentations cependant avaient une raison d'être ; quelque chose de vrai devait bien s'y trouver, puisqu'on les répétait toujours, avec tant d'insistance. Où donc est la raison de ces critiques continuelles ?

Hector Berlioz disait qu'en matière de musique *les idées de nationalisme devaient paraître à tous les esprits droits d'un ridicule infini.* — L'affirmation, sous cette forme tranchante, est bien un peu trop absolue. Le compositeur, de même que tout autre artiste, est assujetti, jusqu'à un certain point, aux conditions de race, de climat, de civilisation qui l'entourent. Mais il ne faut pas exagérer, soit pour une raison générale, soit pour des raisons spéciales à la musique même. La raison générale est que le génie de race peut varier dans les individus & dans les temps. Nous rencontrons souvent, chez les divers peuples, des artistes dont le tempérament ne correspond pas tout à fait au type de la race, & qui, par exemple, étant italiens, ont, comme Spontini, la profondeur & la sévérité des maîtres allemands, ou qui, étant allemands, ont, comme Mozart, la grâce & la douceur de la musique italienne. D'ailleurs l'histoire nous apprend que certaines races semblèrent demeurer longtemps privées de certaines facultés, encore à l'état latent ; plus tard elles les développèrent avec éclat, tandis que d'autres les perdirent ou du moins cessèrent d'y exceller.

Les Français ne seront jamais musiciens, avait osé déclarer Jean-Jacques Rousseau ; mais l'histoire a cassé l'arrêt du philosophe génevois & la France a bien démontré & démontre aujourd'hui avec éclat ses facultés musicales. — M. Fétis, en reconnaissant que les Italiens sont organisés pour la musique, disait que « les Allemands le sont déjà moins » : pouvait-on le dire de la patrie de Handel, de Bach, de Haydn, de Mozart, de Beethoven, de Wagner, &c.? Quant à nous, Italiens, M. Bertrand, dans son livre sur *les Nationalités Musicales* (1), fait observer justement (puisque nos facultés artistiques sont attribuées à notre race, à notre ciel, à notre climat) que nos aïeux, les Romains, n'ont pas été un peuple d'artistes. Laboureurs, guerriers, historiens, orateurs, jurisconsultes, administrateurs, tant qu'on voudra ; artistes, non pas ! C'était l'art grec qui se reflétait à Rome ; & Virgile chantait : « D'autres sauront mieux faire vivre le marbre & respirer l'airain... toi, Romain, songe à gouverner les nations ; cet art sera le tien !... » Et pourtant le climat d'Italie était-il moins doux? le soleil moins ardent? le ciel moins bleu? les femmes inspiratrices moins belles?

A propos de cette question de *nationalité*, je distinguerais volontiers la musique *populaire* & la musique *savante*, la partie *descriptive* de la musique & sa partie *affective*, enfin, dans l'opéra théâtral, la nationalité de l'auteur & celle des personnages, la musique en elle-même & le sujet de l'action dramatique. Dans la musique populaire les caractères nationaux se montrent vivement : personne ne pourrait confondre une *Tyrolienne* & un *Stornello Toscano*, une *Rapsodie Hongroise* & une *Tarentelle Napolitaine*, une *Chanson Bretonne* & une *Habanera Espagnole*. Dans cette musique simple, primitive & naïve, qui jaillit, comme aurait dit notre poète Carducci, *su del popolo dal cuore*, du cœur du peuple, & qui a la saine fraîcheur, le parfum agreste des fleurs champêtres, il est bien naturel que les qualités de la race, du climat, du milieu, exercent toute leur influence. Et par la même raison que là où vit le sapin ne fleurit pas l'oranger, que selon les pays le physique de l'homme varie, comme les tendances de son esprit, par la même raison la musique populaire, cette manifestation spontanée du sens mélodique, garde pur & intact son caractère national. Et l'œuvre d'art aussi, plus elle s'approche du genre populaire ou veut l'imiter, plus elle tient du caractère national ; tandis qu'elle le perd, ou du moins en reproduit moins vive l'image, lorsqu'elle s'éloigne du genre & du cachet populaires.

(1) Paris, Didier, 1872.

M. Albert Soubies, dans sa brochure sur la musique russe & la musique espagnole (1), a montré comment, avec l'intention de se dégager complètement de l'imitation étrangère & de revêtir un coloris absolument national, plusieurs musiciens de l'un & de l'autre pays ont manifesté la tendance à s'inspirer du chant & du rythme populaires, également riches, variés, flexibles, & puissants chez les deux races ; cela, surtout par le mérite de Cui en Russie, de Pedrell en Espagne. Ces musiciens commencent par choisir, suivant l'exemple de Wagner, un sujet national, car ainsi l'illusion est plus complète ; &, à cet égard, M. Pedrell n'aurait pu trouver un sujet plus convenable & plus propre que la splendide trilogie de Victor Balaguer : *Les Pyrénées.*

Mais ces musiciens ont bien vite compris que le choix d'un sujet national ne suffisait pas pour atteindre le but. Et ils ont cherché dans la mine inépuisable de la musique populaire : là ils ont trouvé des trésors, surtout en Espagne, & ils se sont servis de ce matériel typique pour donner à leur musique le cachet national. C'est, je crois, la voie juste ; car, si le vrai type national se rencontre presque exclusivement dans la musique populaire, pour en colorer la musique savante il faut avoir recours à cette musique populaire & s'abreuver à ses sources.

Ceci posé, on peut, comme j'ai dit, distinguer dans l'œuvre musicale la partie descriptive de la partie affective. Si les prêtres, dans le chœur d'*Aida*, élèvent leurs hymnes à l'*immense Phta* avec des formes typiquement orientales, Aida, Radamès & Ammeris expriment modernement, à l'européenne, les luttes de leurs âmes tourmentées par la jalousie & par l'amour : si l'orchestre, dans l'*Africaine*, se sert de thèmes indiens pour la *Marche*, Selika chante modernement, à l'européenne, son duo d'amour avec Vasco de Gama ; si le *Ranz des vaches* donne un coloris suisse à l'ouverture de *Guillaume Tell*, cela n'empêche pas que Guillaume, Arnold & Mathilde s'expriment en style italien. Dans la partie affective de l'œuvre musicale, c'est le sentiment humain qui jaillit & qui vibre ; & le sentiment humain, justement parce qu'il est humain, tient de tous les temps & de tous les pays ; & l'œuvre d'art qui par l'inspiration du génie le comprend, l'interprète, le reproduit, appartient, elle aussi, à tous les temps & à tous les pays. Seul, le décor de la scène est *local.*

Enfin, quand on traite de l'opéra théâtral, il faut distinguer la nationalité de l'auteur & celle des personnages du drame. En effet, lorsqu'on veut étudier la nationalité de la musique & les modifications qu'elle peut subir, il faut considérer la musique *en elle-même*, abstraction faite du *sujet* de l'action dramatique. — Pourquoi ne disons-nous pas que la *Traviata* est un opéra français ? que l'*Aida* est un opéra égyptien ? que *Faust* est un opéra allemand ? que *le Barbier de Séville* est un opéra espagnol ? Néanmoins l'illusion esthétique éprouvée par le spectateur au théâtre est qu'il assiste au drame parisien

(1) Paris, Fischbacher, 1896.

de *la Dame aux Camélias*, au roman amoureux de l'esclave africaine, aux aventures de la belle Gretchen, aux saillies, aux traits d'esprit de Figaro. — Mais, sans tenir compte que dans les actions dramatiques on prend presque toujours pour sujet des faits humains qui auraient pu se passer également dans un lieu ou dans un autre, il faut bien convenir que l'illusion relative au lieu où se passe l'action est produite en grande partie par d'autres moyens plutôt que par la musique : par le sujet, par les paroles du drame, par la mise en scène, par les costumes, &c. La musique par elle-même ne se conforme pas & ne peut pas se conformer à la nationalité des personnages qui agissent sur la scène, ni au lieu ni au temps où se passe l'action.

Pacini a beau faire des recherches sur la musique grecque pour écrire son opéra de *Sapho* : rien de grec, au point de vue de la musique, ne se rencontre dans son opéra. Pietro Mascagni a beau introduire des instruments japonais dans son opéra d'*Iris* : ôtez les scènes, les bijoux, les éventails, les parapluies, que reste-t-il de japonais dans sa musique ?

Pour la même raison je crois que les critiques qui prétendaient que Meyerbeer était le créateur de l'opéra historique étaient dans l'erreur. — La musique des *Huguenots* ne changerait pas de nature si, comme M. Hanslik l'observe(1), au lieu de la lutte entre les protestants & les catholiques il s'agissait de la lutte entre les Gibelins & les Guelfes. Pour cela on a pu, comme vous le savez, représenter aussi les *Huguenots* sous le titre de *Anglicans*, en changeant tout à fait le libretto de Scribe, en transportant l'action en Angleterre, en substituant Henriette de France à Valentine, Cromwell à Marcel, &c. ; & de même les *Vêpres Siciliennes* de Verdi se transformèrent en *Giovanna di Guzman*. — Ces distinctions étant faites, laissons pour le moment de côté la musique populaire, la partie descriptive de la musique, les sujets des opéras lyriques : considérons brièvement la musique dite *savante*. Quels sont les éléments qui, au point de vue de ce caractère national, servent à donner à la musique le cachet ethnique ? c'est, à mon avis, jusqu'à un certain point le *Rythme*, qui, par exemple, prend des formes régulières, claires, carrées, dans la musique italienne, des formes vagues, indéfinies, dans la musique allemande, des formes vives & sautillantes dans la musique française, — ensuite & plus encore, c'est la *construction de la période*, du discours mélodique. On a dit avec raison que la caractéristique des peuples du Nord est tout entière dans les sentiments qui *persistent*, & celle des peuples du Midi dans les sentiments qui *éclatent* : voilà pourquoi, non pas dans une phrase, mais dans l'ensemble d'une œuvre musicale on peut, toujours jusqu'à un certain point, reconnaître le type national, qui conduit les uns aux chaudes expansions, les autres aux longs développements analytiques. Mais l'élément principal sur lequel le type ethnique se fonde est constitué, à mon avis, par la *tradition*

(1) Hanslik. *Del bello nella Musica*, Milano, Ricordi.

antique & constante, par l'usage habituel de ces formes indigènes, spontanées, primitives, qui sont conformes au génie de la race.

Or, l'usage de ces formes, nettement accusées dans la musique populaire, subit dans la musique savante de sensibles modifications, qui deviennent plus apparentes à mesure que l'art avance & que l'échange des productions artistiques entre les peuples devient plus fréquent. — C'est pour cela que le caractère national paraît avec des traits plus saillants dans les œuvres des compositeurs purs, qui n'ont pas ressenti l'influence de l'art étranger, & chez les peuples qui ont eu moins de contact avec les autres. — Aujourd'hui encore la musique qui conserve le plus son type national est celle des nations chez lesquelles l'influence de l'art italien, qui autrefois s'imposa à l'art de l'Europe entière, n'arriva pas ou n'arriva que très faiblement : — telle la musique des modernes compositeurs norvégiens & suédois.

D'un côté donc le progrès, de l'autre l'influence de l'art étranger, voilà les causes principales par lesquelles, en passant de la musique populaire à la musique savante & dans la marche évolutive de celle-ci, le primitif & naïf caractère national bien souvent s'affaiblit, en provoquant les lamentations dont j'ai déjà parlé. Ces causes agissent sur toutes les manifestations de l'art & même en dehors de l'art : dans le commerce, dans l'industrie, dans les mœurs, dans les habitudes de la vie. — Aujourd'hui, presque partout en Europe, on vit de la même manière : l'esprit européen suit les mêmes inclinations, il a un fond commun de culture, presque une identité d'intentions & de buts. Que ce soit bien, que ce soit mal, il n'en est pas moins vrai que la couleur locale se perd jusque dans les mœurs. On s'habille, on se nourrit partout de la même manière ; partout on prend les mêmes distractions, & les Français, comme les Italiens, comme les Allemands, comme les Russes, comme les Espagnols, montrent les mêmes prédilections pour le théâtre ou pour les vélos, pour le café-chantant ou pour le Lawn-Tennis. La littérature & l'art dramatique également deviennent cosmopolites, ce qui est du reste naturel, car, si la vie s'uniformise, l'art aussi, qui veut la représenter & qui a partout sous les yeux les mêmes spectacles, prend nécessairement un caractère uniforme. — Mais la musique, bien plus que les autres arts, ressent l'influence de ces causes, étant, par nature, un langage indéfini & *commun*.

M. Bertrand l'a bien relevé dans son livre sur les nationalités musicales ; lorsqu'on lit dans les journaux qu'au Covent-Garden de Londres on donne les *Huguenots* ou *Robert le Diable*, songe-t-on qu'il s'agit, dans un théâtre *anglais*, de la traduction *italienne* d'opéras composés en *français* par un *Allemand* ! Ce serait donc la tour de Babel, la confusion des langues ! — C'est que cette langue est commune à tous les peuples du monde. On a justement observé que, si Eschyle, Shakspeare, Corneille ont eu quelquefois les mêmes idées, ils n'eurent jamais les mêmes mots pour les exprimer ; tandis que le compositeur de musique se sert toujours des mêmes moyens pour traduire ses

inspirations. L'art musical moderne repose sur des principes communs &
est gouverné partout par les mêmes lois. Si la musique grecque avait, comme
il semble & pour le peu qu'on en sait, une base tout à fait diverse de la
nôtre, on comprend qu'elle puisse avoir eu aussi un type tout à fait autre;
si les Arabes ont dix-huit degrés dans leur gamme, de la tonique à l'octave,
& si les Indiens en ont vingt-deux, l'on comprend qu'ils puissent créer une
musique tout à fait différente de la nôtre & qu'ils restent indifférents devant
notre art, comme nous devant le leur. Mais en Europe la musique moderne
se fonde sur un système unique soit pour la gamme, soit pour la tonalité.
Partout la gamme se compose des mêmes sept notes dans leurs intervalles
fixes..., partout il n'y a que deux tonalités, majeure & mineure. Rien n'est
resté des anciens modes : ni des Grecs, (Lydien, Phrygien, Dorien...), ni de
ceux du moyen âge; & les huit tonalités, authentiques & plagales, qui
formaient jadis le système musical se sont rétrécies & fondues en deux
seulement. Donc la langue qui sert à notre musique est langue universelle &
unique. — Universelle & unique aussi est la science de l'Harmonie & du
Contrepoint, réglée partout par les mêmes lois. De manière que, si je puis
ainsi m'exprimer, le matériel dont les compositeurs disposent pour la manifestation de leurs pensées musicales est le même partout.

Mais la musique n'est pas seulement un langage universel & commun
par excellence; elle est aussi un langage *indéfini*, qui ne peut exprimer que
des idées musicales. D'un tableau, d'une sculpture, on peut dire que le
sujet est une scène de famille, une bataille, un paysage, un portrait; en
musique, malgré les utopies des symphonistes à programme, il faut se
contenter de dire, par exemple, que le thème de la Symphonie en ut de
Beethoven est : *sol, sol, sol, mi...*, une phrase, une idée, une pensée *musicale*.
Pour cela la musique ne perd pas de sa puissance, de sa suggestion :
aussi, en lui ôtant les facultés significatives, elle garde intacte sa vertu mystérieuse & secrète pour agir d'une façon merveilleuse sur notre âme. Nous ne
devons pas lui demander plus qu'elle ne peut nous donner : nous ne devons
pas la forcer, la dénaturer, la faire sortir de ses bornes. Aujourd'hui nous
assistons à une étrange interversion des arts. La peinture, au lieu de reproduire le monde sensible, tâche de signifier symboliquement les idées, en se
changeant en poésie; la musique, par la recherche des couleurs, veut tenir
le pinceau; & la poésie tend à se faire en même temps musique & peinture,
en se transformant en *audition colorée* ! Non, non : laissons chaque art dans
ses limites. Quant à la musique, c'est seulement la beauté des *idées musicales*
que nous devons rechercher dans le plus pur, dans le plus élevé des arts !
Langage commun, langage indéfini : telle est donc la musique; &, si tels sont
ses caractères principaux, on comprend sans efforts que bien vive doit être
sur elle l'action des causes d'où dérive l'affaiblissement du type national. —
La première de ces causes est le progrès. *Dans la musique*, écrivait

M. Lavoix, *il n'y a pas de décadence ; il n'y a que des transformations*. Et l'affirmation est juste en ce sens que, tout en rencontrant dans l'histoire de la musique des périodes qu'il a été convenu d'appeler *décadence*, & qui peut-être le sont effectivement, même dans ces périodes & malgré toutes les erreurs, le progrès continue sans interruption sa marche triomphale.

Une des formes musicales qui est, par exemple, des plus sujettes à se fourvoyer, à s'égarer, c'est l'opéra théâtral. La Camarade Florentine, qui la première créa le drame lyrique, eut sans doute l'idée beaucoup plus saine & beaucoup plus élevée que celle qui fut adoptée par les compositeurs italiens du xviii⁰ siècle. Plus tard encore, c'est-à-dire dans la première moitié de notre siècle, la direction du drame lyrique fut, comme conception, moins élevée, quoique le ciel musical fût semé de rayonnantes étoiles. Mais, si nous faisons abstraction de l'idée générale qui a formé le mélodrame, idée qui tient à l'œuvre d'art dans son ensemble, non à la musique en elle-même, & qui varie naturellement selon les temps, selon les conditions de l'art, selon l'impulsion qui lui est donnée par l'idée personnelle des compositeurs ; si nous passons à considérer la musique en elle-même & si nous comparons les essais de Peri & de Caccini avec ceux de Monteverdi, & si ensuite nous les comparons avec la musique de Paisiello, de Cimarosa, de Pergolesi ; si après Gluck nous passons à Spontini, à Mozart, à Rossini, à Meyerbeer, à Bellini, à Verdi, à Gounod, à Wagner, &c., nous devons reconnaître que la musique a toujours été en progrès, bien que les *laudatores temporis acti* aient toujours crié qu'elle était dans un état de décadence, pour ainsi dire permanente !

Donc, progrès, progrès, toujours progrès ; mais progrès signifie, comme Spencer l'a dit, passage de l'homogène à l'hétérogène. — Tel étant le progrès, il est bien naturel que son développement agisse sensiblement sur le type national de la musique : car la loi esthétique de ce développement consiste dans une continuelle divergence de l'art de sa mission originaire, de son expression primitive : & toute l'histoire nous démontre que l'art, dans son évolution progressive, devient toujours plus aristocrate & moins populaire. Par conséquent, le caractère ethnique, qui paraît très vif dans la musique populaire, se montre moins clair & moins éclatant à mesure que l'art s'affine & qu'à la masse populaire anonyme se substitue l'individualité de l'artiste. — Pendant la lutte, le goût varie, se modifie, s'adapte aux nouvelles impressions, qui, accueillies d'abord par un petit nombre de personnes, obtiennent ensuite une plus grande faveur & finissent par s'imposer à tout le monde. Voilà bientôt les nouvelles formes acceptées & adoptées ; & voilà par conséquent mises de côté ou du moins modifiées les formes anciennes. Voilà pourquoi la musique subit très profondément la vogue du moment & se soumet aux exigences de l'époque où elle naît. — Et alors, abstraction faite de la nationalité des auteurs, les *ariettes* de Cimarosa prennent le type même de celles de Mozart, les *récitatifs* de Carissimi ressemblent à ceux de Haendel, les sonates pour violon de Tartini à celles de Leclair, &c. — Aujourd'hui encore les compositeurs n'adoptent-ils pas dans tous les pays à peu près les mêmes formes ? Et n'y a-t-il pas aussi en musique la tyrannie de la mode ? Il serait pour cela bien intéressant & curieux de comparer les productions musicales universelles d'une époque avec celles d'une autre, & d'observer que souvent ces caractères typiques, qu'on a coutume d'attribuer à la nationalité de la musique, tiennent au contraire à son progrès, à son évolution continuelle. On a dit longtemps, par exemple, que l'Italie a le privilège des inspirations mélodiques, tandis que l'Allemagne a le privilège du genre symphonique & harmonique. Mais, si nous interrogeons l'histoire, elle nous répond d'un côté que les anciens compositeurs italiens furent aussi profonds contrepointistes que les Allemands, qu'ils cherchèrent d'abord le progrès dans la complication harmonique des messes à neuf chœurs, à cinquante parties réelles, à trois orgues, &c., & qu'à certaines de leurs œuvres on peut reprocher plus de sévérité, plus d'aridité, même plus d'abstruserie qu'aux œuvres allemandes ; d'autre part l'histoire nous répond qu'il faudrait bien appeler *italiens* (si par italien nous voulons entendre *facile, clair, spontané*) bien des chants de Mozart, de Beethoven, de Schubert, de Mendelssohn, chants passionnés, inspirés, sublimes, dont la forme est parfaitement plane & carrée. — L'histoire nous répond que la mélodie, dans l'opéra italien, n'était, au début, qu'une déclamation, un récitatif, une mélopée, & que les idées de Wagner sur le drame musical se rapprochent beaucoup des idées de la Camarade Florentine, comme du reste les idées de Gluck s'en rapprochaient au point que M. Bellaigue pouvait écrire : « La réforme de Gluck fut moins une révolution qu'une restauration : la mise en un jour nouveau & plus éclatant, la promotion à la beauté supérieure & totale du plus ancien & du plus pur idéal italien : celui de la Renaissance, celui des fondateurs de l'opéra, les Peri, les Caccini, les Monteverdi. »

D'ailleurs Gluck théoricien n'est pas le même que Gluck praticien. M. Bertrand écrivait de lui : « Gluck fait profession de ne céder à aucune complaisance pour la musique & de la sacrifier à la stricte expression du drame. Ne vous y fiez pas trop : vous le verrez répéter deux & quatre fois à l'italienne le même membre de la phrase : il aime les reprises symétriques, il affectionne la forme traditionnelle du Rondeau. » C'est ainsi qu'il y a d'anciens opéras allemands, ceux de Gluck compris, qui sont bien plus simples, bien plus faciles, bien plus *italiens* que plusieurs opéras de nos compositeurs modernes : & la raison est que les formes de l'art changent suivant la marche du temps plus que la nationalité des auteurs.

J'espère donc avoir démontré que le progrès, cette *nécessité bienfaisante*, comme Spencer l'appelait, a une grande influence sur le type national de la musique & en modifie les caractères primitifs, & que les lamentations des critiques sur l'affaiblissement du type national dans l'œuvre d'art trouvent leur raison d'être dans la marche évolutive de l'art même, qui, en se développant, se transforme de ruisseau en torrent ! — Mais le progrès de l'art ne doit pas seulement se considérer dans les diverses époques historiques ; il doit se considérer aussi dans l'individualité des compositeurs & dans leur production personnelle. — Les critiques ont toujours reproché à tout compositeur de s'être éloigné, dans ses compositions successives, de cette limpidité du type ethnique qui resplendissait dans ses ouvrages primitifs : & cela toujours parce que l'on confond souvent la nationalité avec le progrès. Il est évident que les compositeurs de tous les temps & de tous les pays tendent à s'élever toujours vers des formes plus choisies & plus compliquées. Rossini, qui avait commencé par la *Cambiale di Matrimonio*, parvient au *Guillaume Tell* ; Bellini, parti de la *Bianca e Gernando*, arrive aux *Puritani*, que, comme j'ai dit déjà, on trouvait orchestrés à l'allemande ; Verdi, qui avait débuté avec *Oberto* ou *Nabucco*, parvient à l'*Otbello* & au *Falstaff*, toujours sous le reproche de se germaniser. En Allemagne aussi, Beethoven, après ses premières Sonates, son mélodique Septuor, ses Romances pour violon, arrive aux grandioses Quatuors de sa dernière manière, à ses colossales Symphonies ; Wagner parvient à la philosophique profondeur de sa Tétralogie. Et alors, en confondant la question de la nationalité avec la question du progrès, aux Allemands qui commencent on dit qu'ils écrivent à l'italienne ; aux Italiens qui avancent on dit qu'ils écrivent à l'allemande ! Mais il est temps de considérer en peu de mots un autre élément qui agit sur le caractère national de la musique, c'est-à-dire l'échange entre les peuples de leurs productions artistiques.

On a percé les montagnes, on a réuni la Méditerranée à l'Océan ; & même (on peut vraiment le dire aujourd'hui !) la grande muraille de la Chine est tombée ! Mais la musique avait précédé déjà toute moderne facilité de communication entre les peuples & aujourd'hui encore la précède. Elle n'attend pas que vous alliez la chercher chez elle : elle vient à vous d'elle-même. Ainsi a lieu un échange d'idées, de sensations, d'impressions : les génies des diverses nationalités se comprennent, se mêlent, se fondent, insensiblement, presque sans s'en apercevoir. Dans l'œuvre musicale d'un compositeur étranger l'on rencontre de nouvelles formes, de nouveaux rythmes, une façon nouvelle d'harmoniser, de nouveaux mouvements de la phrase mélodique, des cadences nouvelles ; & on les goûte & on les aime. Alors, bon gré mal gré, on imite ces nouveautés, qui entrent peu à peu dans le domaine public & deviennent même à la mode. Voilà donc de nouveaux procédés, de nouvelles formes acquises ainsi à l'art national, dérivées de l'art étranger & modifiant le type de notre art. Quelquefois ce n'est que du renouveau. Certaines formes que l'art moderne français croit avoir empruntées à l'art italien ou à l'art allemand étaient au contraire, à l'origine, vraiment françaises de naissance ; certaines cadences (surtout celle sur la *seconde* du ton) entrèrent dans la musique italienne actuelle lorsqu'on connut les productions de la musique française moderne de Gounod, de Bizet, &c. Il sembla alors qu'on introduisait un élément propre de la musique française dans la musique italienne. Au contraire, ces cadences étaient propres à la musique italienne plus ancienne, c'est-à-dire à la musique italienne sacrée & profane du XVIIe & du XVIIIe siècle. Du golfe de Naples, des Églises romaines, des rives de l'Arno, de la Lagune vénitienne, elles avaient émigré sur les rives de la Seine, & maintenant des rives de la Seine elles revenaient en Italie. — C'est ainsi qu'entre les génies des peuples ont lieu des unions qui, dans certains moments historiques, sont peut-être nécessaires. En attendant, Wagner lui-même pensait ainsi, lorsqu'il écrivait à Boïto en ces termes : « Peut-être est nécessaire un nouvel hyménée entre les génies des peuples : & dans ce cas il ne pourrait exister pour nous Allemands un plus beau choix d'amour que celui qui unirait le génie d'Allemagne à celui d'Italie : si mon pauvre *Lohengrin* devait être le messager de ces noces idéales, il lui serait vraiment échu une admirable mission. »

En effet qui niera ce que les compositeurs d'une nation doivent aux compositeurs d'une autre ? Qui voudra nier aussi l'influence particulière que le génie d'un seul homme exerce sur toute la production artistique de son temps ? Tout le monde sait qu'à l'apparition de Rossini presque tous les compositeurs de l'époque devinrent Rossiniens, même hors des frontières d'Italie ; puisque le torrent sorti de la *fantaisie* du Cygne italien les emportait dans ses ondes ; tout le monde sait que, lorsque Gounod parut en France, on chercha partout à imiter le style de son *Faust* ; & il est inutile de parler de l'influence exercée par l'œuvre de Richard Wagner.

Il est vrai que l'on cherche quelquefois à réagir contre l'importation de l'art étranger ; il est vrai que l'on a quelquefois recours, pour en empêcher la diffusion, à des moyens aussi odieux que ridicules ; on a crié, même en Italie, *à bas Wagner !*.. on a publié ailleurs des arrêtés préfectoraux qui défendaient l'exécution d'opéras étrangers. Mais heureusement il faut bien autre chose que des partis pris & des arrêtés préfectoraux pour suffoquer les manifestations artistiques d'un peuple & pour empêcher qu'elles s'introduisent dans celles d'un autre !

Enfin vous voudrez bien, je l'espère, Mesdames & Messieurs, permettre à un Italien de rappeler, puisqu'elle se rattache à la question de la nationalité de la musique, une gloire incontestable de sa patrie, de sa chère patrie lointaine, vers laquelle vole en ce moment sa pensée.

Il y eut un temps pendant lequel la musique italienne s'imposa à tout le monde. Alfred de Musset chantait :

> ... Harmonie ! Harmonie !
> Langue que pour l'amour inventa le génie,
> Qui nous vint d'Italie & qui lui vint des cieux !

Lorsque les ténèbres du moyen âge commencèrent à se dissiper & après que l'École franco-flamande eut donné à l'art une si forte impulsion, le sentiment (comme M. Rolland l'a bien relevé dans son admirable ouvrage sur les *Origines du drame lyrique* (1)) entra dans la musique, qui, jusqu'alors, n'avait été qu'un exercice mathématique de savants. Le mouvement dans ce sens, commencé par Josquin, fut accompli par le grand Palestrina, le père de la musique moderne. Mais chez lui, & aussi chez les madrigalistes du xviie siècle, la musique demeurait encore circonscrite dans le cercle de la polyphonie vocale.

A Vincenzo Galilei & à Giulio Caccini revient l'honneur d'avoir les premiers introduit le chant à une seule voix, c'est-à-dire la *Monodie*, qui devait être la base de l'art nouveau. Le nouvel art, l'opéra, naquit à Florence : & à sa naissance se rattachent dans l'immortalité de la gloire les noms de Peri, de Caccini, de Corsi, d'Emilio Del Cavaliere, du poète Ottavio Rinuccini. L'opéra, né dans le milieu aristocratique des cours & des palais, descend bientôt jusqu'au peuple & se propage, surtout par le mérite de Claudio Monteverdi. Il passe rapidement de Florence à Rome, à Naples, à Venise, & franchit les frontières d'Italie. Plusieurs artistes italiens vont interpréter l'opéra en Allemagne & en France, & les artistes étrangers viennent en Italie pour les étudier.

En France Baïf fait connaître l'opéra italien, & alors on décide de créer des *Académies d'opéra sur le pied de celles d'Italie ;* enfin le grand Lully, florentin, celui qui, selon M. Rolland, savait concilier *l'émotion italienne et le bon goût français,* donne une si grande impulsion en France à l'opéra lyrique que, dit encore M. Rolland, *il est douteux que sans le Florentin notre opéra français eût réussi à se fonder.* — L'art italien pénètre aussi en Angleterre. Dryden disait : « Pour la musique l'école italienne doit dicter la loi. » Purcell lui-même, le plus grand des anciens compositeurs anglais, s'était initié au style des Italiens & disait : « C'est en étudiant les Italiens qu'on pourra élever en Angleterre la musique, cet enfant au maillot ! »

En Espagne comme en Russie la musique italienne exerça pendant longtemps un empire absolu. Et l'on ne peut oublier qu'autrefois, & maintenant encore, l'idéal de tous les artistes fut & est de pouvoir faire un voyage en Italie pour s'abreuver aux sources de l'art, ainsi que firent Händel, Hasse, Gluck, Mozart & bien d'autres, tandis que plusieurs musiciens d'Italie, tels que les Scarlatti & le grand Porpora, qui fut le maître de Haydn, allèrent en Allemagne.

En même temps l'art du chant & l'art du violon se répandaient dans l'Europe par des artistes italiens. Les *virtuoses* de chant parcoururent le monde entier avec tant de succès que Mme de Staël pouvait écrire : « Qui n'a pas

(1) Paris, Thorin, 1895.

entendu le chant italien ne peut avoir l'idée de la musique. » Quant au violon, c'est à Corelli, le grand chef d'école, que se rattachent les générations des violonistes en Italie, en France, en Allemagne, en Angleterre, puisque de lui dérivèrent Pinendel, Conneibach, Cramer & Danner, Eck & Spohr, l'école allemande ; de lui, c'est-à-dire de ses successeurs, Tartini, Nardini, Pugnani & Viotti, dérivèrent Baillot, Habeneck, Alard, l'école française ; & Francesco Geminiani de Lucques, élève aussi de Corelli, fut celui qui fonda en Angleterre l'école du violon.

Comme le violon devait son perfectionnement aux grands luthiers italiens, les Amati, les Guarneri, les Stradivario, de même l'*oboe* était créé par les Besozzi, de Parme, le *basson* par le chanoine Afranio, de Pavie. — Mais un autre instrument aussi devait à l'Italie sa naissance : un instrument qui, synthétisant l'orchestre, devait bientôt se répandre. Bartolomeo Cristofari fut l'inventeur du piano ! Quand j'aurai enfin rappelé qu'à Gregorio Allegri on doit les premiers quatuors, que l'école du piano fut fondée par Clementi, que Schubert fut élève de Salieri, que Meyerbeer commença en style rossinien, qu'au Conservatoire de Paris présida longtemps Cherubini, & que, non sans raison, on a institué les *Prix de Rome*, je pourrai conclure que le sang de la musique italienne s'est infiltré dans les veines de l'art européen.

Avec la même franchise & indépendance de jugement, je suis prêt à reconnaître, Mesdames & Messieurs, qu'aujourd'hui l'art musical italien ressent beaucoup l'influence de l'art étranger : du grand art de la jeune école française, qui a pris sa place avec tant d'éclat, & qui, par sa grâce, par son élégance, par son bon goût, par son sens de la modernité, a conquis tant de compositeurs italiens ; de l'art allemand, qui, par les œuvres colossales de Wagner, a bouleversé toutes les idées esthétiques du drame musical ; de l'art suédois & norvégien, qui, par sa fraîche originalité, charme les compositeurs de mon pays. — C'est un échange continuel de productions artistiques, qui conduit à l'*éclectisme*, & qui, malgré tout, affaiblit le caractère national dans l'œuvre d'art.

Est-ce un bien ? est-ce un mal ? — Je crois que chaque peuple doit mettre le sceau national à ses manifestations artistiques, jusqu'à un certain point & tant que la nature particulière de la musique le permet : mais je crois aussi que l'on doit accorder une large hospitalité à l'art étranger & qu'il n'y a rien à craindre du contact intellectuel des nations. — Je crois aussi qu'on peut profiter de l'art étranger sans renoncer à la physionomie nationale, & qu'il n'est nullement nécessaire de choisir d'une façon absolue entre la tradition locale & la vie commune, entre l'individualité nationale & l'universalité humaine, mais qu'on peut trouver, entre ces deux forces, un accord qui les fasse harmoniser entre elles. Je crois surtout que l'on doit toujours profiter du progrès & de l'évolution de l'art, de quelque pays qu'ils proviennent : « La grande musique, écrivait jadis M. Fouillée, de l'Institut de France, sans cesse d'être individuelle par le génie du musicien & nationale par l'influence du milieu, deviendra de plus en plus internationale, humaine, universelle.... Fille de l'harmonie, la musique est parmi les arts un de ceux qui contribueront le plus à l'harmonie universelle ! »

En effet, malheur à nous si le *Chauvinisme* devait s'introduire dans l'art !

ARNALDO BONAVENTURA.

DE LA MESURE A 5 TEMPS

DANS LA MUSIQUE POPULAIRE FINNOISE

On a généralement l'habitude de regarder la mesure à 5 temps comme une anomalie, qui se trouve çà & là dans la musique antique, dans les musiques populaires de quelques nations, dans les œuvres de quelques compositeurs modernes, mais qui, pourtant, ne saurait compter parmi les mesures normales, régulièrement employées dans la pratique musicale. On trouve la source de toute musique rythmée dans les mesures à 2 temps & à 3 temps : ♩♩ & ♩♩♩. De celles-ci dérivent, par combinaisons, plusieurs mesures complexes : la mesure à 4 temps : ♩♩♩♩, celle à neuf temps : ♩♩♩♩♩♩♩♩♩ & celle à 6 temps, comprenant deux formes diverses : ♩♩♩♩♩♩ & ♩♩♩♩♩♩. On a même admis des combinaisons de ces deux dernières formes, par exemple :

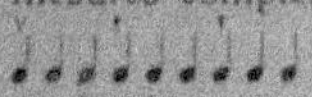

$$\text{♩ ♩ ♩ ♩ ♩ | ♩ ♩ ♩ ♩ ♩ |}$$

quoique la musique moderne les ait presque rejetées, comme trop compliquées (1).

Pourquoi donc, demandera-t-on, la mesure à 5 temps ne serait-elle pas considérée comme une addition des mesures à 2 temps & à 3 temps? La réponse est que, ces deux mesures ayant des caractères tout à fait contraires, leur simple agglomération doit produire l'impression d'un vacillement continuel entre les deux mesures, faisant perdre la notion précise du rythme. D'un heureux effet en des danses populaires, cette indécision ne saurait être courante dans l'art musical. — Pour mieux expliquer l'existence de la mesure à 5 temps, on la déclare abrégée de celle à 6 temps ; ainsi dans la musique grecque antique la mesure ♩♪♩ serait dérivée de ♩♪♩♪ ; de même les mélodies des chants épiques finnois (du *Kalevala*) ♩♩♩♩♩♩♩ seraient

---

(1) Dans la musique populaire suédoise cette mesure combinée est employée d'une manière très intéressante, comme l'a démontré M. le pasteur R. Norén, dans la préface de son excellent ouvrage : *Valda koraler i gammalritmisk form*, Norrtelje, 1891.

dérivées de ♪♪♪♪♪♪ | ♩ ♩ ♩ ⌐ |. On objectera qu'on devrait pouvoir employer dans la même pièce les deux formes tour à tour, ce qui ne serait pourtant pas d'un effet bien satisfaisant. Mais, à supposer que cette dérivation soit correcte, on devra concéder que, pour le sentiment musical, l'impression d'une telle abréviation continuelle est fort inquiétante. Cela donne l'impression que l'on est suspendu dans l'infini, perdant le sol sous les pieds ; il en résulte vraiment la plus étrange agitation mentale, sans fin, sans repos. Ou bien le sentiment religieux fait que l'on est emporté au delà de chaque mesure limitée, en se dégageant de la notion du sol terrestre, & ainsi prend naissance une forme du chant liturgique de l'église. Néanmoins, dans l'art musical, ces formes d'expression ne sont utilisables qu'aux instants de la plus haute sublimité : pour la mesure régulière de toute une pièce musicale elles sont impraticables. On doit donc bien comprendre l'hésitation des compositeurs, & le préjugé des artistes exécutants contre la mesure à 5 temps.

Heureusement pour le développement & l'enrichissement de l'art musical, il se trouve dans la musique populaire finnoise (1) deux formes de mesure à 5 temps, qui dérivent de principes tout à fait clairs & raisonnables & fournissent, pour la pratique musicale, des résultats très satisfaisants. Elles se trouvent dans les mélodies populaires religieuses. Une partie considérable de ces mélodies étant des variantes des hymnes ou chorals allemands (« Deutsche Kirchenlieder »), nous en ferons voir la dérivation & le développement d'une manière incontestable (2).

L'une des deux formes de la mesure à 5 temps s'est développée de la mesure à 4 temps : ♩♩♩♩ par le prolongement du troisième temps : ♩♩♩♩ ; elle se trouve quelquefois seule pour des mélodies entières, par exemple, dans la collection mentionnée, aux numéros : 6, e, f, g, h, (voir la forme à 4 temps : 6 m, & la forme encore plus élargie à 6 temps, (3/2) : 6, j, k, n) : 36, b, c ; 119 p.

Elle aime aussi à alterner avec la forme originaire à 4 temps, par exemple : N° 64, s, t ; 83 i.

<hr>

(1) Probablement aussi dans celle de quelques autres nations, mais je n'en ai pas connaissance.

(2) Les observations suivantes s'appuient sur la collection complète des variantes de chorals, publiée par la Société de Littérature finnoise. *Suomen kanson saewelmiae Ensimmaeinen jakso. Hengellisiae saewelmiae. I. Koraali-toisintoja.* Jyvaeskylae, 1898-1900.

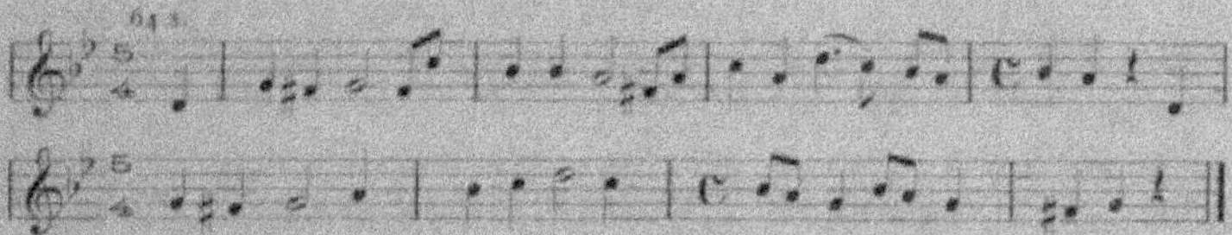

Dans cette forme de mesure à 5 temps, rien d'inquiétant ou d'agitant. On a la forme très régulière & calme de la mesure à 4 temps. Seulement, au troisième temps, le sentiment musical devient plus intense & produit un point d'orgue régulier dans chaque mesure. Pour en relever le charme, la mélodie peut se restreindre de temps en temps à la simple mesure à 4 temps, sans perdre même pour un moment le sentiment précis de la mesure. La preuve de l'emploi fertile dans l'art musical de cette forme empruntée à la musique populaire se rencontrera dans une courte mélodie populaire, qui ne contient que 4 mesures, 2 à 5 temps & 2 à 4 temps, mais qui a la faculté de se laisser développer d'une manière artistique, tout en gardant son rythme caractéristique.

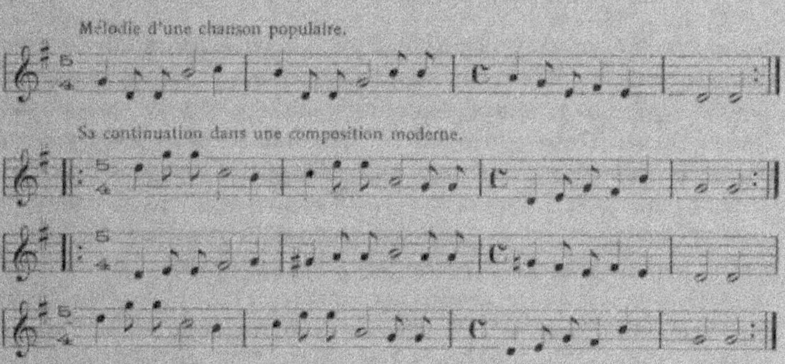

L'autre forme de la mesure à 5 temps, se trouvant dans les mélodies populaires religieuses de la Finlande, est d'une origine bien différente de la précédente. Elle est aussi plus répandue ; dans notre collection on la rencontre aux numéros suivants : 31, 53, 55, 64, 68, 86, 89, 98, 99, 109, 115 & 119. En comparant les variantes restées dans la mesure simple du choral, avec celles qui l'ont transformée en mesure à 5 temps, on peut exactement suivre la transformation. Comme type nous choisirons au Nº 64 les variantes g & k.

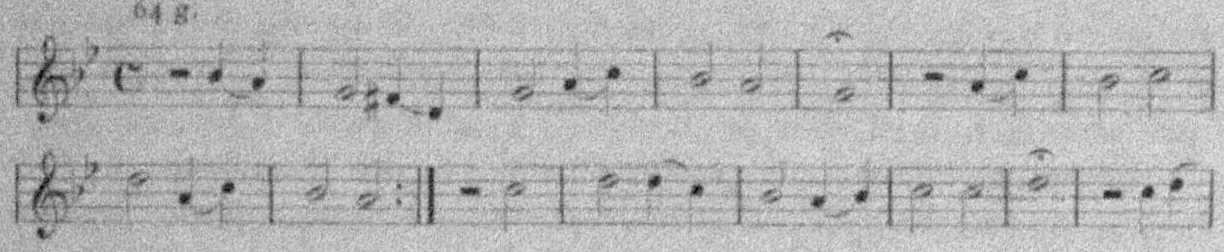

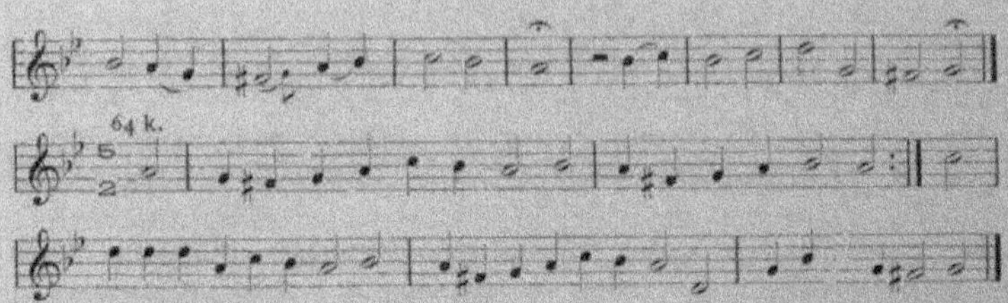

Si nous faisons abstraction des notes de colorature, la variante g nous donne
le schéma métrique suivant :

En changeant les blanches pour des noires, pour plus de clarté, il faut ensuite
réunir deux mesures en une à 4/2 & il en résulte ce qui suit :

Jusqu'ici le changement produit n'est qu'idéal ; la valeur intrinsèque des notes
reste toujours la même, mais la conception métrique de la mélodie a reçu
une forme claire & embrassant les périodes entières. Nous y croyons voir
l'analyse exacte de la mélodie même. Désormais le changement fait par
l'esprit populaire apparaitra comme une modification très simple & naturelle.
Il ne faut que des prolongations presque prescrites par le sentiment du
chanteur, aux points où les phrases se touchent, & la mesure à 5 temps,
comptant deux notes pour la plupart des temps, se présentera parfaite dans
sa rondeur, en une marche majestueuse, soutenue d'un sentiment de chaleur
religieuse, & d'ailleurs sans le moindre défaut de clarté ou de décision
rythmique ; elle est aussi agréable à entendre que facile à retenir :

Une autre forme métrique basée sur le même principe se trouve au Nᵒ 31, e,
f, g, h :

Demandons-nous, à présent, comment se manifestent au point de vue
pratique les avantages offerts par les deux formes de mesure à 5 temps que
nous avons envisagées : le contraste est grand en effet, lorsqu'elles sont
confrontées avec les formes mentionnées au commencement de cette étude.

La réponse sera assez simple. Dans les formes peu praticables pour l'art
musical l'accentuation est donnée au premier & au quatrième temps ; dans les

formes dont la valeur musicale pratique sera certainement approuvée partout,
c'est le premier & le troisième temps qui sont accentués. De là la grande
différence. Là l'abréviation continuelle, ici l'élargissement ; là l'agitation sans
repos ou même l'indifférence absolue de l'accent métrique, ici le calme assuré,
qui sort de la confiance à l'inébranlable sentiment métrique de l'auditeur.

Encore nous reste-t-il à jeter un coup d'œil sur les mélodies des chants
du *Kalevala*, qui doivent toujours servir de fondement naturel à notre musique
nationale finlandaise. Elles nous étaient présentées justement sous la forme
métrique jugée peu praticable pour l'art :

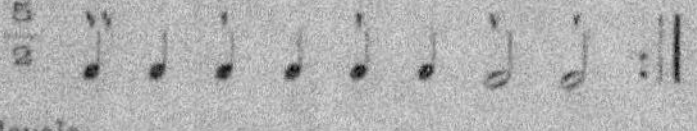

Mélodie de Kalevala.

Je suis convaincu que cette interprétation métrique est fausse & que ces
mélodies doivent être écrites ainsi :

Ainsi elles présenteront une grande ressemblance avec la forme de mesure à
5/2, trouvée dans les mélodies religieuses. Pour nous en convaincre, il suffira
de présenter une variante de choral, qui, au lieu d'une note de commencement prolongée, en a deux courtes, tout à fait comme les mélodies du
Kalevala. C'est, dans notre collection, le N° 53 o, dont voici le schéma :

Sur la musique populaire des autres nations qui emploient la mesure à
5 temps, des observations fertiles pour la science & pour l'art pourront être
fournies par les musicologues de ces nations. Le mémoire présenté ici n'est
qu'une modeste introduction à cette étude & toutes les conclusions à tirer de
ce que nous avons pu observer dans les mélodies finnoises se bornent à
constater que notre art national y pourra utilement contribuer.

ILMARI KROHN.

DES MOYENS D'ORGANISER, EN FRANCE,

UNE LIGUE POUR LA PROTECTION ET LE DÉVELOPPEMENT

DE L'ART MUSICAL

Le Comité d'organisation du Congrès d'histoire de la musique, dans sa dernière circulaire de propagande, insistait sur la nécessité d'une entente immédiate pour l'exécution de réformes pratiques utiles au développement de l'art musical. Il indiquait, parmi les questions à étudier ou à discuter, celles du rôle éducateur & social de la musique, de l'organisation actuelle de l'instruction musicale en Europe, de la réforme de la musique religieuse à l'Église, des devoirs de l'État envers la musique, de la fondation d'une Revue internationale d'historiographie musicale & de musique, subventionnée par les gouvernements, pour établir un lien entre les musiciens, pour répandre les idées nouvelles, & pour développer le goût & l'éducation musicale. C'est en réfléchissant à ces différentes questions que nous avons été mis sur la voie du projet que nous allons soumettre à l'appréciation du Congrès, & dont la réalisation pourrait avoir, selon nous, des conséquences tout à fait considérables.

Ce qui manque le plus aux musiciens, c'est d'être unis pour défendre la cause de leur art, c'est d'être une force sociale ; individualités éparses, ils ne comptent pas ; leurs prétentions, justes ou non, sont toujours sacrifiées, leurs revendications ne trouvent d'écho ni dans le public, ni auprès des gouvernements. Il importe qu'ils s'associent, s'ils veulent devenir puissants, & qu'ils s'associent, non pas seulement dans l'intention de s'assister mutuellement dans la peine ou la misère, mais aussi pour agir, pour se faire connaître, pour étendre leur influence & celle de la musique.

Si cela est leur intérêt, c'est aussi celui du public & des gouvernements. La musique est un excellent moyen d'éducation & de moralisation. Le plaisir musical est un plaisir innocent qui prend rapidement une place importante dans la vie de ceux qui savent y prendre goût, & se substitue avantageusement à d'autres plaisirs moins purs, moins élevés, parfois funestes. C'est même un plaisir éminemment social & qui développe dans une grande mesure les sentiments de solidarité : la musique est faite pour être entendue par un groupe plus ou moins nombreux d'auditeurs, par un public ; ce plaisir collectif d'écouter une belle œuvre musicale est une sorte de communion des âmes. Et pour les exécutants qui participent à la production du chef-d'œuvre, quelle communion plus intime encore, active celle-là, réalisée en l'unité même de l'interprétation ! « Il y a, disait Mme de Staël, tout un ordre de sentiments, je dirai même tout un ordre de vertus qui appartiennent à la connaissance ou du moins au goût de la musique, & c'est une grande barbarie que de priver de telles impressions une portion nombreuse de la race humaine. »

Mais faut-il s'adresser à l'État pour obtenir des mesures en faveur du développement de l'art musical ? Sans doute, l'État peut tout, & c'est à lui qu'il faudra finir par s'adresser. Mais il ne convient pas de solliciter immédiatement son intervention. Il la refuserait sans doute, car, à moins de supposer les gouvernants dévoués d'avance à la cause musicale, ce qui est au moins douteux, ils ne céderont évidemment qu'aux exigences d'un mouvement de l'opinion, & ce mouvement de l'opinion, il faut d'abord que nous le préparions, que nous le fassions naître. C'est quand nous serons forts que nous pourrons demander à l'État tout ce que nous voudrons. Nous ne le sommes pas, &, pour le devenir, il est nécessaire d'abord de nous associer, car l'association est par elle-même une force. Je propose donc la création d'une Ligue privée pour la protection & le développement de l'art musical. Je propose la création d'une Ligue de ce genre en France & aussi de Ligues semblables dans les autres pays, & toutes ces Ligues pourront sans doute dans certains cas s'associer à leur tour pour des actions communes. Je ne m'occuperai d'ailleurs que de ce qui peut se faire en France, n'étant pas suffisamment au courant de l'état de l'art musical à l'étranger.

Cette Ligue pour la protection & le développement de l'art musical devrait comprendre non seulement le plus de musiciens possible, mais aussi tous ceux qui s'intéressent à la musique & en particulier les hommes influents qui peuvent servir efficacement notre cause. Elle aurait des représentants dans chaque ville, choisis avec tact parmi les plus dévoués & les plus sérieux des musiciens ou des amateurs de musique. Et voici en quoi pourrait à peu près consister son action :

D'abord elle devrait tout faire pour améliorer les conditions dans lesquelles se poursuit d'ordinaire l'éducation musicale des enfants. L'insuffisance des professeurs de musique est souvent lamentable, en province surtout ; soit manque de goût, soit manque de conscience, ils semblent prendre uniquement à tâche dans bien des cas de dépraver les tendances esthétiques de leurs élèves & de les détourner de la musique. Comment diminuer le nombre des mauvais professeurs ? Il y a un moyen : c'est d'augmenter le nombre des bons, qui, par le jeu naturel de la concurrence, supplanteront les premiers. Pour cela, il faut faire appel à l'intervention de l'État, & voici dans quelle mesure.

Laissons de côté Paris, abondamment pourvu d'excellents professeurs. Mais occupons-nous de la province, qui a de beaucoup le plus de progrès à accomplir au point de vue musical. En province, les professeurs de musique ne donnent pas seulement des leçons particulières à domicile, ils sont généralement attachés aux établissements universitaires & congréganistes comme professeurs de solfège, de violon, de piano, &c. En fait, on n'exige pour le moment aucune espèce de garantie des professeurs de musique qui offrent leurs services dans les établissements d'instruction. Pour ne parler que des lycées & des collèges de l'État, le proviseur, très souvent incompétent, choisit lui-même les musiciens, dont il a besoin pour l'enseignement du solfège ou des instruments, au hasard des recommandations, sans aucun examen, sans discussion sérieuse des titres, & l'approbation du Recteur, à laquelle il doit soumettre ses décisions, n'est, dans ce cas, qu'une pure formalité. N'est-il pas ridicule qu'on entende parfois le solfège enseigné à des élèves par des maîtres incapables d'exécuter eux-mêmes correctement la plus simple des lectures musicales ? Ne souffre-t-on pas de constater que le professeur de violon ne sait pas même tenir son archet, joue faux & sans mesure ? que le professeur de piano ne connaît rien en dehors du répertoire des polkas & des valses ? Et comment cet état de choses se maintient-il, quand déjà depuis longtemps on a imposé aux professeurs de dessin des examens difficiles & sévères ? La musique mérite-t-elle donc d'être traitée autrement que le dessin ? Sans doute elle n'a pas la même utilité pratique, mais sa vertu éducative & sociale est autrement puissante. La musique est ainsi abandonnée, parce que personne ne soutient sa cause ; il faut qu'une action commune des musiciens donne enfin à leur art la place qui lui est due dans le programme des études universitaires. Il faut que la Ligue pour la protection & le développement de l'art musical s'adresse à l'État, pour qu'il choisisse avec un soin plus éclairé les professeurs de musique dont il dote ses établissements d'instruction.

Mais l'éducation du public ne se fait pas seulement par l'enseignement des professeurs, elle s'accomplit encore par l'exécution des œuvres. Certainement il semble difficile qu'une Ligue intervienne pour imposer aux organisateurs de concerts une sorte de censure qui exclurait les mauvais auteurs au profit des bons. Mais le public ne va pas entendre de la musique qu'au théâtre ou au concert, il en entend à l'église, & parfois de bien détestable. Il y a quelques semaines, n'eus-je pas la surprise, pendant une messe solennelle, à l'église Notre-Dame de B..., d'entendre le fameux Air de Stradella arrangé pour mandolines & violoncelle, suivi d'ailleurs d'une série de morceaux d'une inspiration des plus communes, des moins religieuses, dus à l'indiscrète facilité de composition de l'organiste lui-même ? La Ligue dont nous parlons ne pourrait-elle pas user de son influence, de son autorité, pour obtenir de l'autorité ecclésiastique que des examens plus sérieux fussent imposés aux organistes des principales églises, & qu'une règle plus sévère présidât au choix des œuvres qu'on exécute ?

Si la Ligue pour la protection & le développement de l'art musical doit lutter contre l'influence funeste des mauvais serviteurs de la musique, elle doit aussi protéger tous les artistes qui dans l'exercice de leur profession apportent de la sincérité, de la conscience, du désintéressement, un réel souci du progrès, un véritable amour de l'idéal. Cette protection peut consister à leur faciliter les moyens de se faire connaître, de se répandre, d'étendre leur action. Un exemple entre mille : voici qu'une ville de province se trouve sans professeur de musique, l'art musical y va périr bientôt, s'il y a jamais vécu ; la Ligue, informée par ses représentants, connaîtra sans doute un jeune musicien sans emploi qui ne demandera pas mieux que de se créer facilement dans une petite ville une position aisée & honorable ; elle lui proposera de le patronner auprès de sa nouvelle clientèle, lui fournira au besoin de quoi faire face aux premières nécessités, & gagnera ainsi par son intermédiaire de nouveaux adeptes à la cause de la musique.

Mais nous nous occupons beaucoup de la province. Paris va réclamer. Que faire à Paris ? La Ligue bornera-t-elle son rôle à éveiller le goût musical dans les départements ? Non pas. Il y a beaucoup à faire à Paris même. Et d'abord il y a, comme l'indique la circulaire des organisateurs de ce Congrès, à prendre à l'égard des chefs-d'œuvre classiques de la musique des mesures analogues à celles qui depuis longtemps ont été adoptées pour les monuments historiques. En attendant que l'État reconnaisse ses devoirs envers la musique, la Ligue dont nous proposons la création ne pourrait-elle assurer dans des conditions toutes spéciales d'exactitude, de puissance, de fini, l'exécution périodique des quatuors de Beethoven, de Mozart, d'Haydn, & de toutes les œuvres qui présentent un grand intérêt, soit artistique, soit historique ? il y a des œuvres qu'on n'entend jamais, & qui seraient peu coûteuses à faire exécuter. Il faudrait qu'un musicien pût être assuré de trouver à Paris un endroit où *tout le classique* serait joué, où tout ce qui marque une date dans l'histoire serait présenté au public. Cet endroit-là n'existe pas. Et, si la Ligue était impuissante à monter les chefs-d'œuvre de la musique dramatique, elle pourrait se borner à la musique symphonique ou même à la musique de chambre & trouver là encore une bien riche matière.

Enfin cette Ligue aurait évidemment pour organe un Bulletin, une Revue, qui se passerait, tout au moins pour commencer, de la subvention des gouvernements & n'en contribuerait pas moins utilement à créer un lien entre les musiciens, à répandre les idées nouvelles, à développer le goût musical. Cette Revue aurait au moins quelques chances de vivre, puisque les cotisations des membres de la Ligue en assureraient la prospérité. Nous savons tous avec quelle peine une Revue musicale trouve quelques abonnés ; mais dans le cas que nous supposons les abonnés ne seraient pas seulement attirés par le désir de se tenir au courant du mouvement musical, mais aussi par l'idée de tous les avantages qui résulteraient pour eux d'une association active en vue de répandre le goût de la musique.

Voilà dans ses grand traits l'œuvre qu'aurait à se proposer la Ligue pour la protection & le développement de l'art musical. Nous sommes heureux d'avoir rencontré une occasion aussi favorable d'en exposer le plan devant ceux même qui ont le plus de raisons pour s'y intéresser, & nous espérons que sous cette forme qui nous a paru la meilleure, ou sous telle autre que l'on voudra bien proposer, notre projet réussira.

P. LANDORMY.

DE LA VALEUR DES PETITES NOTES

D'AGRÉMENT ET D'EXPRESSION

La question de la valeur des petites notes tant d'expression que d'agrément, dans la musique du XVIIIe siècle & jusqu'au commencement du XIXe, est encore trop peu réglée & prête souvent, à un haut degré, à la controverse. De nouvelles publications des chefs-d'œuvre du XVIIIe siècle, ainsi qu'un certain nombre d'ouvrages historiques, ont apporté beaucoup de lumière dans cette question. Néanmoins il y a encore beaucoup de points douteux, ainsi que le prouvent continuellement les exécutions des œuvres de nos grands maîtres au théâtre comme dans les salles de concert.

Parmi les artistes exécutants surtout, peu d'entre eux se donnent la peine d'étudier la question à fond. Et pourtant le caractère d'une mélodie, le rythme d'une phrase musicale peuvent être changés du tout au tout selon la valeur qu'on donne aux petites notes. R. Wagner avait coutume de dire à ses musiciens : « Mes enfants, faites attention aux petites notes, les grandes iront d'elles-mêmes. »

La plupart des exécutants, cependant, tant chanteurs qu'instrumentistes, se laissent guider par la routine, sans chercher à se rendre compte de ce qu'ils font ou devraient faire. Si vous demandez à un chanteur pourquoi dans l'air de *Leporello* il chante :

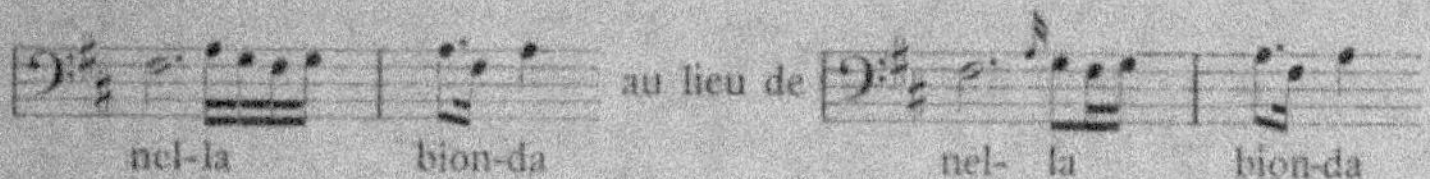

il vous répondra presque toujours : Parce que cela se fait généralement ainsi, ou : Parce que la petite note n'est pas barrée ; sans se soucier d'une autre raison.

Certains chefs d'orchestre font exécuter la phrase des cors dans l'ouverture du *Freischütz* avec une appogiature longue ; d'autres, avec raison, font la petite note brève (*Freischütz*, ouverture, 11e mesure).

Il y a quelques années, étant à Bâle, pour une audition de la Passion selon saint Matthieu, de Bach, j'assistai lors de la répétition générale à une vive discussion entre le directeur de la Société & l'un des principaux solistes, M. J. Stockhausen, sur la manière d'exécuter les appogiatures dans les parties de flûtes & hautbois du duo « So ist mein Jesus nun gefangen ». Le directeur voulait les faire longues & accentuées ; M. Stockhausen, au contraire, prétendait avec raison, selon nous, qu'elles étaient plutôt une sorte de liaison, de port de voix (1).

Enfin, & voici un point capital, dans beaucoup d'éditions de morceaux de chant, de sonates, de compositions pour instruments, nous trouvons les petites notes remplacées arbitrairement par des notes mesurées.

En face d'opinions si divergentes quels moyens avons-nous pour nous guider dans cette question? D'une part, l'étude des écrits théoriques des auteurs du siècle dernier : des Tosi, Montéclair, Agricola, Mattheson, Ph.-E. Bach, J.-Ad. Hiller & d'autres encore ; d'autre part, l'examen des partitions au point de vue de la notation de l'appogiature ; enfin l'étude attentive du rythme de la phrase musicale.

Ici se présente une première difficulté. On sait que l'usage de la notation de la petite note, soit d'expression, soit d'agrément, est relativement récent, au moins pour le chant. Tosi, dont l'ouvrage sur l'art vocal parut en 1723 (2), nous apprend que jusqu'au commencement du XVIIIe siècle les compositeurs ne notaient pas l'appogiature, laissant aux chanteurs le soin de la placer là où le bon goût le leur commandait. Cet usage était répandu non seulement en Italie, mais aussi en France. De Bacilly, dans ses *Remarques sur l'art de bien chanter* (Paris, 1668), écrit : « Quant aux exemples des accents, il n'y en a point qui se puissent figurer sur le papier ; car bien que ce soit une notte, comme elle ne se doit point frapper, mais seulement effleurer, il vaut mieux ne la point marquer du tout par écrit, laissant à ceux qui auront connoissance des endroits qui y sont propres à la pratiquer, c'est à dire des syllabes longues & lorsque c'est pour lier deux nottes de mesme espece, ou differentes en décendant. »

C'est en Allemagne, d'après Tosi, qu'on a commencé à noter les appogiatures, & cela sans doute par la raison que les chanteurs n'étaient pas à la hauteur de leur tâche & les faisaient mal à propos.

J.-S. Bach les indique presque toujours, soit par une note mesurée, soit par une petite note, figurée par une croche ; quelquefois, surtout dans le récitatif, il laisse au chanteur le soin de la faire. Dans maintes cantates nous trouvons aussi un signe de cette forme (entre deux notes, le même qu'emploient aussi d'Anglebert & Rameau dans leurs pièces pour clavecin, signe qui représente une sorte de port de voix. La cantate *Wachet auf* est très intéressante à ce sujet. Dans le premier duo entre la basse & le soprano, Bach n'écrit la petite note que quand il la veut accentuée ; lorsqu'il ne veut avoir qu'une liaison, il se sert du signe indiqué ci-dessus.

(1) M. Stockhausen a traité la question de l'appogiature dans sa « Méthode de chant » & récemment dans l' « Allgemeine Musikzeitung ». 1900. Nos 45-47.

(2) *Anleitung zur Singkunst* (traduit par Agricola en 1757).

Quelquefois aussi il fait alterner la petite note avec une note mesurée. Le passage suivant de la Passion selon saint Matthieu nous offre un exemple frappant.

Sur le premier des trois « schwer » Bach veut évidemment avoir une note courte, mais très accentuée, tandis qu'après viennent deux notes d'égale valeur.

Ph.-Em. Bach nous parle déjà de petites notes figurées par des croches, doubles croches, triples croches : « Depuis peu, dit-il, on a commencé à noter les appogiatures selon leur véritable valeur, tandis qu'auparavant toutes étaient figurées par des croches. » Malgré le conseil qu'il donne de noter exactement l'appogiature selon sa valeur, il règne encore beaucoup de liberté sous ce rapport. Gluck écrit presque toujours une croche, que ce soit devant une autre croche, une noire ou une blanche. Mozart est plus scrupuleux. Le *Tuba mirum* de son *Requiem* nous offre un curieux exemple. Si nous comparons la phrase du ténor (*Mors stupebit*, &c.) avec celle de l'alto (*Judex ergo*, &c.), nous voyons dans la première la petite note représentée par une noire devant des noires pointées, dans la seconde phrase, par une croche devant les mêmes noires pointées :

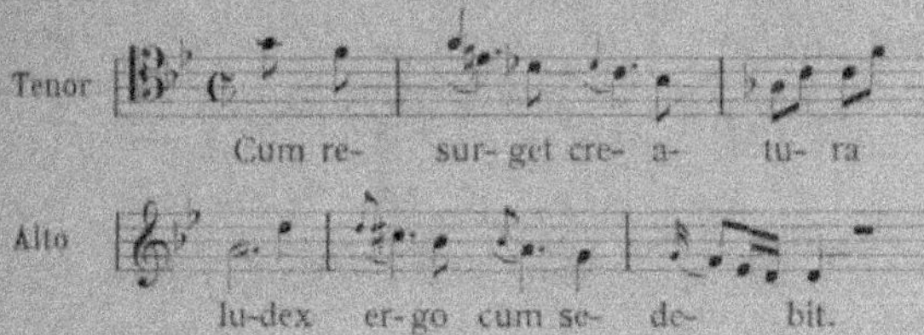

Si, maintenant, nous demandons quel était le but de l'appogiature, nous trouvons une des meilleures réponses dans Agricola, le traducteur & commentateur de Tosi.

Agricola établit quatre règles. L'appogiature doit servir :

1° à mieux lier le chant.

Exemples. HAENDEL, (*Alcina*) :

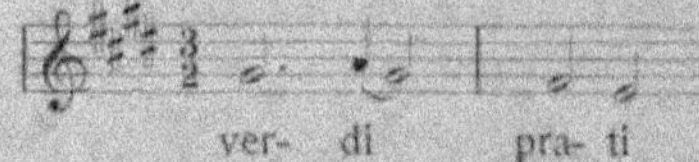

MOZART, (*Laudate*) :

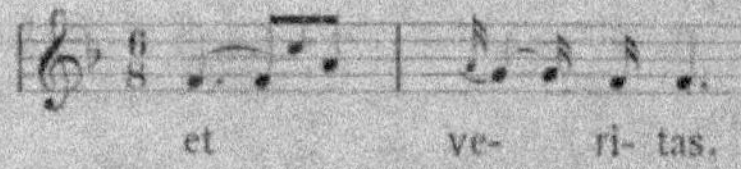

2° à remplir un vide apparent dans la marche de la mélodie. Ainsi entre deux ou trois tierces descendantes.

Ex. BACH, *Matth. Pass.* :

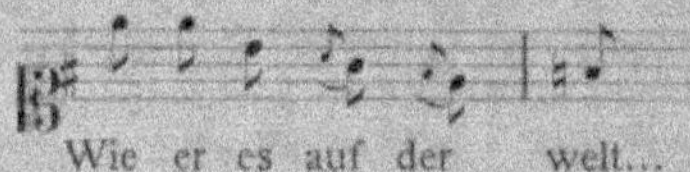

GLUCK, (*Iphigénie en Aulide*) :

(Voyez aussi BACH, *Matth. Passion*, n° 74 « o schœne Zeit, o Abendstunde ».)
Ce dernier exemple nous conduit à la règle suivante.
3° à enrichir l'harmonie. Exemples :

SCHUBERT, (*Winterreise*) :

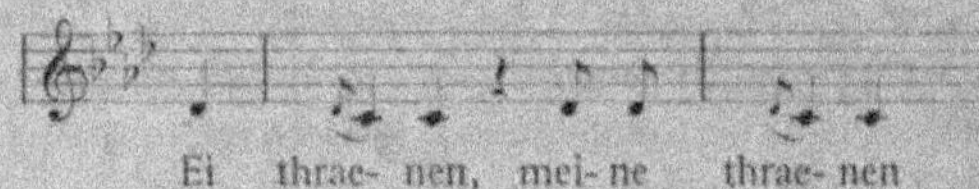

MOZART, (*Ariette*) :

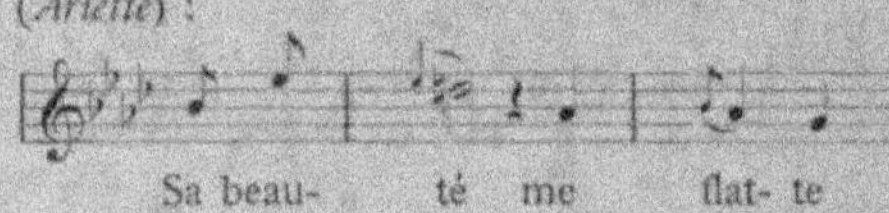

Dans cet exemple la première appogiature illustre la règle 3e ; la seconde, la suivante.
4° A donner au chant plus de brillant & de vivacité. — Voyez l'exemple ci-dessus, en outre le commencement de la même ariette :

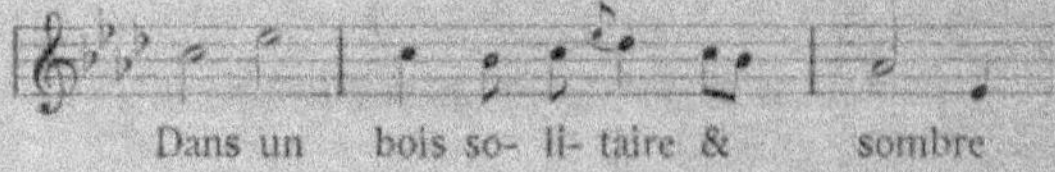

Dans bon nombre de cas l'application de ces règles ne sera pas difficile à faire. Pourtant il en est d'autres, où nous pourrons être dans le doute. Dans ces cas-là, ce qui peut nous guider, c'est l'examen du rythme de la phrase musicale, ou plutôt du membre de phrase, dans lequel se trouve l'appogiature.

Le vieux Mattheson déjà insiste dans son *Vollkommener Kapellmeister* sur l'étude des rythmes. La boutade de Hans von Bülow : *Im Anfang war der Rythmus*, peut également être rappelée ici, & peut être traduite en ces termes : Observez d'abord le rythme. Dans l'exécution de la petite note, notre premier soin sera de ne pas altérer le rythme de la phrase mélodique.

Quelques exemples nous aideront à mieux expliquer notre pensée.

Voici le chœur des chasseurs du *Freischütz*. Le rythme des mesures, qui ont l'appogiature, est le rythme pyrrhique, formé de deux brèves ͜ ͜

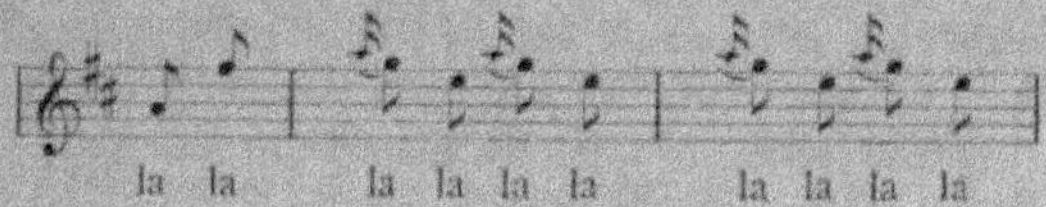

Si, comme on l'entend souvent, au théâtre, on fait l'appogiature longue & accentuée, le pyrrhique se change en anapaeste ͜ ͜ ― & la phrase perd le caractère vif du rythme original.

Passons à un autre rythme de deux pieds, l'iambe : ͜ ― . L'*Oratorio de Noël* de Bach nous fournit un exemple frappant. Si dans la phrase :

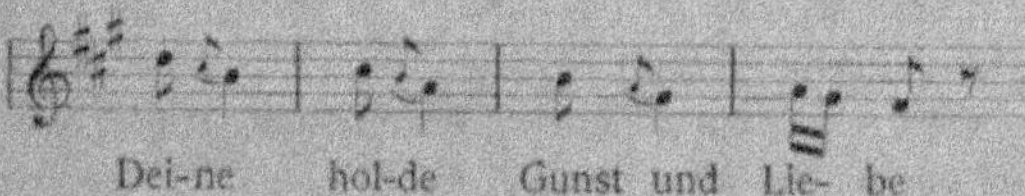

nous faisons une appogiature longue de la moitié de la note suivante, le rythme de l'iambe se change en tribrachys ; la phrase perd tout son caractère, le rythme de l'iambe avec l'accent sur la brève ͜ . donnant précisément à la phrase musicale quelque chose d'humble, de soumis, je dirais comme une sorte de génuflexion.

Pour le rythme du trochée nous trouverons un exemple dans l'*Orphée* de Gluck (air d'une *ombre heureuse*) :

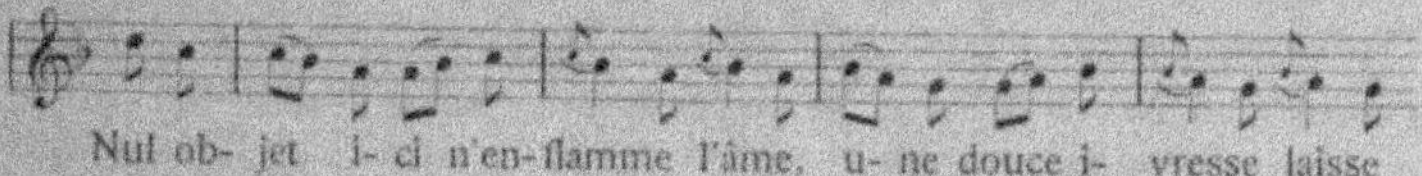

Si l'on altère le rythme par une appogiature longue, la phrase perd son caractère gracieux. Les partitions des maîtres modernes du reste nous offrent des exemples qui par analogie peuvent nous guider. Que l'on compare celui que nous venons de donner avec la phrase suivante du *Rheingold* :

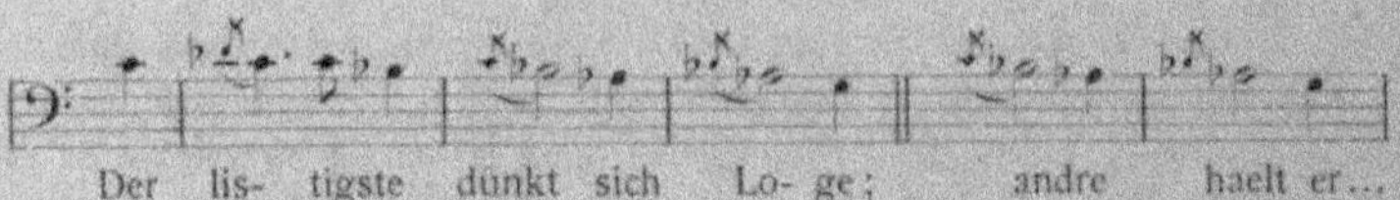

Même en faisant l'appogiature non comme note d'agrément, mais comme note d'expression, on peut conserver le rythme. Il s'agit alors d'appuyer très fort sur la petite note & de glisser sur la note devant laquelle se trouve l'appogiature.

Ex. MOZART, (*L'enlèvement au sérail*) :

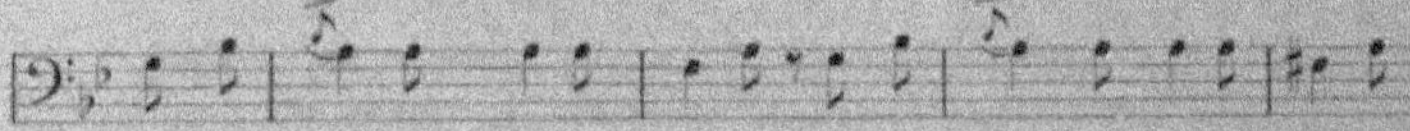

Le rythme qui certainement est le plus souvent altéré est celui du dactyle - ◡ ◡.

J'ai cité plus haut l'air de *Leporello*. Combien de fois aussi n'entend-on pas l'*alla turca* de Mozart exécuté ainsi :

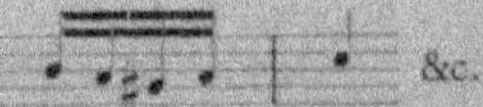

Je crois que l'idée ne viendrait à personne de faire quatre notes égales dans le chœur des Scythes d'*Iphigénie en Tauride*, ou dans la ritournelle de l'air en si mineur de Gaspard (*Freischütz*) ; & pourtant c'est exactement le même rythme que celui de l'*alla turca*.

Rossini dans le duo entre Figaro & Rosine nous montre clairement que la petite note devant le dactyle doit être brève :

Si le compositeur avait voulu que l'appogiature se fît comme une note mesurée, il ne se serait pas donné la peine d'écrire dans la première mesure des croches ornées de petites notes, mais il aurait tout de suite écrit quatre doubles croches, comme dans la mesure suivante.

Gluck dans son *Orphée* (édit. française) nous offre un exemple analogue. (voyez la phrase : « A l'excès de mes malheurs », Acte II, scène 1ʳᵉ.)

Le passage suivant de la sonate en sol mineur de Tartini perdrait beaucoup de son énergie si l'on faisait quatre notes égales au lieu d'appogiatures brèves :

On pourrait multiplier les exemples à l'infini. Qu'on me permette d'en donner encore deux ou trois. Devant le tribrachys (◡ ◡ ◡) la petite note doit être courte. Voyez dans l'air de Zerline :

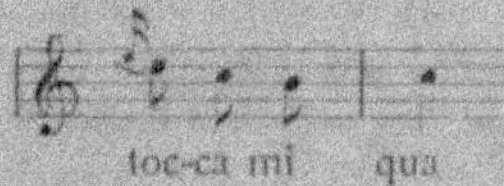

ou bien le passage de l'Air d'Anette du *Freischütz* :

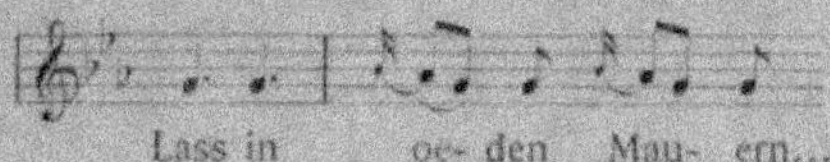

& comparez avec la phrase de David, dans les *Maîtres Chanteurs* :

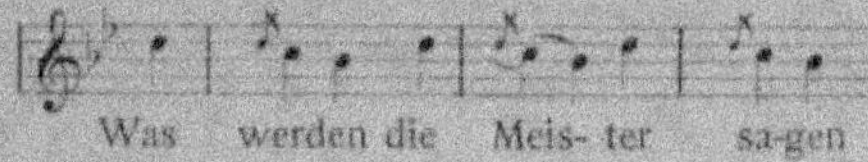

Le célèbre air en si mineur pour contralto avec violon solo de la *Passion selon saint Mathieu* (J.-S. Bach) fournit un exemple de l'appogiature devant le rythme crétique ou amphimacre.

Je m'arrête (1). Ces différents exemples auront, je l'espère, suffisamment démontré combien il est important de conserver à la phrase mélodique le rythme que le compositeur lui a donné, & d'exécuter la petite note de façon à ce que ce rythme ne soit pas défiguré.

Je rappellerai ici ce que Gluck écrit dans la préface de *Paride ed Elena* : « Plus on s'attache à chercher la perfection & la vérité, plus la précision & l'exactitude deviennent nécessaires. Dans un ouvrage de ce genre, une note plus ou moins soutenue, un renforcement de ton ou de mesure négligé, une *appogiature hors de place*, un trille, un passage, une roulade peuvent détruire l'effet d'une scène entière. »

Mais, pour arriver à cette perfection demandée par Gluck, il ne faut pas seulement que les exécutants s'appliquent à la plus grande exactitude, il faut aussi qu'on nous donne des éditions conformes au texte original. Dans beaucoup d'éditions des chefs-d'œuvre de nos maîtres, les appogiatures sont notées d'après le goût & l'appréciation de tel ou tel artiste aux soins duquel la publication a été confiée. Je ne citerai qu'un exemple : un très grand savant, M. F.-A. Gevaert, a, dans son *Répertoire classique du chant français*, ouvrage destiné aux conservatoires de musique, souvent remplacé les petites notes par des notes mesurées. Ce procédé est à rejeter déjà au point de vue historique ; mais j'oserai dire que l'exécution de l'appogiature, surtout de la

---

(1) Nous nous proposons d'examiner ultérieurement l'appogiature dans le récitatif.

petite note d'expression, est tellement liée à l'interprétation personnelle de l'artiste, a quelque chose de si subjectif, qu'il me semble dans bien des cas impossible de la noter rigoureusement comme une autre note mesurée. Qu'on nous donne donc dans le texte la version originale, &, si l'artiste qui dirige la publication veut nous initier à son interprétation de tel ou tel passage, qu'il le fasse en marge, ou dans une remarque spéciale.

TH. GEROLD.

(Professeur de chant à Francfort.)

V

VARIA

COMMUNICATION DE M. CAMILLE SAINT-SAENS

Dès longtemps j'ai été hanté par l'idée de certaines réformes dans l'écriture musicale.

La question des accidents « de précaution » m'a préoccupé tout d'abord.

Ces accidents, encore que très utiles, offrent de graves inconvénients. 1° En déchiffrant, il arrive souvent qu'au lieu du secours attendu ils apportent un élément d'erreur, la vue rapide d'un accident inutile suggérant l'idée d'un accident *contraire*. 2° A la lecture réfléchie, dans certains cas douteux, on peut les prendre pour des fautes, & des éditeurs scrupuleux sont parfois entraînés à corriger ces fautes imaginaires.

Pour éviter ces erreurs, j'ai eu l'idée, il y a longtemps déjà, de mettre les accidents de précaution entre parenthèses. M. Gabriel Fauré, je crois, a été le premier à adopter d'après moi ce système graphique ; depuis, il s'est rapidement répandu dans tout le monde musical.

Il est parfait pour éviter le second inconvénient ; il ne l'est pas pour le premier. Aussi ai-je inventé depuis de mettre l'accident non plus entre parenthèses, mais au-dessus ou au-dessous de la note. De cette façon, il attire immédiatement l'attention & ne peut être confondu avec un autre.

Malheureusement ce procédé, excellent pour les voix, pour les instruments qui ne font qu'une note à la fois, est impraticable dans les accords. Il faut alors revenir aux parenthèses.

De plus, on a l'habitude de mettre ainsi au-dessus des notes, dans les éditions savantes & critiques, les accidents *douteux*. Mais ils s'écrivent dans ce cas en petits caractères. En conservant les caractères ordinaires pour les accidents de précaution, on éviterait l'amphibologie. Même remarque pour les trilles, où il est d'usage d'indiquer, par un petit accident placé au-dessus du trille, si celui-ci est majeur ou mineur.

J'insiste sur ce nouveau procédé, à cause des bons résultats qu'il m'a donnés dans la pratique. En ajoutant ainsi des accidents dans des passages dangereux, j'ai obtenu, à l'orchestre, du premier coup, ce que je n'obtenais avant qu'avec un long & fastidieux travail.

.·.

Une autre réforme a trait à la suppression presque générale de la clef d'*ut* dans les partitions de chant. Il s'ensuit que, les *Sopranos* & les *Ténors* s'écrivant de même, alors qu'ils sont en réalité à une octave d'intervalle, il y a écriture erronée & souvent confusion, surtout dans les partitions où des rôles d'hommes sont chantés par des voix de femmes.

On a essayé plusieurs systèmes pour remédier à cette situation. Un éditeur, Lecocq, avait imaginé une clef d'ut ainsi posée : C'est une erreur graphique : l'ouverture des branches de la clef étant destinée à laisser passer une ligne & non à entourer un vide.

Dans les partitions italiennes on a créé une espèce de monstre, produit incestueux de la clef de *sol* & de la clef d'*ut*, dont la vue ne saurait plaire à des gens de goût.

Il m'avait semblé qu'une solution plus élégante du problème serait obtenue, en mettant près de la clef de *sol* deux points, ainsi qu'on met près de la clef de *fa* :

Cette légère différence avec la clef de *sol* ordinaire est bien suffisante pour indiquer qu'il s'agit d'un *Ténor* & non d'un *Soprano*.

De plus, si l'on voulait, cette clef de *sol* pourrait se substituer à la clef d'*ut*, 3ᵉ ligne, & être utilisée pour l'*alto*.

Depuis longtemps j'écris ainsi les parties de ténor dans tous mes ouvrages ; mais, contrairement à ce qui s'est produit pour les accidents de précaution, mon exemple, jusqu'ici, n'a pas été suivi.

.·.

Il serait peut-être utile de prendre une décision au sujet des accidents qui s'appliquent aux tenues prolongées. L'usage était, autrefois, de répéter l'accident à chaque mesure. La mode nous est venue d'Allemagne de le mettre à la première mesure seulement. Cela simplifie l'écriture ; mais, lorsqu'on tourne la page, on a la vue d'une note non accidentée, alors qu'elle l'est en réalité. Si l'on répète alors l'accident sur un manuscrit, les copistes & les graveurs le reproduisent sans réfléchir alors que la note ne se trouve plus dans les mêmes conditions.

∴

Une autre décision devrait être prise aussi pour les triolets, à cause de la confusion qui se produit entre la liaison destinée à réunir les trois notes du triolet & une indication de *legato*. On a adopté dans les éditions allemandes un trait anguleux, qui évite toute confusion, mais qui n'est pas élégant. Est-il donc si nécessaire de réunir ces notes? Un numéro en italique, un peu gros, impossible à confondre avec les numéros de doigté, ne serait-il pas suffisant? Pour ma part, je surmonte le numéro d'une toute petite liaison $\frown$, afin de le différencier des numéros de doigté. *Rien du tout* serait peut-être encore préférable, à la condition d'adopter pour le chiffre un type spécial qui ne permette pas de le confondre avec un chiffre de doigté.

C. Saint-Saëns.

HISTOIRE DU MÉTRONOME EN FRANCE

Le caractère d'une exécution musicale est dénaturé par la plus petite modification du mouvement. Au moyen âge, tant que le sens de l'ouïe n'était pas très affiné, musicalement parlant, une certaine tolérance existait sur ce point, comme aussi sur la justesse des sons. Mais l'éducation de l'oreille s'accomplissant peu à peu, on remarqua cette particularité de notre art. Le génie français, dont une des caractéristiques est la précision, voulut alors chercher le moyen d'indiquer les mouvements musicaux en se basant sur une évaluation exacte du temps ; & il le trouva au commencement du XVIIe siècle.

Le procédé, après plusieurs tâtonnements, n'entra définitivement en usage que dans la première moitié du XIXe siècle. Il n'est pas utile de rappeler les termes pittoresques ou expressifs, mais toujours justes, par lesquels la plupart des compositeurs ont reconnu son utilité. Il est également inutile de faire état des critiques qui lui ont été adressées, car on est alors toujours passé à côté de la question sans la voir, J.-J. Rousseau & Diderot notamment.

Je me bornerai donc à indiquer seulement les phases que ce procédé a traversées en France. D'ailleurs, le tableau de ses origines chez nous est la préface de sa fortune dans le monde.

Tout le monde sait que les métronomes se rangent en deux catégories : ceux qui marquent simplement le temps, & ceux qui le frappent ; les uns que l'on regarde, & les autres que l'on écoute ; autrement dit les métronomes muets & les métronomes parlants. Ce sont les premiers que l'on rencontre d'abord dans l'ordre chronologique.

L'honneur d'avoir trouvé le principe du métronome revient à un savant religieux, à la fois théologien, philosophe & mathématicien : le Père Mersenne. En 1636, se basant sur l'égale durée des oscillations imprimées au pendule par une légère impulsion, il propose de fixer à un clou une corde terminée par un poids, & de la disposer de façon que chaque oscillation coïncide avec une mesure de la musique à exécuter. On indiquerait la longueur de la corde en marge de chaque composition. Pour aider les recherches, il énumère des

longueurs correspondant à des fractions de seconde, & à quelques secondes(1).
Cette idée passa inaperçue.

Parmi ceux qui, un peu plus tard, furent choqués des altérations que
certaines musiques subissaient du fait de l'exécution, quelques-uns, en relations
avec Loulié, un des musiciens de Mlle de Guise, l'incitèrent à chercher un
remède à cet inconvénient.

En 1696, Loulié fait paraître une estampe qui représente un appareil
auquel il donne le nom de « chronomètre ». C'est une sorte de potence
d'environ 2 mètres de hauteur, dont la partie verticale est une élégante
colonnette.

Ce dernier détail prouve une fois de plus qu'autrefois on pensait en
toute circonstance à la beauté de la forme. Cela rappelle le juste reproche
adressé à notre génération sur ce point, lorsque Victor Hugo disait que si les
Grecs s'étaient servis de locomotives, celles-ci eussent été gracieuses.

Mais revenons au « chronomètre » de Loulié. Il comprend en outre un
cordonnet, passant par deux petits trous aux extrémités de la partie horizon-
tale de la potence, & portant, à un bout, une balle de métal, &, à l'autre, une
cheville. La colonnette, étant partagée en 72 divisions marquées par des trous
espacés d'environ 2 centimètres, & numérotées, cette cheville s'enfonce dans
le trou qui est déterminé.

On inscrirait au commencement de chaque morceau de musique le chiffre
indiquant la division convenable, &, au-dessous, la valeur de note qui correspondrait à chaque oscillation du pendule(2).

Ce dernier point appelle une remarque. Notre législation du métronome
fait état de deux facteurs : nombre de temps pendant une minute, & nature
du temps. On voit que Loulié a trouvé le second. Le premier — ou tout au
moins son principe — sera découvert peu après, en 1701, par le physicien
Sauveur.

Sauveur prend comme unité de temps la soixantième partie de la seconde.
Il dispose d'une autre façon, d'ailleurs assez compliquée, les divisions de
l'appareil de Loulié (3). Une simplification est proposée, en 1717, par l'Affilard, « ordinaire de la musique du Roi ». On voit reparaître en effet la balle
de métal, le clou & le fil, la longueur de celui-ci étant déterminée par une
règle spéciale(4).

Les métronomes parlants remontent à 1732. D'Ons-en-Bray, « directeur
général des postes », signala le premier un soi-disant inconvénient des métronomes muets, que l'on répète toujours docilement depuis, à savoir la diffi-

(1) P. Mersenne, *Harmonie universelle*, (1636). Traité des instruments à chordes, 149.
(2) Loulié, *Éléments ou principes de musique*, (1696), 82.
(3) *Hist. de l'Acad. des sciences*, 1701, 317. — Sauveur, *Principes d'acoustique*, (1710), 19.
(4) L'Affilard, *Principes très faciles pour bien apprendre la musique*, (1717), 55.

culté de saisir le commencement & la fin de chaque oscillation du pendule. Or, la preuve qu'aucune difficulté réelle n'existe à cet égard, c'est que le reproche n'a jamais été fait, bien que le cas soit identique, au bâton du chef d'orchestre.

Le premier également, il construisit un appareil s'adressant à l'oreille. Cet appareil, appelé « métromètre », d'environ 2 mètres de hauteur, était un perfectionnement de celui de Loulié. Un engrenage était disposé de façon à produire un bruit à chaque mouvement du pendule. Une aiguille indiquait sur un cadran les divers degrés de vitesse (1).

Dans le *Mercure* de 1739, un anonyme expose un projet amusant qui lui fut suggéré par le bruit que faisait la pluie, pendant une nuit, en tombant d'une gouttière sur le pavé. Une des extrémités d'une lisière de drap plongera dans un vase rempli d'eau. L'autre fera tomber le liquide goutte à goutte sur une plaque de métal. Une ficelle, enroulée autour d'un index, élèvera plus ou moins le coude de cette lisière, de façon à gêner ou à faciliter le phénomène de la capillarité. Un second vase, placé au-dessus du premier, maintiendra dans celui-ci, à l'aide d'une autre lisière, l'eau à un niveau constant.

L'article, après avoir décrit l'objet, se termine, voulant indiquer la manière de s'en servir, par une sage recommandation : Le bruit produit étant très faible, il faudra mettre une sourdine aux instruments.

Ce jouet — on ne peut vraiment l'appeler autrement — fut cependant pris au sérieux par Fougeau de Moralec, « ancien commissaire ordinaire de l'artillerie ». Celui-ci occupa les loisirs de sa retraite en cherchant un perfectionnement, assez compliqué, qu'il fit connaître l'année suivante au même journal (2).

Les métronomes, principalement les muets, ne furent pendant bien longtemps remarqués que d'un petit nombre de professionnels. Ils sollicitèrent un peu plus l'attention à partir du dernier quart du XVIIIe siècle. On en voit alors apparaître un en Angleterre, & plusieurs en France. Je ne parlerai, bien entendu, que de ceux-ci.

En 1781, Pelletier, ingénieur à Saint-Germain-en-Laye, construisait un « pendule musical » ; &, l'année suivante, Duclos, horloger à Paris, un « rhythmomètre ». Je n'ai pu trouver de détails sur ces instruments. Les professeurs du Conservatoire d'alors, l'École royale de chant, approuvaient le second, & Gossec, directeur de l'établissement, rédigeait un rapport favorable à son adoption (3).

Paraissaient ensuite simultanément, en 1784, un perfectionnement, par le fameux horloger Bréguet, de l'appareil de Loulié dont le compositeur Davaux

---

(1) *Mém. de l'Acad. des sciences*, 1732, 182. — Musée des Arts & Métiers P. F. b 39.
(2) *Mercure*, fév. 1739, 262 ; sept. 1740, 2038.
(3) *Journal de Paris*, 17 août 1781. — Pelletier, *Hommage aux amateurs des arts.* (Saint-Germain-en-Laye 1782), 38. — *Almanach musical*, 1781, 55. — *Revue musicale*, 1828, 361.

présentait ardemment l'apologie, & un « plexichronomètre » des frères Renaudin, l'un harpiste, & l'autre horloger. Ce dernier instrument comprenait quatre marteaux dont les mouvements étaient réglés par des ailettes de métal d'une longueur variable qui battaient l'air plus ou moins vite (1).

Le physicien Charles trouva, en 1786, puis modifia, en 1802, un « chronomètre musical » d'environ deux mètres de hauteur, avec pendule, mécanisme d'horlogerie & cadran. Peu après le perfectionnement, il éprouve le besoin de montrer dans une conférence que même un bon musicien ne peut jouer en mesure. La cantatrice Mᵐᵉ Barbier était au piano à cet effet. La niaiserie n'empêchait pas ce savant d'être galant homme, car, aussitôt la démonstration terminée, il pria l'artiste de chanter. Un accompagnateur se rencontra fort à propos dans l'auditoire (2).

Thiémé, professeur de musique, fit de nouveau appel, en 1801, à un fil, une balle de métal & une règle. Mais, comme il estimait qu'un instrument, affligé d'une élévation de 2 mètres 50, était encombrant, il en fit un autre auquel il donna la qualification de portatif, & une hauteur de ... 70 centimètres (3).

Les mêmes éléments constitutifs furent utilisés par Despréaux, danseur, en 1812. Son appareil, après avis favorable de Charles, — qui, on le voit, n'avait pas d'amour-propre d'auteur, — & rapport du violoniste Baillot, fut adopté en 1812 par le Conservatoire, & approuvé par l'Institut l'année suivante (4).

On peut voir, au Musée des Arts & Métiers, un chronomètre, construit en 1814, avec timbre & sans cadran, qui ne porte pas de nom d'inventeur (5).

Tout le monde connaît ces boîtes en bois, de petites dimensions, ayant la forme d'une pyramide. Un des côtés, en s'ouvrant, permet à une tige de se mettre en liberté. Cette tige, derrière laquelle est une échelle de mouvements, porte un *curseur* mobile. Quand l'appareil fonctionne, chacune des oscillations de la tige est, par un système d'échappement, nettement indiquée à l'oreille. Cet instrument, appelé « métronome », est le seul qui ait survécu à tous les autres.

Il fut introduit en France en 1815, par le mécanicien allemand Maëlzel, qui en avait volé l'idée au mécanicien anglais Winkel.

Il y avait alors trois modèles : un qui était actionné par un poids, & que l'on accrochait au mur ; un autre qui était actionné par un ressort ; & un

---

(1) *Journal de Paris*, 8, 14 mai ; 8 juin 1784. — *Journal encyclopédique*, juin 1784, 534. — FRAMERY, *Encyclopédie méthodique*, (1810).

(2) Musée Arts & Métiers, G b 27. — REICHARDT, trad. Laquiante, *Un hiver à Paris sous le Consulat*, 464.

(3) THIÉMÉ, *Nouvelle Théorie sur les différents mouvements des airs* (1801), 50.

(4) DESPRÉAUX, *Nouveau chronomètre musical*, (1813). — CONSTANT PIERRE, *Le Conservatoire national de musique*, 911.

(5) G b 21.

dernier qui pouvait être rangé dans la catégorie des objets de luxe. Les prix respectifs étaient 20, 40 & 60 francs. Le deuxième modèle, celui qui comportait un ressort, mais était exempt de tout ornement, est seul resté en usage. Il s'imposait par sa commodité ainsi que par sa simplicité.

En ce qui concerne les perfectionnements, divers ont été successivement adoptés. D'autres ont échoué, notamment un d'Eisenmenger, en 1856, qui rendait l'instrument plus portatif en rabattant la tige ; & un autre de M. Gaiffe, en 1892, qui employait l'électricité pour la production du mouvement (1).

Examinons maintenant les systèmes qui ont vainement essayé de lutter contre lui, tous baptisés du nom de métronome, puisque c'est ce nom qui a été définitivement adopté.

En 1825, Bienaimé, horloger d'Amiens, trouve le moyen de marquer le temps fort de la mesure, procédé qui sera ultérieurement appliqué à quelques métronomes usuels. Son appareil, portant un cadran, est contenu dans une boîte en bois peu volumineuse (2).

Vers 1848, afin de régulariser les mouvements des sonneries de la cavalerie, on met en usage dans l'armée, paraît-il, un métronome militaire inventé par le trompette Buhl (3).

Je me contente maintenant d'énumérer les appareils que l'on trouve par la suite : en 1853, celui de Fayermann, avec un pendule, un cadran & un mécanisme très compliqué qui décompose la mesure ; en 1854, celui de Lesfauris, qui recourt à un sablier ; en 1859, celui de Janniard, qui est un poids au bout d'un ruban portant des divisions numérotées ; en 1865, celui de Carden, qui est constitué par un mouvement d'horlogerie, auquel on peut, si on le désire, ajouter une sonnerie. Un métronome de poche, de Metzger, est, en 1868, la reproduction de celui de Janniard (comportant un ruban & une balle de métal). D'après M. Amand Chevé, dont le nom est bien connu dans le monde musical, ce procédé aurait été trouvé par le chanteur Delsarte, qui s'en servait ordinairement. D'après le même musicien, Galin recommandait l'usage d'un pendule fixé à un clou & faisant résonner un morceau de carton (4).

Enfin, en 1887, M. Roques emploie d'une façon très ingénieuse un petit morceau de métal suspendu à un fil double. L'instrument, approuvé par l'Académie des sciences, a une hauteur de 30 centimètres. Il comporte 90 mouvements, & s'appelle « métronome normal ». Malgré sa précision absolue & sa commodité, il n'obtient pas grand succès (5).

(1) *Notice sur le métronome de Maëlzel*, (1816). — *Rev. music.* 1820, 56. — B. F., IX, 15 ; 1856, 27, 441. — Musée Arts & Mét., P F b 25. — Musée Conserv. 774 ; 775 ; 1425.
(2) *Rev. music.* 1828, 534. — Musée Arts & Mét., P F b 38.
(3) Kastner, *Manuel de musique militaire.* 380.
(4) B. F., 1853, 17 880 ; 1854, 20 531 ; 1859, 43 290 ; 1865, 69 207 ; 1868, 80 809.
(5) *Comptes -r. Ac. des sciences*, 1887, 653.

Presque tous les métronomes usuels sont mal construits. Aussi certains compositeurs indiquent souvent pour leurs œuvres des mouvements inexacts. Pour remédier à cet état de choses, M. Saint-Saëns a demandé à l'Académie des sciences, au mois de juin 1886, la création d'un métronome normal, & le poinçonnage de tous les instruments livrés au public.

L'année suivante, le physicien alsacien Hirn, dans une communication adressée au même corps, combattit cette proposition, & recommanda tout simplement, lorsque l'on fait l'achat d'un appareil de ce genre, la constatation qu'il n'existe pas de frottement du pendule contre la paroi, & la vérification du nombre des oscillations avec une montre à secondes (1).

Il y a quelques semaines, au premier Congrès international de Musique, M. G. Lyon, président de la Chambre syndicale des constructeurs d'instruments de musique, a particulièrement insisté pour l'établissement d'un métronome-étalon.

J'ai critiqué cette proposition pour plusieurs raisons. Un étalon n'a de raison d'être qu'à la condition d'offrir une exactitude absolue. Or, j'ai prouvé qu'avec la façon dont l'impulsion est donnée au balancier, dans le métronome usuel, il est mathématiquement impossible que les oscillations soient égales.

Le Congrès a émis le vœu que la construction des métronomes fût plus soignée. Quant à la fixation des indications métronomiques, elle a été renvoyée à l'étude d'un Congrès ultérieur.

Pour être complet, il faut ajouter qu'au cours de la discussion, M. Mahillon, le physicien belge, a demandé le remplacement de tous les métronomes par une application du système métrique. En tête de chaque morceau, on indiquerait la longueur du pendule dont chaque oscillation correspondrait au mouvement choisi. Bien entendu, on ajouterait la nature du temps. Mais cette proposition n'a pas été adoptée, parce qu'elle exige la généralisation de l'esprit scientifique, ce qui n'est pas près de se produire.

Tel est l'état actuel de la question.

HÉLOUIN.

(1) *Comptes-r. Ac. des sciences*, 1887, 1070.

RÉFORME DU SYSTÈME MUSICAL

Par une lettre que nous reproduisons ci-dessous & qui a fait l'objet d'un examen spécial, M. Meerens, de Bruxelles, a soumis au Congrès les questions suivantes :

1° — En ce qui concerne le domaine scientifique, nous sollicitons le Congrès de bien vouloir sanctionner l'exactitude des seuls nombres pouvant exprimer les rapports des intonations de nos gammes : majeure 80 : 90 : 100 : 108 : 120 : 135 : 150 : 160 : ; & mineure 80 : 90 : 96 : 108 : 120 : 125 : 150 : 160, afin que dorénavant les théoriciens soient à l'abri des perpétuelles contradictions qui depuis les temps les plus reculés ont empêché la vérité de se faire jour dans les investigations physiologiques & psychologiques de l'art. La démonstration de l'exactitude de ces chiffres, découverts déjà en 1864 (1), & paraissant irréfutables, a été développée dans le mémoire ci-joint : *La gamme majeure et mineure*, Bruxelles, Katto, 1890, & malheureusement tous les ouvrages traitant cette matière publiés depuis bientôt ces 40 ans prouvent que leurs auteurs n'ont pas tenu compte de cette démonstration. Il est probable que beaucoup d'entre eux ne la connaissent pas. Sous l'empire d'une aveugle routine séculaire & induits en erreur par les chiffres trompeurs de leurs devanciers, ils ont persisté à tourner dans un cercle vicieux qui devait fatalement arrêter les progrès de la science & maintenir cet état de mystère qui intriguait tant les savants.

N'incomberait-il pas au Congrès d'enrayer par tous les moyens en son pouvoir la propagande pernicieuse résultant de cet opiniâtre dédain ?

2° — Dans le domaine pédagogique la ratification des vraies valeurs symboliques de nos gammes, rendue universellement officielle, grâce au veto du Congrès, consacrera la preuve de l'erreur qui a fait exclure jusqu'ici la gamme mineure de sa vraie tonalité. Pourquoi, par exemple, faut-il que la gamme en ut mineur soit relative à celle de mi bémol majeur ? C'est un non-sens enseigné depuis des siècles sans discernement. En réalité cette gamme d'ut mineur ne peut être relative qu'à celle d'ut majeur. Les accidents à la

---

(1) *La Revue et Gazette musicale de Paris*, du 4 décembre, de la même année.

clef ne conviennent qu'à fixer la tonalité & ne pourront jamais compter dans
la détermination des diverses modalités. Celles-ci doivent rester facultative-
ment majeures ou mineures au gré du compositeur, &, si celui-ci veut *mino-
riser* (qu'on nous accorde ce mot) de telle ou telle manière ses inspirations,
il a la ressource d'altérer les notes requises à cet effet dans le courant de son
œuvre. L'article publié dans le journal « La Fédération artistique » ci-joint du
18 avril 1897 nous dispense d'entrer dans de plus amples explications. On
peut en conclure qu'il y aurait lieu de rectifier dans ce sens les ouvrages
didactiques ; & c'est, nous semble-t-il, au Congrès à en exprimer le vœu.

3° — Dans le domaine pratique, l'approbation des vrais rapports numériques de nos gammes engendre l'immutabilité de l'étalon sonore donnant
864 vibrations.

Cette fastidieuse question du *la* universel n'a pas jusqu'ici été définitivement résolue ; au contraire, elle n'a cessé d'être controversée, depuis
bientôt un demi-siècle, parce que le *la* de 870 vibrations, arbitrairement
choisi en France en 1858, n'est pas conforme à celui de la science, &, tant que
le nombre correct, dont l'Italie a pris l'initiative par un arrêté royal, n'aura
pas détrôné son rival, la question du diapason universel sera suspensive &
considérée comme irrésolue. Nous engageons avec instance les musicologues
à lire dans la brochure ci-jointe *Acoustique musicale*, Bruxelles, Katto, 1892,
pp. 47 & suivantes, les considérants qui militent en faveur de l'adoption du *la*
immuable : 864 v. Ils sont, à plusieurs titres, d'une extrême importance. La
mission du Congrès est certes d'en prendre connaissance avant de s'aventurer
dans de vaines discussions comme cela s'est souvent présenté pour le cas qui
nous occupe. Ainsi prévenu & devenu compétent, le Congrès pourra mettre
fin à cette interminable question du *la* qui en définitive se réduira à apposer
un trait de plume là où le nombre anormal 870 entache encore certains décrets
prématurés restés en vigueur. Cette modification n'entraîne aucune conséquence matérielle parce que les instruments existants pourront continuer à
servir. Ce n'est qu'une erreur théorique à redresser ; alors le diapason correct
s'imposera de lui-même. Il sera inutile de le rendre obligatoire.

4° — D'un autre côté, l'échelle sonore érigée scientifiquement d'après la
progression géométrique du ut puissance de 2 :

2^0	2^1	2^2	2^3	2^4	2^5	2^6	2^7	2^8	2^9
1	2	4	8	16	32	64	128	256	512	1024...

amène tout naturellement la classification numérique de ses octaves successives déterminant plus clairement que ne le font nos clefs actuelles leurs
régions respectives graves ou aiguës, & elle nous invite pour ainsi dire à
supprimer ces clefs dont l'agencement confus n'a plus de raison d'être depuis
l'invasion des accidents (dièzes, bémols) dans la notation & à les remplacer
par un numéro d'ordre (l'exposant de la puissance de 2) indiquant le rang
précis que leur assigne l'échelle illimitable des sons que nous sommes
capables de percevoir.

Ainsi en réduisant à quatre les cinq lignes de la portée actuelle, on disposerait de sept positions (quatre lignes, plus trois interlignes) pour placer les sept notes de la gamme archétype, celle d'*ut* :

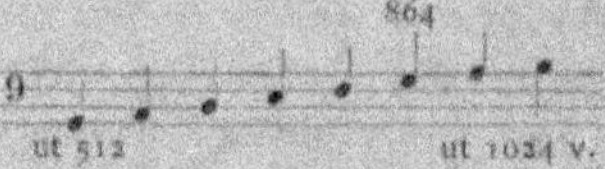

& on verrait instantanément que le chiffre 9 donné ici comme exemple équivaut à la région de la clef de sol. L'échelle sonore cesserait d'occuper une situation mystique analogue à celle du royaume céleste du saint Nicolas des enfants & se montrerait dorénavant accessible à l'imagination & palpable dans les spéculations scientifiques de l'art, sans compter que les études théoriques seraient mises à la portée de tout le monde par les données qui d'abstraites seraient devenues concrètes. Notons en passant que cette réforme n'exclurait pas l'emploi des petites lignes additionnelles qui permettent de conserver la configuration des tournures mélodiques & n'insistons plus sur tous autres commentaires concernant les précieux avantages que présente ce système d'unité de lecture dans toute l'étendue de l'échelle sonore ; ils se montrent d'eux-mêmes ; faisons seulement remarquer que dans l'opuscule ci-joint : Le *Sonomètre d'après l'invention de Scheibler*, Katto, 1895, page 23, il est en outre question de transposer la totalité des éléments de l'orchestre dans la tonalité d'*ut* & que ce notable perfectionnement joint à l'unité de lecture viendra mettre une clarté inconnue jusqu'ici dans la partition. Nous croyons savoir que l'éminent facteur d'instruments de musique, M. V. Mahillon de Bruxelles, s'occupe de cette réforme & qu'il espère bien réussir à la mener à bonne fin.

Voilà quatre réformes que nous voudrions voir sanctionner par le Congrès ; mais en vertu de sa connexité, nous en proposons une cinquième relative à un meilleur système d'indications de la mesure. Le journal « La Fédération artistique » ci-joint du 29 avril 1900 en donne la description & nous y renvoyons les membres du Congrès, que cette question peut intéresser.

Si ces cinq réformes importantes, constituant un ensemble logique & homogène, pouvaient obtenir le succès qu'elles méritent au Congrès de Paris, nous verrions éclore au xxe siècle un immense progrès dans les divers domaines de l'art musical, car la possibilité de leurs applications prouve qu'il n'existe pas d'obstacle à leur réalisation. Le seul argument, à vrai dire, captieux, qui paraît s'y opposer, est la nécessité de rééditer toute la littérature musicale existante. Or, cet obstacle n'est pas infranchissable & il n'a pas l'importance qu'on se figure de prime abord. Combien n'existe-t-il pas déjà d'éditions des classiques ? chaque éditeur a la sienne, & malgré cette concurrence effrénée aucun n'a hésité devant la grande dépense d'une publication. Une édition de plus ne doit pas tant nous effrayer. Quant aux œuvres banales qui ne sont que de mode ou d'actualité, & destinées au pilon après une courte carrière, elles seront constamment remplacées par d'autres qui paraîtront d'elles-mêmes en nouvelle notation, lorsque le système des clefs numériques sera généralement en vogue.

Toutefois pour stimuler l'ardeur des éditeurs de musique, nous proposons de profiter du Congrès pour lui demander d'instituer un syndicat international investi du droit de pouvoir octroyer la propriété temporaire de toute œuvre tombée dans le domaine public à l'éditeur bon premier qui viendrait lui en soumettre la demande. Cette demande impliquerait l'engagement formel, sous peine d'indemnité, d'en publier à bref délai la transcription en notation nouvelle. Il n'est pas douteux que par ce moyen la portion de la littérature musicale qui en vaudrait la peine ne fût bientôt rééditée.

Dans ces conditions les œuvres tombées dans le domaine public redeviendraient pour un certain temps des ouvrages de propriété que les éditeurs se seraient partagés selon l'ordre chronologique de leurs soumissions & dont la valeur considérable constituerait une légitime compensation à leur entreprise aléatoire.

Mais n'anticipons pas. Le programme du Congrès mentionne aussi quelques projets analogues au point de vue d'autres références internationales & il ne convient pas de marcher sur ses brisées.

Bornons-nous à récapituler nos six questions par le libellé ci-dessous :

1° — Serait-il possible que les vrais rapports numériques de nos gammes puissent s'exprimer autrement que par :

> Majeure 1 9/8, 5/4, 27/20, 3/2, 27/16, 15/8, 2
> Mineure 1 9/8, 6/5, 27/20, 3/2, 25/16, 15/8, 2

& pourquoi ?

2° — Le mode mineur n'est-il pas incontestablement relatif à la tonalité du premier degré de la gamme majeure & non pas à celle de son sixième degré ?

3° — Existe-t-il des raisons qui soient de nature à empêcher l'adoption de l'étalon sonore universel de 864 v. ? Dans la négative, le Congrès ne devrait-il pas proposer la rectification du nombre arbitraire de 870 v. que portent encore quelques décrets défectueux afin de pouvoir proposer l'adoption du *la* correct 864 aux pays qui ont jusqu'ici judicieusement refusé d'admettre le *la* anormal français 870 ? Ces pays, préférant maintenir le statu quo de leur ancien diapason trop aigu plutôt que d'adhérer à un mouvement sujet à caution & menacé de continuelles modifications, n'attendent que la proclamation du chiffre correct 864 pour y adhérer.

4° — L'unité de lecture dans toute l'étendue de l'échelle sonore ne serait-elle pas plus facile que le gâchis actuel engendré par la diversité inutile des clefs, & le Congrès ne pourrait-il pas exprimer un vœu de réussite en faveur de M. V. Mahillon qui recherche en ce moment les moyens d'établir la totalité des éléments orchestraux dans la seule tonalité d'ut, en se réglant autant que possible d'après le tempérament égal ?

5° — L'indication de la mesure des compositions musicales ne serait-elle pas plus claire & précise en fixant pour unité de temps unique la note noire, conformément au spécimen qu'en donne le journal « La Fédération artistique » du 29 avril dernier ?

6° — Quelles seraient les formalités législatives à remplir pour que les œuvres musicales tombées aujourd'hui dans le domaine public pussent de nouveau jouir des privilèges des ouvrages de propriété en vertu de leur transcription en notation nouvelle ?

Dans l'hypothèse que le Congrès veuille bien donner une solution favorable à ces six questions, le xxᵉ siècle pourrait débuter par un impérissable progrès dans tous les domaines de l'art musical & qui immortaliserait le souvenir de l'Exposition française de 1900 par les traces qu'elle y aurait laissées.

M. Ch. Meerens avait joint à sa lettre les ouvrages suivants :

1° *La gamme musicale majeure et mineure*, par Ch. Meerens (Bruxelles, Katto, 1890).

2° Les Nᵒˢ 27 & 29 de *La Fédération artistique* (Bruxelles, 18 avril 1897 & 29 avril 1900).

3° *Acoustique musicale* (articles publiés dans la Fédération artistique). — Bruxelles, Katto, 1892.

4° *Le tonomètre d'après l'invention de Scheibler* (id. ibid. 1895).

5° *Le diapason et la notation musicale simplifiés* (id., Bruxelles, chez Schott, 1873).

Un congressiste désigné par le Comité d'organisation pour étudier la communication de M. Meerens en a fait une analyse dont voici les conclusions, adoptées par le Congrès :

1° L'auteur du mémoire a déjà exposé & défendu dans plusieurs publications antérieures un nouveau système acoustique dans lequel la quarte & les 2 sixtes majeures & mineures sont représentées respectivement par les rapports 27/20, 27/16, 25/16.

Selon l'auteur en effet le son perçu comme tonique doit être représenté dans le rapport par un nombre pair.

Sans contester que la quarte & les sixtes puissent *quelquefois* être représentées par les rapports proposés, nous croyons que dans un grand nombre d'autres cas les rapports généralement admis $\frac{4}{3}$, $\frac{5}{3}$, $\frac{8}{5}$, sont les véritables. Le système de M. Meerens correspond à une gamme où le *fa* est une 7ᵉ, le *la* une 9ᵉ de dominante ; mais le *fa* ne peut-il être aussi une *sous-dominante*, le *la* une tierce de ce *fa* ?

2° L'auteur demande que le mineur soit représenté par la même armature que le majeur : ce qui aurait l'inconvénient de charger d'accidents la musique mineure.

3° Conformément à son système acoustique, l'auteur demande l'adoption du diapason à 864 vibrations : de cette façon les sons de sa gamme seraient tous représenté par des nombres entiers.

4° Il propose l'unification des *clés* : toutes les octaves seraient écrites de la même manière & désignées au début de la ligne par un numéro d'ordre.

5° Il propose l'unification des mesures : la noire représenterait toujours un temps. Il est certain que notre manière d'indiquer les différentes mesures est assez illogique.

« Le Congrès, même s'il adoptait les réformes proposées, ne pourrait les imposer;
« il ne peut qu'émettre des vœux. Il donne acte à M. Meerens de son intéressante
« communication, en regrettant avec lui que le public musical ne s'intéresse pas
« davantage aux questions d'acoustique; mais il pense que le *gâchis* dont se plaint l'au-
« teur du mémoire n'est pas aussi fâcheux qu'il le prétend, puisque aucun bon compo-
« siteur ne s'en plaint, & il ne croit pas que des changements aussi considérables, de
« nature à changer la physionomie ou les bases de l'écriture actuelle, puissent être
« accomplis maintenant. »

LA NOMENCLATURE DES SONS

Si nous comparons notre nomenclature musicale à celle de la Grèce antique, laquelle, au témoignage de l'un de ses historiens, n'eut jamais de musicien qui pût couramment s'en servir, nous ne pouvons qu'admirer les résultats auxquels nous sommes actuellement parvenus. Je pense cependant qu'il est possible de simplifier encore quelques-uns de nos vocables musicaux, sans laisser d'ailleurs d'obtenir les mêmes résultats pratiques.

Nous avons deux systèmes. Le premier consiste à désigner par sept lettres de l'alphabet les sept notes de notre nomenclature moderne.

Ces lettres, dira-t-on, quels désavantages peuvent-elles avoir? Il me sera très facile de vous répondre; les désavantages de ces lettres consistent en ce que dans les diverses langues latines elles n'ont pas la même prononciation. Dans la langue française, par exemple, elles sont prononcées en une seule syllabe, & dans l'espagnol nous avons F & H, deux syllabes. Les noms de deux syllabes sont-ils faciles à chanter? Je ne le crois pas, & je peux bien dire que cela est impossible. Voici, Messieurs, la cause pour laquelle les noms que Guy d'Arezzo avait tirés de l'hymne de saint Jean devinrent populaires. En effet, les noms de Guy d'Arezzo ne sont composés que d'une syllabe, &, malgré que ce système fût moins complet que l'autre, il eut l'avantage considérable de développer immédiatement l'enseignement de la musique dans les pays latins. Ensuite nous verrons une évolution qui se produit avec l'apparition des altérations. Qui fera la meilleure modification de ces noms dans le moment où ces altérations arrivent? Voyons.

Les Allemands qui n'ont pas accepté les noms de Guy d'Arezzo, que feront-ils? & les pays latins qui ont accepté ces noms, que feront-ils? Les Allemands, nous le savons bien, n'ont fait autre chose que de joindre à la lettre une terminaison. Quelle est cette terminaison? une simple syllabe *is* pour les sons chromatiques ascendants & *es* pour les sons chromatiques descendants. Cette modification est bonne dans une certaine mesure, parce que cette syllabe, adjointe aux lettres *A* & *E*, rend le mot dissyllabique, & alors on a deux syllabes pour un son. Ce qui ne fait rien, dira-t-on peut-être ; mais, lorsqu'on chante vite, est-il possible de les bien prononcer ? non ; cependant ces lettres ont un avantage sérieux, celui d'être, dans la plupart des cas, d'une syllabe, l'altération comprise.

Les peuples latins qui ont accepté les noms de Guy d'Arezzo, qu'ont-ils fait ? Ici malheureusement les avantages ne sont pas grands, mais ils sont appréciables. Quels sont ces avantages ? Que tous les noms, quand on les chante, sont d'une seule syllabe. Mais cet avantage est très relatif, parce que l'on est arrivé à une erreur bien sérieuse, & cette erreur consiste à dire tout simplement, lorsqu'on chante, le nom sans altération : par exemple :

Et maintenant permettez-moi de vous demander : Devons-nous avoir des noms pour chanter & des noms pour parler, ou tout simplement des noms pour chanter & parler ? J'incline à croire que cette dernière manière est meilleure. En effet, nous avons à présent en usage les lettres & les termes de Guy d'Arezzo. Avec les lettres on chante & on parle de la même manière ; mais, avec les monosyllabes de d'Arezzo, les noms ne sont pas modifiés lorsqu'on les chante.

Un substantif peut-il être modifié sans l'adjectif ? Jamais. Alors, pouvons-nous prétendre que, lorsque nous disons

nous modifions les noms ? Pourquoi donner un nom général pour cinq sons divers ? Est-il logique de nommer cinq sons avec un nom ? N'est-il pas possible & même facile d'éviter cette faute ? Si. Nous sommes en face de deux systèmes, celui des lettres & celui de Guy d'Arezzo. Sur lequel de ces deux systèmes pouvons-nous faire cette modification ? Je la crois plus facile sur les lettres.

Voici quel serait, Messieurs, le principe de la légère modification que j'ai l'honneur de soumettre aujourd'hui à votre haute compétence : « Noms d'une seule syllabe, y compris l'altération elle-même, de telle sorte qu'on puisse les chanter de la même manière qu'on les parle. » Les avantages des lettres étant dans certains cas très réels, une syllabe suffirait pour nommer la note avec son altération.

Recherchons quel est le point faible de ce système, &, ce point faible une fois trouvé, essayons de découvrir le remède. On a fait indistinctement usage de voyelles & de consonnes, & il arrive que, par suite de la prononciation des langues latines, les syllabes *is* & *es* (dièze & bémol) adjointes aux voyelles *A* & *E* constituent des mots dissyllabes. Il suffira donc, par une modification très simple du système littéral, d'exclure complètement les voyelles & un certain nombre de consonnes qui, dans les langues espagnole, italienne, & portugaise, sont prononcées en deux syllabes. Nous proposerons un système qui sera formé des consonnes suivantes : *B C D G K P & J*, dont quatre appartiennent déjà à l'ancien système *B C D & G* & trois *K P & J* que nous substituons aux deux voyelles *A & E*, ainsi qu'à la consonne *F*.

Nos lettres qui sont les seules permettant la réalisation du principe que nous nous sommes proposé, offrent encore cet avantage précieux de pouvoir être prononcées d'une façon identique dans toutes les langues latines, voire même dans les langues allemande & anglaise. Elles constituent, disons-nous, la solution du problème qui est la raison d'être de cet exposé : « trouver des noms d'une seule syllabe, y compris l'altération elle-même, de telle sorte qu'on puisse les chanter de la même manière qu'on les parle. » Il est en effet facile de s'en convaincre en jetant un coup d'œil sur le tableau suivant. Lettres d'une syllabe :

B	C	D	K	J	G	P	B
Si	Do	Ré	Mi	Fa	Sol	La	Si

La syllabe *is* est en usage déjà pour les sons chromatiques ascendants dans le même degré ; alors voyons les lettres avec la syllabe *is* :

Bis	Cis	Dis	Kis	Jis	Gis	Pis
Si♯	Do♯	Ré♯	Mi♯	Fa♯	Sol♯	La♯

Pour les sons chromatiques descendants, la syllabe *es* est en usage. Voici les lettres avec cette syllabe :

Bes	Ces	Des	Kes	Jes	Ges	Pes

En ce qui concerne maintenant la question des doubles altérations, il m'est impossible d'emprunter quoi que ce soit aux allemands, puisqu'ils se servent de vocables dissyllabes. J'ai donc cherché dans l'alphabet une lettre capable de donner l'idée du double dièze, & comme la lettre *t* me semble celle qui s'en rapproche le plus, j'ai remplacé l's qui termine la syllabe *is*, syllabe employée pour les dièzes, par cette lettre *t* : la syllabe d'altération devient alors *it*, & nous obtenons les noms suivants :

Bit	Cit	Dit	Kit	Jit	Git	Pit

Quand au double bémol, j'ai trouvé dans l'alphabet grec la lettre ω qui est la seule lettre qui lui ressemble un peu, mais je prends le *b* pour être cette lettre caractéristique du bémol. Alors la syllabe d'altération *es*, bémol simple, est changée en *eb*, & à présent nous avons ces noms :

Beb	Ceb	Deb	Keb	Jeb	Geb	Peb

Pour récapituler, je me permettrai de vous proposer dans cet ordre les noms indiqués plus haut :

— Avantages de ces noms. —

1° On les chante de la même manière qu'on les parle.

2° Ils sont très courts, étant d'une seule syllabe.

3° Ils sont prononcés d'une manière identique dans toutes les langues latines, voire même dans les langues allemande & anglaise.

4° Chaque son possède un nom propre & spécial.

5° L'espèce du son est caractérisée pour chacun des cinq sons d'un même degré.

6° Quatre d'entre eux sont déjà en usage.

7° Leur clarté les rend très faciles pour les élèves.

Or les noms actuels ne présentent pas les mêmes avantages :

1° Ils sont chantés d'une manière & parlés d'une autre.

2° Ils ne sont pas d'une seule syllabe.

3° Ils ne sont pas prononcés d'une manière identique, même dans les langues latines.

4° Chaque son ne possède pas un nom propre.

5° Ils sont loin d'être courts.

6° Leur difficulté provenant de leur manque de clarté, est considérable.

Voici quelles sont les syllabes nécessaires pour désigner « un seul son » dans les diverses langues latines :

Portugaise : Do sus-te-ni-do do-bra-do. 8 syllabes.
Espagnole : Do do-ble sos-te-ni-do.   7   »
Italienne : Do di-e-si do-po-lo.   7   »
Française : Do double-dièze.   6   »
Et avec les noms que je propose : *Cit*.   1 syllabe

Il importe de remarquer combien il est plus simple, plus clair & surtout plus court de dire *Cit*. Pourquoi est-ce simple ? parce que vous n'avez qu'à ajouter la syllabe *it* à la lettre C. Pourquoi est-ce clair ? parce que vous avez dans la lettre *t* la figure du double-dièze, & parce que nos noms actuels indiquent comme dans la langue espagnole « *sostenido* » plutôt le temps que le son.

Telles sont, Messieurs, les modifications que je prends la liberté de vous soumettre. Si même elles ne vous paraissaient pas acceptables, en ce qui concerne la solution que j'apporte, je serais cependant heureux d'avoir appelé votre bienveillante attention sur les imperfections de notre nomenclature actuelle. Il semble cependant qu'une telle modification du système littéral serait peut-être utile dans les pays latins, & qu'elle serait en conformité absolue avec le principe de cette modeste dissertation. Sans avoir l'approbation de cette illustre assemblée, je ne donnerai aucune publicité à ces idées, parce que je ne veux pas publier un travail qui ne peut se soutenir devant une discussion raisonnée & ouverte.

Il me reste, Messieurs, à m'excuser d'avoir si longtemps retenu votre bienveillante attention, & à m'excuser aussi de la forme imparfaite de cet exposé.

Julian CARRILLO
Ancien élève du Conservatoire du Mexique.

DE LA NÉCESSITÉ DE MÉTHODISER

L'ENSEIGNEMENT DE LA MUSIQUE
EN LUI APPLIQUANT UNE BASE SCIENTIFIQUE

Faudra-t-il commencer, Messieurs, par démontrer que l'enseignement de la musique manque de méthode ? Le n° 6 de la II° partie du questionnaire qui apparaît dans la circulaire du Comité d'organisation de ce Congrès, qui dit : « De la nécessité de mettre de l'unité dans la terminologie musicale, aussi bien pour l'exécution que pour l'analyse scientifique », pourrait bien m'en dispenser, parce que la terminologie étant inséparable de tout enseignement, il est évident que s'il n'y a pas d'unité dans la première, elle manquera aussi dans la seconde ; nous pouvons donc affirmer sûrement que là où l'unité manquera, la méthode sera absente.

Le mot « méthode » revient toujours quand on parle d'enseignement. C'est ainsi que dans le champ de la musique nous avons des *méthodes* de Solfège, de Chant, de Piano, de Violon, &c. une *méthode*, ou plus exactement, beaucoup de *méthodes* pour chacun des instruments. J'ai même vu une *méthode* d'harmonie. Chaque école & même chaque professeur, distingué ou non, se croit obligé d'avoir une méthode particulière & distincte de celle des autres. Cette variété est un symptôme du manque absolu d'une vraie méthode, qui, étant assujétie à des principes uniformes, conduirait sûrement à l'uniformité dans l'enseignement.

Je crois ne pas me tromper en affirmant, comme je le fais, que ce désordre n'a d'autre source que l'empirisme qui règne partout, lequel est, à son tour, le résultat naturel & logique du manque d'une base scientifique.

Les professeurs de musique sont empiriques, parce qu'ils ne font que suivre aveuglément & de routine le même chemin qu'ils parcoururent avec leurs maîtres : les plus intelligents, s'ils voient que leurs élèves ne peuvent le suivre également, cherchent de nouvelles voies, sans aucun principe directeur, & guidés seulement par les résultats plus ou moins heureux qu'ils obtiennent. C'est ainsi qu'à force d'expériences, ils arrivent à se frayer un chemin qui flatte leur amour propre & qu'ils arrivent à croire supérieur à ceux de leurs collègues, oubliant que, comme l'a dit très justement un écrivain, « les professeurs empiriques n'ont pas le droit de critiquer le travail des autres », parce que ceux-ci, de leur propre autorité & avec le même manque de raisons, condamnent le labeur des premiers ; le résultat est un manque d'entente entre les musiciens au préjudice de l'enseignement.

La nécessité de méthodiser & d'unifier l'enseignement de la musique s'impose partout. Comme pièce à l'appui je citerai l'apparition en Italie, en 1897, d'une Revue qui avait pour titre : *L'Insegnanti di Musica*, fondée comme le disait la préface, dans le seul but « d'ouvrir la discussion entre les professeurs de musique sur les controverses de méthode, très nombreuses dans l'enseignement du chant & des divers instruments ». Ce journal disait encore qu'il se mettait à la disposition « de tous les professeurs qui croiraient avoir *une conception claire de leur propre méthode d'enseignement*, afin qu'ils pussent l'exposer à leurs collègues pour le bénéfice de l'art musical ».

La vie de cette Revue ne fut pas de longue durée : huit mois seulement, & cette vie si éphémère pourrait faire naître le soupçon que, ou bien les professeurs de musique n'ont pas une conception claire de leur méthode, ou bien qu'ils sont trop égoïstes pour la faire connaître, préférant la garder pour leur bénéfice personnel. Quelques-uns cependant envoyèrent au journal des articles dont la plupart, quoique très intéressants, n'étaient fondés sur aucun principe reconnu, & ne contenaient que l'opinion personnelle des auteurs. La discussion, sur ces bases, ne pouvait être profitable d'aucune manière, parce qu'il n'existe pas, que je sache, un homme ayant assez d'autorité pour imposer aux autres son opinion, quand elle ne part pas d'une base dont les principes soient reconnus & universellement acceptés.

Examinant le fait sous un autre aspect, je crois que, depuis sa fondation, cette Revue portait le germe de mort, parce que, si en apparence elle combattait l'empirisme, elle n'offrait rien pour lui substituer & ne faisait que le continuer sous une forme quelque peu différente. On reste surpris, en effet, que, lorsque le directeur posait le problème avec une grande clairvoyance, quand il observait que tous ceux qui dans les Écoles normales se préparent à l'enseignement élémentaire ou supérieur, étudient comme matière principale la pédagogie, laquelle ayant pour base l'étude des facultés humaines, fournit les motifs qui doivent nous conduire à l'art d'enseigner, & alors qu'il remarquait qu'en Italie on s'avance jusqu'à exiger licence d'une École normale, pour se présenter à l'examen spécial qui autorise à enseigner une langue étrangère, & après l'exclamation que « seulement dans l'enseignement artistique il paraissait convenu de procéder sans pédagogie & sans didactique », on reste surpris, je le répète, qu'il ait provoqué la discussion, rejetant depuis son premier fascicule la seule base qui pourrait conduire à un accord, déclarant expressément « qu'il ne conviendrait pas de donner aux professeurs de musique *(tutto quel fiumo)* les connaissances qu'avec l'étude de la pédagogie on donne dans les Écoles normales où on parle toujours le langage philosophique pour ne pas se faire comprendre, & qu'après les premières règles générales, il faudrait arriver vite au fait pratique *d'une didactique appliquée à la musique* ».

En réponse à l'objection qu'on y fait à l'étude de la pédagogie, parce que ceux qui la connaissent parlent le langage philosophique pour ne pas se faire comprendre, je dirai que la faute n'en est pas à eux, mais à ceux qui, avec une instruction insuffisante, ne peuvent pas comprendre le langage philosophique; & si, comme je le crois, l'enseignement de la musique, comme tout autre enseignement, doit avoir pour base la pédagogie, l'étude de cette science est indispensable aux professeurs de musique, car s'ils l'ignorent ils ne comprendront pas son langage & n'arriveront jamais à méthodiser & unifier l'enseignement musical.

Dans les derniers vingt-cinq ans, la pédagogie a fait de tels progrès, qu'on ne lui conteste plus sa place légitime, quoique modeste, dans le champ des sciences. Ses doctrines ont modifié complètement les méthodes d'enseignement dans les écoles élémentaires, dans les lycées & même dans les universités. Il n'y a donc plus que l'enseignement artistique où l'on continue à employer la routine de nos aïeux, qui étouffe en leur germe bien des aptitudes, & fait dépenser beaucoup de temps, avec bien peu de profit pour l'art.

Pourquoi, jusqu'à ce jour, n'a-t-on pas pris la pédagogie comme base de l'enseignement artistique, comme on l'a fait pour l'enseignement scientifique? D'abord parce que bien de professeurs en ignorent même l'existence; ensuite, parce que ceux qui ne la connaissent que superficiellement ne croient pas qu'elle puisse être appliquée à l'enseignement de la musique. J'aime à croire, pourtant, qu'il doit exister des professeurs ayant étudié les œuvres pédagogiques, & je me demande pourquoi il n'existe dans aucune langue aucun ouvrage spécial où soit faite systématiquement l'application des principes de la pédagogie à l'art musical. Dans mon opinion, c'est une lacune qui devrait être comblée, si l'on tient à en développer & faciliter l'enseignement.

L'œuvre la plus formelle qui, sur ce sujet soit tombée entre mes mains, est le *Teaschers' Manual* de Curwen, dans laquelle l'auteur, prenant pour base quelques principes pédagogiques, tend à en établir l'application à l'enseignement élémentaire de la musique vocale dans les écoles primaires. Cette application n'a pas, il est vrai, toute la perfection désirable, mais cependant, les avantages qu'elle a produits sont incontestables, comme l'indique le haut degré de perfection du *Tonic-Sol-Fa Method* dans les écoles anglaises, reconnu officiellement par le Comte Giuseppe Franchi Verney envoyé spécial du Ministère d'Instruction publique d'Italie, pour étudier l'organisation des Écoles supérieures de musique en France & en Angleterre, ainsi que l'enseignement du chant dans les écoles ordinaires. Dans son rapport publié dans le Bulletin officiel du même Ministère, à la date du 5 août 1897, il résume ses impressions, après sa visite à une école primaire de Londres, dans ces termes : « Tous les exercices que l'on exige chez nous pour l'examen des aspirants à la place de professeur de chant dans les Écoles normales, furent successivement exécutés avec une promptitude & une sûreté admirables. »

Ces résultats splendides n'ont d'autre explication que la méthode rationnelle y employée, c'est-à-dire, l'adaptation de cette méthode aux principes pédagogiques, avec l'uniformité qui en découle dans l'enseignement, en adoptant une base scientifique devant laquelle tout le monde s'incline.

N'est-il pas tout à fait logique, Messieurs, de supposer qu'avec l'application de ces mêmes principes aux autres branches de l'enseignement musical, on obtiendrait des connaissances plus solides & des résultats également surprenants ? Je maintiens que si ; mais, demanderez-vous : Est-ce qu'on n'a pas fait déjà cette application ? Non, que je sache, car les lieux indiqués naturellement pour commencer, propager & conduire au but une telle réforme, seraient tout d'abord les Conservatoires, & je ne connais aucune École de musique européenne, où l'on enseigne & où l'on applique la pédagogie à l'art des sons.

En dehors de l'œuvre de Curwen déjà citée, on a publié quelques travaux dans lesquels, avec une intuition didactique peu commune, leurs auteurs ont tâché d'assujettir à des principes fixes l'enseignement du piano, mais pas un seul n'a fait école, aucun d'eux ne s'étant imposé. Entre ces divers ouvrages, ceux de Mlle Hortense Parent méritent une mention spéciale par le fait d'avoir réuni dans *L'Exposition de la méthode d'enseignement pour le Piano* les principes qui en sont la base, & qu'elle appelle *principes de Pédagogie*, & aussi pour avoir fait en ces dernières années à la Sorbonne, quelques conférences sur la *Pédagogie musicale*.

En entendant ceci, la première impression est que Mlle Parent a tâché d'appliquer à l'enseignement du piano les principes de la science pédagogique ; c'est ce que j'espérais quand les œuvres de cet auteur tombèrent sous mes yeux au printemps de l'année 1897, mais mes espérances diminuèrent ; car au lieu des vrais principes de pédagogie, je ne vis que les principes personnels de Mlle Parent, qui parfois sont en contradiction frappante avec ceux de la pédagogie.

Je suis pourtant heureux de constater que les œuvres de Mlle Parent, ainsi que les autres du même genre, sont d'autant plus précieuses qu'elles démontrent la nécessité d'assujétir l'enseignement de la musique à des principes fixes & bien déterminés.

Eh bien, ces principes ne sont pas à trouver, ils existent depuis longtemps ; ils ont été universellement acceptés, ne sont plus à discuter, & peuvent être appliqués à l'enseignement musical ; ils sont le ferme appui de la pédagogie, laquelle sert de base à tous les enseignements, à l'exception de l'enseignement artistique. Si ce Congrès les accepte comme devant régir l'enseignement de la musique, ils seront vite acceptés aussi pour tous les professeurs de musique, & il ne restera plus qu'à étudier & à résoudre les divers problèmes de méthode, pour arriver à une entente générale qui fixerait les bases de l'enseignement musical.

Parmi les thèmes proposés par le comité d'organisation de ce Congrès dans la circulaire déjà citée, sont certainement du domaine pédagogique les suivants : — Quel système de transcription adopter pour la musique antique ? — Des différents systèmes contemporains, relatifs au chant grégorien & au plain-chant. — Du rôle éducateur de la musique. — De l'utilité pratique de l'histoire de la musique pour le musicien compositeur ou exécutant. — Étude des rythmes dans la musique homophone. — De la nécessité de mettre de l'unité dans la terminologie musicale, aussi bien pour l'exécution que pour l'analyse scientifique. — De l'organisation actuelle de l'instruction musicale en Europe. — En se basant sur les principes de la pédagogie on arrivera à un accord beaucoup plus facile qu'en abordant leur discussion sans aucune base déterminée.

Une autre raison encore pour accepter la pédagogie comme base d'enseignement, c'est que depuis deux ou trois ans, on emploie souvent le mot « pédagogie », pour l'appliquer à tout ce qui est en relation avec l'enseignement. C'est bien un abus, car l'enseignement empirique n'a rien à faire avec cette science. Et pourtant, de l'emploi vague de ce mot à son application, il n'y a qu'un pas, & c'est ce pas, Messieurs, celui que je viens vous proposer de faire pour franchir les obstacles qui jusqu'à ce jour ont empêché l'enseignement de l'art musical d'atteindre le développement auquel il a le droit d'aspirer.

L'enseignement pédagogique en ces derniers temps a produit partout l'unification des méthodes & des études primaires ; il a développé physiquement, moralement & intellectuellement une grande partie de la génération actuelle ; il a produit des hommes plus vigoureux, plus honnêtes, plus raisonnables & plus intelligents. Dans le champ de la science il a ouvert de nouveaux sentiers à l'investigation, assujettissant toutes les études à l'expérimentation.

Ceux qui aujourd'hui exercent le professorat musical peuvent être divisés en trois catégories : en premier lieu, viennent ceux qui en font une vraie carrière, lui sacrifiant leur jeunesse & se dévouant avec toutes leurs facultés & toute leur énergie à des études sérieuses dans un Conservatoire ; en second lieu, sont ceux qui, sans vocation pour l'art & après deux ou trois années d'études, croient connaître assez de musique pour pouvoir l'enseigner ; la troisième catégorie, est celle des amateurs, qui, après quelque revers de fortune, ne voient dans l'enseignement qu'un *modus vivendi*, & font souvent aux premiers une concurrence qui est loin d'être noble.

Le public n'a aucune garantie de leur savoir & n'a d'autre *criterium*, pour les juger, que leur talent d'exécution, mais ce *criterium* est trompeur, parce que bien souvent le talent d'exécution se trouve limité à quelques morceaux, & en rapport contraire avec les connaissances solides dans la partie théorique de l'art.

Sans prétendre que les professeurs de musique soient nuls comme exécutants, il est évident qu'ils n'ont pas besoin de se mettre en parallèle avec les virtuoses, car il leur suffit d'un talent moyen d'exécution & de la connaissance du mécanisme de l'instrument ; les concertistes consacrent tout leur temps à former & maintenir un répertoire, tandis que les professeurs se consacrent tout à fait à l'enseignement. Il est vrai qu'on trouve des professeurs distingués qui conservent leur talent d'exécution, mais ils sont l'exception & non la règle, car pour chacun de ceux-ci on peut citer cinquante de ceux-là, qui, dévoués exclusivement aux travaux didactiques, perdent beaucoup de leur talent d'exécution.

Aussi une chose est savoir, & une autre communiquer ce que l'on sait ; &, s'il est vrai que pendant bien longtemps on a jugé que cette dernière faculté était innée chez l'individu, il est certain aussi qu'avec l'étude de la pédagogie suivie d'une pratique bien dirigée on fait acquérir la faculté d'enseigner même à ceux qui en paraissaient privés ; tandis que ceux qui ont des aptitudes naturelles pour l'enseignement arrivent avec les études pédagogiques à un degré d'habileté très supérieur & qu'ils n'auraient jamais soupçonné, comme cela se voit tous les jours dans les Écoles normales d'Europe & d'Amérique.

Eh bien, par respect pour la profession elle-même, pour la satisfaction de ceux qui se vouent sérieusement à enseigner la musique, ainsi que pour le progrès de l'art musical, il est de toute nécessité de faire cesser un état de choses aussi lamentable, par la création aux Conservatoires de la carrière du professorat bien distincte de celle de l'exécutant, en exigeant des premiers l'étude théorique & pratique de la pédagogie.

On dira peut-être que déjà dans quelques Conservatoires est institué le professorat musical, & on citera la grande part de ceux de l'Italie, & quelques-uns de l'Angleterre & des États-Unis ; mais leurs diplômes ne sont nullement une garantie de capacité didactique, parce que, comme on peut voir par leurs programmes d'examen, on n'exige pas des études pédagogiques, ni des leçons pratiques devant le jury d'examen ; & la pratique d'enseignement, quand on la fait, est sans principes, & sous la direction d'un professeur empirique.

J'ai devant moi une brochure du professeur R. Matteini (1) dans laquelle il donne les programmes d'examen pour le *Diploma di magistero* à l'Académie

---

(1) *Brevi Cenni sullo studio del Pianoforte e Considerazioni sui Programmi di Magistero dei RR. Conservatori.* — Livorno, Tip. edit. S. Belforte e b. — 1893.

de Sainte-Cécile, de Rome, à l'Institut musical de Florence, & aux Conservatoires royaux de Naples, Parme & Milan ; & aussi le catalogue de l'année 1896-97 du *Metropolitan College of Music*, dépendant de l'Université de l'État de New-York, lequel contient le programme d'examen pour obtenir le *Teacher's Certificate*, mais dans chacun d'eux on n'exige qu'un *minimum* d'exécution & des connaissances théoriques, tandis que la didactique n'y est pas même mentionnée.

Malgré l'imperfection de cette institution dans les Écoles de musique que je viens de citer, elle montre au moins que l'on a tâché d'obtenir des cours exclusifs pour le professorat.

Au mois de mai 1896, j'eus l'honneur de soumettre à la considération de M. le Ministre de l'Instruction publique du Mexique un travail sur l'art musical dans ce pays, & entre autres choses je signalai, comme cause principale de notre lent progrès musical, le manque de méthode & d'uniformité dans l'enseignement, dû à l'empirisme des professeurs. J'indiquai en même temps l'utilité de réformer notre Conservatoire, en donnant une base scientifique à l'enseignement par la création d'une classe de pédagogie appliquée à la musique, & de cours spéciaux pour le professorat musical. La publication de ce travail, malgré la sourde opposition qu'elle rencontra chez tous mes collègues, fit son chemin, & il y a quelques mois j'eus la satisfaction de voir réformé notre Conservatoire, par décret du 25 Novembre 1899, faisant la séparation indiquée entre professeurs & exécutants, & avec la création de la classe de pédagogie appliquée à la musique.

Une fois la pédagogie acceptée comme base de l'enseignement, les Conservatoires qui ont déjà institué le professorat musical s'empresseront sans doute de l'inclure dans leurs programmes d'études.

Quant aux autres Écoles de musique, qui sont en grande majorité en Europe, & n'ont pas encore établi de cours spéciaux pour le professorat, il serait à désirer que, sans perte de temps, elles ouvrissent d'abord un cours obligatoire de pédagogie appliqué à la musique ; ainsi se trouveraient aplanies bien des difficultés pour la résolution de tous les problèmes d'enseignement.

Afin de faire la propagande de ces idées, la fondation d'une Revue spéciale serait à souhaiter ; je n'insisterai pas sur ce point ; car probablement, & suivant le désir manifesté par le Comité d'organisation, on proposera à ce Congrès la fondation d'une *Revue internationale d'historiographie musicale et de musique*, & il sera facile d'y instituer une section spéciale de pédagogie, pour l'étude de tous les problèmes relatifs à l'enseignement musical.

Je terminerai, Messieurs, en ayant l'honneur de soumettre à votre haute délibération les propositions suivantes, avec l'espoir que ce Congrès voudra bien les prendre en considération :

1° Qu'on adopte la Pédagogie comme base de l'enseignement musical ;

2° Qu'on recommande la publication d'une Pédagogie de la musique pour servir de texte dans les Écoles de musique.

3º Il est à désirer que les Conservatoires qui jusqu'à ce jour n'ont pas institué la carrière de professeur de musique l'établissent le plus tôt possible.

5º On recommande à toutes les Écoles de musique & Conservatoires qu'ils déclarent obligatoire pour les aspirants au professorat l'étude théorique & pratique de la Pédagogie.

5º La *Revue internationale de musique*, dont la fondation sera proposée à ce Congrès, devra contenir une section spéciale de Pédagogie de la musique.

Edouard GARIEL.

Saltillo, Mexique, le 20 Mai 1900.

DE L'ENSEIGNEMENT ÉLÉMENTAIRE DU PIANO EN FRANCE

AU POINT DE VUE DE LA VULGARISATION DE LA MUSIQUE

Pour vulgariser la musique en France, il faudrait faire de tout individu un musicien *pratiquant*.

A ce point de vue, le chant choral & l'étude du piano sont, par excellence, des véhicules vulgarisateurs.

Pour rester dans ma spécialité, je ne parlerai que de l'étude du piano.

De notre temps, le piano a conquis sa place dans le programme d'études de toute éducation libérale (au moins dans celle des jeunes filles). Or, les résultats obtenus sont-ils en rapport avec le temps que l'on passe au piano, l'argent que l'on dépense & la peine que l'on prend?

Je ne parle pas des élèves artistes dont le travail est tellement considérable qu'il produit toujours quelque chose sinon quelqu'un.

Je parle exclusivement des élèves amateurs.

La musique est-elle pour eux, non pas seulement un moyen d'obtenir quelques succès de salon pendant la période de l'éducation musicale, mais encore & surtout la source de jouissances personnelles plus élevées ; quelque chose de ce qu'est la lecture pour celui qui l'aime, un plaisir dont on peut jouir à tous les âges, parfois même, dans les mauvais jours de la vie, une consolation ou un refuge?

Oui, pour quelques rares natures privilégiées, cela est ainsi. — Non, pour la majorité des élèves. — Et cependant un art qui en est arrivé à la période de la vulgarisation doit offrir un idéal accessible au grand nombre.

Avant de rechercher la cause de ces lacunes, il convient de constater les conditions qui sont faites aujourd'hui à l'étude du piano dans l'éducation musicale des amateurs.

Le programme des études classiques est infiniment plus chargé qu'autrefois. En outre, au lieu de ne cultiver qu'un seul art, la jeune fille les aborde tous, de sorte que le temps réservé à chacun d'eux est de jour en jour plus limité.

Ne faut-il pas dès lors que le travail de l'élève soit plus intelligent & la méthode du professeur plus substantielle, afin qu'un *maximum* de progrès puisse être obtenu en un *minimum* de temps?

D'autre part on ne consulte plus les dispositions naturelles d'un enfant avant de lui faire apprendre la musique ; c'est au professeur de savoir tirer parti d'une organisation musicale souvent défectueuse, quelquefois complètement réfractaire.

A quelle catégorie de professeurs incombe cette tâche difficile qui demande un tact tout particulier & une connaissance approfondie des procédés pédagogiques ?

Au professeur élémentaire.

Comment la remplit-il ?

Aucun professeur ne me démentira si j'affirme que, neuf fois sur dix, chez la jeune fille amateur qui demande des leçons de perfectionnement, tout pèche par la base.

Le professeur supérieur, au lieu de n'avoir qu'à développer le talent de l'élève, est obligé de corriger des défauts & de reprendre en sous-œuvre tout le travail préparatoire qui est le domaine propre de l'enseignement élémentaire.

Lorsqu'il s'est agi de vulgariser l'instruction classique en France, on a commencé par organiser l'enseignement primaire, parce qu'il est logique de commencer par le commencement.

Pour vulgariser la musique, c'est aussi l'enseignement élémentaire qu'il faudrait organiser ; car, il faut le dire, ce sont presque toujours les débuts, bons ou mauvais, de l'éducation musicale, comme de l'éducation morale, qui produisent le développement ultérieur, bon ou mauvais, du musicien, comme de l'homme.

Le mois dernier, au Congrès sur l'enseignement classique, une ancienne normalienne se plaignait que l'on confiât l'éducation des tout petits aux jeunes institutrices débutantes. Il y faudrait, disait-elle, des maîtresses mûries par une longue expérience.

Je suis absolument de cet avis.

Est-il une plus haute mission que celle de déposer dans un jeune cerveau, dans une petite âme, ces premières notions sur toutes choses qui, saines, justes & vraies, sont les semences fécondes qui produiront plus tard de riches floraisons ?

Par l'importance de son rôle d'*initiateur*, le professeur élémentaire, au double point de vue moral & musical, devrait être choisi dans une élite.

Or, quel est-il, en général, le personnel de cet enseignement ? Les conscrits du professorat & les naufragés de la fortune. Les musiciens de vocation ne font de l'enseignement élémentaire qu'au début de leur carrière & faute de mieux. Les femmes du monde qui perdent le père ou le mari qui les faisait vivre & se voient, du jour au lendemain, obligées de subvenir à leur existence *s'improvisent* maîtresses de piano. Cela est fort honorable pour elles, mais désastreux pour la musique !

Le professorat du piano, s'exerçant sans contrôle, semble être une carrière que l'on peut embrasser sans préparation. De là un nombre toujours croissant de nullités.

Donc, encore une fois, c'est l'enseignement élémentaire qu'il faudrait réformer, non en demandant aux grands artistes de commencer les enfants, ce qui est impossible pour toutes sortes de raisons, mais en réclamant leur concours au deuxième degré, pour la formation des professeurs élémentaires.

Dans toutes les Écoles normales de France, à côté des cours des facultés les plus élevées, il a été établi une école *annexe* pour la préparation pratique au professorat.

Pourquoi ne pas étendre cette mesure aux Écoles de musique &, à côté des cours de virtuosité, pourquoi ne pas créer des cours de pédagogie musicale avec application pratique ?

On ne saurait trop le répéter : bien jouer du piano soi-même n'implique en aucune façon la faculté de bien enseigner à en jouer. Sans préparation sérieuse, le jeune professeur n'apprend à professer qu'en professant, & n'acquiert de l'expérience qu'aux dépens des élèves qu'on lui confie.

Sans doute les grands professeurs se forment eux-mêmes par une intuition supérieure ; mais tous les soldats ne portent pas dans leur giberne le bâton de maréchal, & c'est de bons lieutenants surtout que l'on a besoin.

Il est d'intérêt public & national que le niveau de la culture musicale s'élève chez les amateurs, car l'élite mondaine qui juge les talents, fait la réputation des artistes & a, par conséquent, une responsabilité dans la direction imprimée aux manifestations de l'art dans notre pays ; cette élite mondaine se recrute précisément parmi les amateurs dont nous parlons.

Je ne veux pas pousser plus loin mon réquisitoire contre l'enseignement élémentaire tel qu'il est trop souvent pratiqué. Permettez-moi seulement, Messieurs, de vous dire comment je le comprends.

Le rôle du professeur élémentaire me semble être de préparer l'avenir & de faire aimer le piano. Son ambition doit être d'amener l'élève au développement normal qui correspond à son âge & de le remettre, sans lacunes & *sans défauts*, entre les mains du professeur supérieur qui lui succédera.

C'est l'enseignement élémentaire qui crée l'élève, c'est l'enseignement supérieur qui dégage l'artiste. L'enseignement secondaire est un trait d'union entre les deux.

Si le professeur supérieur doit posséder à un haut degré le sens artistique & le sens critique, le professeur élémentaire doit avoir surtout le sens pédagogique & la rectitude de l'esprit.

Par des définitions mauvaises, par un enchaînement illogique des idées, le professeur peut fausser le jugement de son élève. Il ne faut donc jamais dénaturer les faits sous prétexte de les mettre à la portée de l'enfance ; il faut doser les explications suivant l'âge de l'élève, mais ne rien lui dire que de juste & d'immuablement vrai, en musique comme en morale.

Et, outre l'instruction technique, que d'idées & de sentiments à inculquer à un petit enfant à propos des touches blanches & des touches noires, des dièzes & des bémols !

C'est d'abord la volonté de bien faire : de se donner de la peine pour faire le mieux possible.

C'est le respect du temps bien employé...

C'est la conscience dans le travail qui s'étendra plus tard à tous les actes de la vie...

C'est l'habitude de la méthode qui décuple les résultats du travail...

C'est l'obéissance à l'autorité du professeur. — L'obéissance est devenue « vieux jeu », mais elle n'en est pas moins indispensable dans toute bonne éducation.

Les études du premier âge doivent être mises en rapport avec le développement intellectuel & physiologique de l'enfant, de manière à ne lui demander que ce qu'il peut donner, mais *tout* ce qu'il peut donner.

Par exemple l'enfant aime le nouveau & ne peut s'appliquer longtemps au même travail. Au lieu d'exiger de lui une étude trop prolongée sur le même sujet, ce qui le fatigue sans amener aucun progrès (car, selon sa propre expression, il *désapprend* le morceau qu'il étudie trop longtemps), il faut l'habituer à atteindre en peu de jours son maximum de perfectionnement, il faut lui faire acquérir de la facilité de travail, il faut le rendre, dès l'enfance, bon lecteur. — La lecture lui fera aimer le piano.

Pour les élèves du sexe masculin surtout, la lecture est d'une nécessité non seulement absolue mais urgente, car sous peine de ne l'être jamais, le jeune garçon doit être bon lecteur avant les fortes études du lycée.

Or, si la pratique de la musique est agréable & utile dans la vie d'une femme amateur, elle ne l'est pas moins dans la vie d'un homme. On est étonné de constater les indiscutables avantages que procure aux jeunes gens du monde la possession d'un très petit talent de piano.

Le professeur élémentaire doit préserver son élève du travail machinal, qui est non seulement improductif, mais meurtrier pour l'esprit. Lui-même évitera la routine & s'interdira le serinage.

Pour bénéficier des méthodes nouvelles qui donnent de si bons résultats, le professeur de musique montrera lui aussi *la chose avant le mot,* la pratique avant la théorie, mais toujours en joignant la théorie à la pratique, afin que l'enseignement ne devienne pas empirique & reste intelligent.

Le professeur utilisera la mémoire des yeux & aura recours à la figuration matérielle de certains faits musicaux afin de faire *voir* à l'enfant ce que son jeune cerveau se refuserait à comprendre. « De tous les sens de l'enfant, le plus développé est la vue », a dit M. Legouvé, un maître en éducation.

Au point de vue technique, le professeur élémentaire soignera tout particulièrement la pose de la main, base du mécanisme des doigts, & l'attaque de la touche dont dépendra plus tard la sonorité bonne ou mauvaise du pianiste, c'est-à-dire tout le charme de son jeu.

L'attaque de la touche, n'est-elle pas pour le pianiste ce qu'est l'émission de la voix pour le chanteur?

Le professeur élémentaire attachera au rythme & à la mesure une importance considérable. Il y a des qualités & des défauts éminemment contagieux entre professeur & élève : le rythme bon ou mauvais est de ce nombre.

Le professeur élémentaire sera en état d'enseigner le solfège aussi bien que le piano. Il donnera à son élève des connaissances étendues en théorie musicale & l'initiera pratiquement aux éléments de l'harmonie.

Enfin le professeur élémentaire devra posséder une doctrine précise qui embrasse tous les points de l'éducation musicale, — de manière à ne rien livrer au hasard, — & un programme d'études élaboré avec soin, établi sur les saines traditions classiques, tout en participant au mouvement actuel de l'art.

L'étude raisonnée, introduite dès le premier jour dans les habitudes de l'élève, aura pour conséquence le développement progressif & continu de son initiative personnelle; & cette initiative, mise plus tard en valeur par l'enseignement supérieur, fera éclore cette fleur exquise de l'art : la personnalité de l'artiste.

Le professeur élémentaire doit être le semeur désintéressé qui prépare la moisson sans la récolter. Mais l'éducation n'est-elle pas avant tout une œuvre de dévouement?

.*.

Je m'excuse, Messieurs, d'avoir à vous parler maintenant de mes travaux personnels au lieu de rester dans le domaine des idées générales.

Mais chacun de nous n'est-il pas ici pour dire ce qu'il a fait, ce qu'il a trouvé, & essayer de contribuer ainsi, dans la mesure de ses moyens, à l'avancement de l'art auquel, tous, nous avons voué notre vie?

N'est-ce pas là aussi une manière de nouer, entre les membres de la grande famille musicale, des liens fondés sur la communauté des vues & de souder ainsi la confraternité professionnelle?

J'ai exposé ma méthode d'enseignement en Sorbonne il y a quelques années.

Ce n'est pas le moment de vous expliquer comment j'ai été amenée à fonder mon enseignement sur des bases nouvelles. Mais j'en puis résumer l'esprit en disant qu'aux deux facteurs généralement utilisés d'une manière exclusive dans l'étude du piano : l'intuition & l'imitation, j'en ai adjoint un troisième : le raisonnement.

L'importance du rôle que joue l'instinct musical, sans lequel il n'y a point de véritable artiste, est chose indiscutable, mais ces qualités de jugement & d'intelligence générale, bien loin de nuire au développement d'une organisation artistique, apportent précisément aux qualités natives de cette organisation le contre-poids nécessaire pour les équilibrer.

Que si, au contraire, l'instinct musical fait défaut (n'oublions pas qu'il s'agit d'amateurs), l'intelligence générale & le raisonnement peuvent remédier, dans une certaine mesure, aux inconvénients qui en résultent.

J'ai formulé les principes de ma méthode & j'en ai réalisé l'application dans un ensemble d'ouvrages didactiques qui embrassent les trois degrés de l'enseignement & constituent un *Cours élémentaire et progressif pour l'étude et l'enseignement du piano.*

Ce *Cours de piano* est exclusivement un *Cours d'exercices* (tous rigoureusement originaux), qui demeure compatible avec les recueils d'*Études* des compositeurs les plus divers.

J'ai procédé ainsi parce que la contexture simple & indépendante de l'exercice me permet de décomposer toutes les difficultés, de les mettre *à nu*, & de les enchâsser isolément dans une formule courte, précise & favorable à la transposition dans tous les tons.

Au début de l'éducation musicale, je fais étudier parallèlement, mais *séparément*, les différentes branches du travail : lecture des notes, rythme & mesure, mécanisme des doigts, &c., — afin que l'enfant n'affronte pas *à la fois*, & mêlées les unes aux autres, plusieurs difficultés de *nature différente*.

En concentrant ainsi l'effort de l'enfant sur *un seul point* à la fois, j'obtiens une parfaite compréhension du fait musical & une atténuation considérable de la difficulté technique. Que si, au contraire, l'enfant est, dès le début, mis aux prises avec plusieurs difficultés de *nature différente*, confondues les unes avec les autres, chaque fait musical, au lieu de se relier à l'enchaînement des faits précédents de même ordre, est obscurci par l'entourage de faits étrangers.

De là, dans l'esprit de l'élève, des lacunes & des équivoques.

Et qu'on ne croie pas que cette étude séparée des différentes branches amène une difficulté quelconque, lorsqu'il s'agit plus tard de les réunir. Chaque notion étant à sa place dans le cerveau de l'enfant, toutes les notions se relient d'elles-mêmes spontanément les unes aux autres dans la pratique, *sans que l'on ait à s'en occuper*.

Chacun de mes ouvrages est donc l'analyse approfondie d'une des branches du travail prise à sa racine & continuée jusqu'au complet développement.

Tous ces ouvrages se relient entre eux par l'unité de leur conception ; coordonnés dans le même esprit, ils sont réalisés d'après les mêmes principes.

Enfin l'ensemble de ces ouvrages forme un corps de doctrine qui a pour but d'apprendre aux élèves *à apprendre* & aux jeunes professeurs *à enseigner*.

HORTENSE PARENT,

Fondatrice-Directrice de l'École préparatoire

à l'Enseignement du piano,

Officier de l'Instruction publique.

LA PENSÉE MUSICALE

Au nombre des questions inscrites au programme d'études se trouvait celle de la « pensée Musicale ».

M. Lionel Dauriac n'a point rédigé de mémoire. Dans une communication orale, il expose les raisons qui l'inclinent à rejeter comme impropre l'expression de « pensée » musicale. Il considère ce terme comme des plus équivoques & s'inquiète des confusions d'idées auxquelles son emploi peut donner lieu.

Le propre d'une pensée est 1° d'être distincte de son signe ; 2° d'être traduisible en plusieurs idiomes ; 3° d'exprimer des idées.

Or, 1° la phrase musicale n'est le signe d'aucune idée ; 2° elle n'est point traduisible ; 3° elle n'est point distincte d'un état intérieur d'ordre intellectuel ou conceptuel dont par hypothèse elle serait le signe.

« La musique ne pense pas », écrivait R. Wagner. Il serait facile d'en multiplier les preuves. Ces preuves, on les trouverait on ne peut plus clairement formulées dans un ouvrage paru, il y a six années environ, où l'auteur, un des fervents de la « pensée musicale », ne s'aperçoit pas qu'il lutte contre sa propre thèse. Cet auteur est M. Combarieu. Entre autres raisons favorables à la doctrine esthétique de la pensée musicale il s'appuie sur l'insuffisance du verbe, sur son incapacité à tout rendre. Richard Wagner & Schopenhauer n'ont pas été d'un autre avis. Ce sont eux, pourtant, qui ont ruiné la thèse de la pensée musicale.

De deux choses l'une, en effet. Ou la musique exprime des idées, ou elle exprime des sentiments. Si c'est l'un, ce n'est pas l'autre... à moins que ce ne soit ni l'un ni l'autre. Et ce n'est en effet ni l'un ni l'autre.

La phrase musicale est une « forme sonore » aux éléments successifs, mais auxquels la mémoire confère une sorte de simultanéité. L'appréhension de cette forme par l'intelligence suggère des images, ou du type visuel, & c'est le cas de la musique dramatique, ou du type tactile, & c'est le cas de la musique aux rythmes dansants, ou du type affectif, & c'est le cas de la musique dite sentimentale. Et voilà pourquoi la musique peut être dite : ou pittoresque, ou pathétique, ou dramatique. Quelquefois, mais rarement, il peut lui arriver de suggérer des idées. — Pourtant il est des « phrases » musicales. Ces phrases sont accessibles aux uns, inaccessibles aux autres. Elles sont de l'ordre des choses qui « se comprennent ». S'il est une « intelligence musicale », il doit être une « pensée musicale ».

La conclusion dépasse les prémisses. La phrase en musique ne signifie pas autre chose qu'un thème principal suivi d'un ou de plusieurs thèmes adjacents. De même en musique qu'en architecture il est des formes qui en appellent d'autres. Il peut y avoir, il y a des musiciens incohérents. Il se rencontre aussi des incohérents parmi les architectes. Et pourtant chaque fois qu'entre architectes on se sert du mot « pensée », si tant est qu'on y ait recours, ce ne peut être que d'une façon métaphorique.

On pourra donc continuer à parler des « pensées musicales » au pluriel, en donnant au terme « pensée » le sens d' « idée ». On parlera fort bien d' « idées musicales », puisque, prise au pied de la lettre, l' « idée » est une « forme ». Si l'on s'obstine à se servir du terme « pensée musicale » en prenant le mot au pied de la lettre, on risquera d'aller contre les faits les plus évidemment incontestés de la psychologie musicale (1).

Lionel Dauriac.

(1) L'absence d'un orateur du Congrès ayant provoqué un petit changement de programme, M. Dauriac a fait sa communication avant le jour qui lui avait d'abord été assigné. N'ayant pas été prévenu, je n'assistais pas à la séance où il a parlé, & n'ai pu par conséquent lui répondre. Mais M. Dauriac ne perdra rien pour attendre !   J. C.

LE VANDALISME MUSICAL

La plupart des pays de l'Europe ont des lois où se trouvent consacrés les deux principes suivants : 1º Les monuments du passé ayant un caractère historique ou artistique doivent être considérés comme une richesse nationale & inaliénable ; 2º l'État, mandataire de la Nation, a la charge de protéger ces monuments à la fois contre la malveillance & contre le zèle dangereux de certains restaurateurs.

En Italie, la protection des monuments remonte à une bulle de Pie II, 28 avril 1462 ; cette bulle a été successivement complétée par l'édit Doria Pamphili (1802), par les deux célèbres édits du cardinal Pecca (1820), & par la loi présentée à la Chambre le 28 janvier 1892 (cf. l'arrêt de la Cour d'Ancône, 12 octobre 1894). — En Angleterre, loi du 18 août 1882, due à Sir John Lubbock, membre de la Chambre des Communes pour l'Université de Londres. — En Hongrie, loi du 28 mai 1881. — En Grèce, loi du 10 mai 1834. — En Danemark, rapport de M. Worsaæ (1878), indiquant toutes les mesures prises pour le même objet. — En Tunisie, décret du 7 mars 1886, rendu par le bey de Tunis avant même la loi promulguée en France, &c., &c.

En France, c'est à la Révolution que revient, malgré des erreurs singulières, l'honneur d'avoir placé pour la première fois les œuvres d'art sous la protection de l'État : « ... En attendant que les monuments qu'il importe de conserver aient pu être transportés dans les dépôts qui leur sont préparés, les administrateurs seront chargés de veiller spécialement à ce qu'il n'y soit apporté aucun dommage par les citoyens *peu instruits* ou *mal intentionnés*. » (Décret du 16 septembre 1792 ; cf. l'art. 1, § IV du décret du 14 août, même année.) A la suite de ces décrets, on peut rappeler : le « Rapport au Roi », écrit par Guizot (23 octobre 1840), & demandant la création d'un Inspecteur des Beaux-Arts ; quatorze circulaires du Directeur des Beaux-Arts aux Préfets. La première de ces circulaires est de 1832, la dernière est datée du 8 octobre 1874. Elles reviennent avec insistance sur les mêmes principes, & il suffit de citer quelques mots de l'une d'elles pour donner une idée de toutes les autres : « ... Vous ne devez autoriser, sans m'en avoir prévenu, aucuns travaux d'agrandissement, aucunes modifications, même utiles, dans tout autre intérêt que celui de l'art, lorsque ces modifications seraient de nature à altérer la disposition primitive ou le caractère monumental d'un édifice. » (Circulaire du 31 octobre 1845.)

Enfin, après l' « Avant-projet » rédigé en 1875 par M. Rousse, sur la demande de M. Wallon ; après les travaux de la Commission extra-parlementaire créée le 15 février 1887 par M. Waddington ; après le projet de loi déposé sur le bureau de la Chambre par M. Bardoux (27 mai 1878), le rapport fait au Conseil d'Etat par M. Courcelle-Seneuil, le projet modifié présenté à la Chambre par M. Antonin Proust (19 janvier 1892), la discussion du Sénat (1886) & le second projet modifié présenté à la Chambre par M. Proust (22 mars 1887), a été promulguée la loi du 30 mars 1887. Cette loi, obtenue après tant de tâtonnements & de difficultés, protège contre toute tentative de restauration due à l'initiative privée les monuments « dont la conservation, au point de vue historique ou artistique, peut avoir un intérêt national ». (Art. 1.) Une liste dite de « classement » indique les immeubles placés désormais sous la surveillance de l'Etat & qui ne peuvent être « restaurés, réparés ou aliénés sans l'autorisation du Ministre de l'Instruction publique ». (Art. VIII & XI.) La loi pousse si loin le souci des intérêts de l'art & de l'histoire qu'elle va jusqu'à porter atteinte au droit de propriété, en donnant au Ministre le droit « de poursuivre l'expropriation des monuments classés, alors même qu'elle est refusée par le particulier propriétaire ». (Art. V.)

Voilà donc un fait bien établi : dans tous les pays civilisés, il y a des lois qui protègent les monuments d'art. Mais pourquoi la musique n'est-elle pas nommée dans ces lois ? Pourquoi les arts plastiques, absorbant toute la sollicitude des Pouvoirs publics, jouissent-ils d'une sorte de privilège ? Est-ce qu'un opéra ou une symphonie du XVIIIe siècle n'offrent pas un intérêt « historique ou artistique » ? Est-ce que les chefs-d'œuvre de l'art musical ne font pas partie, en tout pays, de la « richesse nationale » ?

N'est-il pas anormal que le législateur se soit appliqué avec tant d'insistance à proscrire le « grattage & le badigeonnage » de certains monuments antiques, en disant avec raison : « C'est déshonorer un monument que de lui faire subir l'une ou l'autre de ces opérations (1) », & qu'il se désintéresse des « opérations » analogues, & même plus graves ! qu'on fait subir aux monuments de l'art musical ?

En tournant son attention d'un seul côté & en agissant comme si l'art musical n'existait pas, l'esthétique officielle a créé les anomalies suivantes :

A l' « Académie nationale de Musique », l'Etat s'est réservé, d'après les principes que je viens de rappeler, l'entretien du monument, — c'est-à-dire de l'extérieur & de l'intérieur de la bâtisse, — pour le gros œuvre & les parties

---

(1) Circulaire du 8 octobre 1874.

artistiques. Lui seul a le droit d'y toucher. Quant à la manière de traiter les chefs-d'œuvre du répertoire sur la scène de l'Opéra, l'État laisse une entière liberté aux Directeurs. Il se borne à exiger d'eux qu'ils se distinguent des autres théâtres par le choix & la variété des œuvres anciennes ou modernes qu'ils représenteront, par le talent des artistes, comme par le goût & la valeur artistique des décorations, des costumes & de la mise en scène (titre I, article I du *Cahier des charges*). Il leur défend « de *morceler* aucun ouvrage sans l'autorisation du Ministre » (*ibid.*, titre II, art. 15); mais nulle part il ne les astreint à ce respect des chefs-d'œuvre qui devrait être une règle absolue dans un théâtre auquel on donne 800 000 francs de subvention, & dont la fonction est celle d'un musée où l'on garde les monuments de l'art musical !

Or, voici quelques exemples, choisis entre mille, qui montreront les conséquences de l'excessive & regrettable liberté laissée aux Directeurs de théâtre.

J'ouvre la partition dont on se sert à l'Opéra pour jouer le *Don Juan* de Mozart. Je constate d'abord qu'on s'est servi de l'édition Peters, laquelle est pleine d'inexactitudes & n'a aucune autorité, & que ni à la Bibliothèque du Conservatoire, ni à la Bibliothèque de l'Opéra, ni ailleurs en France, on ne possède la seule édition correcte de *Don Juan* : la 2ᵉ édition donnée par Gugler à Leipzig, chez Leuckart, en 1875. (Ne pas confondre avec la 1ʳᵉ édition publiée en 1868 par le même & désavouée par lui. C'est celle dont on s'est pourtant servi à l'Opéra-Comique.) Mais admettons que ce soient là de petites chicanes. On ne peut exiger qu'on fasse beaucoup de bibliographie dans un théâtre comme l'Opéra. Voici qui est plus grave. Dans le seul *troisième* acte de *Don Juan*, — lequel, bien entendu, est un *deuxième* acte dans l'édition Peters, — voici, sans commentaires, la liste des morceaux que l'initiative privée a cru devoir *ajouter* au chef-d'œuvre de Mozart : — dix pages d'entracte; — huit pages de récit; — deux pages de récit; — treize pages de récit. (Là, une coupure supprimant sept pages du texte gravé.) — Deux pages de récit. (Là, nouvelle coupure, depuis la page 263 jusqu'à la page 268; &, *dans l'intérieur de cette coupure* devenue une sorte de tranchée favorable à des opérations diverses, un énorme paquet où l'on trouve ceci : 1ᵒ d'abord, vingt pages de manuscrit cousues & condamnées, — repentir d'adaptateur qui se corrige lui-même après avoir corrigé Mozart; 2ᵒ un trou béant, je veux dire une division qui met fin à un troisième acte, fait baisser le rideau pour une pause d'un quart d'heure, & ouvre... un *quatrième* acte !! 3ᵒ cinq pages d'entracte ; 4ᵒ six pages de récit ; 5ᵒ un *Rondo*), &c. &c. — J'abrège & je résume. On a introduit dans *Don Juan* une anthologie chorégraphique de 57 pages, faite avec des lambeaux de symphonies, des lambeaux de quatuor & de quintette, une marche empruntée à une sonate pour piano... Dans l'ensemble de la partition, le nombre des pages ajoutées s'élève au chiffre de *deux cent vingt-huit* !! C'est Orphée mis en pièces par les Bacchantes.

L'Opéra-Comique, en montant le même ouvrage, semble avoir institué avec l'Opéra un concours d'inexactitude. On n'a pas traité avec plus de respect le *Joseph* de Méhul, les *Troyens* de Berlioz, le *Fidelio* de Beethoven, le *Guillaume Tell* de Rossini...

La Société des Concerts du Conservatoire, qui est, elle aussi, une institution nationale & subventionnée, ne donne pas, malgré sa juste renommée, l'exemple du sens historique & de l'exactitude. J'en fournirai une preuve qu'on ne me reprochera pas d'aller chercher dans un petit coin. Au sujet de l'exécution « intégrale » de la Messe en *si* mineur de J.-S. Bach, dont elle est fière à juste titre, voici les reproches qu'on peut lui adresser : 1° Elle a fait des coupures. Dans le *Kyrie*, après le duetto des soprani, elle a supprimé un chœur à quatre voix & orchestre ; dans le *Gloria*, elle a supprimé d'abord un autre chœur à quatre voix & orchestre sur les paroles : *gratias agimus...* ; puis (après l'air du contre-alto), un « aria » pour basse accompagné par un « Corno da caccia » & deux hautbois. Pour abréger : elle a biffé cinq morceaux (sur 26) ; 2° sans se préoccuper de la liturgie à laquelle Bach s'est conformé, & au risque d'altérer la physionomie générale de son œuvre, elle y a introduit des divisions arbitraires. Elle a formé un groupe à part avec l'*Agnus Dei* & le *Dona nobis pacem*, alors que le compositeur les avait réunis aux deux pièces qui les précèdent immédiatement ; 3° elle a interverti l'ordre de certaines parties de la messe, en mettant avant l'*Hosanna* le *Benedictus*, qui doit être entendu après ; 4° enfin, au début de l'œuvre, alors que dès la première mesure nous devons être jetés en plein contrepoint vocal, elle a placé un petit solo d'orgue... (C'est d'ailleurs l'usage, à ces Concerts, toutes les fois qu'on exécute une pièce *a capella*, de débuter, au mépris de la règle essentielle du genre, par quelque chose d'instrumental.)

Ces quelques faits, dont chacun pourrait facilement allonger la liste avec ses souvenirs personnels & qui permettent de juger, *a fortiori*, ce qui se passe sur des scènes moins importantes, nous permettent de considérer comme suffisamment établie la base même de nos doléances : on n'a pas un respect suffisant des chefs-d'œuvre musicaux ; on n'a même aucun respect pour eux.

Or, de deux choses l'une : ou bien l'État doit se désintéresser du sort des œuvres d'art en général ; ou bien, pour être logique avec lui-même, il doit étendre à la musique les mesures protectrices dont bénéficient les arts voisins.

Admettons que toutes les altérations dont je viens de parler, — altérations qui sont pourtant « de nature à changer la disposition primitive d'un édifice », — sont légitimes, nécessaires même ; admettons que les chefs-d'œuvre de Mozart, de Méhul, de Berlioz ont été retouchés & corrigés par des mains expertes & impeccables ; n'y a-t-il pas là au moins un danger pour l'avenir ? Est-on sûr qu'on aura toujours sous la main un Bourgault-Ducoudray, un

Paul Vidal, un Taffanel, un Gevaert, pour remanier tel opéra ou telle symphonie? Les grands compositeurs actuels, membres de l'Institut, les Massenet, les Saint-Saëns, les Paladilhe, les Reyer, les Th. Dubois, les Lenepveu ; & Vincent d'Indy, Alfred Bruneau, Gustave Charpentier, Xavier Leroux, Claude Debussy, tant d'autres qui contribuent à la gloire de leur pays, seraient-ils heureux d'apprendre que dans cinquante ans leurs œuvres seront considérées comme taillables à merci & plus ou moins bien accommodées au goût du jour?

Examinons quelques propositions & objections :

1° M. Eugène d'Eichtal voudrait qu'on donnât à notre vœu la formule suivante : « Que les directeurs de théâtres & de concerts subventionnés soient astreints *au respect absolu* des textes musicaux » ! — Il faut bien peser les termes dont on se sert quand on n'a qu'une phrase à dire. Présenter ainsi le projet de réforme, serait le rendre impraticable. Les textes musicaux sont comme les textes littéraires de l'antiquité : pour les éditer, il faut corriger certaines fautes évidentes, faire parfois des conjectures, choisir entre des versions différentes, &c... Vouloir en imposer le « respect absolu », cela n'a, pratiquement, aucun sens ; je pourrais le montrer par mille exemples tirés des œuvres de Bach, de Gluck, de Mozart.

2° MM. Hellouin & de Solennières (Paris), Carrillo (Mexique), Meerens (Belgique), voudraient que la réforme fût provoquée par l'initiative seule du public, & qu'on ne fit pas appel à l'intervention de l'État, trop souvent viciée par la camaraderie. — Sans doute le public peut beaucoup, car, en fait comme en droit, il est le maître ; mais songeons qu'à moins de dégénérer en véritable tyrannie, la réforme ne peut être appliquée que dans les théâtres *officiels* ; on ne peut donc supprimer l'intervention de l'État, puisqu'elle est précisément la base & la raison d'être de nos réclamations.

3° M. Théodore Reinach, enfin, me fait l'objection suivante : « Un monument plastique est un exemplaire *unique* ; c'est pour cela qu'on le protège, car le mal dont il pourrait souffrir serait irréparable. Il n'en est pas de même pour un opéra ou une symphonie ; on a beau les mutiler, il est toujours facile d'en retrouver le texte authentique dans le manuscrit d'une bibliothèque. Il y a, en un mot, entre le texte d'une œuvre musicale & l'exécution qu'on en fait ici ou là, la même différence qu'entre un tableau de maître & sa photographie. L'État protège le tableau ; il n'a pas à protéger la photographie. » — A cela, je répondrai :

Il est vrai que l'œuvre musicale semble protégée par son immatérialité même contre les atteintes de la malveillance & de l'ignorance. Mais qu'on veuille bien réfléchir à ceci :

1° Un opéra n'existe véritablement que lorsqu'il est joué ; en le déformant pour la représentation, on l'atteint donc dans son existence même ;

2° Un théâtre national a un grand rôle à remplir : il doit faire l'éducation

artistique & morale du peuple. Or, avec quoi se fait cette éducation? Est-ce
avec les pièces qu'on montre devant les feux de la rampe, ou bien est-ce avec
tel manuscrit rarissime, connu seulement de quelques érudits, & qu'il est
impossible de lire sans des connaissances de spécialiste? Ce serait vraiment
se moquer des gens que de leur dire : « Nous allons vous jouer un *Don
Juan* qui n'est pas le vrai *Don Juan* & qui ne pourra vous donner qu'une
fausse idée de Mozart ; mais, si vous voulez bien aller à la bibliothèque du
Conservatoire, vous y trouverez le *Don Juan* authentique, en lisant le manuscrit qu'on doit à Mme Viardot ! » — En tolérant les arrangements musicaux
les plus arbitraires, on fausse donc l'éducation artistique du peuple ;

3° Est-on bien sûr que le mal fait à un opéra soit passager & réparable?
Quand on demande à une chanteuse pourquoi elle dénature par des vocalises
ou par des points d'orgue déplacés le dessin de telle mélodie classique, elle
répond invariablement : « Telle chanteuse célèbre faisait autrefois ainsi ; *c'est
la tradition.* » Il en est de même pour les changements plus graves que
tolère le chef d'orchestre dans l'économie d'une partition. Au théâtre, ce qui
est une fois coupé ne reparaît plus jamais ; en revanche, les végétations
parasites dont on surcharge une œuvre finissent par faire corps avec elle. C'est
ce qui est arrivé pour le ballet de *Don Juan* ;

4° Il y a des œuvres dont le manuscrit original est perdu ; on est alors
réduit à reproduire l'édition princeps publiée du vivant de l'auteur. Or cette
édition est souvent postérieure à la représentation. Il en résulte que, si la
représentation a été tronquée, l'édition l'est aussi. Il faut donc veiller à ce que
la première ne soit pas une trahison ;

5° Si on entre dans la voie des remaniements, à quelle limite s'arrêtera-
t-on? Lorsqu'on a remanié le *Joseph* de Méhul, on a donné comme raison
qu'aujourd'hui l'idée du « drame lyrique » s'était substituée à celle du
« drame mêlé de chant ». Mais pourquoi se borner là? Ce n'est pas seulement
de l'ancien opéra sans unité que nous sommes aujourd'hui détachés ! Ainsi,
nous n'aimons plus (au moins au théâtre) les couplets ; pourquoi ne pas
supprimer tous les couplets qu'il y a dans *Joseph*?... Nous pensons que
l'emploi fréquent des dissonances est quasiment nécessaire dans le vrai style
dramatique ; pourquoi ne pas introduire des dissonances dans *Joseph*?...
Osera-t-on aller jusque-là?

6° Il convient de distinguer les scènes non subventionnées des scènes
subventionnées. Des premières, l'État peut se désintéresser. Il faut respecter
partout la liberté, même celle du mauvais goût. Mais dans les théâtres qui
sont sa propriété, qu'il subventionne, qui travaillent sous sa surveillance &
avec sa garantie, l'État n'est-il pas engagé, par une raison d'élémentaire
convenance, à jouer un autre rôle? Est-il admissible qu'il donne son estam-
pille à des produits falsifiés & qu'il se fasse le complice d'une sorte de
trahison à l'égard des compositeurs de génie?

7° Enfin, je pourrais invoquer le témoignage de tous les musiciens qui font autorité & qui n'ont cessé de protester contre de scandaleux abus. J'en citerai deux seulement : « Les théâtres (officiels), disait Berlioz, sont les mauvais lieux de la musique, & la chaste muse qu'on y traîne ne peut y entrer qu'en rougissant. » M. Camille Saint-Saëns, avec autant d'esprit que d'autorité, a dit aussi : « On sait que les navires, quand ils ont parcouru les Océans Atlantique, Pacifique, Arctique, Antarctique, reviennent un beau jour dans un état déplorable. Un tas de végétations parasites, de coquillages inutiles & bizarres, envahit leur coque, au point d'alourdir leur marche ; on est obligé de les retirer du monde, de les confiner pendant quelque temps dans un bassin où on les ratisse, où on les nettoie, où on les remet autant que possible dans l'état où ils étaient le jour où ils ont quitté le chantier natal. Il en est de même des opéras. — Le public, quand il assiste à l'exécution d'un opéra, croit naïvement qu'on le lui fait entendre tel qu'il est. — Les interprètes sont possédés toujours & partout d'une idée fixe : faire des changements, en faire le plus possible, pour substituer leur propre création à celle de l'auteur, &c... (1). »

En vérité, cela est-il tolérable ? Si nous dépensons 800 000 francs par an pour le seul Opéra, si nous avons une Direction des Beaux-Arts & des Inspecteurs des Beaux-Arts, de telles licences ne doivent-elles pas être défendues ?

Sans développer davantage une thèse qui nous paraît s'appuyer sur le bon sens autant que sur le sens artistique, nous proposons au Congrès de musique d'émettre les vœux suivants :

1° Toute œuvre représentée sur la scène d'un théâtre subventionné, ou exécutée dans un concert subventionné, sera considérée comme « classée ».

(Habituellement, l'État n'accorde qu'avec circonspection le bénéfice du classement, parce que, sans prendre à son compte les frais d'entretien & de restauration d'un monument, il se considère comme moralement engagé à y contribuer. Or, s'il s'agit d'une œuvre jouée à l'Opéra ou à l'Opéra-Comique, ce motif d'hésitation ne saurait exister : il est supprimé par le fait même de la subvention déjà accordée à l'établissement. Ce n'est plus une charge que l'État va s'imposer, c'est simplement un droit qu'il exercera, par suite de sacrifices préalablement consentis & de dépenses déjà faites par lui.)

2° Les dispositions de la loi relative aux monuments historiques seront appliquées aux œuvres musicales classées, c'est-à-dire que, quand un Directeur de théâtre ou de concert subventionné voudra remanier un opéra ou une symphonie, il devra adresser au Ministre : *a*) une note sur l'œuvre en question ; *b*) un exposé des motifs pour lesquels il juge une modification nécessaire ; *c*) une liste détaillée de tous les changements qu'il se propose de faire ; *d*) l'évaluation des frais que ces remaniements pourront entraîner.

(1) *Harmonie et Mélodie*, pag. 175-177.

Les Directeurs d'établissements subventionnés ne seront autorisés à commencer des travaux de ce genre qu'après avoir reçu l'autorisation écrite du Ministre ou de son représentant.

3° Les œuvres dont les auteurs sont encore vivants pourront seules être remaniées, sans que le Ministre ait donné son avis & son autorisation.

4° Lorsqu'une œuvre aura été remaniée dans les conditions ci-dessus énoncées, mention devra en être faite sur les affiches & sur les programmes distribués au public.

5° Il sera formellement interdit aux Professeurs du Conservatoire (1) d'altérer les textes musicaux ; il leur sera au contraire expressément recommandé de donner aux élèves l'exemple du respect dû aux œuvres des Maîtres.

6° A la Commission des Monuments historiques sera ajoutée une Sous-commission chargée de l'examen de toutes les questions relatives à l'art musical dans les Théâtres & Concerts subventionnés ; cette Sous-commission aura pour rôle : *a*) d'indiquer aux Directeurs les éditions les meilleures dont ils ont à se servir ; *b*) d'examiner leurs propositions (2).

7° Pour chaque infraction au présent règlement, le Directeur d'un établissement subventionné sera frappé (par les soins du Commissaire du Gouvernement ou d'un Inspecteur des Beaux-Arts) d'une amende variant de 500 à 3 000 francs.

Jules Combarieu.

(1) Dès le règlement du 15 messidor an IV, les musiciens se réjouissaient de voir dans le Conservatoire une École destinée « à leur rendre les œuvres des grands Maîtres, défigurées partout ailleurs, à l'Opéra principalement, où l'on ne reconnaît plus rien aux morceaux ». (*Journal de Paris*, cité par A. Martinet, *Histoire anecdotique du Conservatoire*, pag. 49.)

(2) Cette Sous-commission pourrait aussi donner d'utiles avis pour la mise en scène. N'est-il pas regrettable de voir notre « Académie nationale de Musique » donner à *Faust* des décors de style Renaissance, alors qu'il faudrait des décors de style gothique ?

CONCERT HISTORIQUE

DONNÉ A L'OCCASION DU CONGRÈS DE MUSIQUE

Le Samedi 28 Juillet 1900

EN L'HÔTEL DE

S. A. le prince Roland BONAPARTE

ORGANISÉ PAR MM.

Julien TIERSOT et Charles BORDES

avec le concours de

Mme MOLÉ-TRUFFIER, de l'Opéra-Comique ; M. Van WAEFELGHEM, Membre du Congrès ; Mlle Éléonore BLANC ; Mlle Jane JOFFRAY, Harpiste ; M. DELGRANGE, Corniste de l'Opéra ; Les Chanteurs de Saint-Gervais, etc.

———— ·✕· ————

PROGRAMME

I. Musique antique.

a. *Hymne à la Muse* . . . (IIe s. après J.-C.)
b. *Hymne delphique à Apollon.* (IIe siècle avant Jésus-Christ.)
c. *Chanson ou scolie* . . . (IIe s. après J.-C.)
Mlle Éléonore BLANC,
Chœur de femmes ; Chanteurs de S.-Gervais,
Harpe, Mlle Jane JOFFRAY.

II. Chants Grégoriens.

a. Graduel : *Constitues eos.*
b. Alleluia : *Salve virga florens.*
Les Chanteurs de Saint-Gervais.

III. Fragments du jeu de Robin et Marion

(XIIIe siècle). Adam de la Halle.

a. Scène 1. *Marion, le chevalier* (Robin m'aime, &c.).
b. *Scène de Robin et de Marion* (Bergeronnette).
c. *Chanson de Marion* (J'entends sur son flageollet).
Mme MOLÉ-TRUFFIER,
M. DAVID (des Chanteurs de Saint-Gervais).

IV. Musique religieuse polyphonique

des XVe & XVIe siècles.

a. *Ave Maria*, à 4 voix.   Josquin des Prés.
b. *Ave Maria*, à 4 voix.   Palestrina.
c. *Tanquam ad latronem.*   Vittoria.
Les Chanteurs de Saint-Gervais.

V. Chansons populaires françaises.

a. *Rossignolet du bois joli.*
b. *Je veux garder ma liberté.*
c. *Dimanche à l'aube* (Chanson bretonne).
d. *Voici la Saint-Jean.*
e. *C'est le vent frivolant.*
Mme MOLÉ-TRUFFIER, Mlle Éléonore BLANC,
Les Chanteurs de Saint-Gervais.

VI. Musique profane polyphonique

du XVIe siècle.

a. *Mignonne, allons voir si la rose.*   Costeley.
b. *Quand mon mary vient du dehors.*
Roland de Lassus.
c. *Au joli jeu du pousse avant.*
Clément Jannequin.
Les Chanteurs de Saint-Gervais.

VII. Sonate pour viole d'amour

avec accompagn. de piano. Attilio Ariosti.

M. Van Waeffelghem.

VIII. Déploration finale de Jephté.
Carissimi.

Mlle Éléonore Blanc,

Les Chanteurs de Saint-Gervais.

IX.
  a. *Air du Carnaval,*
     opéra-ballet de   Lulli.
  b. *Air de Richard Cœur de Lion,*
     opéra-comique de   Grétry.

Mme Molé-Truffier.

X. Deux pièces pour la viole d'amour
(sans accompagnement).

a. *Prélude.*   J. S. Bach.
b. *Menuet.*   Milandre.

M. Van Waeffelghem.

XI. Chœur final de la Passion
selon saint Mathieu.

Heinrich Schütz.

Les Chanteurs de Saint-Gervais.

XII. Scène de Pâris et Hélène. Gluck.

Pâris.   Mlle Éléonore Blanc.
Hélène. Mme Cibert (des Chant. de S.-Gerv.).
L'Amour. Mlle Ediat   »

Harpe, Mlle Jane Joffray.

(Pâris, en présence d'Hélène & de l'Amour déguisé, chante en s'accompagnant sur la lyre. Entre les strophes de son chant d'amour, visiblement adressé à Hélène, celle-ci confie son indignation à l'Amour, qui, traîtreusement, répond à ses confidences.)

XIII. Fragment du Chant National du 14 Juillet 1800. Méhul.

Chœur de femmes (Chanteurs de S.-Gerv.);

Cor, M. Delgrange;

Harpe, Mlle Jane Joffray.

XIV. La Bataille de Marignan.
Clément Jannequin.

Les Chanteurs de Saint-Gervais.

Le piano sera tenu par M. Marcel Labey.

NOTES SUR LE PROGRAMME

On a suivi un ordre approximativement chronologique, depuis les hymnes grecs, dont le plus ancien remonte à vingt & un siècles, jusqu'au chant du 14 juillet 1800, qui se trouve ainsi exécuté presque exactement au jour de son centenaire : seule *la bataille de Marignan* (xvie siècle), en raison de son caractère, a dû être reportée à la fin, comme brillante & sonore conclusion du Concert.

I. — **Musique antique.** — L'*Hymne à la Muse* est un des plus anciennement connus parmi les fragments qui nous restent de la musique grecque. Il a été noté pour la première fois par Vicenzo Galilée, le père de l'illustre physicien, dans son livre *Della musica antica e moderna*, dont la première édition parut en 1581.

L'*Hymne delphique à Apollon* est, au contraire, un des plus récemment découverts. Il fut trouvé en 1893 au cours des fouilles pratiquées à Delphes par l'École française d'Athènes ; la musique en fut déchiffrée pour la première fois par M. Théodore Reinach, membre du Congrès.

La *Chanson* ou *Scolie* est un petit chant, très court, qui fut découvert à Tralles en 1891, & déchiffré par M. Wessely.

Ces trois morceaux sont exécutés d'après les versions critiques & avec les accompagnements de cithare (représentée par la harpe) écrits par M. P. A. Gevaert.

II. — Les chants grégoriens sont exécutés d'après les éditions élaborées par les Bénédictins de Solesmes.

III. — Il a été donné de nombreuses éditions du *Jeu de Robin et Marion*, d'Adam de la Halle. On s'est servi pour cette exécution de l'adaptation pour la scène moderne faite par M. Émile Blémont, pour les paroles, & M. Julien Tiersot, membre du Congrès, pour la musique, qui fut représentée à l'occasion des fêtes données en l'honneur d'Adam de la Halle, à Arras, sa ville natale, le 21 juin 1896.

IV. — Les trois morceaux de Josquin des Prés, Palestrina & Vittoria sont empruntés au répertoire des Chanteurs de Saint-Gervais, publié sous la direction de M. Ch. Bordes, membre de la commission d'organisation du Congrès.

V. — Les chansons populaires françaises ont été recueillies dans la tradition populaire & harmonisées :

La première & les deux dernières, par M. Julien Tiersot ;

La seconde, par M. Vincent d'Indy ;

La troisième, par M. Bourgault-Ducoudray,

Tous trois membres de la commission d'organisation du Congrès.

VI. — Les trois morceaux de Costeley, Roland de Lassus & Jannequin sont empruntés à la collection des *Maîtres musiciens de la Renaissance française*, publiée par M. Henry Expert, membre de la commission d'organisation du Congrès.

VII. — La sonate d'Ariosti a été transcrite par M. Van Waefelghem, membre du Congrès.

VIII. — L'Oratorio *Jephté*, de Carissimi, est exécuté d'après la collection des *Concerts spirituels* publiée par la Schola Cantorum, sous la direction de M. Ch. Bordes.

IX. — Le chœur final de *la Passion* d'Henri Schültz est emprunté à la même collection.

X. — La scène de *Pâris et Hélène*, de Gluck, a été pour la première fois traduite en français par M. P. B. Gheusi, & transcrite, en vue des Concerts de l'Opéra, par M. Paul Vidal, membre du Congrès.

XI. — Le fragment du *Chant national du 14 juillet 1800*, de Méhul (paroles de Fontanes), a été transcrit par M. Julien Tiersot (*Trois chants du 14 juillet sous la Révolution.*)

J. T

COLLECTION D'AUTOGRAPHES MUSICAUX

Comme complément aux travaux du Congrès, M. Ch. Malherbe, compositeur de musique, archiviste de l'Opéra, a réuni une très importante collection d'autographes, actuellement exposés dans un des salons de l'Académie nationale de musique. Cette collection, si importante pour l'histoire de l'art, se compose de deux grandes divisions :

1° Partie rétrospective ;

2° Partie contemporaine.

La première comprend les compositeurs du XVIIe au XIXe siècle, en tout, exactement, 160 autographes. La seconde comprend les compositeurs qui vivaient en 1900 ; le total s'élève à 658, se décomposant ainsi : Allemagne, 88 ; Amérique, 18 ; Angleterre, 19 ; Autriche-Hongrie, 41 ; Belgique, 18 ; Espagne & Portugal, 16 ; Finlande, 5 ; Grèce, 1 ; Italie, 35 ; Perse, 1 ; Pologne, 22 ; Roumanie, 5 ; Russie, 34 ; Scandinavie, 37 ; Suisse, 25 ; France, 292. — Dans la partie rétrospective, quelques maîtres sont représentés par plusieurs manuscrits, correspondant à des âges différents, c'est-à-dire à des variétés d'écriture très caractéristiques. Ainsi Mozart, Beethoven, Schubert, Cherubini, Chopin, Schumann & Mendelssohn figurent à cette exposition avec quelques-uns de leurs ouvrages les plus célèbres.

Pour la partie moderne, on peut dire que tous les compositeurs actuellement vivants ont répondu à l'appel de M. Malherbe.

M. Malherbe a enfin réuni, à la bibliothèque de l'Opéra, quelques rouleaux de phonographe, donnant des airs *Hawaïens* qui ont été chantés devant le consul de France à Honolulu, M. Vossion, aujourd'hui consul à Bombay. Quelques-uns ont un caractère vraiment populaire & indigène ; les autres laissent deviner le passage de quelque artiste italien, qui a *stylé* à sa façon les naturels du pays. Les rouleaux donnent d'ailleurs d'intéressantes indications sur la manière de chanter des habitants de ces îles.

———————

VŒUX DU CONGRÈS

A la suite de délibérations que nous regrettons de ne pouvoir reproduire faute de place & de ressources, le Congrès a émis les vœux suivants :

I. — Que les chefs-d'œuvre du répertoire musical soient soumis, dans les établissements officiels, aux dispositions de la loi sur *les monuments historiques*, qui existe dans tous les pays du monde civilisé ;

Que les œuvres musicales soient respectées à la fois par les éditeurs & par les musiciens auxquels ceux-ci s'adressent ;

Que, lorsqu'une composition musicale est simplifiée en vue de faciliter son exécution, la « simplification » soit mentionnée en tête de l'œuvre, ainsi que le nom du simplificateur ;

Que les amis sérieux de la musique dénoncent au goût public les mauvais traitements dont les œuvres musicales seraient l'objet, soit dans les théâtres, soit dans les éditions importantes.

II. — Que, dans la transcription de la musique grecque, on adopte le signe ┼ (demi-dièze) pour indiquer la note surélevée d'un quart de ton, & le signe ꝱ (bémol renversé) pour la note abaissée d'un quart de ton.

III. — Que l'on conserve la terminologie musicale italienne pour les indications essentielles de mouvement & d'expression.

IV. — Qu'il se fonde une société internationale dans le but de recueillir, par des moyens phonographiques, les mélodies populaires de tous les pays, & de les noter.

V. — Que tous les élèves de composition, dans les Conservatoires & Écoles officielles, reçoivent des notions plus complètes sur les phénomènes modaux & rythmiques de la musique antique, du plain-chant, de la chanson populaire, &, d'une façon générale, sur l'histoire de la musique.

VI. — Que, pour mettre à la portée des gens d'étude les documents sur les musiques exotiques, les musées d'instruments, annexés aux grands Conservatoires, aient des appareils où soient enregistrés des airs exotiques.

VII. — Que, dans la construction des salles destinées à la musique, il soit tenu compte des observations que l'on peut dégager de la comparaison de celles dont l'acoustique est bonne.

VIII. — Qu'il soit fait une édition complète des œuvres de François Couperin.

LISTE ET ADRESSES DES MEMBRES DU CONGRÈS

MM. Prof. dr. Guido ADLER, Prinz Eugenstrasse 10, Vienne.

Antonio ARROYO, 46, Avenue du Trocadéro, Paris.

Pierre AUBRY, 15, Avenue de Villiers, Paris.

BAUDOT, lieutenant-colonel d'artillerie, 88, Avenue Kléber, Paris.

W. BAEUMKER, Aix-la-Chapelle.

BEAUREGARD, 70, rue de l'Université, Paris.

Camille BELLAIGUE, 16, rue François Iᵉʳ, Paris.

Eduard BIRNBAUM, Oberkantor der Israelitischen Gemeinde, Königsberg (Prusse).

BOHEMAN, bibliothécaire de l'Académie Royale de musique, 43, Valhallavagen, Stockholm.

Arnoldo BONAVENTURA, académicien honoraire de l'Institut musical, 5, via S. Ambrogio, Florence (Italie).

BORDES, 15, rue Stanislas, Paris.

BOURGAULT-DUCOUDRAY, 41, rue d'Auteuil, Paris.

F. Suarez BRAVO, Université de Barcelone (Espagne).

Michel BRENET, 72, rue d'Assas, Paris.

BRUNETTI, 12, via Canova, Milano (Italie).

Robert BRUSSEL, 52, avenue Victor Hugo, Paris.

Albert CAHEN, 118, rue de Grenelle, Paris.

Arcangelo CAMIOLO, Niscemi, province de Caltanisetta (Sicile).

Marcello CAPRA, 9, rue Berthollet, Turin (Italie).

Julian CARRILLO, 12, Sebastian-Backstrasse, Leipzig (Allemagne).

Maurice CHASSANG, délégué de l'International Musik-Gesellschaft, 11, rue Gounod, Paris.

Le cav. dott. Oscar CHILESOTTI, Bassano-Vicenza (Italie).

Jules COMBARIEU, *Directeur de la Revue d'histoire et de critique musicales*, 22, rue de Tocqueville, Paris.

DE CURZON, 7, rue S.-Dominique, Paris.

Mᵐᵉ DAUBRESSE, 18, avenue Carnot, Paris.

MM. DECOK, ingénieur des arts & manufactures, 38, rue Marbeuf, Paris.

DELIOUX, 41, rue Blanche, Paris.

Eugène d'EICHTAL, 144, Bᵈ Malesherbes, Paris.

MM. Robert EITNER, Templin (Allemagne).
      Maurice EMMANUEL, 22, rue de Grenelle, Paris.
      EXPERT, 105, B^d S.-Michel, Paris.
      Bernard FOULQUIER, archiviste-paléographe, 2, rue de Villersexel, Paris.
Mme Tiger FILLIAUX, 3, rue Bréda, Paris.
Mgr FOUCAULT, évêque de Saint-Dié (Vosges).
Dom Hugues GAÏSSER, Bénédictin, professeur au Collège grec, Rome ; & 5, rue de la
          Source, Paris-Auteuil.
MM. Édouard GARIEL, Saltillo (Mexique).
      Th. GEROLD, 14, Rosserstrasse, Francfort (Allemagne).
      GIGOUT, 113, avenue de Villiers, Paris.
Mgr Barthélemy GRASSI-LANDI, Teatro Valle, 58, Rome.
MM. le dr. Karl GRUNSKY, Stuttgart.
      le prof. Nobile Eugenio DE GUARINONI, bibliotecario del Conservatorio di Musica,
          Milano (Italie).
      A. GUILMANT, professeur au Conservatoire National de musique, 10, chemin de
          la Station, Meudon (Seine).
      Dr HABERL, Ratisbonne.
      Frédéric HELLOUIN, 115, rue du Cherche-Midi, Paris.
      le comte DE HOGENDORP, président de la Société néerlandaise de Chant Chrétien,
          La Haye.
      HOUDARD, 14, Place du Château, Saint-Germain-en-Laye (Seine-&-Oise).
      Georges HUMBERT, 15, avenue de la Gare, Lausanne.
      Vincent D'INDY, 7, avenue de Villars, Paris.
      le prof. dr. Gustave JACOBSTHAL, 4, Steinstrasse, Strasbourg.
      le docteur Ilmari KROHN, 8, rue Ruokolahdenkatu, Kangasala, près Tammerfors
          (Finlande).
      Henry KUNKELMANN, 60, B^d de Courcelles, Paris.
      Marcel LABEY, 8, Rue Boudreau, Paris.
      DE LACERDA, 17, rue Froidevaux, Paris.
      Louis LALOY, 33, avenue des Gobelins, Paris.
      Daniel DE LANGE, (Amsterdam).
      Ernest LAMY, 113, B^d Haussmann, Paris.
      P. LANDORMY, professeur au lycée de Bar-le-Duc.
      LINDGREN, de l'Académie de musique, Stockholm.
      A LUIGINI, 26, rue Grange-Batelière, Paris.
      MALHERBE, archiviste de l'Opéra, 34, rue Pigalle, Paris.
      G. MANCUSO-AIAZZA, Castrogiovanni, Sicile.
      Comte DI SAN MARTINO e VALPERGA, président de l'Académie Royale de musique
          de Sainte-Cécile, Rome.
      Ch. MEERENS, 6, rue du Pont, Bruxelles.
      Pompeo MOLMENTI, Moniga-Brescia.
      Paul PANNIER, 15, rue de l'Hôpital-Militaire, Lille (Nord).
Mlle Hortense PARENT, 2, rue des Beaux-Arts, Paris.
MM. POIRÉE, bibliothécaire à la Bibl. Ste-Geneviève, 6, Place du Panthéon, Paris.
      Dr Erich PRIEGER, 127, Koblenzerstrasse, Bonn (Allemagne).
      PRODHOMME, 21, Allée Carnot, le Raincy (Seine-&-Oise).
      Romain ROLLAND, maître de conférences à l'École normale supérieure, 162, Boul.
          Montparnasse, Paris.

MM. RUELLE, 6, Place du Panthéon, Paris.
     Liborio SACCHETTI, professeur au Conservatoire de Saint-Pétersbourg.
     SAINT-SAËNS, membre de l'Institut, à l'Institut, Paris.
     Prof. A. SANDBERGER, Schackstrasse, 6, Munich.
Mlle Alice SAUVREZIS, 4, rue de la Sorbonne, Paris.
MM. Ursini SCUDERI, professeur, avocat, Catane (Sicile).
     SHEDLOCK, Londres.
     E. DE SOLENNIÈRES, 164, avenue Malakoff, Paris.
     Albert SOUBIES, 14, rue de Phalsbourg, Paris.
     J. SPENCER-CURWEN, Londres.
Mme STÉFANOFF, 37, rue Truffant, Paris.
MM. Francisco SUAREZ-BRAVO, Barcelone.
     Wilhelm SVEDBORN, secrétaire perpétuel de l'Académie de musique, Stockholm.
     G. TEBALDINI, Parme.
     J. THIBAUT, des Augustins de l'Assomption, Constantinople.
     Julien TIERSOT, 6, rue des Beaux-Arts, Paris.
Mme Marie TROFINOFF, 37, rue Truffant, Paris.
MM. VAN VAEFFELGHEM, 46, Bd Pereire, Paris.
     G. VALLIN, 9, rue Alfred Stevens, Paris.
     Frédéric VANNSON, Juilly (Seine-&-Marne).
     Paul VIDAL, à l'Opéra, Paris.
     Dr ZELLE, Berlin, Augustrasse, 21, Berlin.
     Taddeo WIEL, Venise.
     Dr Franz WÜLNER, Directeur du Conservatoire de musique, Cologne.
     le cav. Guglielmo ZUELLI, directeur du Conservatoire de musique, Palerme (Sicile).
     Baron VAN ZUYLEN VAN NYEVELT DE HAAR, chambellan de S. M. la Reine, la Haye.

PRÉSIDENTS EFFECTIFS DES SÉANCES DU CONGRÈS

Séances du 23 juillet.	Président :	M. BOURGAULT-DUCOUDRAY.
» » 24 juillet.	»	M. le Dr ZELLE (Allemagne).
» » 25 juillet.	»	M. de GUARINONI (Italie).
» » 26 juillet.	»	M. Liborio SACCHETTI (Russie).
» » 27 juillet. (matin)	»	M. RUELLE (Paris).
» » 27 juillet. (soir)	»	M. BOURGAULT-DUCOUDRAY.
» » 28 juillet.	»	M. BOURGAULT-DUCOUDRAY.

TABLE DES MATIÈRES

IV

MUSIQUE MODERNE

V

VARIA

1897. — Solesmes, Sarthe. Imp. Saint-Pierre, Août 1901.